Einstweilige Anordnungen im dezentralen Vollzug des Gemeinschaftsrechts

EUROPÄISCHE INTEGRATION UND INTERNATIONALE WIRTSCHAFTSBEZIEHUNGEN

Rechtswissenschaftliche Studien

Herausgegeben von Peter Behrens

Band 8

PETER LANG
Frankfurt am Main · Berlin · Bern · Bruxelles · New York · Oxford · Wien

Fabian Stancke

Einstweilige Anordnungen im dezentralen Vollzug des Gemeinschaftsrechts

Einstweilige Anordnungen und die Kohärenz des gemeinschaftlichen Rechtsschutzsystems bei der Anwendung des Gemeinschaftsrechts durch deutsche Verwaltungs- und Zivilgerichte

PETER LANG
Europäischer Verlag der Wissenschaften

Bibliografische Information Der Deutschen Bibliothek
Die Deutsche Bibliothek verzeichnet diese Publikation in der Deutschen Nationalbibliografie; detaillierte bibliografische Daten sind im Internet über <http://dnb.ddb.de> abrufbar.

Zugl.: Hamburg, Univ., Diss., 2003

D 18
ISSN 0948-8774
ISBN 3-631-51893-5

www.peterlang.de

Carlsson

Inhaltsübersicht

Inhaltsverzeichnis

Einleitung

Die Europäische Union und ihre Institutionen rücken immer mehr in das Bewusstsein der Öffentlichkeit. In den letzten Jahren geschah dies vor allem durch Vorhaben wie die Einführung des Euro, die Osterweiterung und die Erarbeitung einer europäischen Verfassung, aber auch durch Kritik an Politik und Verwaltung der Gemeinschaftsorgane. Öffentlichkeitswirksam waren vor allem die Verträge von Maastricht und Amsterdam. Gerade der Vertrag von Amsterdam, der am 1.5.1999 in Kraft getreten ist, brachte eine Vielzahl von Neuerungen mit sich. Hervorzuheben ist hier die *Neuordnung des Normenbestandes* im EG-Vertrag. Weniger spektakulär schreitet dagegen die Integration auf Grundlage des EG-Vertrages, nämlich durch die Schaffung neuen Sekundärrechts und durch richterliche Rechtsfortbildung, voran. Die Rechtsentwicklung hat dabei insbesondere im Hinblick auf die rechtlichen Aspekte des Gemeinschaftsrechtsvollzugs durch Organe der Mitgliedstaaten eine besondere Dynamik entwickelt. Dies betrifft vor allem gemeinschaftsrechtlich bedingte Neuerungen auf dem Gebiet des allgemeinen Rechtsschutzes. Gegenstand der vorliegenden Untersuchung sind die Einwirkungen des Gemeinschaftsrechts auf den Erlass einstweiliger Anordnungen und Verfügungen durch nationale Gerichte bei Fällen mit Gemeinschaftsrechtsbezug.

Obschon das deutsche Prozessrecht zwischen einstweiligen Anordnungen im Verwaltungsprozess und einstweiligen Verfügungen im Zivilprozess terminologisch differenziert, handelt es sich in beiden Fällen sachlich um Eilentscheidungen, die Anordnungen bezüglich des außerprozessualen Verhaltens der Parteien enthalten.[1] Daher wird hier der Terminus „einstweilige Anordnung" als Oberbegriff verwendet.

1. Anlass und Ziel der Untersuchung

Vor dem Hintergrund der Ausweitung der Rechtsetzungsbefugnisse der Gemeinschaft durch den Vertrag von Maastricht[2] muss das Rechtsschutzsystem der Gemeinschaft den Folgen einer zunehmenden Gemeinschaftsrechtsbetroffenheit der Unionsbürger gerecht werden.[3] Gleichzeitig wirkt das Gemeinschaftsrecht in den letzten Jahren, über den Wortlaut bestehender Regelungen hinaus, vermehrt auf die Strukturen des nationalen Prozessrechts, insbeson-

---

[1] Oellers-Frahm S. 11.

[2] Siehe dazu Bleckmann DVBl. 1992, 335, 337 ff.

[3] v. Danwitz NJW 1993, 1108, 1109; so wird geschätzt, dass etwa 80 % aller deutschen Neuregelungen des Wirtschaftsrechts durch das Gemeinschaftsrecht und nahezu 50% aller innerstaatlich geltenden Regelungen durch das Gemeinschaftsrecht direkt oder indirekt festgelegt (Hirsch NVwZ 1998, 907, 910; Schwarze JZ 1998, 1077, 1079, Timme ZRP 2000, 301, 302).

dere dessen Eilrechtsschutz, ein und stellt sie teilweise in Frage. Dies geschieht jedoch nicht aufgrund inhaltlicher Modifikationen des EG-Vertrages[4] oder durch kodifizierte Harmonisierungen des nationalen Prozessrechts, sondern durch die Rechtsprechung des Europäischen Gerichtshofes.[5] Vor diesem Hintergrund stellen sich Fragen nach der Zulässigkeit und den Voraussetzungen der Gewährung einstweiligen Rechtsschutzes durch nationale Gerichte, wenn deren materiell-rechtlicher Entscheidung gemeinschaftlich determiniertes Recht zugrunde liegt. Im Verwaltungsrecht gilt dies angesichts der Zweispurigkeit des deutschen verwaltungsgerichtlichen Eilrechtsschutzes sowohl für die verwaltungsgerichtliche Vollzugsaussetzung, als auch für die Gewährung einstweiliger Anordnungen. Die Frage der Zulässigkeit und der Voraussetzungen der Vollzugsaussetzung wurde durch den Gerichtshof mit der Rechtssache „Süderdithmarschen“[6] grundsätzlich entschieden und in der Literatur umfangreich diskutiert[7]. Die insoweit noch offenen Fragen entsprechen weitgehend denen, die sich im Zusammenhang mit einstweiligen Anordnungen stellen. Die vorliegende Arbeit konzentriert sich daher vor allem[8] auf die bestehenden Unklarheiten hinsichtlich einstweiliger Anordnungen. So sind in der jüngeren Rechtsprechung des Gerichtshofes Urteile ergangen, die gerichtliche Eilanordnungen im mitgliedstaatlichen Vollzug des Gemeinschaftsrechts unter Modifikationen für zulässig[9] bzw. für unzulässig[10] erklärten. Ferner wurden in diesen Urteilen bestimmte Anforderungen an die Gewährung richterlicher Interimsmaßnahmen im dezentralen, mitgliedstaatli-

---

[4] Die vorliegende Arbeit verwendet für die Normen jeweils die Bezeichnung des Vertrages, die dem zitierten Werk oder der jeweiligen herangezogenen Vertragsfassung entspricht, grundsätzlich jedoch die nach dem 1.5.1999 durch den Gerichtshof eingeführte Bezeichnung „EG“ (siehe TB 21 und 22/99). Ohnehin wurden die Art. 220 ff. EG bei den bisherigen Überarbeitungen des EG-Vertrages im wesentlichen nicht verändert: so schon die EEA (ABl. 1987, Nr. L 169/1 ff.), der Maastricht-Vertrag (Bleckmann DVBl. 1992, 335, 338; v. Danwitz NJW 1993, 1108, 1113; Ress JuS 1992, 985, 989; Everling DRiZ 1993, 5) aber auch der Vertrag von Amsterdam (dazu: Hilf/Pache NJW 1998, 705; Langish ELR 23 (1998) 3; Lecheler JuS 1998, 392; Petite Harvard Jean Monnet Working Papers No. 2/98). Zur letzten Änderung der Verfahrensordnungen der Gemeinschaftsgerichte, die nicht direkt die Bestimmungen über den Erlass einstweiliger Anordnungen betreffen sondern der Verfahrensbeschleunigung dienen, siehe L 122 24.05.2000 S.43 und ABl. L 322 19.12.2000 S.1.

[5] Siehe nur: EuGH, Rs. 205-215/82, Deutsche Milchkontor, Slg. 1983, 2633; EuGH, Rs. 213/89, Factortame, Slg. 1990, 2433; EuGH, verbd. Rs. C-143/88 u. 92/88, Süderdithmarschen, Slg. 1991, I-415; EuGH, Rs. C-465/93, Atlanta, Slg. 1995, I-3761; EuGH, Rs. C-68/95, T. Port, Slg. 1996, I-6065.

[6] EuGH, verbd. Rs. C-143/88 u. 92/88, Süderdithmarschen, Slg. 1991, I-415.

[7] Nachweise siehe 1. Teil 1. Kapitel C. II. 6. (2).

[8] Siehe aber auch die Erläuterungen zu den Voraussetzungen der einstweiligen Vollzugsaussetzungen: 1. Teil 1. Kapitel C. II. 6. (2).

[9] EuGH, Rs. C-465/93, Atlanta, Slg. 1995, I-3761.

[10] EuGH, Rs. C-68/95, T. Port, Slg. 1996, I-6065.

chen Vollzug entwickelt, was einigen Aufruhr in Literatur und Rechtsprechung[11] verursachte. Diesbezüglich fehlt es bisher an einer systematischen Gesamtdarstellung unter Einbeziehung des Zivilprozessrechts.

Die Rechtsprechung des Gerichtshofes wirft eine Vielzahl von Fragen nach Kompetenzen und Kompetenzabgrenzungen, Grundprinzipien des Gemeinschaftsrechts und dessen integrativer Entwicklung auf. Als gänzlich ungeklärt muss dabei der Bereich der Auswirkungen des Gemeinschaftsrechts auf den vorläufigen Rechtsschutz des Zivilprozesses angesehen werden. Angesichts der Vielgestaltigkeit spezieller einstweiliger Anordnungsverfahren im deutschen Prozessrecht[12] ist es im Rahmen dieser Arbeit nicht möglich, auf jede einzelne Besonderheit dieser Eilverfahren einzugehen. Vielmehr sollen die Prinzipien erhellt werden, die für alle Eilverfahren konstitutiv sind. Dabei ergeben sich hinsichtlich des Erlasses einstweiliger Anordnungen im dezentralen Vollzug des Gemeinschaftsrechts sowohl bezüglich des „Ob“ als auch bezüglich des „Wie“ eine Reihe ungeklärter Fragen. So ist unklar, inwieweit das Gemeinschaftsrecht den nationalen Gerichten Zwischenentscheidungsbefugnisse gewährt. Ferner ist fraglich, auf welcher Grundlage etwaige Modifikationen nationalen Rechts erfolgen und ob die gemeinschaftsrechtlichen Regeln des Eilrechtsschutzes mit den entsprechenden deutschen Regeln zu vereinbaren sind. Hierzu ist die Entwicklung des Gemeinschaftsrechts hin zu mehr Eilbefugnissen der Gemeinschaftsgerichte entsprechend der Entwicklung des französischen Verwaltungsprozessrechts[13], welches traditionell eine prägende Rolle für das Gemeinschaftsprozessrecht spielt[14], darzustellen. Problematisch ist vor allem die Wahrung der Kompetenzen der Gemeinschaftsorgane und der Zusammenhalt des Rechtsschutzsystems der Gemeinschaft im einstweiligen Anordnungs- und Verfügungsverfahren und deren Auswirkungen auf die Rechtsentwicklung i.S.d. Art. 220 EG. Ebenso sind die Anforderungen der Rechtsschutzgarantien des Gemeinschaftsrechts und des Art. 19 Abs. IV GG bezüglich des Untersuchungsgegenstandes zu erhellen. Vor diesem Hintergrund ist zu prüfen, inwieweit Modifikationen des nationalen Prozessrechts erforderlich und zulässig sind.

---

[11] Siehe dazu: Schoch DVBl. 1997, 289, 295; Burgi, Verwaltungsprozeß und Europarecht, S. 68 f.; Sandner DVBl. 1998, 262; Koenig/Zeiss JZ 1997, 461; BVerfG EuZW 1995, 126; VGH Kassel EuZW 1995, 222.

[12] Siehe nur die Übersicht bei Baur S. 3 f. und ausführlich: Schoch, Risikoverteilung.

[13] Siehe dazu Gundel S. 428 ff.; Sommermann in: FS Blümel S. 523, 528 (auch zum spanischen und italienischen vorläufigen Rechtsschutz); Schwarze DVBl. 1999, 261, 267.

[14] Schwarze DVBl. 1999, 261, 268; Siehe dazu ausführlich: Becker, Der Einfluß des Französischen Verwaltungsrechts auf den Rechtsschutz in den Europäischen Gemeinschaften.

Neben der kritischen Untersuchung der Rechtsprechung des Gerichtshofes ist die Ausarbeitung von Regeln erforderlich, anhand derer die Zulässigkeit und die Voraussetzungen einstweiliger Anordnungen im dezentralen Vollzug zu beurteilen sind, um zukünftig Rechtssicherheit und Rechtsschutzeffektivität gewährleisten zu können. Dabei wird darauf einzugehen sein, ob der Gerichtshof durch Modifizierungen Verwerfungen des Rechtsschutzsystems verhindern kann, ob eine solche Einwirkung in das nationale Rechtsschutzsystem eine legitime dogmatische Grundlage hat und wie die eventuell daraus resultierenden Konflikte mit dem deutschen Verfassungsrecht zu bewerten und gegebenenfalls zu lösen sind. Zudem wird dargestellt, wie diese Modifizierungen auszusehen haben.

Das Ziel der Untersuchung ist die Klärung der Grundlagen, der neueren Entwicklung und der Reichweite der Anwendung einstweiliger Anordnungen und Verfügungen beim Vollzug des Gemeinschaftsrechts durch mitgliedstaatliche Gerichte.

2. Gang der Untersuchung

Zunächst werden die Voraussetzungen der Anwendung des Gemeinschaftsrechts in und durch die Mitgliedstaaten sowie die sich daraus ergebenden Vollzugsdefizite erläutert (1. Teil 1. Kapitel). Diese Darstellung erhellt, wie es bei der Anwendung nationaler Prozessregeln durch nationale Gerichte im innerstaatlichen Rechtsraum zu gemeinschaftsrechtlichen Einwirkungen bzw. Modifizierungen des nationalen Prozessrechts kommen kann. Sodann wird im Einzelnen erörtert, ob und aus welchen Gründen Modifizierungen des nationalen Verfahrensrechts im dezentralen Vollzug überhaupt zulässig sind und auf welche Methodik sich eine solche Modifizierung stützen kann (1. Teil 2. Kapitel). Dem folgend werden die allgemeinen Grundlagen und die Funktion der richterlichen Interimsbefugnisse erläutert, um die Grundprinzipien und die Bedeutung dieser Institute im nationalen und im gemeinschaftsrechtlichen Rechtsschutzsystem herauszustellen und eine Orientierung für mögliche Vorbilder etwaiger Modifizierungen des nationalen Prozessrechts zu geben (1. Teil 3. Kapitel).

Diese Darstellung bildet die Grundlage für die Untersuchung möglicher Modifizierungen des nationalen einstweiligen Anordnungs-[15] und Verfü-

[15] Dem verwaltungsgerichtlichen Rechtsschutz kommt aufgrund der großen praktischen Relevanz des allgemeinen Verwaltungsrechts für den dezentralen Vollzug des Gemeinschaftsrechts eine besondere Bedeutung zu und wird daher zunächst zu behandeln sein: Brenner DV 1998, 1, 2; das Gemeinschaftsrecht ist zum großen Teil als Verwaltungsrecht, insbesondere als Wirtschaftsverwaltungsrecht zu qualifizieren (Schwarze, Europäisches Verwaltungsrecht, S. 5), so dass im Rah-

gungsverfahrens im dezentralen gerichtlichen Vollzug des Gemeinschaftsrechts (2. Teil). In diesem Zusammenhang werden systematisch und normorientiert sowohl die Auswirkungen von Vollzugsdefiziten und der Erfordernisse eines kohärenten Rechtsschutzsystems auf den Erlass einstweiliger Anordnungen untersucht, als auch die neuere Rechtsprechung zu diesen Problemen erörtert. Der Aufbau der Untersuchung folgt dabei grundsätzlich der im deutschen Recht üblichen Vorgehensweise bei der Prüfung der Rechtmäßigkeit einer Eilanordnung. Aufgrund der nationalen Verfahrensautonomie haben die deutschen Richter grundsätzlich das deutsche Prozessrecht und damit § 123 Abs. I Verwaltungsgerichtsordnung (VwGO) und die §§ 935, 940 der Zivilprozessordnung (ZPO) anzuwenden. Sofern deren Voraussetzungen gemeinschaftsrechtlichen Modifizierungen unterworfen sind, soll dies an der entsprechenden Stelle im Prüfungsaufbau erläutert werden.

---

men des gerichtlichen Rechtsschutzes insoweit die verwaltungsgerichtlichen Prozessregeln Anwendung finden.

Teil 1 Die Einwirkungspotenziale des Gemeinschaftsrechts in das nationale Verfahrensrecht

Kapitel 1 Das gemeinschaftliche Rechtsschutzsystem und die Modifizierung nationalen Verfahrensrechts

A. Einführung

Besonderheiten bei der Gewährung vorläufigen Rechtsschutzes durch nationale Gerichte vor dem Hintergrund supranationalen Rechts kommen nur dann in Betracht, wenn auch die nationalen Gerichte im Rahmen des Individualrechtsschutzes zur Anwendung des Gemeinschaftsrechts berufen, bzw. dessen Regelungen unterworfen sind. Die Gemeinschaft unterscheidet zwischen dem direkten und dem dezentralen Vollzug ihres Rechtes.[16] Unter direktem oder gemeinschaftsunmittelbarem Vollzug ist ein Tätigwerden von EG-Institutionen, unter dezentralem Vollzug die Anwendung des Gemeinschaftsrechts durch die Verwaltungen und Gerichte der Mitgliedstaaten zu verstehen.[17]

B. Der gemeinschaftsunmittelbare Vollzug von Gemeinschaftsrecht

Die Ausführung des primären und sekundären Gemeinschaftsrechts durch die Organe der Gemeinschaft ist auf die im primären Gemeinschaftsrecht ausdrücklich vorgesehenen Fälle beschränkt. In diesem Rahmen übt der EuGH sowie das EuGI nach Art. 220 EG die Rechtskontrolle über die Handlungen der Gemeinschaftsorgane aus. Der Grund für die limitierten Handlungsbefugnisse der Gemeinschaftsorgane liegt im „Prinzip der begrenzten Einzelermächtigung“ nach Art. 5 Abs. I EG[18]. Zudem kann die Gemeinschaft ihr eigenes Recht nur insoweit vollziehen, als Gemeinschaftsbehörden errichtet wurden, denen im Auftrag des Primärrechts diese Aufgabe zugewiesen wurde.[19] Gemäß Art. 202 Unterabsatz III und Art. 211 Unterabsatz IV EG

---

[16] Rengeling, Rechtsgrundsätze, S. 9 ff.; der Begriff des Gemeinschaftsrechtsvollzug wird hier als Oberbegriff für jede Form der Durchführung des Gemeinschaftsrechts verwandt. D.h., dass auch die Anwendung des Gemeinschaftsrechts durch die nationalen Rechtsprechungsorgane Vollzug von Gemeinschaftsrechts in diesem Sinne darstellt. So auch Streinz in: HStR Bd. VII § 182 Rn. 1 m.w.N.; im speziellen Zusammenhang mit dem Handeln der Verwaltung bringt Ipsen, Gemeinschaftsrecht, S. 220 diesen Begriff. Andere favorisieren als Oberbegriff den Terminus „Durchführung von Gemeinschaftsrecht“, so beispielsweise Bleckmann Rn. 853 ff.

[17] Schwarze, Europäisches Verwaltungsrecht, Band I, S. 25 ff.; Schwarze/Becker/Pollak S. 34 f.; Schoch VBlBW 1999, 241, 244.

[18] „Competence d'Attribution“, siehe dazu: Isaac S. 34 ff.; Lasok/Bridge S. 34 f.

[19] Oppermann Rn. 636.

genügen diesem Erfordernis auch durch Ratsbeschluss erlassene Normen, die der Kommission Durchführungsbefugnisse einräumen. Dem Primärrecht selbst sind nur wenige Verwaltungsbefugnisse der Gemeinschaft zu entnehmen.[20] Enthalten sind sie beispielsweise in Art. 86 Abs. III, 88 und 134 EG. Alle anderen Befugnisse der Kommission, selbst solche der Kartell- und Missbrauchsaufsicht, sind lediglich sekundärrechtlich begründet.[21] In allen anderen Fällen sind die Organe der Mitgliedstaaten zum Vollzug des Gemeinschaftsrechts berufen. Insoweit stellt der gemeinschaftsunmittelbare Vollzug einen speziellen Ausnahmefall dar, während das Gemeinschaftsrecht in der Regel durch mitgliedstaatliche Organe vollzogen wird.[22]

Gegenstand des gemeinschaftsunmittelbaren Vollzugs sind vor allem die Eigenverwaltung der Gemeinschaft[23], also die interne Gemeinschaftsverwaltung, sowie auf dem Gebiet der externen Gemeinschaftsverwaltung das Wettbewerbsrecht der Art. 81 ff. EG[24], die gemeinsame Handelspolitik und die gemeinschaftliche Sozialpolitik.[25] Auch im Anwendungsbereich der EAG[26] hat die Kommission Kompetenzen zum direkten, gemeinschaftsexternen Vollzug. Dieser zeichnet sich insbesondere dadurch aus, dass das zuständige Gemeinschaftsorgan unmittelbar im mitgliedstaatlichen Raum verwaltend tätig wird.[27]

Ein Verfahrensrecht zum Vollzug der materiell-rechtlichen Regelungen ist in den Verträgen nur fragmentarisch enthalten. Beispielhaft hierfür sind der Begründungszwang für Rechtsakte nach Art. 253 EG oder die Bekanntgabe von Entscheidungen gemäß Art. 254 EG. Vermehrt bestehen Regelungen auf Grundlage von Verordnungen, z.B. VO (EWG/EAG) Nr. 1182/71[28] zur Festlegung für Fristen, Daten und Termine. Des Weiteren hat der Rat sachgebietsorientierte Verfahrensordnungen erlassen, die insbesondere das Verfahren in Wettbewerbssachen regeln.[29] Fehlt das Verfahrensrecht oder weist es Lücken auf, konkretisiert der Gerichtshof die allgemeinen Rechts-

---

[20] Siehe dazu: von Borries in: FS Everling S. 127, 133.

[21] von Borries in: FS Everling S. 127, 138; v. Danwitz DVBl. 1998, 421, 430.

[22] Schwarze Europäisches Verwaltungsrecht Band. I S. 25, 33; Schwarze/Becker/Pollak S. 34 f.

[23] Streinz, Europarecht, Rn. 465; Schwarze Europäisches Verwaltungsrecht Band I S. 80, 110 ff.; Schweitzer/Hummer Rn. 426. Kompetenzgrundlage für den Haushaltsvollzug ist Art. 274 Abs. I EG, für Personalangelegenheiten Art. 24 Abs. I FusVO.

[24] Siehe auch VO Nr. 17 ABl. 1962 Nr. L 13/204 in aktueller Fassung: Sartorius II Nr. 165.

[25] Schweitzer/Hummer Rn. 426; Streinz, Europarecht, Rn. 466.

[26] Schwarze, Europäisches Verwaltungsrecht, Band I, S. 30.

[27] Schwarze, Europäisches Verwaltungsrecht, Band I, S. 27 ff.

[28] ABl. 1971 Nr. L 124/1.

[29] So die VO (EWG) Nr. 17/1962 ABl. Nr. L 13/204 bzw. die ihr nachfolgende und ab dem 1.5.2004 gültige VO (EG) Nr. 1/2003 ABl. Nr. L 1/1; VO (EWG) Nr. 2423/88 ABl. NR. L 209/1 zur Regelung des Anti-Dumping- und des Anti-Subventionsverfahrens sowie die Fusionskontrollverordnung in der VO (EWG) Nr. 4064/89 ABl. 1989 NR. L 395/1 (in Überarbeitung).

grundsätze des Gemeinschaftsrechts zu die Organe bindenden Verfahrensregeln. Das Prozessrecht der Gemeinschaft ist in den Art. 220 ff. EG normiert, mit denen der gerichtlichen Kontrolle des direkten Vollzuges ein inhärentes Verfahrensrecht zur Verfügung steht.

C. Der dezentrale Vollzug von Gemeinschaftsrecht

Neben dem gemeinschaftsunmittelbaren Vollzug wenden auch die Organe der Mitgliedstaaten das Gemeinschaftsrecht an. Dabei handelt es sich um den dezentralen Vollzug des Gemeinschaftsrechts.

I. Die allgemeinen Grundlagen des dezentralen Vollzugs

1. Die unmittelbare Wirkung des Gemeinschaftsrechts im innerstaatlichen Rechtsraum

Voraussetzung für den Vollzug des Gemeinschaftsrechts durch nationale Organe, insbesondere durch die nationalen Gerichte, ist dessen innerstaatliche Geltung, also seine Beachtlichkeit bei der innerstaatlichen Rechtsausübung und die damit verbundene innerstaatliche Anwendbarkeit. Das Gemeinschaftsrecht bildet aufgrund der besonderen Struktur der Gemeinschaftsverträge eine eigenständige, autonome Rechtsordnung, die weder Bestandteil der innerstaatlichen Rechtsordnung ist, noch völkerrechtlichen Charakter besitzt.[30] Weil das primäre Gemeinschaftsrecht aus sich selbst heraus wirkt, bedarf es keines staatlichen Umsetzungsaktes, um innerstaatliche Geltung zu erlangen. Durch die begrenzte Übertragung von Hoheitsgewalt auf die Gemeinschaft zu deren selbständiger Wahrnehmung haben die Mitgliedstaaten eine von ihnen verschiedene supranationale öffentliche Gewalt geschaffen.[31] Die parlamentarische Zustimmung in den einzelnen Mitgliedstaaten zu den Verträgen diente nicht der Inkorporation des Vertrages in innerstaatliches Recht, sondern stellte einen Akt der „Verfassungsgebung der Gemeinschaften“ dar.[32]

Für die innerstaatlichen Rechtsanwender, die Verwaltungen und die Gerichte der Mitgliedstaaten sowie deren Bürger, ist vor allem bedeutsam, ob das Gemeinschaftsrecht ohne weiteres im innerstaatlichen Raum anwendbar

---

[30] Ganz h.M. seit EuGH, Rs. 6/64, Costa/ENEL, Slg. 1964, 1251, 1269 ff.; BVerfG 22, 293, 296; BVerfG 31, 145, 173; Oppermann; Rn. 616; Rengeling/Middeke/Gellermann S. 584.
[31] BVerfG 22, 293, 296.
[32] Bleckmann Rn. 243; Oppermann Rn. 616.

ist und somit Einfluss auf die Rechtsverwirklichung haben kann.[33] Unter unmittelbarer Anwendbarkeit des Gemeinschaftsrecht ist die Eignung einer Norm zu verstehen, zur Lösung eines konkreten Rechtsfalles herangezogen zu werden.[34] So gilt das Gemeinschaftsrecht nicht nur im Verhältnis der Mitgliedstaaten untereinander, sondern kann sich auch an die Bürger der Mitgliedstaaten direkt wenden und ihnen Rechte und Pflichten auferlegen.[35] Mitgliedstaatliche Behörden und Gerichte haben es als geltendes Recht anzuwenden. Für die Verordnung legt Art. 249 Abs. II EG selbst die unmittelbare Geltung in jedem Mitgliedstaat fest, sie bedarf somit keinerlei Inkorporation in innerstaatliches Recht. Letztlich sind die Bürger der Mitgliedstaaten dadurch zwei Rechtsordnungen unterworfen. Die unmittelbare Anwendbarkeit bewirkt daher zunächst einen Dualismus der Systeme.[36] Das Nebeneinander beider Rechtsordnungen wirft die Frage nach deren Verhältnis in der Rechtsanwendung auf.

2. Das Verhältnis des Gemeinschaftsrechts zum Recht der Mitgliedstaaten

Aus der unmittelbaren Wirkung des Gemeinschaftsrechts im innerstaatlichen Rechtsraum folgt, dass identische Regelungsgegenstände für dieselben Adressaten mit verschiedenen Rechtsfolgen versehen sein können. Dies ist ein Fall der direkten Kollision. Tritt ein solcher Fall konkret auf, bedarf es zur Entscheidungsfindung einer Lösung hinsichtlich der anwendbaren Bestimmung. Dieser Entscheidungsfindung dient der Grundsatz des Vorrangs des Gemeinschaftsrechts vor dem mitgliedstaatlichen Recht.[37] Dieser Grundsatz gilt der sowohl für primäres als auch für sekundäres Gemeinschaftsrecht.[38]

---

[33] Hinsichtlich der dogmatischen Begründung der unmittelbaren Geltung und Wirkung des Gemeinschaftsrechts bestehen Differenzen zwischen dem EuGH und dem BVerfG. So entnimmt der EuGH diese Grundsätze dem Gemeinschaftsrecht selbst, weil sie eine autonome Rechtsquelle eigener Art darstelle, deren Rechtssubjekte nicht nur die Mitgliedstaaten, sondern auch die Staatsangehörigen dieser Staaten sind. (EuGH, Rs. 26/62, Van Gend & Loos, Slg. 1963, 1 ff.; Rs. 6/64, Costa/ENEL, Slg. 1964, 1251 ff.; Rs. 249/85, Albako, Slg. 1987, 2345 ff.) Dagegen verbindet das BVerfG den Geltungsgrund und die unmittelbare Anwendbarkeit mit dem Rechtsanwendungsbefehl des Zustimmungsgesetzes zu den Verträgen in Verbindung mit Art. 23 Abs. I GG, der sogenannten Vollzugstheorie (BVerfG 31, 145, 173ff; 73, 339, 374; 75, 223, 244).

[34] Ausführlich dazu: Braun S. 404.

[35] St. Rspr. seit: EuGH, Rs. 26/62, Van Gend & Loos, Slg. 1963, 1, 25; Streinz, Europarecht, Rn. 349 ff.; Oppermann Rn. 629 m.w.N.

[36] v. Danwitz, Verwaltungsgerichtliches System, S. 395.

[37] St. Rspr. seit: EuGH, Rs. 6/64, Costa/ENEL, Slg. 1964, 1251 ff.; Oppermann Rn. 615 ff. ; Ipsen Gemeinschaftsrecht S. 277 ff.; Zuleeg VVDStRL Band 53 (1994), S. 154, 190 ff.; Niedobitek VerwArch 2001, 58, 60.

[38] Streinz, Europarecht, Rn. 168 ff.

Nach Ansicht des Gerichtshofes wirkt der Vorrang sowohl gegenüber einfachem, als auch gegenüber dem Verfassungsrecht der Mitgliedstaaten.[39] Er begründet dies damit, dass nur durch eine vorrangige Anwendbarkeit die einheitliche Geltung und Anwendung des Gemeinschaftsrechts in allen Mitgliedstaaten gewährleistet sei, ohne die ein Funktionieren der Gemeinschaft nicht möglich und ohne die deren gemeinschaftlicher Charakter selbst in Frage gestellt wäre.[40] Dieses Funktionspostulat der Gemeinschaft wurde durch den Beitritt der Mitgliedstaaten als notwendige Folge anerkannt.[41]

Die maßgeblichen Kollisionsnormen, die das Verhältnis des Gemeinschaftsrechts zu dem der Mitgliedstaaten regeln, finden sich in den Art. 10 EG für das primäre und Art. 249 EG für das sekundäre Gemeinschaftsrecht. Es würde eine Gefahr für die Verwirklichung der in Art. 5 Abs. II aufgeführten Ziele des Vertrages bedeuten und dem Verbot des Art. 6 EG widersprechende Diskriminierungen zur Folge haben, wenn das Gemeinschaftsrecht je nach nachträglichen innerstaatlichen Gesetzgebungsaktivitäten von einem Staat zum nächsten unterschiedliche Geltung haben könnte.[42] Eine Negierung des Vorranganspruchs wäre daher mit der Infragestellung der Gemeinschaft selbst und der mitgliedstaatlichen Verpflichtung aus den Verträgen gleichzustellen. Begreift man die Europäische Gemeinschaft als „Rechtsgemeinschaft“[43] und damit als ein Rechtssystem, dass einer tatsächlichen unmittelbaren Geltung und Wirkung bedarf, muss es sich auch „im offenen Konfliktfall gegen andere normative Zwangsordnungen“ durchsetzen können.[44] Alexy[45] nennt dies das „Dominanzkriterium“, ohne das ein Normensystem nicht im Großen und Ganzen praktische Wirksamkeit erlangt. Nach einer anderen Ansicht, die aber an dieser Stelle im Ergebnis wegen der grundsätzlichen Anerkennung des Vorrangprinzips zu keinem praktischen Unterschied führt, gilt der Vorrang des Gemeinschaftsrecht kraft verfassungsrechtlicher Ermächtigung der Mitgliedstaaten.[46] Nach ganz herrschender Meinung handelt es sich bei dem Vorrang des Gemeinschaftsrecht vor

---

[39] EuGH, Rs. 11/70, Internationale Handelsgesellschaft GmbH/ Einfuhr und Vorratstelle für Getreide und Futtermittel, Slg. 1970, 1125, 1135, Rn. 3; Oppermann Rn. 620.

[40] EuGH, Rs. 6/64, Costa/ENEL, Slg. 1964, 1251, 1269 ff. ; Streinz, Europarecht, Rn. 172.

[41] Grundlegend: Ipsen ZHR Beiheft 29 (1965), 1 ff.; Europäisches Gemeinschaftsrecht S. 280 f.

[42] EuGH, Rs. 6/64, Costa/ENEL, Slg. 1964, 1251, 1270.

[43] So zuletzt Steinberg ZRP 1999, 365, 366; Dreher JZ 1999, 105, 106; Hirsch NVwZ 1998, 907; Rittner JZ 1995, 849 f.; siehe auch: EuGH, Rs. 155/79, AM & S, Slg. 1982, 1575, 1610, Rn. 18, EuGH, Rs. 294/83, Les Verts, Slg. 1986, 1339, 1365, Rn. 23; Zuleeg NJW 1994, 545 ff.; Ulmer JZ 1992, 1; Klein VVDSTR 50 (1991), 56, 57; Kutscher EuR 1991, 392 ff.

[44] Hoerster JuS 1987, 181, 188.

[45] Alexy, Begriff und Geltung des Rechts, S. 146.

[46] BVerfG 31, 145, 173 f.; Streinz, Europarecht, Rn. 190 ff.

nationalem Recht um einen Anwendungsvorrang.[47] Aus dem Anwendungsvorrang folgt, dass das nationale Recht immer dann anwendbar bleibt, wenn der Sachverhalt keinerlei gemeinschaftsrechtlichen Bezug aufweist, oder wenn das Gemeinschaftsrecht aufgehoben wurde.[48] Dieser Anwendungsvorrang schont nicht nur die Souveränitätsrechte der Mitgliedstaaten[49] sondern genügt in vollem Maße den Anforderungen des Art. 10 EG[50]. Eine Konsequenz des Vorrangprinzips ist, dass sich die Rechtmäßigkeit gemeinschaftsrechtlichen Sekundärrechts nur an höherrangigem Gemeinschaftsrecht messen lässt. Dies folgt daraus, dass der Prüfungsmaßstab für eine Norm immer nur eine höherrangige Norm sein kann. Wegen des unbedingten Vorrangs des Gemeinschaftsrechts scheidet daher nationales Recht als Maßstab der Rechtmäßigkeitskontrolle sekundären Gemeinschaftsrechts aus.

Seine entscheidende Bedeutung erlangt der Vorrang des Gemeinschaftsrechts, ebenso wie die unmittelbare Wirkung des Gemeinschaftsrechts, erst mit der Geltendmachung durch den Bürger vor den nationalen Behörden oder Gerichten[51], weil die nationalen staatlichen Organe bei der Rechtsanwendung die unmittelbar anwendbaren Bestimmungen des Gemeinschaftsrechts als Teil der objektiven Rechtsordnung durchzusetzen haben.

3. *Die Kompetenzverteilung*

Während die Verbandskompetenz beim direkten Gemeinschaftsrechtsvollzug bei der Gemeinschaft selbst liegt, wenden ansonsten die Mitgliedstaaten selbst das Gemeinschaftsrecht an. Sie tun dies unter Ausübung eigener Hoheitsgewalt.[52] Eine ausdrückliche Normierung dieser Kompetenzverteilung fehlt dem Gemeinschaftsrecht. Die mitgliedstaatliche Pflicht zum Gemeinschaftsrechtsvollzug ergibt sich jedoch unmittelbar aus Art. 10 EG.[53] Danach sind die Mitgliedstaaten verpflichtet, „alle geeigneten Maßnahmen allgemei-

---

[47] EuGH, Rs.C-184/89, Nimz/Freie und Hansestadt Hamburg, Slg. 1991, I-297, 321, Rn. 21; BVerfG 75, 223, 224; Ehlers DVBl. 1991, 605, 608 m.w.N.; Zuleeg VVDStRL Band 53 (1994), 154, 160 f.

[48] Streinz, Europarecht, Rn. 200; Everling in: FS Doehring S. 185, 188; siehe auch Brenner/Huber DVBl. 1999, 1559, 1565, die anmerken, dass die Konzeption des „Anwendungsvorrangs" das Gemeinschaftsrecht eher als lex specialis denn als höherrangiges Recht begreift.

[49] Oppermann Rn. 633 m.w.N.

[50] Ipsen, Gemeinschaftsrecht, S. 288; Pühs S. 398.

[51] Dies begründet die subjektive Rechtsschutzfunktion des Vorranganspruchs. Denn der Vorranganspruch beinhaltet auch die Funktion, die Gemeinschaftsrechte des Einzelnen gegenüber nationalen Maßnahmen zu schützen: EuGH, Rs. 106/77, Simmenthal II, Slg. 1978, 629, 644; Ipsen EuR 1979, 223, 228.

[52] Streinz in: HStR VII § 182, Rn. 31; Rengeling VVDStRL 1994, 202, 211.

[53] EuGH, Rs. 205-215/82, Deutsche Milchkontor GmbH u.a./Deutschland, Slg. 1983, 2633, 2665, Rn. 17. Siehe zum Grundsatz der Unionstreue auch Zuleeg, NJW 2000, 2846, 2847.

ner oder besonderer Art zur Erfüllung der Verpflichtungen, die sich aus dem Vertrag oder den Handlungen der Organe ergeben", zu treffen. Diese Verpflichtung richtet sich sowohl an deren legislative und administrative Organe[54] als auch an die rechtsprechende Gewalt. Dies folgt schon daraus, dass der Rechtsschutz gegen Vollzugsmaßnahmen der mitgliedstaatlichen Legislativ- und Administrativorgane von den nationalen Gerichten gewährt wird. In diesem Rahmen haben sie unmittelbar anwendbares Gemeinschaftsrecht zu beachten und zur Grundlage ihrer Entscheidungsfindung zu machen.

Aus Sicht des Gemeinschaftsgesetzgebers hat dies vor allem zwei Konsequenzen.[55] Zum einen besitzt die Gemeinschaft kaum eine Möglichkeit, die für den Implementationsprozess bedeutsame Wahl des Vollzugsträgers selbst zu treffen, zum anderen scheidet eine direkte Steuerung der Verwaltung durch Weisungsrechte aus.[56] Auch die im Verhältnis zwischen Gesetzgeber und Verwaltung allgemein bestehenden Steuerungselemente[57] sind beschränkt. Die Gemeinschaft kann lediglich versuchen, durch begleitende Vorschriften indirekt auf die Organisation der nationalen Verwaltungen Einfluss zu nehmen, ohne aber Organisationsfragen selbst zu regeln.[58] Dadurch aber entsteht oftmals und zunehmend eine Gemengelage aus gegenseitigen Mitwirkungs- und Zustimmungsbefugnissen[59], die einerseits die gerichtliche Kontrolle und damit den Rechtsschutz für den Bürger erschweren mag, andererseits aber die Verzahnung zwischen nationaler und supranationaler Rechtsordnung ausdrückt[60]. Entscheidend ist jedenfalls die Verankerung der nationalen Vollzugskompetenz im Primärrecht als grundlegende, das Kon-

---

[54] Bünten S. 20 und S. 29; Streinz in: HStR Bd. VII § 182; ein legislatives Handeln liegt vor, wenn die Mitgliedstaaten Ausführungsnormen der Gemeinschaft erlassen, diese können sowohl Durchführungsnormen zu Verordnungen nach Art. 249 Abs. II EG sein, aber auch Umsetzungsnormen, die auf Richtlinien gemäß Art. 249 Abs. III EG beruhen. Das administrative Handeln liegt in der Umsetzung von Verordnungen oder direkt anwendbaren Richtlinien durch mitgliedstaatliche Vollzugsorgane mittels einzelner Verwaltungsmaßnahmen. (Zuleeg, Das Recht der Europäischen Gemeinschaft im innerstaatlichen Bereich, S. 47 f.).

[55] Schwarze/Becker/Pollak, S. 35.

[56] Organen der Gemeinschaft, also insbesondere der Kommission stehen, gegenüber den Mitgliedstaaten beim mitgliedstaatlichen Gemeinschaftsrechtsvollzug grundsätzlich keine direkten Weisungsbefugnisse zu (Gilsdorf, Rolle der Kommission S. 91, 110; Mögele BayVBl. 1993, 552, 553; Siedentopf/Hauschild DÖV 1990, 445, 453 f.; a.A.: Klösters S. 164).

[57] Siehe dazu Mayntz, S. 74 ff.

[58] Siehe dazu Pühs S. 138 ff. und S. 293 ff.

[59] siehe dazu u.a.: Everling NJW 1967, 465, 469; diese Gemengelage aus wechselseitigen Mitwirkungs- und Zustimmungserfordernissen im mitgliedstaatlichen Vollzug zwischen Gemeinschaftsorganen und nationalen Hoheitsträgern berechtigt in einigen Fällen bereits zur Qualifizierung als Mischverwaltung; siehe zum Vergleich das Problem der horizontalen Dezentralisierung im Bundesstaat, dazu Schwarze/Becker/Pollak S. 45 ff.; dort auch ein Vergleich zwischen dt. Bundesstaat und Gemeinschaft S. 52 f.

[60] Schmidt-Aßmann JZ 1994, 832, 833.

zept der funktionellen Integration wesensbestimmende Verteilung hoheitlicher Funktionen zwischen der Gemeinschaft und den Mitgliedstaaten.[61]

4. *Die Notwendigkeit des dezentralen Vollzugs*

Der Vollzug des Gemeinschaftsrechts durch die nationale Verwaltung und damit der dezentrale Gemeinschaftsrechtsschutz gründet sich nicht nur auf dem Strukturprinzip der unmittelbaren innerstaatlichen Wirkung des Gemeinschaftsrechts, sondern ist auch organisatorisch gewollt und faktisch notwendig[62]. Trotz einer mittlerweile ausdifferenzierten Verwaltungsorganisationsstruktur der Gemeinschaft[63] fehlt es der Gemeinschaft an einem Verwaltungsunterbau, der zu einem umfassenden Vollzug ihres Rechts auch in den Mitgliedstaaten in der Lage wäre.

Abgesehen von rechtlichen Problemen[64] würden der Schaffung einer flächendeckenden unmittelbaren Verwaltungsstruktur der Gemeinschaft sowohl erhebliche organisatorische und finanzielle als wohl auch unüberwindbare politische Hindernisse entgegenstehen, weil die Mitgliedstaaten kaum zu Gunsten einer europäischen Globalbürokratie auf Hoheitsbefugnisse in einem umfassenden Rahmen verzichten würden.[65] Auch dürfte es schwierig sein, eine Akzeptanz für ein solches Projekt in den Reihen der Unionsbürger zu erreichen. Schon die real existierende „Eurokratie“ steht immer wieder unter erheblicher Kritik. Demgegenüber verspricht die bestehende Verwaltungsstruktur trotz ihrer potenziellen Defizite für den einheitlichen und effektiven Vollzug des Gemeinschaftsrechts durchaus eine relativ bürgernahe Verwaltung[66], was auch der Akzeptanz der Gemeinschaft in der Bevölkerung zugute kommt.

5. *Der unmittelbare und der mittelbare dezentrale Vollzug*

Im Hinblick auf den Vollzug des Gemeinschaftsrechts durch die nationalen staatlichen Organe ist noch eine weitere Unterscheidung von Bedeutung. So wird zwischen unmittelbarem und mittelbarem dezentralen Vollzug differenziert.[67] Im unmittelbaren dezentralen Vollzug ist das Gemeinschaftsrecht für

---

[61] v. Danwitz, Verwaltungsgerichtliches System, S. 484.
[62] Möllers EuR 2002, 483.
[63] Schmidt-Aßmann DVBl. 1993, 924, 925; siehe ausführlich: Hilf, Die Organisationsstruktur der europäischen Gemeinschaften.
[64] Siehe dazu 1. Teil 1. Kapitel C. I. 6. (2).
[65] Pühs S. 78 f. verweist auf Streinz in: HStR Bd. VII § 182 Rn. 4 m.w.N.
[66] Streinz in: HStR Bd. VII § 182 Rn. 4 m.w.N.
[67] Schweitzer/Hummer Rn. 427 f.; Weber, Rechtsfragen, S. 45.

die mitgliedstaatlichen Organe unmittelbar, d.h. ohne nationalen Transformationsakt, anwendbar. Unter diesen unmittelbaren Vollzug fallen vor allem einige Bestimmungen des Primärrechts und die Verordnungen. Aber auch Richtlinien, Entscheidungen und Empfehlungen können dem unmittelbaren Vollzug unterliegen.[68] Beim mittelbaren dezentralen Vollzug bedarf es für die Anwendung des Gemeinschaftsrechts einer mitgliedstaatlichen Ausführungsvorschrift[69], d.h. im engeren Sinne wird nur nationales Recht vollzogen. Das Gemeinschaftsrecht behält in diesen Fällen dennoch eine entscheidende Bedeutung, weil die nationalen Ausführungsvorschriften im Lichte der ihr zugrundeliegenden Gemeinschaftsrechtsbestimmung auszulegen sind.[70] Der mittelbare Vollzug des Gemeinschaftsrechts betrifft vor allem die Umsetzung der Richtlinien gemäß Art. 249 Abs. III EG.

6. *Das anwendbare Verfahrensrecht beim Vollzug des Gemeinschaftsrechts durch nationale staatliche Organe*

Auch zu seinem dezentralen Vollzug bedarf das Gemeinschaftsrecht eines Verfahrensrechts. Erst die verfahrensmäßige Regelung des Vollzugs ermöglicht einer Rechtsordnung die praktische Anwendung seines materiellen Rechts. Die Existenz eines Verfahrensrechts ist daher eine unabdingbare Voraussetzung für die Verwirklichung eines jeden Rechts, dem ansonsten ein lediglich deklaratorischer Wert zukommen würde.

(1) *Die Unvollständigkeit des Gemeinschaftsrechts*

Für den dezentralen Vollzug mangelt es dem Gemeinschaftsrecht an einem umfassenden selbständigen Verfahrensrecht, das für alle Rechtsanwender und Rechtssuchenden einheitlich seine Durchführung regelt. Insoweit sind bislang lediglich im Zusammenhang mit Sekundärrechtsakten Vorschriften ergangen, die jeweils auf die in diesen Rechtsakten normierten materiellen Regelungen bezogen sind.[71] Im Hinblick auf den dezentralen Vollzug kann daher grund-

---

[68] Fischer S. 119; Schweitzer/Hummer Rn. 427.
[69] Schweitzer/Hummer Rn. 428.
[70] ebd.
[71] Siehe vor allem: VO (EWG) Nr. 2913/92 des Rates vom 12.10.1992 zur Festlegung des Zollkodexes der Gemeinschaft, ABl. 1992, NR. L 302/1; dazu: Engel DV 1992, 437, 457; siehe auch: RL 81/851; RL 81/852; RL 92/13; VO (EWG) Nr. 1697/79, ABl. 1979 NR. L 197/1; Erstattungs- und Erlassverordnung VO (EWG) Nr. 1430/79 des Rates über die Erstattung oder den Erlass von Eingangs- oder Ausfuhrabgaben vom 2.7.1979, ABl. 1979 NR. L 175/1; Nacherhebungsverordnung VO (EWG) Nr. 1697/79 des Rates betreffend die Nacherhebung von noch nicht vom Abgabenschuldner angeforderten Eingangs- und Ausfuhrabgaben für Waren, vom 24.7.1979, ABl. 1979

sätzlich von einer „Unvollständigkeit des primären und sekundären Gemeinschaftsrechts" gesprochen werden.[72] So bedarf das Gemeinschaftsrecht zu seiner Verwirklichung in der Regel noch der Ergänzung durch die verfahrensrechtlichen Normierungen des vollziehenden Mitgliedstaates.[73]

(2) Der Grundsatz der nationalen Verfahrensautonomie

In seinem grundlegenden Urteil vom 21.09.1983 hat der Gerichtshof zum Fehlen eines gemeinschaftlichen allgemeinen Verfahrensrechts für den dezentralen Vollzug folgende Feststellungen getroffen: „Im Einklang mit den allgemeinen Grundsätzen, auf denen das institutionelle System der Gemeinschaft beruht und die die Beziehungen zwischen der Gemeinschaft und den Mitgliedstaaten beherrschen, ist es gemäß Art. 5 EWGV Sache der Mitgliedstaaten, in ihrem Hoheitsgebiet für die Durchführung der Gemeinschaftsregelungen [...] zu sorgen. Soweit das Gemeinschaftsrecht einschließlich der allgemeinen gemeinschaftsrechtlichen Grundsätze hierfür keine gemeinsamen Vorschriften enthält, gehen die nationalen Behörden bei dieser Durchführung der Gemeinschaftsregelungen nach den formellen und materiellen Bestimmungen ihres nationalen Rechts vor."[74] Diese Formulierung weist neben der grundsätzlichen Anwendbarkeit des nationalen Vollzugsrechts darauf hin, dass etwaige sekundärrechtliche Vollzugsregelungen und Allgemeine Rechtsgrundsätze nationales Verfahrensrecht verdrängen.[75]

Die Anwendung des nationalen Vollzugsrechts ergibt sich neben Art. 10 EG nicht nur aus dem Prinzip der begrenzten Einzelermächtigung, sondern auch aus Art. 94, 95 EG.[76] Danach kann der Rat Richtlinien zur Angleichung der sich unmittelbar auf das Funktionieren des Gemeinsamen Marktes auswirkenden Rechts- und Verwaltungsvorschriften erlassen. Im Umkehrschluss

---

NR. L 197/1; und zu alledem: Streinz in: Europäisches Verwaltungsrecht S. 41, 245 und 263 f.; Scheuning in: Innovation und Flexibilität des Verwaltungshandelns S. 289, 321 ff. m.w.N.

[72] Behrens EuZW 1994, 289; Ehlermann in: FS Carstens S. 81, 90; Everling in: FS Doehring S. 179, 188 m.w.N.; Huthmacher S. 184/Fn. 829 spricht im Einklang mit Bleckmann NJW 1982, 1182 von „Lücken im System der Gemeinschaftsrechtsordnung", die zu ihrem Funktionieren der Komplettierung durch nationales Recht bedarf.

[73] Schmidt-Aßmann DVBl. 1993, 924, 927 f.; Streinz in: HStR Bd. VII § 182, Rn. 3; Huthmacher S. 56 ff.

[74] St. Rspr. seit: EuGH, verbd. Rs. 205-215/82, Deutsche Milchkontor, Slg. 1983, 2633, 2665. Siehe auch: EuGH, Rs. 104/86, Kommission/Italien, Slg. 1988, 1799, 1815; EuGH, Rs. 94/87, Kommission/Deutschland, Slg. 1989, 175, 192; EuGH, Rs. C-142/87, Kommission/Belgien, Slg. 1990, I-959, 1019; EuGH, Rs. C-5/89, Kommission/Deutschland, Slg. 1990, I-3437, 3456; zum grundsätzlichen nationalen Vollzug mittels nationaler Form- und Verfahrensvorschriften auch schon: EuGH, Rs. 39/70, Norddeutsches Vieh- und Fleischkontor, Slg. 1971, 49, 58, Rn. 4.

[75] Weber EuR 1986, 1, 4 ff.; Streinz in: HStR Bd. VII § 182 Rn. 22.

[76] Rengeling, Rechtsgrundsätze, S. 35.

bedeutet dies, dass bis zu einer Angleichung die innerstaatlichen Verfahrensvorschriften für den dezentralen Vollzug gelten. Es gilt das „Prinzip der nationalen Verfahrensautonomie". Hierdurch wird allerdings, was durchaus umstritten ist, kein ausdrücklicher Schutz nationalen Verfahrensrechts bewirkt.[77] Dem nationalen Verfahrensrecht kommt vielmehr eine dem materiellen Gemeinschaftsrecht dienende Funktion zu.[78] Als funktionelles Gemeinschaftsrecht ist es fortan sowohl Bestandteil der nationalen als auch der gemeinschaftlichen Rechtsordnung.

Der Grundsatz der nationalen Verfahrensautonomie ist mittlerweile auch von den Mitgliedstaaten als „Herren der Verträge"[79] bestätigt worden, indem sie bekräftigen, dass „die administrative Durchführung des Gemeinschaftsrechts grundsätzlich Sache der Mitgliedstaaten gemäß ihren verfassungsrechtlichen Vorschriften bleiben muss".[80] Im Sinne des Subsidiaritätsprinzips ist im Rahmen der Konferenz von Amsterdam weiterhin beschlossen worden, dass „bewährte nationale Regelungen sowie Struktur und Funktionsweise der Rechtssysteme der Mitgliedstaaten geachtet werden" sollen.[81] Allerdings ist die Rechtsdurchsetzung grundsätzlich keine Frage der Subsidiarität.[82] Die Kompetenz bzw. die Pflicht zur Durchsetzung des Gemeinschaftsrechts ergibt sich vielmehr aus Art. 10 Abs. I EG und der unmittelbaren Anwendbarkeit des Gemeinschaftsrechts. Der Grundsatz der Subsidiarität vermag dagegen nur die Tätigkeit der Gemeinschaftsorgane einzuschränken.[83] Festzuhalten ist, dass der Vollzug des materiellen Gemeinschaftsrechts zumeist den Mitgliedstaaten obliegt, die hierbei in der Regel nach den formellen und materiellen Bestimmungen ihres nationalen Rechts vorgehen.[84] Die Folge ist ein

---

[77] So auch Möllers EuR 2002, 483, 499 m.w.N.

[78] Triantafyllou NVwZ 1992, 129, 130; zur Theorie des „dédoublement fonctionnel" siehe Zuleeg, Das Recht der Europäischen Gemeinschaften im innerstaatlichen Bereich, S. 221 m.w.N.. Dagegen: v. Danwitz DVBl. 1998, 421, 430 mit Hinweis auf die Mitgliedstaaten als aus Art. 10 EG verpflichtete Verwaltungsträger. Diese „dienende" Funktion führt aber nicht zu einer Qualifizierung der nationalen Vollzugsträger als Gemeinschaftsorgane, siehe dazu Merker S. 247.

[79] BVerfGE 89, 155, 188 ff. (Maastricht-Entscheidung); vgl. Everling in: FS Bernhardt, S. 1161 ff.; Thun-Hohenstein S. 15. Diese Stellung der MS ergibt sich daraus, dass sie allein über den Inhalt der Verträge disponieren können. Sie sind Verfassungsgeber der Union, daraus ergibt sich die „staatliche Bedingtheit des Überstaatlichen": Hollerbach AöR 1998, 122, 127.

[80] Erklärung Nr. 43 zum Vertrag von Amsterdam, abgedruckt in: Thun-Hohenstein S. 350.

[81] Nr. 7 des Protokolls über die Anwendung der Grundsätze der Subsidiarität und der Verhältnismäßigkeit, BRat-Drucks. 784/97, S. 54. Kritisch zum Subsidiaritätsprotokoll: Kenntner NJW 1998, 2871. Siehe zum Subsidiaritätsprinzip der Gemeinschaft in Verbindung mit der Rechtsprechung des Gerichtshofes: Müller, Der Europäische Gerichtshof im Spannungsfeld von Subsidiarität und Integration.

[82] Siehe dazu Schlussanträge GA Jacobs, EuGH, Rs. C-91/95 P, Tremblay u.a., Slg. 1996, I-5547, 5557.

[83] Steindorff ZHR 162 (1998), 290, 297.

[84] Streinz in: Europäisches Verwaltungsrecht, S. 241, 288; Klösters S. 12 f. m.w.N.

komplexes Ineinandergreifen der gemeinschaftlichen mit den nationalen Rechtsordnungen.[85]

(3) *Vollzugsdefizite als Folge der Anwendbarkeit nationalen Verfahrensrechts*

Die nationale Verfahrensautonomie und die unmittelbare Wirkung des Gemeinschaftsrechts im innerstaatlichen Rechtsraum bewirken vordergründig einen Dualismus der Regelungen zweier eigenständiger Rechtsordnungen. Dadurch wird ein einheitlich konzipiertes und finalorientiertes Recht[86] dem Vollzug durch 15 Rechtsordnungen mit teilweise beträchtlich unterschiedlichen Vollzugsregelungen unterworfen. Infolgedessen kann es zur unterschiedlichen Anwendung des Gemeinschaftsrechts in den einzelnen Mitgliedstaaten und damit zu einer Ineffizienz und Diversifizierung des Gemeinschaftsrechts kommen. Die Unvollständigkeit des Gemeinschaftsrechts begünstigt zudem Bestrebungen der Mitgliedstaaten und ihrer Organe, eigene Souveränitätsansprüche und partikulare Interessen zu bewahren.[87]

Diese Defizite des dezentralen Vollzugs materiellen Gemeinschaftsrechts führen auch zu den sogenannten indirekten Kollisionen.[88] Diese entstehen, wenn Normen unterschiedlicher Sach- und Kompetenzbereiche auf einen Sachverhalt angewandt werden und keine sich ausschließenden Rechtsfolgen miteinander in Widerspruch treten, sondern eine kumulative Anwendung beider Normen erforderlich ist. Während bei direkten Kollisionen das Gemeinschaftsrecht die im Wege des Anwendungsvorrangs zu findende Rechtsfolge selbst anordnet, kann bei indirekten Kollisionen anhand des Gemeinschaftsrechts nur ergebnisorientiert festgestellt werden, dass ein Rechtszustand den Interessen des Gemeinschaftsrechts widerspricht. Dies kann vor allem beim Zusammenwirken von materiellem und Verfahrensrecht

---

[85] Rodríguez Iglesias NJW 1999, 1.
[86] Müller-Graff in: Handbuch des EU-Wirtschaftsrechts, 1. Bd. A. I. Rn. 58 f.
[87] Pühs S. 120 f.
[88] Siehe dazu Komendera, der wohl zuerst diesen Begriff verwendet. Ein Wesensmerkmal des nationalen Verfahrensrechts ist die Abstimmung des Verfahrensrechts auf das materielle Recht im Hinblick auf die sich aus dem materiellen Recht ergebenden Bedürfnisse (Schwarze Europäisches Verwaltungsrecht, Band I, S. 114). Das Verfahrensrecht dient letztlich ja der optimalen Verwirklichung des materiellen Rechts. Nun ist das nationale Recht im dezentralen Vollzug zum Vollzug einer Rechtsordnung mit einem materiellen Recht, für das es nicht geschaffen wurde, berufen. Dies kann zu Inkongruenzen führen. Ähnliche Konstellationen gibt es im IPR, wenn das nationale Prozessrecht als lex fori nicht hinreichend auf das ausländische materielle Recht abgestimmt ist (dazu Huthmacher S. 126 f.).

der Fall sein.[89] Durch eine indirekte Kollision besteht nicht nur die Gefahr des uneinheitlichen Vollzugs in den verschiedenen Mitgliedstaaten, sondern vor allem auch die der inhaltlichen Beeinträchtigung des Gemeinschaftsrechts. Typischerweise geht es demnach um Verfahrens- und vollzugsbedingte Rückwirkungen auf das Gemeinschaftsrecht, die aus der Anwendung des nationalen Verfahrensrechts mangels eines umfassend kodifizierten gemeinschaftlichem allgemeinen Verfahrensrechts resultieren.[90] Das nationale Verfahrensrecht unterwirft hierbei die gemeinschaftsrechtlichen Vorschriften seinen allgemeinen Anwendungsbedingungen und stellt ihre Existenz nicht in Frage. Es dient gerade der Durchsetzung des Gemeinschaftsrechts und ist in dieser Funktion unentbehrlich, weil es erst die Ermächtigungsgrundlage für die nationalen Behörden und Gerichte schafft, das Gemeinschaftsrecht anzuwenden.[91] Andererseits kann das nationale Verfahrensrecht aber die inhaltliche Geltungskraft des materiellen Gemeinschaftsrechts verkürzen.[92] Insoweit ist die indirekte Kollision eine sehr viel subtilere Art der mitgliedstaatlichen Vollzugsverweigerung als die direkte Kollision.[93]

So stellt sich die Frage, inwieweit das Gemeinschaftsrecht der Anwendung nationalen Vollzugsrechts Beschränkungen zur Vermeidung von Beeinträchtigungen auferlegt. Aus dem allgemeinen Vorrang des Gemeinschaftsrechts vor nationalem Recht[94] folgt dabei ein Optimierungsgebot zu Gunsten des Gemeinschaftsrechts bei der Lösung indirekter Normenkonflikte.[95]

(4) Die Anforderungen an den dezentralen Vollzug von Gemeinschaftsrecht und deren Gründe

Die gemeinschaftsrechtlich begründete Anwendung der unterschiedlichen Verfahrensordnungen auf das materielle Gemeinschaftsrecht und die damit potenziell einhergehende Diversifizierung und inhaltliche Verkürzung der gemeinschaftsrechtlichen Regelungen legen die Frage nahe, wie diese Prob-

---

[89] Huthmacher S. 134 ff.; Komendera S. 141, v. Danwitz, Verwaltungsgerichtliches System, S. 115; Weber EuR 1986, 1, 3.

[90] Siehe hierzu EuGH, Rs. 33/76, Rewe, Slg. 1976, 1989, 1998; EuGH, Rs. 45/76, Comet, Slg. 1976, 2043, 2053; EuGH, verbd. Rs. 267-269/81, Petrolifera; Slg. 1983, 801, 831 f.

[91] Z.B. §§ 35 und 48 VwVfG, siehe auch EuGH, Rs. C-5/89, BUG-Alutechnik, Slg. 1990, I-3437, 3456 f. zu § 48 VwVfG.

[92] Siehe beispielsweise: EuGH, verbd. Rs. 205-215/82, Deutsche Milchkontor, Slg. 1983, 2633, 2665 f.; Weber EuR 1986, 1, 3; Rengeling/Middeke/Gellermann S. 614.

[93] Weshalb diese Terminologie auch seine Berechtigung hat, dagegen: v. Danwitz, Verwaltungsgerichtliches System, S. 115 Fn. 159.

[94] EuGH, Rs. 6/64, Costa/ENEL, Slg. 1964, 1251, 1270.

[95] Für ein solches Optimierungsgebot auch: Kadelbach S. 486.

leme zu Gunsten der beteiligten Rechtsordnungen zu lösen sind. Die Ziele, sowohl das materielle Gemeinschaftsrecht möglichst unverfälscht im innerstaatlichen Raum wirken zu lassen als auch gleichzeitig die unterstützende Kraft des nationalen Rechts in Anspruch zu nehmen, werfen potenzielle Konflikte auf, die mit einer starren Anwendung des Vorrangprinzips im herkömmlichen Sinne nur unzureichend gelöst werden können.[96] Der Anwendungsvorrang zu Gunsten des materiellen Gemeinschaftsrechts würde gerade das nationale Recht verdrängen, das trotz seiner einschränkenden Funktionalität für die praktische Anwendung des Gemeinschaftsrechts im innerstaatlichen Bereich unverzichtbar ist. Weil insoweit eine Regelung entsprechend dem Anwendungsvorrang nicht in Betracht kommt, muss eine andere Lösung gefunden werden, die sowohl dem gemeinschaftsrechtlichen Wirkungsanspruch als auch den Anforderungen der nationalen Rechtsordnungen genügt. Ansonsten bestünde die Gefahr, dass die nationalen Vollzugsregeln bis zum Erlass von Harmonisierungsmaßnahmen die Anwendung des Gemeinschaftsrechts behindern könnten, obwohl sie ja gerade dessen Verwirklichung dienen sollen und insoweit funktionelles Gemeinschaftsrecht darstellen. So hat der Gerichtshof sich zu einer Einwirkung auf das nationale Vollzugsrecht entschlossen und der Anwendung des nationalen Vollzugsrechts Grenzen auferlegt. In seinem Urteil zur Rechtssache „Simmenthal II“[97] hat der Gerichtshof klargestellt, dass der Vorranganspruch des Gemeinschaftsrechts auch gegenüber den in nationaler Verfahrensautonomie verbliebenen Bestimmungen greift, wenn eine Kollisionslage besteht. Auch Bestimmungen des materiellen Gemeinschaftsrechts können daher auf das nationale Verfahrensrecht unmittelbar einwirken. Letztlich hat der Gerichtshof damit herausgestellt, dass es kein nationales Recht gibt, das von den Auswirkungen des eigenständigen und vorrangigen Gemeinschaftsrechts ausgenommen ist.[98]

In seinem Grundsatzurteil zur Rechtssache „Deutsche Milchkontor“ hat der Gerichtshof zudem festgestellt, dass die Modalitäten des nationalen Rechts die Verwirklichung des Gemeinschaftsrechts nicht praktisch unmöglich machen dürfen. Ferner hat er das Gebot der Nichtdiskriminierung der Gemeinschaftsregeln gegenüber nationalen Regelungen im Verfahren begründet.[99] Damit konkretisiert der Gerichtshof zwei grundlegende Prinzipien

---

[96] So schon Huthmacher, S. 182.

[97] EuGH, Rs. 106/77, Simmenthal II, Slg. 1978, 629 ff.

[98] R. Koch S. 30; entsprechend: Ehle DVBl. 1974, 731, 732. Koch weist in diesem Zusammenhang treffend auf die Parallele zur Rechtsprechung des BVerfG zum Verhältnis des nationalen Verfassungsrechts und dem nationalen Verfahrensrecht hin. Auch hier beeinflussen die materiellen Grundrechte nicht nur materielle einfaches Recht, sondern auch das zugehörige Verfahrensrecht. Siehe dazu: Schumann S. 86 ff. und 116 ff.

[99] EuGH, verbd. Rs. 205-215/82, Deutsche Milchkontor, Slg. 1983, 2633, 2664 ff.

des Gemeinschaftsrechts für die Anwendung des Gemeinschaftsrechts durch nationale Organe im dezentralen Vollzug. Dies ist zum einen das Postulat der Funktionsfähigkeit aus Art. 10 Abs. II EG[100] zum anderen das Diskriminierungsverbot des Art. 12 EG[101]. Außerdem ist nach diesem Urteil das nationale Vollzugsrecht nur dann anzuwenden, wenn „Gemeinschaftsrecht einschließlich der allgemeinen gemeinschaftsrechtlichen Grundsätze hierfür keine gemeinsamen Vorschriften enthält“.[102]

Auch wenn es wohl grundsätzlich möglich ist, aus allgemeinen Rechtsgrundsätzen spezielle Vollzugsregelungen zu extrahieren, ist der Gerichtshof zunächst nicht diesen Weg gegangen. So wies er in seinen Urteilen zu den Rechtssachen „Express Dairy Foods“[103] und „Deutsche Milchkontor“[104] darauf hin, dass es nicht seine Aufgabe sei, „allgemeine materiell- und verfahrensrechtliche Regelungen aufzustellen, die nur von den zuständigen Instanzen erlassen werden können“. Mit dieser Einsicht des Gerichtshofes ging seine Bereitschaft einher, Besonderheiten der nationalen Rechtsordnungen beim Vollzug des Gemeinschaftsrechts bis zum Erlass harmonisierender Regelungen durch die Gemeinschaft auch dann hinzunehmen, wenn sie zu gewissen Beschränkungen des Gemeinschaftsrechts führten. Allerdings schließen auch eine Beachtung der Grundsätze der Nichtdiskriminierung und des „nicht praktisch Unmöglichmachens“ der Verwirklichung des Gemeinschaftsrechts letztlich eine insgesamt uneinheitliche Anwendung des Gemeinschaftsrechts aufgrund nationaler Verfahrensbesonderheiten nicht vollständig aus. Daher genügen diese Grundsätze für die Sicherung der Anforderungen des Gemeinschaftsrechts an den dezentralen Vollzug nicht. Vor allem dürfen die innerstaatlichen Verfahrensregeln auch der gleichzeitigen und einheitlichen Anwendung des Gemeinschaftsrechts nicht entgegenstehen.[105] Es ist den Mitgliedstaaten verwehrt, die unmittelbare Wirkung des Gemeinschaftsrechts zu verhindern[106] oder zur Durchführung einer Verordnung solche Maßnahmen zu ergreifen, die deren Tragweite verändern.[107] Generell ist der Rückgriff auf innerstaatliches Vollzugsrecht nur in dem für die Verwirk-

[100] Siehe zu diesem Zuleeg in: GTE Art. 5 m.w.N.
[101] Siehe zu diesem siehe beispielsweise: Lenaerts CDE 1991, 3; Zuleeg in: FS Börner S. 473.
[102] EuGH, verbd. Rs. 205-215/82, Deutsche Milchkontor, Slg. 1983, 2633, 2665, Rn. 17.
[103] EuGH, Rs. 130/79, Express Dairy Foods, Slg. 1980, 1887, 1900.
[104] EuGH, verbd. Rs. 205-215/82, Deutsche Milchkontor, Slg. 1983, 2633, 2667.
[105] Vgl. nur: EuGH, Rs. 48/71, Kommission/Italien, Slg. 1972, 529, 534 f.; EuGH, Rs. 39/72, Schlachtprämie für Kühe, Slg. 1973, 101, 113 ff.; EuGH, Rs. 32/72, Wasaknäcke, Slg. 1972, 1181, 1187.
[106] Vgl. nur: EuGH, Rs. 106/77, Simmenthal II, Slg. 1978, 629, 645; EuGH, Rs. 39/72, Schlachtprämie für Kühe, Slg. 1973, 101, 113 ff.
[107] EuGH, Rs. 40/69, Putensterze, Slg, 1970, 69, 80; EuGH, Rs. 34/70, Synacomex, Slg. 1970, 1233, 1241 f.

lichung des materiellen Gemeinschaftsrechts notwendigen Maße zulässig.[108] Die Mitgliedstaaten sind nicht befugt, einheitliche Auslegungsregeln für das materielle Gemeinschaftsrecht zu erlassen.[109] Diesen Erfordernissen entgegenstehendes nationales Recht haben die Organe der Mitgliedstaaten gegebenenfalls außer Anwendung zu lassen.[110] Ihnen steht somit anders als bei rein innerstaatlichen Sachverhalten beim Vollzug des Gemeinschaftsrechts eine Befugnis zur Derogation staatlichen Rechts zu.[111] Die mitgliedstaatlichen Organe dürfen das Gemeinschaftsrecht auch nicht aufgrund nationalen Vollzugsrechts einfach unangewendet lassen. Andererseits setzt das materielle Gemeinschaftsrecht zu seiner Wirksamkeit und damit zur Sicherung seiner Funktionalität die Anwendung mitgliedstaatlichen Vollzugsrechts voraus. Mit einer bloßen Verdrängung des nationalen Rechts im Falle der Kollision wird es daher in der Regel nicht getan sein. Eine Lösung wird so oftmals nur die modifizierte Anwendung nationaler Vollzugsregelungen bieten. Der durch diese Konstellation gemeinschaftsrechtlich notwendige Eingriff in die nationalen Regelungen verändert diese und bewirkt so eine neue Qualität der Einflussnahme der Gemeinschaft auf das nationale allgemeine Verfahrensrecht.[112]

II. Der Vollzug des Gemeinschaftsrechts durch deutsche Verwaltungsgerichte

Die unmittelbare Anwendbarkeit einer Vielzahl von Bestimmungen des Gemeinschaftsrechts und die sich daraus ergebende umfassende Wirkung gegenüber allen der Rechtsordnung Unterworfenen hat zur Folge, dass dem Einzelnen durch diese Regelungen Rechte und Pflichten zuteil werden[113], die im Konfliktfall gerichtlich durchsetzbar sein müssen.

1. Die Kompetenzverteilung

Beim gerichtlichen Vollzug des Gemeinschaftsrechts ergibt sich eine Handlungsbefugnis des EuGI oder des EuGH nur in den Fällen, in denen ihnen

108 EuGH, Rs. 39/70, Fleischkontor, Slg. 1971, 49, 58; EuGH, Rs. 106/77, Simmenthal II, Slg. 1978, 629, 643 f.
109 EuGH, Rs. 40/69, Putensterze, Slg, 1970, 69, 81 f.
110 EuGH, Rs. 106/77, Simmenthal II, Slg. 1978, 629, 643 f.; EuGH, Rs. 103/88, Fratelli Costanzo, Slg. 1989, 1839, 1840, 1870 f.
111 Siehe dazu Pagenkopf NVwZ 1993, 216.
112 Siehe exemplarisch für die Modifizierung des Verwaltungsverfahrensrechts: EuGH, Rs. C-24/95, Alcan, Slg. 1997, I-1591, die den Vertrauensschutz im Rahmen der Anwendung des VwVfG betrifft.
113 EuGH, Rs. 26/62, Van Gend & Loos, Slg. 1963, 1, Rn. 10.

entsprechend dem Grundsatz der begrenzten Einzelermächtigung durch die Verträge eine ausdrückliche Kompetenz zugewiesen ist. In allen anderen Fällen üben die Gerichte der Mitgliedstaaten die gerichtliche Kontrolle des Gemeinschaftsrechtsvollzugs aus. Der Rechtsschutz gegen nationale Hoheitsakte, die auf unmittelbar anwendbaren Bestimmungen des Gemeinschaftsrechts fußen, wird deshalb von den nationalen Gerichten gewährt.[114] Dies folgt schon daraus, dass unabhängig davon, ob es sich beim dezentralen Vollzug um mittelbaren oder unmittelbaren Vollzug des Gemeinschaftsrechts handelt, alle Akte der mitgliedstaatlichen Organe Teil der nationalen Staatsgewalt sind gegen die der nationale Rechtsweg offen stehen muss.[115] Der Weg zum Gerichtshof ist dem Unionsbürger in diesen Fällen regelmäßig verwehrt. Die Klagearten des EG-Vertrages sehen vor dem EuGH nur Rechtsschutz gegenüber Maßnahmen der Gemeinschaft vor.[116]

In Anbetracht des Art. 234 EG erfolgt der Rechtsschutz durch nationale Gerichte in enger Abstimmung mit dem Gerichtshof. Aus diesem Grunde kann man von einer „europäischen Gerichtsbarkeit“[117] sprechen, wenn die nationalen Gerichte die ihnen gemeinschaftsrechtlich zugedachte Funktion als Kontrollorgan im dezentralen Gemeinschaftsrechtsvollzug annehmen. Der Vollzug des Gemeinschaftsrechts obliegt damit vor allem den mitgliedstaatlichen Gerichten in ihrer Eigenschaft als funktionelle Gemeinschaftsgerichte[118].

(1) Die Pflicht zur Gewährung von Rechtsschutz

Aus dem gemeinschaftsrechtlichen Kompetenzsystem ergibt sich aber nicht nur ein Recht der mitgliedstaatlichen Gerichte zur Anwendungskontrolle des Gemeinschaftsrechts durch nationale Organe. Vielmehr haben die innerstaatlichen Gerichte nach Maßgabe der Mitwirkungspflicht des Art. 10 EG[119] den

---

[114] Fuß NJW 1966, 1782, 1783; Paehlke-Gärtner VBlBW 2000, 13, 18.

[115] Streinz in: HStR Bd. VII § 182 Rn. 5 m.w.N.; Riegel BayVBl. 1978, 289 ff.

[116] Dies ergibt sich unmittelbar schon aus den einschlägigen Vorschriften: Art. 230 Abs. I EG „Der Gerichtshof überwacht die [..] Handlungen des Rates und der Kommission“; Art. 232 Abs. I EG „unterläßt es [..] der Rat oder die Kommission“, so auch Allkemper S. 125.

[117] So Pescatore BayVBl. 1987, 33, 36; Zuleeg JZ 1994, 1, 2; Stadler WuW 1994, 824; Zuleeg, NJW 2000, 2846, 2847.

[118] Novak ,EuR 2000, 724, 725; Hirsch NVwZ 1998, 907, 910, bezeichnet daher die nationalen Gerichte als Gemeinschaftsgerichte erster Ordnung.

[119] Aus dem Art. 10 EG lassen sich nach der Rechtsprechung des EuGH konkrete Einzelpflichten extrahieren, so die Pflicht, Rechtsschutz zu gewähren, Grabitz in: Grabitz/Hilf Art. 5 Rn. 5. A.A. war zunächst GA Roemer, der eine unmittelbare Verpflichtungswirkung des Art. 10 EG gegenüber den Mitgliedstaaten wegen seiner zu „allgemeinen und unpräzisen“ Fassung ablehnte: GA Roemer in: EuGH, Rs. 14/68, Walt Wilhelm, Slg. 1969, 1, 27 f.. Siehe dazu auch Bleckmann in: Die Dynamik des Europäischen Gemeinschaftsrechts S. 193.

Rechtsschutz zu gewährleisten, der sich aus der unmittelbaren Anwendbarkeit[120] und dem Erfordernis der vollen Wirksamkeit des Gemeinschaftsrechts[121] ergibt.[122] So führt der Gerichtshof in seinem Urteil zur Rechtssache „Simmenthal II" aus, dass „jeder im Rahmen seiner Zuständigkeit angerufene staatliche Richter verpflichtet ist, das Gemeinschaftsrecht uneingeschränkt anzuwenden und die Rechte, die es dem Einzelnen verleiht, zu schützen"[123]. Außerdem habe das nationale Gericht, das im Rahmen seiner Zuständigkeit Gemeinschaftsrecht anzuwenden hat, dessen volle Wirkung sicherzustellen.[124] Soweit eine Norm des Gemeinschaftsrechts subjektive Rechte verleiht, muss daher der Rechtsweg eröffnet sein.[125]

Nach neuerer Rechtsprechung des Gerichtshofes obliegt den nationalen Gerichten ferner die Pflicht der Rechtsschutzgewährung, wenn der Rechtsweg zu den Gemeinschaftsgerichten nicht offen steht. So folgt aus Art. 10 EG die Verpflichtung mitgliedstaatlicher Gerichte, „die nationalen Verfahrensvorschriften über die Einlegung von Rechtsbehelfen möglichst so auszulegen und anzuwenden, dass natürliche und juristische Personen die Rechtmäßigkeit jeder nationalen Entscheidung oder anderen Maßnahme, mit der eine Gemeinschaftshandlung allgemeiner Geltung auf sie angewandt wird, gerichtlich anfechten und sich dabei auf die Ungültigkeit dieser Handlung berufen können".[126] Im Zweifel haben die nationalen Gerichte damit die gemeinschaftsrechtliche Pflicht, einen Rechtsbehelf zu eröffnen, selbst wenn dies in ihrem Verfahrensrecht im konkreten Fall eigentlich nicht vorgesehen ist. Dies gilt insbesondere, wenn Einzelnen der Weg der Nichtigkeitsklage vor dem EuGI mangels *individueller Betroffenheit* nicht offen steht.[127]

(2) Der Umfang der Rechtsprechungsgewalt

Der Umfang der Rechtsprechungsgewalt mitgliedstaatlicher Gerichte beim Vollzug des Gemeinschaftsrechts umfasst alle Maßnahmen der Mitgliedstaaten, die dem dezentralen Vollzug dienen. Dies gilt unabhängig davon, ob der Rechtsschutzsuchende sich gegen einen Gemeinschaftsrechtsakt wendet

---

[120] EuGH, Rs. 213/89, Factortame, Slg. 1990, 2433, 2473; EuGH, Rs. 106/77, Simmenthal II, Slg. 1978, 629, 643, Rn. 14/16.
[121] So i.E. Haibach S. 56.
[122] Jarass, Grundfragen, S. 100; Temple Lang ELR 22 (1997), 3; Zuleeg, Die Verfassung der Europäischen Gemeinschaft, S. 75 f.
[123] EuGH, Rs. 106/77, Simmenthal II, Slg. 1978, 629, 644, Rn. 21/23.
[124] EuGH, verbd. Rs. C-143/88 u. 92/88, Süderdithmarschen, Slg. 1991, I-415, 543, Rn. 30.
[125] EuGH, Rs. 33/76, Rewe, Slg. 1976, 1989, 1998 f.; siehe dazu unten 1. Teil 2. Kapitel A. IV.
[126] EuGH, Rs. C-50/00 P, UPA, EuZW 2002, 529, Tz. 42; Calliess NJW 2002, 3577, 3580; Schneider NJW 2002, 2927.
[127] Kritisch hierzu: Hilf/Hörmann NJW 2003, 1, 2 f.

oder sein Begehren auf einen Gemeinschaftsrechtsakt stützt.[128] Die Jurisdiktionsgewalt umfasst somit alle Rechte, die seitens des Bürgers gegenüber dem Staat geltend gemacht werden können.[129] Dabei wird die Pflicht und das Recht mitgliedstaatlicher Rechtsschutzgewährung durch das gemeinschaftsrechtlich begründete Kompetenzsystem begrenzt. Der im Streit befangene Rechtsakt muss tatsächlich durch nationale Organe erlassen worden sein, um die Rechtsprechungskompetenz der nationalen Gerichte zu begründen. Den nationalen Gerichten kommt somit keine Befugnis zu, in die Zuständigkeiten der Gemeinschaftsorgane einzugreifen.[130] Insbesondere steht ihnen nicht zu, Gemeinschaftsrechtsakte wegen vermuteter Ungültigkeit nicht anzuwenden, ohne in dieser Frage den Gerichtshof im Rahmen des Art. 234 EG zu konsultieren.[131]

2. *Der Vorrang des Gemeinschaftsrechts*

Der Grundsatz des Vorrangs des Gemeinschaftsrechts ist nicht auf einzelne Felder nationalen Rechts beschränkt, sondern bestimmt das Verhältnis von nationalem und Gemeinschaftsrecht schlechthin. Es prägt somit insbesondere auch das Verhältnis des nationalen Prozessrechts zu den Bestimmungen des Gemeinschaftsrechts. Darüber hinaus erhält es in diesem Verhältnis wegen der objektiven und der subjektiven Rechtsschutzfunktion des Vorranganspruchs sogar eine besondere Bedeutung.

3. *Das anwendbare Prozessrecht*

Grundsätzlich mangelt es dem Gemeinschaftsrecht auch an einem kodifizierten allgemeinen Prozessrecht für den dezentralen Vollzug. Diese Lücke hat der Gerichtshof schon 1976 in seinem Urteil zur Rechtssache „Rewe“[132] mit der Begründung des Grundsatzes der nationalen Verfahrensautonomie weitgehend geschlossen. Danach ist es grundsätzlich Sache der nationalen

---

[128] EuGH, verbd. Rs. C-143/88 u. 92/88, Süderdithmarschen, Slg. 1991, I-415, 541, Rn. 20; EuGH, Rs. C-68/95, T. Port, Slg. 1996, I-6065, 6103, Rn. 51.
[129] EuGH, Rs. 8/81, Becker, Slg. 1982, 53, 71, Rn. 25.
[130] EuGH, Rs. C-68/95, T. Port, Slg. 1996, I-6065, 6104 f.; siehe dazu 1. Teil 2. Kapitel A. VI. 2., kritisch dazu: Weber DÖV 1997, 624.
[131] EuGH, Rs. 314/85, Foto-Frost, Slg. 1987, 4199, 4230 f.; siehe dazu jetzt auch den Vorschlag zur Neufassung des Art. 234 EG durch die Reflexionsgruppe über die Zukunft des Gerichtssystems der Gemeinschaften, NJW 2000 Anhang, Art. 234 Abs. V, der von einer Vorlagepflicht jedes Gerichtes ausgeht, das einen Gemeinschaftsrechtsakt wegen vermuteter Ungültigkeit nicht anwenden will, Rabe EuR 2000, 811, 815 f.
[132] EuGH, Rs. 33/76, Rewe, Slg. 1976, 1989, 1999.

Rechtsordnung, die jeweils zuständigen nationalen Gerichte und die Verfahrensmodalitäten zu bestimmen.[133]

4. *Vollzugsdefizite als Folge der Anwendbarkeit nationalen Prozessrechts*

Der Vorranganspruch des Gemeinschaftsrechts und das Erfordernis der Funktionsfähigkeit der Gemeinschaft kann insbesondere auf dem Gebiet des Prozessrechts mit dem Prinzip der nationalen Verfahrensautonomie in Konflikt geraten. Angesichts der zum Teil erheblichen Unterschiede in der Ausgestaltung der Prozessordnungen der fünfzehn Mitgliedstaaten der Gemeinschaft[134] führt der Grundsatz der nationalen Verfahrensautonomie im Verwaltungsprozessrecht nahezu zwangsläufig zu Anwendungsunterschieden des Gemeinschaftsrechts und damit zu Problemen für die einheitliche und uneingeschränkte Wirksamkeit des Gemeinschaftsrechts in allen Mitgliedstaaten. Aufgrund der Lückenhaftigkeit der gemeinschaftsrechtlichen Regeln für den dezentralen Vollzug hat der Gerichtshof die Besonderheiten des nationalen Prozessrechts oftmals auch dann hingenommen, wenn dies zum Nachteil gemeinschaftsrechtlicher Bestimmungen geschah.[135]

5. *Die Anforderungen an den dezentralen Vollzug*

Entsprechend den allgemeinen Regelungen des EG-Vertrages haben die nationalen Gerichte die im Gemeinschaftsrecht begründeten Regelungen hinsichtlich der objektiven und subjektiven Rechte entsprechend dem in Art. 10 EG festgeschriebenen Grundsatz der Mitwirkungspflicht durchzusetzen.[136] In diesem Rahmen sind sie nach Art. 10 EG, der auch die Gerichte als Teil der Mitgliedstaaten mittelbar bindet[137], verpflichtet, alle geeigneten Maßnahmen zu treffen, um die Anwendung und die praktische Wirksamkeit des Gemein-

---

[133] EuGH, Rs. 265/78, Ferwerda, Slg. 1980, 617, 629; EuGH, Rs. C-242/95, GT-Link A/S, Slg. 1997, I-4449, 4472; Rengeling DVBl. 1986, 308; Schlemmer-Schulte EuZW 1991, 309; Weber EuR 1986, 1, 13; Rengeling/Middeke/Gellermann S. 615; Neben den bereits erläuterten Grundlagen fußt der Grundsatz der nationalen Verfahrensautonomie auch auf dem Grundsatz der lex fori, dessen Geltungsbereich über den der Zivilgerichtsbarkeit hinausgeht (Kegel § 22 III).

[134] Siehe Huthmacher S. 203 ff.

[135] EuGH Rs. 33/76, Rewe, Slg. 1976, 1989, 1998; EuGH, Rs. 45/76, Comet, Slg. 1976, 2043, 2053; EuGH, Rs. 61/79, Denkavit, Slg. 1980, 1205, 1225; siehe auch Rengeling in: GS Sasse, S. 205 und Huthmacher S. 77 ff.

[136] St. Rspr. seit EuGH, Rs. 213/89, Factortame, Slg. 1990, 2433, 2473 m.w.N.

[137] EuGH, Rs. 13/68, Salgoil, Slg. 1969, 679, 693; EuGH, Rs. C-304/90, Saumon, Slg. 1991, I-5505, 5528, Rn. 12; EuGH, Rs. 265/78, Ferwerda, Slg. 1980, 617, 629

schaftsrechts zu gewährleisten.[138] So hat der Gerichtshof klargestellt, dass die Verfahrensmodalitäten zur Geltendmachung gemeinschaftsrechtlicher Ansprüche im innerstaatlichen Verfahren nicht ungünstiger sein dürfen als bei rein innerstaatlichen Verfahren und dass die Verfahrensmodalitäten die Ausübung gemeinschaftsrechtlicher Ansprüche nicht praktisch unmöglich machen dürfe.[139] Diese den Grundsätzen der Funktionsfähigkeit (Art. 10 Abs. II EG) und des Diskriminierungsverbots (Art. 12 EG) entspringende Rechtsprechung führt dazu, dass das nationale Verfahrensrecht im Wege des Anwendungsvorrangs zurücktritt.[140] Ist eine gemeinschaftsrechtskonforme Auslegung des nationalen Rechts aufgrund des eindeutig entgegenstehenden Wortlauts und des klar erkennbaren entgegenstehenden Willens des Gesetzgebers[141] nicht möglich, darf die Norm nicht angewandt werden, wenn sie dem Anspruch der gemeinschaftsrechtlichen Regelung auf unmittelbare Wirkung und praktische Wirksamkeit entgegensteht.[142] Insoweit sind die Gerichte der Finalität des Gemeinschaftsrechts verpflichtet. Dies entspricht auch der vom BVerfG anerkannten[143] Befugnis nationaler Fachgerichte zur „legal review" nationalen Rechts auch in bezug auf das nationale Prozessrecht.[144] Mangelt es diesem an wirksamen prozessualen Instrumenten zur Durchsetzung des gemeinschaftsrechtlich geforderten Rechtsschutzes, hat das nationale Gericht das Gemeinschaftsrecht aus eigener Entscheidungsbefugnis anzuwenden.[145] Das bedeutet, dass das nationale Gericht gemeinschaftsrechtlich befugt und gegebenenfalls verpflichtet ist, die Modalitäten der Rechtsschutzgewährung im Rahmen der Erfordernisse des Gemeinschaftsrechts selbst festzulegen.[146]

Festzuhalten ist demnach, dass der Gerichtshof ursprünglich sowohl die institutionelle als auch die verfahrensmäßige Autonomie der Mitgliedstaaten mangels Harmonisierung anerkannt hat und nur aus Gründen des Vorrangs und der einheitlichen Anwendung des Gemeinschaftsrechts Einschränkungen vornahm. Nach der ursprünglichen Rechtsprechung des Gerichtshofes[147] war das nationale Vollzugsrecht dann und insoweit anwendbar, als es den ge-

---

[138] EuGH, Rs. C-352/52, Milchwerke Köln/Wuppertal, Slg. 1994, I-3385, 3407, Rn. 23; EuGH, Rs. C-326/88, Hansen, Slg. 1990, I-2911, 2935, Rn. 17.

[139] EuGH Rs. 33/76, Rewe, Slg. 1976, 1989, 1998; EuGH, Rs. 45/76, Comet, Slg. 1976, 2043, 2053; EuGH, Rs. 265/78, Ferwerda, Slg. 1980, 617, 629; Schlemmer-Schulte EuZW 1991, 309.

[140] EuGH, Rs. 249/85, Albako, Slg. 1987, 2345, 2359.

[141] Die Grenze der Auslegung im deutschen Recht nach BVerfGE 18, 97, 111.

[142] EuGH, Rs. 157/86, Murphy, Slg. 1988, 673, 690.

[143] BVerfGE 31, 145, 174 f.; 82, 159, 191.

[144] Siehe dazu bereits oben, 1. Teil, 1. Kapitel C. I., 6. (4).

[145] GA Tesauro EuGH, Rs. 213/89, Factortame, Slg. 1990, 2433, 2454, Rn. 14; Haibach S. 129.

[146] So GA Tesauro EuGH, Rs. 213/89, Factortame, Slg. 1990, 2433, 2463, Rn. 33; Haibach S. 129.

[147] EuGH, Rs. 205-215/82, Deutsche Milchkontor, Slg. 1983, 2633.

meinschaftsrechtlichen Anforderungen entsprach. Insbesondere durch die neuere Entwicklung auf dem Gebiet des nationalen vorläufigen Rechtsschutzes im dezentralen Vollzug[148] hat der Gerichtshof nun aber seine ursprüngliche Zurückhaltung aufgegeben und über diese Grundsätze hinaus Modifikationen des nationalen Verfahrensrechts im Gemeinschaftsrechtsvollzug vorgenommen. Welchen gemeinschaftsrechtlichen Anforderungen das nationale Prozessrecht unterliegt, hat der Gerichtshof noch nicht abschließend entschieden.[149]

6. *Vollzugsdefizite durch richterliche Interimsmaßnahmen*

Neben der Entwicklung auf dem Gebiet der Staatshaftung[150] und des Beihilferechts[151] hat vor allem die Rechtsprechung des Gerichtshofes zu Fragen der Gewährung vorläufigen Rechtsschutzes bei der Anwendung des Gemeinschaftsrechts durch nationale Gerichte eine neue Qualität der Einwirkung der Gemeinschaft auf das nationale allgemeine Verfahrensrecht bewirkt. Diese Entwicklung, die ihren vorläufigen Höhepunkt in den Urteilen zu den Rechtssachen „Zuckerfabrik Süderdithmarschen", „Atlanta" und „T. Port" fand, begann mit dem Urteil des Gerichtshofes in der Rechtssache „Factortame".[152]

(1) Das Gebot vorläufiger Rechtsschutzgewährung

Durch die Entscheidung in der Rechtssache „Factortame" stellte der Gerichtshof erstmals das Gebot der Gewährung vorläufigen Rechtsschutzes im dezentralen Vollzug auf.

(a) Die Entscheidung des Gerichtshofes

Der Entscheidung des Gerichtshofes lag eine Änderung des Merchant Shipping Act und der Merchant Shipping Regulations zugrunde, derzufolge nur solche Fischereifahrzeuge in dem britischen Schifffahrtsregister eingetragen

---

[148] EuGH, verbd. Rs. C-143/88 u. 92/88, Süderdithmarschen, Slg. 1991, I-415 ff.; EuGH, Rs. C-465/93, Atlanta, Slg. 1995, I-3761 ff.

[149] Stüer/Rude DVBl. 1999, 154, 156.

[150] Siehe insbesondere: EuGH, verbd. Rs. C-6/90 und C-9/90, Francovich, Slg. 1991, I-5357 ff.; EuGH, verbd. Rs. C- 46/93 und C-48/93, Brasserie du Pècheur, Slg. 1996, I-1029 ff.; EuGH, verbd. Rs. C-178/94 u.a., Dillenkofer, Slg. 1996, I-4845 ff.

[151] Siehe nur: EuGH, Rs. C-24/95, Alcan, Slg. 1997, I-1591 ff.

[152] Siehe zum Suspensiveffekt des deutschen Verwaltungsrechts: EuGH, Rs.C-217/88, Tafelweindestillation, Slg. 1989, I-2903, 2903, siehe hierzu Sommermann, FS Blümel S. 523 und Jannasch NVwZ 1999, 495, 496.

werden konnten, die überwiegend im Eigentum in Großbritannien ansässiger britischer Staatsangehöriger standen.[153] Überwiegend im Eigentum nicht in Großbritannien ansässiger britischer Staatsangehöriger stehende Gesellschaften erhoben gegen das neue Gesetz Klage mit der Begründung, es verstoße gegen die Art. 43, 12 und 294 EG. Gleichzeitig beantragten sie mangels Suspensiveffektes der Klage die Aussetzung der Vollziehung des Gesetzes bis zur endgültigen Entscheidung über die Vereinbarkeit des Gesetzes mit dem Gemeinschaftsrecht, weil ihnen andernfalls ein nicht wiedergutzumachender Schaden drohe. Nach britischem Verfassungsrecht aber war ein Akt des Parlaments „sakrosankt" und bis zur Aufhebung durch das Parlament selbst anwendbar, solange er nicht vom Gerichtshof als mit dem Gemeinschaftsrecht unvereinbar erklärt wurde.[154] Eine auch nur vorläufige Außerkraftsetzung des Rechtsaktes war nicht vorgesehen. Das in letzter Instanz befasste House of Lords legte dem Gerichtshof die Frage vor, ob die britischen Gerichte befugt und/oder verpflichtet seien, Parlamentsgesetze vorläufig auszusetzen, um die Durchsetzung vorrangigen Gemeinschaftsrechts sicherzustellen.

Der Gerichtshof bejahte diese Frage und stellte fest, dass das „Gemeinschaftsrecht [...] dahingehend auszulegen sei, dass ein nationales Gericht, das in einem bei ihm anhängigen, das Gemeinschaftsrecht betreffenden Rechtsstreit zu der Auffassung gelangt, dem Erlass einer einstweiligen Anordnung stehe nur eine Vorschrift des nationalen Rechts entgegen", diese Vorschrift nicht anwenden darf.[155] Er stützte sein Urteil vor allem auf den Grundsatz der Mitwirkungspflicht der Mitgliedstaaten nach Art. 10 EG, der die nationalen Gerichte dazu verpflichtet, dem Einzelnen den Rechtsschutz zu gewährleisten, der sich aus der unmittelbaren Wirkung des Gemeinschaftsrechts ergibt.[156] Das Gemeinschaftsrecht würde auch dann beeinträchtigt werden, „wenn ein mit einem nach Gemeinschaftsrecht zu beurteilenden Rechtsstreit befasstes Gericht durch eine Vorschrift des nationalen Rechts daran gehindert werden könnte, einstweilige Anordnungen zu erlassen, um die volle Wirksamkeit der späteren Gerichtsentscheidungen über das Bestehen der aus dem Gemeinschaftsrecht hergeleiteten Rechte sicherzustellen".[157] Diese Ausle-

---

[153] Zu den näheren Hintergründen: Dawn, The Modern Law Review 54 (1991) S. 442 ff.

[154] R. v. Secretary of State for Transport ex p. Factortame Ltd., Englisch Court of Appeal, Judgement (Lord Donaldson M.R.), (1989) 2 CMLR S. 353, 392 ff.

[155] EuGH, Rs. 213/89, Factortame, Slg. 1990, I-2433, 2475.

[156] St. Rspr.: EuGH, Rs. 213/89, Factortame, Slg. 1990, I-2433, 2473; EuGH, Rs. 33/76, Rewe, Slg. 1976, 1989, 1998. Siehe dazu zuletzt: EuGH, Rs. C-1/99, Kofisa Italia Srl, TB 1/2001, S. 11 f., EuGH, Rs. C-226/99, Siples Srl, TB 1/2001, S. 13 f.

[157] EuGH, Rs. 213/89, Factortame, Slg. 1990, I-2433, 2473.

gung werde auch durch das von Art. 234 EG geschaffene Vorlagesystem gestützt.

(b) Bewertung

In seinem Urteil zur Rechtssache „Factortame“ hat der Gerichtshof seine Rechtsprechung zur Pflicht der Mitgliedstaaten, im Zuge des dezentralen Vollzugs Rechtsschutz zu gewährleisten um die praktische Wirkung des Gemeinschaftsrechts sicherzustellen, bekräftigt und vertieft.[158] Der notwendige Rechtsschutz umfasst auch die Gewährung vorläufigen Rechtsschutzes, wenn anders die gemeinschaftlich begründeten Rechte nicht geschützt werden können. Selbst wenn im Ergebnis ein für die Kläger günstiges Resultat vorlag, ist dieses Urteil vor dem Hintergrund seiner Begründung eher als ein Bemühen des Gerichtshofes um eine effektive objektive Rechtskontrolle zu bewerten. Aus den Begründungserwägungen des Gerichtes ist die Sorge um die Wirksamkeit des Gemeinschaftsrechts und der Entscheidung des Gerichtshofes in Vorlagesachen für den Fall zu erkennen, dass nationale Gerichte vorläufigen Rechtsschutz verweigern.

Diese Entscheidung des Gerichtshofes bedeutet eine Abkehr von dem noch im Urteil zur Rechtssache „Deutsche Milchkontor“ bekräftigten Grundsatz, dass mangels Harmonisierung allein die mitgliedstaatlichen Vollzugsregeln für das Handeln der nationalen Organe maßgeblich sind.[159]

(2) Die Voraussetzungen der einstweiligen Vollzugsaussetzung

Nachdem der Gerichtshof in seiner „Factortame“ – Entscheidung zunächst nur das Gebot vorläufiger Rechtsschutzgewährung allgemein begründet hat, ohne dem vorlegenden englischen Gericht Hinweise auf die Ausgestaltung dieses Rechtsschutzinstitutes zu geben, hat er wenig später die Voraussetzungen einer einstweiligen Vollzugsaussetzung im Rahmen der dezentralen Gemeinschaftsrechtsanwendung mit seiner Vorabentscheidung in der Rechtssache „Süderdithmarschen“ dargelegt.

(a) Die Vollzugsaussetzung nach § 80 Abs. V VwGO und § 69 Abs. III FGO

Das deutsche Verwaltungsrecht sieht umfassende Möglichkeiten der Gewährung einstweiligen Rechtsschutzes durch die Gerichte vor. Daher ist grund-

---

[158] 1. Teil 1. Kapitel C. II. 1. (1)

[159] Schwarze, in: FS Börner S. 394.

sätzlich nicht zu erwarten, dass beim dezentralen Vollzug eine Rechtsschutzlücke wie in der Rechtssache „Factortame" auftritt.[160] Eine Lückenlosigkeit des einstweiligen Rechtsschutzes wird durch die Zweispurigkeit des Eilrechtsschutzes sichergestellt. So kann ein Rechtsschutzsuchender entweder die Vollzugsaussetzung eines Verwaltungsaktes nach § 80 Abs. V VwGO oder eine einstweilige Anordnung nach § 123 Abs. 1 VwGO beantragen. Das Verfahren gem. § 80 Abs. V VwGO hat Vorrang, soweit es um einstweiligen Rechtsschutz hinsichtlich der vorläufigen Vollziehbarkeit eines Verwaltungsaktes geht. Nach § 80 Abs. V VwGO können die Verwaltungsgerichte die aufschiebende Wirkung einer Anfechtungsklage anordnen oder, wenn die sofortige Vollziehung eines Verwaltungsaktes durch eine Behörde angeordnet wurde, die aufschiebende Wirkung wiederherstellen. Diese Anordnungen sind auch schon vor der Klageerhebung zulässig. Letztlich werden die Verwaltungsakte bei entsprechenden gerichtlichen Anordnungen außer Vollzug gesetzt. Dies gilt auch für die der Struktur nach im Wesentlichen gleichen Anordnungen im Finanzgerichtsprozess nach § 69 Abs. III FGO. Hinsichtlich der Vollzugsaussetzung nach § 69 Abs. III FGO hat der Gerichtshof erstmals bezüglich der Voraussetzungen der Vollzugsaussetzung den Bedarf einer gemeinschaftsrechtlichen Modifizierung gesehen.

(b) Die Entscheidung des Gerichtshofes zu den Voraussetzungen der einstweiligen Vollzugsaussetzung

Die einschlägige Entscheidung in der Rechtssache „Süderdithmarschen" erging aufgrund eines Vorabentscheidungsersuchens des Finanzgerichts Hamburg[161]. Die Antragstellerin des Ausgangsverfahrens beantragte, die Vollziehung eines Abgabenbescheides nach § 69 FGO auszusetzen und erhob Anfechtungsklage. Das Finanzgericht gab dem Aussetzungsantrag statt, weil es an der Gültigkeit der Verordnung Nr.1914/87/EWG, auf der die Forderung beruhte, zweifelte.[162] Außerdem legte es dem Gerichtshof die Frage vor, ob Art. 249 Abs. II EG nationalen Gerichten die Befugnis versage, die Vollziehung eines Verwaltungsaktes, der auf materiellem Gemeinschaftsrecht beruht, bis zur Entscheidung in der Hauptsache auszusetzen. Ferner begehrte das vorlegende Gericht zu wissen, ob sich eine Vollzugsaussetzung gegebe-

---

[160] Im Zweifel bedarf es zur Lückenfüllung richterlicher Rechtsfortbildung, siehe dazu: 1. Teil 2. Kapitel B. II. 3. (2) (c).

[161] EFG 1989, 125.

[162] Die „Tilgungsabgabe" wurde durch die auf Art. 37 EG gestützte Verordnung Nr. 1914/87 eingeführt und dient der vollständigen Tilgung der Verluste, welche die Gemeinschaft in einem Zuckerwirtschaftsjahr erleidet.

nenfalls nach nationalem Verfahrensrecht richte oder ob es gemeinschaftsrechtliche Maßstäbe gäbe.

Unter Hinweis auf seine bisherige Rechtsprechung[163] bejahte der Gerichtshof zunächst die grundsätzliche Befugnis nationaler Gerichte, im Rahmen des dezentralen Gemeinschaftsrechtsvollzugs ergangene nationale Verwaltungsakte vorläufig auszusetzen, wenn deren Rechtmäßigkeit bestritten wird.[164] Das nationale Gericht dürfe auf Gemeinschaftsrecht beruhende nationale Verwaltungsakte aber nur dann aussetzen, wenn:

- erhebliche Zweifel an dem betreffenden Gemeinschaftsrechtsakt bestünden,
- die aufgeworfene Gültigkeitsfrage dem EuGH vorgelegt werde,
- dem Antragsteller ein schwerer und irreparabler Schaden drohe, also Dringlichkeit vorliege, sowie
- das Gemeinschaftsinteresse angemessen berücksichtigt werde.[165]

(c) Die Begründung der Möglichkeit einer Vollzugsaussetzung

Zur Begründung dieser Entscheidung hat der Gerichtshof verschiedene Gesichtspunkte gegeneinander abgewogen. So verwies er zunächst darauf, dass durch die mitgliedstaatliche Gewährung vorläufigen Rechtsschutzes die volle Wirksamkeit der Verordnung in allen Mitgliedstaaten gefährdet sein könnte. Dem stünde jedoch der Aspekt gegenüber, dass die bloße vorläufige Aussetzung des Verwaltungsaktes nicht die Gültigkeit der Verordnung in Frage stellt, sondern lediglich deren Anwendung bis zur Entscheidung in der Hauptsache aufschiebt.[166] Sodann weist der Gerichtshof auf das gemeinschaftliche Rechtsschutzsystem hin, nach dem jedem Bürger im dezentralen Vollzug das Recht zusteht, in Verfahren vor den nationalen Gerichten die Gültigkeit von Gemeinschaftsrecht inzident zu bestreiten und auf eine entsprechende Vorlage an den Gerichtshof hinzuwirken. Dieses Recht würde aber gefährdet, wenn der Bürger die Vollzugsaussetzung deshalb nicht erreichen könne, weil der Gerichtshof die alleinige Verwerfungskompetenz über das Gemeinschaftsrecht innehabe.[167] Weil sowohl das Vorlage- als auch das Nichtigkeitsverfahren nach Art. 236 EG die Rechtmäßigkeitskontrolle über Gemeinschaftshandlungen bezweckten, müsse ebenso wie für das Nichtigkeitsverfahren mit Art. 242 EG auch im Rahmen des Vorlageverfahrens die

---

[163] EuGH, Rs. 314/85, Foto-Frost, Slg. 1987, 4199 ff.; EuGH, Rs. 213/89, Factortame, Slg. 1990, 2433 ff.
[164] EuGH, verbd. Rs. 143/88 und 92/88, Zuckerfabrik Süderdithmarschen, Slg. 1991, I-415 ff.
[165] ebd. S. 544.
[166] ebd. S. 540, Rn. 15.
[167] ebd. S. 541 f., Rn. 16-18.

Möglichkeit zur Erreichung vorläufigen Rechtsschutzes bestehen. Insoweit verlange der Grundsatz der „Kohärenz des Rechtsschutzsystems", wie es der Vertrag geschaffen habe, die Befugnis nationaler Gerichte zur Aussetzung von auf Gemeinschaftsrecht beruhenden Verwaltungsakten, wenn deren Rechtmäßigkeit bezweifelt wird.[168] Letztlich dürfe es für den vorläufigen Rechtsschutz keinen Unterschied machen, ob es um die Vereinbarkeit nationalen Rechts mit dem Gemeinschaftsrecht gehe oder die Gültigkeit sekundären Gemeinschaftsrechts in Frage stehe, weil die Rüge in beiden Fällen auf das Gemeinschaftsrecht selbst gestützt werde.[169] Daher versage Art. 249 Abs. II EG den nationalen Gerichten nicht die Befugnis zur Aussetzung eines auf einer Gemeinschaftsverordnung beruhenden Verwaltungsaktes.[170]

(d) Die Begründung hinsichtlich der Voraussetzungen der Vollzugsaussetzung

Hinsichtlich der Voraussetzungen der Vollzugsaussetzung wies der Gerichtshof darauf hin, dass die Rechtsordnungen der Mitgliedstaaten die Voraussetzungen der Vollzugsaussetzung unterschiedlich regelten und dies zu einer Gefährdung der einheitlichen Anwendung des Gemeinschaftsrechts führen könne. Die einheitliche Anwendung sei aber ein „Grunderfordernis der gemeinschaftlichen Rechtsordnung", weshalb in allen Mitgliedstaaten einheitliche Regelungen gelten müssten.[171] Um dies zu erreichen, zog der Gerichtshof seine Befugnis zur Vollzugsaussetzung nach Art. 242 EG als Maßstab für die Aussetzungsbefugnis nationaler Gerichte im dezentralen Vollzug heran.[172] Dieses Vorgehen begründete er mit dem Erfordernis der Kohärenz des vom Vertrag geschaffenen Rechtsschutzsystems. Die Aussetzungsbefugnis der nationalen Gerichte nach deren Verfahrensregeln entspreche der Befugnis des Gerichtshofes, bei Nichtigkeitsklagen nach Art. 230 EG den angefochtenen Gemeinschaftsrechtsakt auszusetzen.[173] Die Vorlagepflicht bei Gültigkeitszweifeln begründete der Gerichtshof damit, dass die Feststellung der Ungültigkeit eines Gemeinschaftsrechtsakts allein dem Gerichtshof vorbehalten sei.[174]

---

[168] ebd. S. 541 Rn. 18.
[169] ebd. S. 541 Rn. 19 und 20.
[170] ebd. S. 541 Rn. 21.
[171] ebd. S. 542.
[172] ebd. S. 543.
[173] ebd. S. 554.
[174] ebd. S. 552.

(e) Bewertung

Die Entscheidung des Gerichtshofes in der Rechtssache „Süderdithmarschen“ bedeutet nach den Entscheidungen vor allem in den Rechtssachen „Foto-Frost“ und „Deutsche Milchkontor“ qualitativ eine weitere Abkehr von dem reinen Prinzip der nationalen Verfahrensautonomie. Die vorangegangenen Relativierungen der nationalen Verfahrensautonomie erfolgten jedoch, ohne konkrete inhaltliche Vorgaben zu leisten und damit in das nationale Recht hinein modifizierend zu wirken. Mit seiner Entscheidung in der Rechtssache „Süderdithmarschen“ hat der Gerichtshof nicht nur Effektivitätsgebote oder Diskriminierungsverbote aufgestellt, sondern konkrete Regeln eines europäischen Verwaltungsprozessrechts entwickelt, um die Einheitlichkeit des Gemeinschaftsrechts zu wahren und die optimale dezentrale Durchsetzung der gemeinschaftlichen Interessen zu gewährleisten. Er hat das Argument der Einheitlichkeit der Gemeinschaftsrechtsanwendung nicht mehr nur dazu verwandt, nationales Recht für unvereinbar mit dem Gemeinschaftsrecht zu erklären. Vielmehr fühlte sich der Gerichtshof nunmehr befugt, die Einheitlichkeit der Gemeinschaftsrechtsanwendung als Rechtfertigung für die Modifizierung nationalen Rechts heranzuziehen. Diese Modifizierung wirkt sich im dezentralen Vollzug nicht nur auf die Vollzugsaussetzung nach § 69 FGO, sondern – wie wohl mittlerweile allgemein anerkannt – auch auf § 80 Abs. V VwGO aus.[175] Eine solche Modifizierung durch den Gerichtshof ist aber vor dem Hintergrund der nationalen Verfahrensautonomie[176] problematisch. Ferner stellt sich die Frage, ob der Gerichtshof institutionell zur Schaffung einheitlicher Verfahrensregelungen für den dezentralen Vollzug zuständig ist.

Die Einführung gemeinschaftsrechtlich einheitlicher Aussetzungskriterien im dezentralen Vollzug hat denn auch einigen Widerspruch hervorgerufen.[177] Vor allem wurde dem Gerichtshof vorgeworfen, er habe durch die Vereinheitlich und der Aussetzungskriterien unzulässig die Harmonisierungskompetenzen des Rates aus Art. 94, 95 EG für sich in Anspruch genommen und mangels Regelungslücke die Grenzen richterlicher Rechtsfortbildung überschritten.[178] Diese Kritik verkennt, dass trotz oder gerade wegen der Geltung nationaler Prozessordnungen die einheitliche Anwendung und die Effektivität der Gemeinschaftsrechtsakte gefährdet sein können und dass eine solche Gefährdung der Funktionalität des Gemeinschaftsrechts eine

---

[175] Siehe dazu nur Kopp/Schenke § 80 Rn. 154 m.w.N.; Lehr, Einstweiliger Rechtsschutz.

[176] 1. Teil 1. Kapitel C. I 6. (2).

[177] Gornig JZ 1992, 39, 40.

[178] Dänzer-Vanotti BB 1991, 1015, 1016.

richterliche Rechtsangleichung rechtfertigt.[179] Kritisiert wurde auch, dass die obligatorische Vorlagepflicht im Aussetzungsverfahren gegen den Wortlaut des Art. 234 Abs. III und IV EG verstoße[180], der eine Vorlagepflicht eigentlich nur für letztinstanzliche Gerichte vorsieht[181]. Folgt man jedoch der Rechtsprechung des Gerichtshofes, nach der unterinstanzliche Gerichte nicht zur auch nur zeitweiligen Verwerfung von Gemeinschaftsrecht befugt sind[182], dann stellt die Vorlagepflicht im Eilverfahren eine konsequente Fortführung dieser Auffassung dar, mit der der Eingriff in Art. 234 EG und der entsprechende Kompetenzzuwachs nationaler Gerichte kompensiert wird.[183]

Weil eine eigene Befugnis des Gerichtshofes, einstweilige Rechtsschutzmaßnahmen in einem laufenden Vorabentscheidungsverfahren zu erlassen, mit dessen Charakter als Zwischenverfahren, in dem der nationale Richter Herr des Verfahrens bleibt, nicht zu vereinbaren ist[184], bedarf es letztlich zur Gewährleistung der gemeinschaftlichen Rechte eines Rückgriffs auf die Regelungen des nationalen Prozessrechts für die Dauer des Vorlageverfahrens. Der einzelne Gemeinschaftsbürger wird auf diese Weise so früh wie möglich vor der Anwendung ungültigen Gemeinschaftsrechts geschützt, ohne dass er eine Nichtigkeitsklage vor dem EuGH führen müsste, für die er gewöhnlich gar nicht klagebefugt wäre. Insofern dient die Judikatur des EuGH auch der im Gemeinschaftsrecht verbürgten[185] Rechtsschutzgarantie sowie dem Gebot der Rechtsschutzeffektivität.[186] Sie ist damit nicht nur dogmatisch sondern auch praktisch richtig.

7. *Schlussfolgerungen für den Untersuchungsgegenstand*

Die gemeinschaftsrechtlichen Voraussetzungen für die Gewährung des gerichtlichen Vollzugsaufschubs führen zu einer Verklammerung von nationalem und Gemeinschaftsrecht auf dem Gebiet des vorläufigen Rechtsschutzes.[187] Hierdurch wird eine gewisse Harmonisierung der Vollzugsvorausset-

---

[179] Wagner S. 108 f.; Schwarze FS Börner S. 389, 401; zu diesem Modifizierungsgrund siehe 1. Teil 2. Kapitel A. II.
[180] Schlemmer-Schulte EuZW 1991, 307, 309.
[181] Everling, Vorabentscheidungsverfahren, S. 46 f.; siehe jetzt aber den Vorschlag zur Neufassung des Art. 234 EG durch die Reflexionsgruppe über die Zukunft des Gerichtssystems der Gemeinschaften, NJW 2000 Anhang, Art. 234 Abs. V, der eine Vorlagepflicht für jedes Gerichtes vorsieht, das einen Gemeinschaftsrechtsakt wegen vermuteter Ungültigkeit nicht anwenden will.
[182] EuGH, Rs. 314/85, Foto-Frost, Slg. 1987, 4199, 4231.
[183] Rodríguez Iglesias NJW 2000, 1889, 1893.
[184] Gehrmann S. 200; Wagner S. 34-39; Sack EuR 1985, 319, 325.
[185] EuGH, verbd. Rs. 46/87 u. 227/88, Hoechst, Slg. 1989, 2859, 2924, Rz. 19.
[186] Zu diesem vgl. 1. Teil 2. Kapitel A. IV.
[187] Haibach DÖV 1996, 60, 61.

zungen in den Mitgliedstaaten und damit eine effektivere und einheitlichere Anwendung des Gemeinschaftsrechts bewirkt. Die Entscheidungen des Gerichtshofes in den Rechtssachen „Factortame" und „Süderdithmarschen" hatten Auswirkungen auf seine bald folgenden Entscheidungen zur Zulässigkeit und zu den Voraussetzungen des Erlasses einstweiliger Anordnungen im dezentralen Vollzug.[188] Dies lag nahe, weil der Gerichtshof einige Leitlinien seiner Entscheidungsfindung des öfteren als allgemeine Grundsätze hervorgehoben hat. So orientiert sich der Maßstab, nach dem vorläufiger Rechtsschutz zu gewähren ist, nach Ansicht des Gerichtshofes grundsätzlich an den entsprechenden Voraussetzungen des Primärrechts.[189] Dies betrifft sowohl die Voraussetzungen für den Erlass einstweiliger Maßnahmen, als auch deren Zulässigkeit. Insoweit präjudizierte die Rechtsprechung des Gerichtshofes zur Vollzugsaussetzung die Anforderungen an andere Formen des vorläufigen Rechtsschutzes. Zur Findung der konkreten Voraussetzung der Gewährung vorläufigen Rechtsschutzes bedürfte es mangels ausdrücklicher gemeinschaftsrechtlicher Regelung einer Rechtsfortbildung. Diese Entwicklung harmoniert im Übrigen auch mit der im deutschen Verwaltungsprozess angelegten Zweispurigkeit des Eilrechtsschutzes, nämlich durch die Vollzugsaussetzung, insbesondere durch § 80 Abs. V VwGO, und die einstweilige Anordnung nach § 123 VwGO.

Die erörterten Fälle haben exemplarisch gezeigt, dass eine Lösung entsprechend dem Anwendungsvorrang des Gemeinschaftsrechts, der eine Verdrängung entgegenstehenden nationaler Bestimmungen bewirkt, in Fällen der indirekten Kollision aufgrund der existenziellen Bedeutung des nationalen Verfahrensrechts für die Verwirklichung des materiellen Gemeinschaftsrechts unzweckmäßig ist. Ein Vollzug materiellen Gemeinschaftsrechts nach rein nationalem Recht bietet im Konfliktfall keine adäquate Lösung, weil dies gegebenenfalls zu nicht hinnehmbaren Verwerfungen der gemeinschaftlichen Rechtsordnung führt. Aus diesem Grunde verbleibt nur die Lösung des Gerichtshofes, die letztlich eine Modifizierung des nationalen Rechts beinhaltet. Dies erscheint problematisch, weil es sich bei dem anzuwendenden Verfahrensrecht um nationales Recht handelt. Der Gerichtshof würde demnach durch die Modifikation anscheinend neues nationales Recht setzen.[190] Dies trifft jedoch nicht zu, weil es sich bei den modifizierten Regelungen im konkreten Anwendungsfall um funktionelles Gemeinschaftsrecht handelt und nur für Fälle mit Gemeinschaftsrechtsbezug die vom Gerichtshof entwickelten Voraussetzungen gelten. Insoweit wirkt das nationale Verfahrensrecht quasi

---

[188] EuGH, Rs. C-465/93, Atlanta, Slg. 1995, I-3761; siehe 2. Teil 1. Kapitel B. und C.

[189] Schoch, JZ 1995, 109, 114; Rengeling/Middeke/Gellermann S. 626.

[190] Scholz DÖV 1998, 261 spricht davon, dass der Gerichtshof implizit nationales Verfahrensrecht setzten würde.

als Bestandteil des autonomen Gemeinschaftsrechts. Abgesehen von freiwilligen Rezeptionen[191] haben diese Modifizierungen keinerlei Auswirkungen auf rein innerstaatliche Sachverhalte. Dem modifizierten Recht obliegt allein die Verwirklichung materiellen Gemeinschaftsrechts, obschon es ursprünglich national gesetzt ist. Mit anderen Worten: die Geltung und Anwendung nationalen Verfahrensrechts bezieht ihre Legitimation in diesem Fall aus ihrer konkreten *gemeinschaftsrechtlichen Funktionalität*. Dies kann im Lichte des anderen Rechtsquellen entspringenden materiellen Rechts eine Anwendungsidentität zu rein nationalen Fällen ausschließen, was im Umkehrschluss eine *Anwendungsdisparität* rechtfertigt. Der Anwendungsbereich des nationalen Verfahrensrechts wird durch diese gemeinschaftsrechtliche Einflussnahme nicht eingeengt, sondern gerade auf gemeinschaftsrechtlich beeinflusste Sachverhalte ausgedehnt.

III. Der Vollzug des Gemeinschaftsrechts durch deutsche Zivilgerichte

Neben dem Wirtschaftsverwaltungsrecht ist auch das Privatrecht erheblichen gemeinschaftsrechtlichen Einflüssen ausgesetzt. Die Rechtssetzungstätigkeit war diesbezüglich bisher von einem „selektiven Ansatz“[192] gekennzeichnet. Es wurden nur bestimmte Teilbereiche des Zivilrechts harmonisiert. Allerdings gibt es verstärkte Bemühungen um eine möglichst weitreichende Angleichung des Privatrechts.[193] Aber schon jetzt wirken zahlreiche Regelungen des primären, insbesondere aber des sekundären Gemeinschaftsrechts auf die Gestaltung der Privatrechtsverhältnisse in den Mitgliedstaaten ein.[194]

---

[191] So hat die Entscheidung des Gerichtshofes in der Rechtssache „Factortame“ Wirkung über den mitgliedstaatlichen Vollzug hinaus, weil in einem späteren, rein nationalem Fall einem Ausländer die Vollzugsaussetzung seiner Abschiebung gewährt wurde: House of Lords [1993] 3 All ER 537 (HL); Jowell/Birkinshaw in: Schwarze, Das Verwaltungsrecht unter europäischem Einfluß, S. 273, 303 f.

[192] Fenyves VR 2002, 207.

[193] Siehe dazu den Vorschlag des EuP zur Angleichung des Zivilrechts (ABl. 1989 Nr. C 158/400) und den Aktionsplan der Kommission zum Europäischen Vertragsrecht (KOM (2003) 68), dazu Staudenmayer EuZW 2003, 165; Lando RIW 2003, 1; Schmidt-Kessel RIW 2003, 481.

[194] Müller-Graff NJW 1993, 13; siehe zu den einzelnen Regelungen auf dem Gebiet des Gesellschafts- und Unternehmensrechts sowie des gewerblichen Rechtsschutzes insbesondere: Behrens in: Dauses Handbuch des EU-Wirtschaftsrechts, 1. Bd. E. III. und Lutter, Europäisches Unternehmensrecht; Kilian, Europäisches Wirtschaftsrecht Rn. 372 ff.; siehe auch: Michlitz ZEuP 1998, 253; Wiesner EuZW 1998, 619 ff. Kritisch zur Harmonisierung des Gesellschaftsrechts: Boucourechliev, RIW 1999, 1, 4 f. Auf das Fehlen einer Kompetenzgrundlage für eine generelle Angleichung der nationalen Privatrechtssysteme in den Verträgen weist Timmermans in ZEuP 1999, 1, 2 hin.

1. Die privatrechtliche Wirkung des Gemeinschaftsrechts im innerstaatlichen Rechtsraum

Wie im Verwaltungsrecht kommt dem Gemeinschaftsrecht auch im Privatrecht unmittelbare oder mittelbare Wirkung zu. Aus diesem Grunde ist es nicht als ausländisches Recht i.S.d. § 293 ZPO zu behandeln, weil es nicht aufgrund kollisionsrechtlicher Verweisung anzuwenden ist.[195] So sind dessen Bestimmungen geeignet, Ansprüche und Verpflichtungen der am Zivilprozess beteiligten Parteien zu begründen oder Ansprüche abzuwehren. Die jeweilige Einwirkung des Gemeinschaftsrechts folgt keiner stringenten Systematik und hat eher fragmentarischen Charakter.[196] Betrachtet man die Regelungen des Primärrechts, so kommt eine ausdrücklich privatrechtsgestaltende Wirkung lediglich den Art. 81 f. EG zu. Art. 81 Abs. I und Art. 82 EG sprechen Verpflichtungen Privater aus; Art. 81 Abs. II EG bestimmt die zivilrechtliche Unwirksamkeit verbotener Vereinbarungen und Beschlüsse.[197] Ihre Wirkung ist daher nicht lediglich auf öffentlich-rechtliche Verpflichtungen beschränkt.[198] Vielmehr erzeugen sie auch Wirkungen zwischen Privaten. Darüber hinaus hat der Gerichtshof auch dem in Art. 6, 39 Abs. II und 49 Abs. I EG verankerten Diskriminierungsverbot eine unmittelbare Wirkung für Privatrechtssubjekte zugesprochen.[199] Grund hierfür war, dass Verletzungen des Diskriminierungsverbotes durch Private letztlich ebenso die Grundfreiheiten beeinträchtigen können wie staatliche Regelungen.[200] Weiterhin hat der Gerichtshof dem Art. 141 Abs. I EG entgegen seinem Wortlaut ebenfalls eine horizontale Direktwirkung zugesprochen.[201] Hinzuweisen ist auch auf Art. 28 EG und seine Bedeutung für die gewerblichen Schutz- und Urheberrechte und das Recht des unlauteren Wettbewerbs.[202] Grundsätzlich verpflichtet das Gemeinschaftsrecht ebenso wie im Verwaltungsvollzug auch in

---

195 Schütze EWS 1990, 49, 50; ders. in: Grunsky S. 94 ff.

196 Rittner JZ 1995, 849; Coester-Waltjen Jura 1998, 320, 321.

197 Bunte in: Langen/Bunte Art. 81 Rn. 205 ff. ; Schröter in: GTE Art. 85 Rn. 157; Steindorff Jura 1992, 563.

198 EuGH, Rs. 36/74, BRT/ SABAM SV, Slg. 1974, 51, 62; EuGH, Rs. 37/79, Marty/Lauder, Slg. 1980, 4173 ff.; Schröter in: GTE Art. 85 Rn. 193; EuGH, Rs. T-51/89, Tetra Pak, Slg. 1990, II-309, 364, Rn. 42; EuGH, Rs. C-234/89, Delimitis, Slg. 1991, I-935, 992, Rn. 45.

199 EuGH, Rs. 36/74, Walrave, Slg. 1974, 1405 ff.; siehe auch EuGH, Rs. 92/92 u. 326/92, Phil Collins, Slg. 1993, I-5145, 5178 ff.

200 EuGH, Rs. 36/74, Walrave, Slg. 1974, 1405, 1419 f.; siehe zur Ausdehnung der unmittelbaren Wirkung des Art. 43 Abs. I EG auf den Privatrechtsverkehr: EuGH, Rs. 90/76, Van Ameyde, Slg. 1977, 1091, 1092, 1128.

201 EuGH, Rs. 43775, Defrenne, Slg. 1976, 455, 476.

202 Veelken JuS 1993, 269; Müller-Graff in: GTE Art. 36 Rn. 58; 89 ff.; siehe dazu EuGH, Rs. 207/83, Kommission/GB, Slg. 1985, 1201 ff.; EuGH, Rs. 238/89, Dalhausen, Slg. 1990, I-4844 ff.

Privatrechtsverhältnissen die Parteien, Maßnahmen zu unterlassen, die die Verwirklichung wesentlicher Ziele des EG-Vertrages gefährden.[203]

Neben den Regelungen des Primärrechts wirkt insbesondere das sekundäre Gemeinschaftsrecht in vielfältiger Weise in die Rechtsbeziehungen Privater ein. So wirken Verordnungen allgemein und unmittelbar auf die Rechtsbeziehungen Privater.[204] Eine besondere Bedeutung kommt im Rahmen der gemeinschaftlichen Privatrechtsgestaltung den Richtlinien gemäß Art. 249 Abs. III EG zu.[205] Eine gemeinschaftsrechtliche Einflussnahme vollzieht sich hier, mit Ausnahme der problematischen Fälle direkter horizontaler Wirksamkeit[206], grundsätzlich über die begründende Wirkung auf das nationale Umsetzungsrecht und im Wege der richtlinienkonformen Auslegung. Letztere bewirkt auch nach der Umsetzung der Richtlinie einen steten Einfluss des Gerichtshofes auf das nationale Recht. Einen materiell-rechtlichen Einfluss kennzeichnet vor allem den gewerblichen Rechtsschutz, also u.a. das Patentrecht, das Warenzeichenrecht und das Urheberrecht, sowie das Gesellschaftsrecht.[207] Auch die kartellrechtlichen Gruppenfreistellungsverordnungen sind von den mitgliedstaatlichen Gerichten unmittelbar zu berücksichtigen.[208] Genannt sei hier nur die Gruppenfreistellungsverordnung für vertikale Vereinbarungen[209], die Gruppenfreistellungsverordnung für die Versicherungswirtschaft[210] sowie die sogenannte Automobil-GVO[211]. Diese Verordnungen und die teilweise zu ihnen von der Kommission veröffentlichten Leitlinien[212], die der Interpretation der Verordnungen dienen sollen, enthalten zum Teil sehr detaillierte Regelungen, die sich unmittelbar auf die Vertragsgestaltung Privater auswirken. Zudem haben die nationalen Zivilgerichte

---

203 EuGH, Rs. 36/74, Walrave, Slg. 1974, 1405, 1419 f.; EuGH, Rs. 90/76, Van Ameyde, Slg. 1977, 1091, 1092, 1128; EuGH, Rs. 43/75, Defrenne II, Slg. 1976, 455, 473 f.

204 Streinz, Europarecht, Rn. 380.

205 Zu den durch Richtlinien determinierten Bereichen nationalen Privatrechts siehe vor allem: Behrens in: Handbuch des EU-Wirtschaftsrechts, 1. Bd. E III und Lutter, Europäisches Unternehmensrecht; Ulrich/Konrad in: Handbuch des EU-Wirtschaftsrechts, 2. Bd. C. III.; Steindorff, EG-Vertrag und Privatrecht; Müller-Graff, Privatrecht und Europäisches Gemeinschaftsrecht; Götz JZ 1994, 267; Wiesner EuZW 1998, 619; Fenyves VR 2002, 207.

206 Siehe dazu R. Koch S. 93 ff.

207 Siehe mit Nachweisen: Ullrich/Konrad in: Handbuch des EU-Wirtschaftsrechts, 1. Bd. C. III. Rn. 119 ff.; Behrens in: Handbuch des EU-Wirtschaftsrechts, 1. Bd., E III Rn. 18 ff.; Habersack Rn. 1 - 351; Schwarz, Europäisches Gesellschaftsrecht; zur Reform des Gesellschaftsrechts: Maul DB 2003, 27.

208 Steindorff, EG-Vertrag und Privatrecht, S. 332; Cour d'Appel Paris v. 9.3.90 [1990] ECC 424.

209 VO (EG) Nr. 2790/1999, ABl. L 336 vom 29.12.1999, S. 21.

210 VO (EG) Nr. 358/2003, ABl. L 53 vom 28.2.2003, S. 8.

211 VO (EG) Nr. 1400/2002, ABl. L 203 vom 1.8.2002, S. 30.

212 Siehe z.B. die Mitteilung der Kommission für vertikale Beschränkungen, ABl. C 291 vom 13.10.2000, S. 1 – Leitlinien haben allerdings keine gesetzliche Wirkung.

auch die völkerrechtlichen Verträge[213] der Gemeinschaften zu beachten. Hierzu zählt vor allem das TRIPS.[214] Ferner ist das Schuldvertragsrecht umfangreich gemeinschaftsrechtlich beeinflusst.[215] Von Bedeutung sind hier vor allem Richtlinien, die den Gesetzgeber u.a. veranlasst haben, durch das Gesetz zur Modernisierung des Schuldrechts[216] zum 1.1.2002 die ersten beiden Bücher des Bürgerliche Gesetzbuches (BGB) umfangreich zu reformieren.[217]

2. *Die Zuständigkeit nationaler Zivilgerichte*

Der Vollzug des gemeinschaftsrechtlich gesetzten Privatrechts ist durch ein Zusammenwirken des Gerichtshofes und der nationalen Zivilgerichte gekennzeichnet, die insoweit Teil der „europäischen Gerichtsbarkeit“[218] sind. Nach den allgemeinen Grundsätzen des dezentralen Vollzugs obliegt es den mitgliedstaatlichen Zivilgerichten, die unmittelbar anwendbaren Bestimmungen des Gemeinschaftsrechts als Teil der objektiven Rechtsordnung anzuwenden.[219] In diesem Rahmen sind sie als Teil der mitgliedstaatlichen Hoheitsgewalt nach Art. 10 EG[220] verpflichtet, alle geeigneten Maßnahmen zu treffen, um die Geltung und Wirksamkeit des Gemeinschaftsrechts zu ge-

---

[213] Dieses wird durch Art. 300 Abs. VII EG bewirkt. Solche Regelungen müssen hinreichend bestimmt, rechtlich vollkommen, unbefristet und zwingend sein, was insbesondere bei Unterlassungsverpflichtungen und klaren Handlungsgeboten gegeben sein kann (EuGH, Rs. 57/65, Lüttike, Slg. 1966, 257, 266; siehe dazu Arnold in: Handbuch des EU-Wirtschaftsrechts, 2. Bd. K. I. Rn. 74 ff.; aus der unmittelbaren Anwendbarkeit und der Zugehörigkeit zur Gemeinschaftsrechtsordnung folgt zugleich die Rechtsprechungsgewalt der Gemeinschaftsgerichte (Arnold in: Handbuch des EU-Wirtschaftsrechts, 2. Bd. K. I. Rn. 95) und die sich aus Art. 234 EG für die mitgliedstaatlichen Gerichte ergebenden Rechte und Pflichten (Wohlfahrt in: Grabitz/Hilf Art. 177 Rn. 22 m.w.N.).

[214] WTO-Übereinkommen über handelsbezogene Rechte des geistigen Eigentums, siehe dazu: Reichman NYJILP 29 (1996/97), 11.

[215] Siehe zum Europäischen Schuldvertragsrecht: Grundmann NJW 2000, 14 ff., insbesondere S. 19 ff. sowie Grundmann, Europäisches Schuldvertragsrecht, Gsill JZ 2001, 65 und Mosiek-Urbahn, ZRP 2000, 297, 298, diese auch zu den Herausforderungen einer weiteren Angleichung des Privatrechts. Siehe auch die Stellungnahme des Wirtschafts- und Sozialausschusses zum Europäischen Vertragsrecht (KOM (2001) 398 endg.), der für eine Vereinheitlichung des allg. Schuldvertragsrechts durch Verordnung plädiert sowie nun Aktionsplan der Kommission zum Europäischen Vertragsrecht KOM (2003) 68.

[216] Gesetz vom 26.11.2001, BGBl. I 3138.

[217] Ziegler/Rieder ZIP 2001, 1789, Nachweis der Richtlinien in Fn. 3.

[218] Pescatore BayVBl. 1987, 33 ff.; Zuleeg JZ 1994, 1, 2; siehe oben 1. Teil 1. Kapitel C. II. 1.

[219] Zu den Zivilgerichtssachen zählen nach § 13 GVG alle bürgerlich-rechtlichen Streitigkeiten, soweit die nicht der Zuständigkeit der Verwaltungsbehörden oder Verwaltungsgerichte oder besonderer Gerichte begründet oder zugelassen ist.

[220] EuGH, Rs. C-304/90, Saumon, Slg. 1991, I-5505, 5528; EuGH, Rs. C-54/96, Dorsch Consult, Slg. 1997, I-4961, 4997, Rn. 43.

währleisten. Weil die privatrechtlichen Wirkungen des Gemeinschaftsrechts vor den nationalen Gerichten durchzusetzen sind, besteht insoweit ein prozessualer Rechtsschutzanspruch.[221] So haben die Gerichte beispielsweise über Privatrechtsfolgen zu urteilen, die aufgrund von Verstößen gegen Art. 81 und 82 EG als Anspruchs- oder Einwendungsgrundlage geltend gemacht werden.[222] Im unmittelbaren und mittelbaren Vollzug des Gemeinschaftsrechts bedarf es zudem oftmals für eine Entscheidungsfindung der Klärung gemeinschaftsrechtlicher Vorfragen. Insbesondere das Zivilrecht ist von einer Vielzahl von implementierten Richtlinienbestimmungen durchsetzt, die die nationalen Gerichte im Rahmen ihrer Rechtsprechung zur Auslegung des abgeleiteten deutschen Rechts heranziehen müssen.

Obschon auch der Gerichtshof im Rahmen der zivilgerichtlichen Kontrolle tätig wird[223], ist er für die privatrechtliche Durchsetzung von Ansprüchen in aller Regel kein Eingangsgericht.[224] Die maßgebliche Abgrenzung zwischen den Kompetenzen der mitgliedstaatlichen Gerichte und der Gemeinschaftsgerichte erfolgt durch Art. 240 EG.[225] Danach sind alle Streitfälle der Zuständigkeit der mitgliedstaatlichen Gerichte entzogen, in denen die Gemeinschaft Partei ist und eine Zuständigkeit der Gemeinschaftsgerichte durch den Vertrag begründet ist. Im Rahmen des vom Vertrag geschaffenen Rechtsschutzsystems besteht somit auch eine zivilrechtliche Funktion der Gemeinschaftsgerichte, die von den nationalen Zivilgerichten zu beachten ist. Diese Zuständigkeit betrifft vor allem direkte privatrechtlich erhebliche Kontrollbefugnisse, die sich weitestgehend auf die Überprüfung der Kommissionshandlungen auf dem Gebiet des Wettbewerbsrechts, die außervertragliche Haftung der Gemeinschaftsorgane und -bediensteten[226], die Streitsachen zwischen den Gemeinschaften und ihren Bediensteten[227] sowie auf die

---

[221] Steindorff ZHR 142 (1978), 525, 530.
[222] EuGI, Rs. T-24/90, Automec II, Slg. 1992, II-2223, 2279, Rn. 90; Ebenroth/Birk, Beilage 2 zu EWS 11/96; Klocker WuW 1990, 109, 114; Esser-Wellie WuW 1995, 457; Wesseling ELR 22 (1997) 35; Novak EuR 2000, 724, 736 m.w.N.; siehe zu Einzelfällen auch Stockmann/Schultz S. 340 ff., Rn. 981 ff.).
[223] Schumann ZZP 78 (1965) 81; Rengeling/Middeke/Gellermann S. 707 f. Insbesondere bei Wettbewerbsverstößen anderer Wirtschaftsteilnehmer im Anwendungsbereich der Art. 81, 82 EG wenden sich die Beschwerdeführer nur zögernd an mitgliedstaatlichen Gerichte und Wettbewerbsbehörden: KOM ABl. EG 1999 Nr. C 132, 1 ff. Ziff. 39. Dies soll sich mit der VO (EG) 1 /2003, ABl. L Nr. 1/1, im Zuge der Stärkung der Rolle mitgliedstaatlicher Gerichte bei der Durchsetzung der Art. 81 und 82 EG ändern (siehe VO (EG) 1/2003 Erwägungsgrund 7).
[224] Schneider/Burgard EuZW 1993, 617 (Editorial).
[225] Siehe auch Art. 155 EAGV.
[226] Art. 288 Abs. II EG; für Streitigkeiten im Rahmen der vertraglichen Haftung sind dagegen die mitgliedstaatlichen Gerichte zuständig, siehe Art. 288 Abs. I EG.
[227] Art. 236 EG, Art. 152 EAGV; Rengeling/Middeke/Gellermann S. 709.

Zuständigkeit aufgrund einer Schiedsklausel nach Art. 238 EG[228] beschränken.

Der Gerichtshof ist aber auch im Rahmen von Privatrechtsstreitigkeiten nach Art. 234 EG zur letztverbindlichen Entscheidung über die Auslegung und Gültigkeit von Gemeinschaftsrechtsakten berufen.[229] Ferner ist er für die Auslegung der völkerrechtlichen Verträge der Gemeinschaft, insbesondere des TRIPS[230], zuständig. Die letztgenannten Zuständigkeiten berechtigen die Parteien eines Rechtsstreites jedoch nicht, den Gerichtshof direkt anzurufen. Aus diesem Grunde ist dem Bürger in einer Zivilrechtssache der Weg vor den Gerichtshof grundsätzlich versperrt, sofern er nicht Handlungen der Gemeinschaftsorgane angreift. Auch und gerade im zivilgerichtlichen Vollzug sind die nationalen Gerichte daher die „ordentlichen Gerichte" des gemeinschaftsrechtlichen Rechtsschutzsystems. So gilt auch im zivilgerichtlichen Verfahren vor nationalen Gerichten, dass „jeder im Rahmen seiner Zuständigkeit angerufene staatliche Richter verpflichtet ist, das Gemeinschaftsrecht uneingeschränkt anzuwenden und die Rechte, die es dem Einzelnen verleiht, zu schützen"[231].

3. *Das anwendbare Prozessrecht*

Auch im Rahmen der zivilprozessualen Durchsetzung materiellen Gemeinschaftsrechts richten sich die verfahrensrechtlichen Regelungen mangels umfassenden einheitlichen gemeinschaftlichen Verfahrensrechts grundsätzlich nach dem nationalen Zivilprozessrecht.[232] Dies betrifft die Bestimmung der zuständigen Gerichte[233] ebenso wie die Verfahrensmodalitäten der gerichtlichen Geltendmachung von Ansprüchen[234]. Auch im Zivilprozessrecht ist es Sache der nationalen Rechtsordnungen, die Verfahrensmodalitäten der gerichtlichen Geltendmachung gemeinschaftsrechtlich determinierter Rechte

---

[228] Siehe auch Art. 153 EAGV.

[229] Von den bis Ende 1993 ergangenen 2690 Vorlagen deutscher Gerichte nach Art. 234 EG (das entspricht 32 % aller Vorabentscheidungsersuchen) stammen nur 15 % (134) der ordentlichen Gerichtsbarkeit, Stadler WuW 1994, 824, 828 f.

[230] Zweifelnd noch Kilian Rn. 685, weil auch die einzelnen Mitgliedstaaten Vertragsstaaten des TRIPS sind. Nun aber EuGH, Rs. C-53/96, Hermès International/FHT Marketing Choice BV, Slg. 1998, I-3603, 3646 f. und EuGH, verbd. Rs. C-300/98 u. C-392/98, Parfums Christian Dior u. Tuk Consultancy, EuZW 2001, 117. Kritisch auch v. Bogdandy NJW 1999, 2088.

[231] EuGH, Rs. 106/77, Simmenthal II, Slg. 1978, 629, 644, Rn. 21/23.

[232] Insoweit gilt auch hier der „Grundsatz der nationalen Verfahrensautonomie", siehe dazu 1. Teil 1. Kapitel C. I. 6. (2); EuGH, verbd. Rs. C-430/93 und C-431/93, van Schijndel/van Veen, Slg. 1997, I-1711, Rn. 13, Weyer EuR 2000, 145, 146.

[233] EuGH, Rs. C-54/96, Dorsch Consult, Slg. 1997, I-4961, 4997.

[234] EuGH, Rs. 265/78, Ferwerda BV, Slg. 1980, 617, 629.

und Pflichten zu bestimmen, soweit nicht einheitliche Regelungen bestehen. Allgemein ist festzustellen, dass neben dem materiellen Zivilrecht auch das Zivilverfahrensrecht zunehmend europäisch harmonisiert wird, ohne jedoch bisher die Regelungsdichte nationaler Rechtsordnungen zu erreichen.[235]

Eine kodifizierte Ausnahme vom Prinzip der nationalen Verfahrensautonomie ist beispielsweise die Verordnung (EG) Nr. 44/2001 über die gerichtliche Zuständigkeit und die Anerkennung und Vollstreckung von Entscheidungen in Zivil- und Handelssachen, die inhaltlich auf dem Europäischen Gerichtsstands- und Vollstreckungsabkommen (EuGVÜ) basiert.[236] Ferner trat im Jahre 2001 die EG-Zustellungsverordnung in Kraft.[237] Zu beachten ist, dass der durch den Amsterdamer Vertrag eingeführte Art. 65 EG die Gemeinschaft befugt, Harmonisierungsmaßnahmen im Bereich der grenzüberschreitenden Zivilrechtspflege zu erlassen.[238] In neueren Rechtsakten der Gemeinschaft finden sich immer öfter Regelungen zum Prozessrecht.[239] So enthalten Sekundärrechtsakte auf Grundlage des Art. 249 Abs. I und Abs. II EG auch Verfahrensvorschriften.[240] Genannt sei hier nur die Markenverordnung[241] und die Richtlinie über Unterlassungsklagen zum Schutz von Verbraucherinteressen[242] sowie die Richtlinie über irreführende Werbung, die in ihrem Art. 4 die Einführung von Verfahren vorsieht, um die vorläufige oder endgültige Unterlassung irreführender Werbepraktiken zu erreichen[243]. Hinzuweisen ist auch auf Verfahrensvorschriften in internationalen Abkommen der Gemeinschaft wie dem TRIPS, dessen Art. 50 gegebenenfalls die Gewährung einstweiliger Maßnahmen zum Schutz geistigen Eigentums vorsieht.[244] Insoweit werden aber nur Mindestanforderungen an das nationale Prozessrecht aufgestellt, ohne selbst inhaltliche Regelungen zu begründen.

---

235 Einen Überblick über den Rechtsstand und zukünftige Projekte bietet Wagner NJW 2003, 2344.

236 VO (EG) Nr. 44/2001, ABl. L 12 vom 16.1.2001, S. 1; EuGVÜ: BGBl. 1972 II 774; ABl. 1972 Nr. L 299/32; zum Ratifikationsstand siehe Kreuzer/Wagner in: Handbuch des EU-Wirtschaftsrechts, 2. Bd. Q Tabelle 1; Schlosser Jura 1998, 65, 68 bezeichnet das EuGVÜ als das „Kernstück" europäischen Zivilprozessrechts. Das EuGVÜ ist teilweise nach wie vor anwendbar, siehe dazu die Begründungserwägungen zur VO (EG) Nr. 44/2001, Tz. 19 ff.

237 VO (EG) Nr. 1348/2000, ABl. Nr. L 160 v. 30.6.2000, S. 37.

238 Heß NJW 2000, 23, 27 m.w.N.; siehe jetzt auch die Europäische Zustellungsverordnung (EG) Nr. 1348/2000, NJW Beilage zu Heft 1/2001 und Heß, NJW 2001, 15, 19 f.

239 Heß NJW 2000, 23 m.w.N.

240 Siehe dazu die Übersicht bei Kreuzer/Wagner in: Handbuch des EU-Wirtschaftsrechts, 2. Bd. Q. Rn. 65-72.

241 VO (EG) Nr. 40/94, ABl. 1994 Nr. L 11/1.

242 RL 28/27/EG vom 19.5.1998, ABl. 1988, Nr. L 166/51.

243 ABl. 1984 Nr. L 250/17.

244 Siehe dazu Rs. C-53/96, Hermès International/FHT Marketing Choice BV, Slg. 1998, I-3603, 3649 ff.

Weil die nationalen Gerichte in ihrer Eigenschaft als funktionelle Gemeinschaftsgerichte verpflichtet sind, das Gemeinschaftsrecht uneingeschränkt anzuwenden und dessen praktische Wirksamkeit für die Unionsbürger zu gewährleisten, haben sie die Regelungen ihres jeweiligen Verfahrensrechts unter dem Vorbehalt der Gemeinschaftsrechtskonformität anzuwenden.[245] Die Zivilgerichte der Mitgliedstaaten haben ebenso wie die Verwaltungsgerichte die praktische Wirksamkeit und die Nichtdiskriminierung des Gemeinschaftsrechts gegenüber nationalem Recht zu wahren.[246] Sie unterliegen nicht nur der Verpflichtung zur Anwendung des Gemeinschaftsrechts mit Hilfe nationalen Verfahrensrechts, sondern auch der Verpflichtung, dem Gemeinschaftsrecht zur Effektivität zu verhelfen[247] und somit die Finalität des Gemeinschaftsrechts[248] zu beachten. In diesem Rahmen begründet Art. 10 EG die Pflicht der mitgliedstaatlichen Zivilgerichte als Teil des Mitgliedstaates[249], die Funktionsfähigkeit des Gemeinschaftsrechts zu wahren. Daraus folgt, dass das Gemeinschaftsrecht bestimmte Rechtsfolgen innerhalb des nationalen Verfahrensrechts erfordern kann, selbst wenn dessen inhaltliche Ausgestaltung grundsätzlich den Mitgliedstaaten obliegt.[250]

Ist eine gemeinschaftskonforme Auslegung des nationalen Prozessrechts nicht möglich, ist das nationale Recht im Rahmen einer „legal review" durch die nationalen Fachgerichte gegebenenfalls außer Anwendung zu lassen, weil insoweit der Vorrang des Gemeinschaftsrechts greift.[251] Dies kommt aber auch im Zivilverfahren nicht in Betracht, wenn den gemeinschaftsrechtlichen Erfordernissen mit einer bloßen Verdrängung des nationalen Rechts nicht

---

[245] Brödermann MDR 1992, 89, 94.

[246] EuGH, Rs. 810/79; Überschär, Slg. 1980, 2747, 2764 f.; EuGH, Rs. 147/79, Hochstrass, Slg. 1980, 3005, 3019; EuGH, Rs. C-430/93 u. C-431/93, Van Schijndel u. van Veen/Stichting Pensioensfonds, Slg. 1995, I-4728; EuGH, Rs. C-312/93, Peterbroek, Slg. 1995, I-4615; Weyer EuR 2000, 145, 148.

[247] EuGH, Rs. 14/83, v. Colson/Kamann, Slg. 1984, 1891, 1909.

[248] Schoch JZ 1995, 109, 115; Steinberger VVDStRL 50 (1991), 9, 19 f.

[249] EuGH, Rs. 13/68, Salgoil, Slg. 1968, 679, 693; EuGH, Rs. C-354/90, Saumon, Slg. 1991, I-5505, 5528, Rn. 12.

[250] Steindorff, EG-Vertrag und Privatrecht, S. 305.

[251] R. Koch S. 38; EuGH, Rs. 106/77, Simmenthal II, Slg. 1978, 629, 644; insoweit betrifft der Anwendungsvorrang des Gemeinschaftsrecht eben auch das nationale Verfahrensrecht. Dies gilt natürlich nur insoweit, als die nationalen Verfahrensregelungen sich nicht im Einklang mit den allgemeinen Rechtsgrundsätzen des Gemeinschaftsrechts befinden, denn diese stehen den Regelungen des primären Gemeinschaftsrechts gleich (Oppermann Rn. 488). Eine Verdrängung der nationalen Vollzugsregelungen würde daher gleichzeitig die Verletzung anderer Gemeinschaftsgrundsätze bedeuten und somit dem Ziel der Funktionsfähigkeit der Gemeinschaftsrechtsordnung abträglich sein (R. Koch S. 36).

genüge getan wird. Auch im Zivilprozessrecht wird die nationale Verfahrensautonomie somit von den zwingenden Erfordernissen des gemeinschaftlichen Rechtsschutzsystems beschränkt.

5. Vollzugsdefizite im Rahmen des Zivilrechtsschutzes

Beim zivilprozessualen Vollzug des materiellen Gemeinschaftsrechts sind grundsätzlich strukturbedingte Vollzugsdefizite möglich. Beispielhaft sollen hier einige der problematischen Konstellationen aufgezeigt werden.

So hat der Gerichtshof im Rahmen eines vom Hanseatischen Oberlandesgericht Hamburg vorgelegten Vorabentscheidungsersuchens entschieden[252], dass Art. 12 EG in Verbindung mit Art. 293 EG (ehemals Art. 220 EGV) und dem Brüsseler Übereinkommen einer nationalen zivilprozessualen Vorschrift entgegenstehe, die den Arrest schon allein deshalb zulasse, weil die Vollstreckung im Ausland stattfinden müsste.[253] Die von einer derartigen Vorschrift vorgenommene Unterscheidung sei innerhalb der Mitgliedstaaten nicht durch objektive Umstände gerechtfertigt. Dies folge schon daraus, dass alle Mitgliedstaaten Vertragsparteien des genannten Übereinkommens seien und die Voraussetzungen für die Vollstreckung und die mit ihr verbundenen Risiken deshalb in allen Mitgliedstaaten die gleichen seien.[254] Aufgrund des diskriminierenden Charakters dieser Vorschrift sei sie letztlich in gemeinschaftsrechtlich bestimmten Fällen unanwendbar.

Während die soeben geschilderte Konstellation mit einer Nichtanwendung des nationalen Rechts zu lösen ist, gestalten sich andere Fälle der indirekten Kollision schwieriger, weil das Gemeinschaftsrecht zu seinem Vollzug die Existenz des einschlägigen Vollzugsrechts erfordert und nur dessen konkrete Ausgestaltung oder die Art seiner Anwendung durch die nationale Gerichtsbarkeit den Anforderungen des Gemeinschaftsrechts widerspricht. So kann die richterliche Kontrolle des Revisionszugangs gemäß §§ 546 Abs. I Satz 1 oder § 554 b Abs. I ZPO in ihrer konkreten Ausgestaltung den Erfordernissen des Gemeinschaftsrechts widersprechen, wenn sie die Wahrnehmung der materiellen Gemeinschaftsrechte, den gemeinschaftsrechtlich ver-

---

[252] Diese Entscheidung erging vor dem Hintergrund des EuGVÜ. Auf dieses ist nicht Art. 234 EG anwendbar, sondern ein entsprechendes Auslegungsprotokoll.

[253] EuGH, Rs. C-398/92, Mund & Fester/Hatrex Internationaal Transport, Slg. 1994, I-467, 481 f.

[254] Die Schranke des Diskriminierungsverbotes soll für die Regelung der Verfahrensmodalitäten sogar dann gelten, wenn Sicherheitsleistungen wegen der Prozesskosten in Fällen verlangt wird, in denen ein bestimmter Mitgliedstaat nicht Vertragspartei des EuGVÜ war (EuGH, Rs. C-323/95, Hayes&Hayes/Kronenberger, Slg. 1997, I-1711, 1727; EuGH, Rs. C-122/96, Saldanha und MTS, Slg. 1997, I-5325, 5347).

bürgten Rechtsschutzstandard[255] oder die praktische Wirksamkeit des Art. 234 EG gefährdet.

Sind in einem Verfahren vor einem Oberlandesgericht Fragen des Gemeinschaftsrechts entscheidungserheblich, hat das Gericht scheinbar die Möglichkeit, entweder ein Vorlageverfahren einzuleiten oder die gemeinschaftsrechtliche Frage selbst zu entscheiden und die Zulassung zur Revision auszusprechen. In diesem Fall wäre es nicht mehr letztinstanzliches Gericht und hätte sich seiner Vorlagepflicht entzogen. Ein solches Vorgehen kollidiert aber mit dem Grundsatz, dass auch unterinstanzliche Gerichte zur Vorlage an den Gerichtshof verpflichtet sind, wenn sie das für ungültig gehaltene Gemeinschaftsrecht nicht anwenden wollen.[256] Auch bei Auslegungsfragen bewirkt eine Umgehung der Vorlagepflicht eine Gemeinschaftsrechtsverletzung[257], weil die Vorabentscheidung des Gerichtshofes erst aufgrund einer Vorlage durch den BGH ergehen könnte und die materiellen Gemeinschaftsrechte dadurch erst verspätet durchgesetzt würden. Eine solche Verzögerung gefährdet nicht nur die praktische Wirksamkeit des Art. 234 EG sondern auch die Gewährleistung effektiven Rechtsschutzes.[258] In diesem Fall wird eine Verdrängung des nationalen Verfahrensrechts den Erfordernissen des Gemeinschaftsrechts nicht gerecht. Vielmehr stellt das Gemeinschaftsrecht konkrete Anforderungen an die Entscheidung des Gerichtes hinsichtlich seiner ihm nach nationalen Prozessrecht eröffneten Möglichkeiten.

Problematisch ist in diesem Zusammenhang auch die Bindung des BGH an eine etwaige Nichtzulassungsentscheidung eines OLG gemäß § 546 Abs. I Satz 3 ZPO in Fällen unterlassener Vorlage. Dies widerspricht nicht nur den entsprechenden Regelungen der anderen Mitgliedstaaten[259] sondern auch der großzügigen Regelung des Art. 49 EuGH-Satzung, nach der keine Revisionszulassungsbeschränkung durch das EuGI vorgesehen ist. Dadurch, dass der BGH an diese Nichtzulassungsentscheidung gebunden ist, kann er die vom OLG unterlassene Vorlage nicht selbst durchführen, so dass die Nichtanwendung oder gegebenenfalls fehlerhafte Auslegung des Gemeinschaftsrechts durch das OLG dauerhaft aufrechterhalten bleibt. Dies hat zur Folge, dass die sich aus dem Gemeinschaftsrecht ergebenden materiellen Rechte des Klägers gegebenenfalls nicht durchsetzbar sind und zudem der Art. 234 EG in seiner praktischen Funktionalität gefährdet wird. Verhält es sich so, dass die Zulas-

---

255 Zu diesem siehe 1. Teil 2. Kapitel A. IV.
256 EuGH, Rs. 314/85, Foto-Frost, Slg. 1987, 4199, 4231.
257 Möller, Der Europäische Gerichtshof, S. 88; Weber, Rechtsfragen, S. 82; R. Koch S. 119; Lieber S. 98.
258 Habscheid in: FS von der Heydte S. 205, 219; Lenz EuZW 1993, 10, 11; R. Koch S. 120.
259 Siehe dazu den Überblick bei R. Koch S. 142 ff.

sung der Rechtsbeschwerde durch das „oberste Gericht" selbst erfolgt, besteht keine Vorlagepflicht der Vorinstanz. Hier ist allerdings die höhere Instanz verpflichtet, entweder im Stadium der Zulassungsprüfung oder später die Vorabentscheidungsfrage vorzulegen.[260]

Ein eigenständiges, unmittelbar anwendbares Zivilprozessrecht hat der Gerichtshof teilweise im Beweisrecht geschaffen. So liegt es nahe, dass die volle und gleichmäßige Durchsetzung des Gemeinschaftsrechts beeinträchtigt werden kann, wenn in jedem Mitgliedstaat verschieden hohe Anforderungen an einen Beweis gestellt werden dürfen. Deshalb hat der Gerichtshof in einer Arbeitsrechtssache entschieden, dass eine Krankenbescheinigung der Behörde eines anderen Mitgliedstaates für Ansprüche nach dem deutschen Entgeltfortzahlungsgesetz absoluten Beweiswert hat.[261] Der Gerichtshof hat insoweit zur Sicherung der einheitlichen und effektiven Durchsetzung des Gemeinschaftsrechts eine erhebliche Einschränkung[262] der richterlichen Beweiswürdigung vorgenommen.[263]

Ferner hat der Gerichtshof in jüngster Zeit den Beibringungsgrundsatz zu Gunsten einer Überprüfung missbräuchlicher Klauseln in Verbraucherverträgen[264] und der effektiven Durchsetzung der Art. 81 und 82 EG[265] eingeschränkt.

Diese Fälle zeigen exemplarisch, dass das Gemeinschaftsrecht auch außerhalb der Verordnung (EG) Nr. 44/2001 bzw. des EuGVÜ das nationale Prozessrecht beeinflusst. Der wichtigste Einwirkungsgrund ist dabei das Diskriminierungsverbot des EG-Vertrages.[266] Grundsätzlich sind aber alle Grundsätze des Gemeinschaftsrechts geeignet, Modifizierungen des nationalen Verfahrensrechts auszulösen.

IV. Der dezentrale Vollzug gemeinschaftlicher Vollstreckungstitel

Eine interessante Sonderstellung innerhalb des gemeinschaftsrechtlich geschaffenen Rechtsschutzsystems nimmt Art. 256 EG[267] ein, der die Durchfüh-

---

[260] EuGH, Rs. C-99/00, Kenny Roland Lyckeskog, EuZW 2002, 476, 478.
[261] EuGH, Rs. C-256/90, Mignini, Slg. 1992, I-2651, 2687.
[262] Schlosser Jura 1998, 65, 69.
[263] Vgl. aber auch EuGH, Rs. C-350/99, Wolfgang Lange/Georg Schünemann GmbH, TB 05/01, S. 1, 3, wo der Gerichtshof auch für das Beweisrecht den *Grundsatz* der nationalen Verfahrensautonomie bestätigt.
[264] Siehe hierzu RL 93/13/EWG, ABl. EG 1999, L 95/29 ff.; EuGH, Rs. C-240/98 und C-244/98, Océano Grupo, JZ 2001, 245.
[265] EuGH, verbd. Rs. C-430/93 und C-431/93, van Schijndel/van Veen, Slg. 1997, I-1711.
[266] So auch Schlosser Jura 1998, 65.
[267] Siehe zu der entsprechenden Regelung im EAGV: Art. 164 EAGV.

rung der Zwangsvollstreckung von Entscheidungen des Rates und der Kommission regelt.

Nach Art. 256 Abs. II Satz 1 EG richtet sich die Durchführung der Zwangsvollstreckung gemeinschaftsrechtlicher Titel gemäß Art. 256 Abs. I EG nach den Bestimmungen des nationalen Zivilprozessrechts. Während sich die Vollstreckbarkeit hoheitlicher Maßnahmen der Gemeinschaft ausschließlich nach Gemeinschaftsrecht richtet, sind für deren Durchführung die nationalen Regelungen maßgeblich. Dies bedeutet für den deutschen Rechtsraum, dass die Regelungen des achten Buches der ZPO[268] anwendbar sind. Die nationale Verfahrensautonomie ist auf dem Gebiet des Zwangsvollstreckungsrechts somit unmittelbar in die Regelungen des Primärrechts eingeflossen. Dies veranschaulicht beispielhaft das Ineinandergreifen der beiden Rechtsordnungen. Ohne die Heranziehung des nationalen Rechts ist die Anwendung des Gemeinschaftsrechts schlechthin ausgeschlossen. Der Vertrag trägt mit dieser primärrechtlichen Verweisung auf nationales Recht der Tatsache Rechnung, dass es der Gemeinschaft zum Zwangsvollzug an einem entsprechenden Verwaltungsunterbau fehlt. Außerdem offenbarten sich bei der Konzeption des EG-Vertrages gerade bei der Ausübung unmittelbaren Zwangs Vorbehalte gegenüber der innerstaatlich wirkenden Gewalt, die nicht Staatsgewalt ist.[269]

Zur Rechtsschutzgewährung nach Art. 256 Abs. IV Satz 2 EG ist allein die nationale Gerichtsbarkeit berufen, die sich wiederum auf ihre eigenen Verfahrensregelungen stützt.[270] Weil es sich bei den nationalen Vollzugsorganen um deutsche Hoheitsträger handelt, ist dies auch folgerichtig. Etwas anderes bestimmt Art. 256 Abs. IV Satz 1 EG für die *Aussetzung der Zwangsvollstreckung*. Danach obliegt es ausschließlich den Gemeinschaftsgerichten[271], die Aussetzung der Zwangsvollstreckung anzuordnen.[272] Insoweit handelt es sich um eine Maßnahme des vorläufigen Rechtsschutzes.[273]

---

[268] §§ 704-945 ZPO.

[269] Schniewind S. 49; wobei dies ursprünglich wohl auch auf völkerrechtliche Vorstellungen zurückging, nach denen nichtstaatlicher hoheitlicher Betätigung Schranken bei der Ausübung unmittelbaren Zwangs im innerstaatlichen Rechtsraum auferlegt sind, siehe Kraus in: FS Smend, S. 204.

[270] Begehrt der betroffene die Überprüfung der Ordnungsgemäßheit des Vollstreckungstitels, hat er dagegen das zuständige Gemeinschaftsgericht anzurufen, weil die nationalen Gerichte über keine Zuständigkeit zur Judikatur über Gemeinschaftshandlungen verfügt. Vgl. zur genauen Abgrenzung der Rechtsprechungskompetenzen im Einzelnen: Schmidt in: GTE Art. 192 Rn. 22 ff.

[271] Siehe Art. 46 in Verbindung mit Art. 36 EuGH-Satzung.

[272] Vgl. zur Vollstreckung von EuGH-Urteilen Art. 244 EG, der hinsichtlich der Vollstreckungsaussetzung auf Art. 256 Abs. IV EG verweist, Jacobs, Interim Measures, S. 39.

[273] Rengeling/Middeke/Gellermann S. 570; Wagner, S. 9 f.; Schmidt in: GTE Art. 192 Rn. 21 spricht von einer „systematischen Parallele"; Art. 89 Abs. II VerfOEuGH bezeichnet die Aussetzung der Zwangsvollstreckung sogar als einstweilige Anordnung. Der Gerichtshof hat seinerseits

Diese Regelung beinhaltet eine primärrechtlich bestimmte Ausnahme der in Art. 256 Abs. II Satz 1 EG begründeten nationalen Verfahrensautonomie hinsichtlich des vorläufigen Rechtsschutzes[274], der insoweit dem nationalen Rechtsschutzsystem entzogen ist.

D. Schlussfolgerungen für den Untersuchungsgegenstand

Dem nationalen Verfahrensrecht kommt im dezentralen Vollzug des Gemeinschaftsrechts ebenso wie den nationalen Vollzugsorganen eine dem Gemeinschaftsrecht dienende Funktion zu. Die nationalen Gerichte und ihr Verfahrensrecht werden selbst Teil des gemeinschaftlichen Rechtsschutzsystems. Durch dieses Zusammenwirken zweier Rechtssysteme und die Unvollständigkeit des Gemeinschaftsrechts können struktur- und anwendungsbedingte Verwerfungen innerhalb des Rechtsschutzsystems entstehen.

Das vom Gerichtshof zunächst zur Behebung solcher Vollzugsdefizite postulierte Diskriminierungsverbot genügt mittlerweile nicht mehr, um die aus dem Zusammenwirken nationalen Verfahrensrechts und gemeinschaftlichem materiellen Recht entstehenden Konflikte aufzulösen. Eine Normenkollision ist wegen der identischen Regelungsmaterie zwar denkbar, doch fehlt es dem Gemeinschaftsrecht diesbezüglich an umfassenden Normierungen, so dass das Gemeinschaftsrecht in diesen Fällen nicht auf das nationale Recht verzichten kann. Seit Ende der achtziger Jahre schränkt der Gerichtshof daher die verfahrensrechtliche Autonomie der Mitgliedstaaten beim Vollzug des Gemeinschaftsrechts ein und nimmt Modifikationen des nationalen Verfahrensrechts vor.[275] Die Folge davon ist, dass in Fällen mit Gemeinschaftsrechtsbezug eine Anwendungsdisparität national gesetzten Rechts zu rein innerstaatlichen Sachverhalten entstehen kann.

---

schon einen Antrag auf Aussetzung der Zwangsvollstreckung in einen Antrag auf allgemeine Vollzugsaussetzung umgedeutet, weil diese im Erfolgsfall auch die Zwangsvollstreckung verhindert, siehe EuGH, Rs. 107/82 R, AEG, Slg. 1982, 1549, 1552, Wagner S. 10.

[274] Dies gilt auch bis zur Eilentscheidung des EuGH hinsichtlich des konkreten Antrages. Anders: Engel DV 1992, 437, 444 f., der dem Betroffenen bis zur Eilentscheidung des Gerichtshofes einen – überflüssigen - zwischengeschalteten nationalen Eilrechtsschutz gewähren möchte.

[275] Rodríguez Iglesias EuGRZ 1997, 289 ff. und Kakouris, CMLR 34 (1997), 1389, 1394 f., 1405 f. schließen daraus, dass eine generelle Eigenverantwortung der Mitgliedstaaten für die Durchführung des Gemeinschaftsrechts vom Gerichtshof nicht „mehr“ anerkannt wird. Siehe dazu insbesondere: EuGH, Rs. C-5/89, BUG-Alutechnik, Slg. 1990, I-3437, 3456 ff., Rn. 13-17, siehe auch: EuGH, Rs. C-24/95, Alcan, Slg. 1997, I-1591 ff.; EuGH, Rs. C-66/95, Eunice Sutton, Slg. 1997, I-2163 ff.; EuGH, Rs. C-373/95, Maso Gazetta, Slg. 1997, I-4051 ff.; EuGH, Rs. C-261/95, Palmisani, Slg. 1997, I-4025 ff.; EuGH, Rs. C-127/95, Norbrook Laboratories Ltd., Slg. 1998, I-1531, 1598 f.; EuGH, verbd. Rs. C-6/90 und C-9/90, Francovich, Slg. 1991, I-5357, 5413 ff., Rn. 31-42, a.A. zu beidem: Hilf in: Schwarze (Hrsg.), Europäisches Verwaltungsrecht im Werden, S. 67, 82; Grabitz NJW 1989, 1776, 1781.

Die Maßstäbe, denen die einstweiligen Anordnungen des deutschen Prozessrechts im dezentralen Vollzug gerecht werden müssen und die im konkreten Fall eine modifizierende Einwirkung begründen können, werden nachfolgend dargestellt. Im Anschluss daran werden die methodischen Möglichkeiten einer Modifizierung nationaler Verfahrensnormen im Lichte gemeinschaftsrechtlicher Erfordernisse aufgezeigt.

Kapitel 2 Die Maßstäbe nationalen Eilrechtsschutzes im Gemeinschaftsrechtsvollzug und die Methodik einer Modifizierung

Die neuere Rechtsprechung des Gerichtshofes[276] zur Modifizierung des mitgliedstaatlichen Verfahrensrechts hat auch Auswirkungen auf die Bewertung des Erlasses einstweiliger Anordnungen im dezentralen Vollzug des Gemeinschaftsrechts.[277] Im Folgenden sollen die Grundlagen und die möglichen Methoden einer Modifizierung dargestellt werden, um dann im Teil 2 die konkreten Auswirkungen der gefundenen Ergebnisse auf die Zulässigkeit und den Inhalt einstweiliger Anordnungen im dezentralen Gemeinschaftsrechtsvollzug untersuchen zu können.

A. Die gemeinschaftsrechtlichen Maßstäbe der modifizierenden Einwirkung in das nationale Verfahrensrecht

Welchen gemeinschaftsrechtlichen Anforderungen das nationalen Prozessrecht unterliegt, hat der Gerichtshof bisher nicht abschließend entschieden.[278] In seiner bisherigen Rechtsprechung stellen einige von ihm entwickelte Grundsätze jedoch immer wiederkehrende Kernpunkte dar. Hierzu zählen vor allem der Grundsatz des einheitlichen und effektiven Vollzugs des für die Verwirklichung des Binnenmarktes relevanten materiellen Gemeinschaftsrechts sowie der Grundsatz der Kohärenz des gemeinschaftsrechtlichen Rechtsschutzsystems. Diese Prinzipien überlagern und bestimmen die gesamte Anwendung innerstaatlichen Rechts bei Sachverhalten, die dem Gemeinschaftsrecht unterliegen.[279] Diese und andere Grundsätze sind entscheidende Orientierungspunkte für die Behandlung indirekter Kollisionen zwischen nationalem Verfahrensrecht und materiellem Gemeinschaftsrecht.

---

[276] Vor allem: EuGH, Rs.C-217/88, Tafelweindestillation, Slg. 1989, I-2903, 2903 (Suspensiveffekt, siehe hierzu Sommermann, FS Blümel S. 523); EuGH, Rs. C-5/89, BUG-Alutechnik, Slg. 1990, I-3437, 3453 (Vertrauensschutz); EuGH, verbd. Rs. C-6/90 und C-9/90, Francovich, Slg. 1991, I-5357 ff. (Staatshaftung); EuGH, verbd. Rs. 143/88 und 92/88, Zuckerfabrik Süderdithmarschen, Slg. 1991, I-415 ff. (Vollzugsaussetzung); EuGH, Rs. C-24/95, Alcan, Slg. 1997, I-1591 ff. (Vertrauensschutz); EuGH, Rs. C.244/00, van Doren (Beweislastverteilung).

[277] EuGH, Rs. C-465/93, Atlanta, Slg. 1995, I-3761 ff.; EuGH, Rs. C-68/95, T. Port, Slg. 1996, I-6065 ff.

[278] Stüer/Rude DVBl. 1999, 154, 156.

[279] Kadelbach S. 487.

I. Der Grundsatz der einheitlichen Anwendung des Gemeinschaftsrechts

Das wesentliche Argument des Gerichtshofes für modifizierende Einwirkungen auf das mitgliedstaatliche Vollzugsrecht ist seit jeher das Erfordernis der einheitlichen Anwendung des Gemeinschaftsrechts.[280]

1. Die Erforderlichkeit der einheitlichen Anwendung des Gemeinschaftsrechts

Die „Gleichheit vor dem europäischen Gesetz“ für alle Mitgliedstaaten und Unionsbürger ist eine elementare Voraussetzung für die Existenz und Akzeptanz der Gemeinschaft.[281] Nur ein einheitlicher Vollzug des Gemeinschaftsrechts gewährleistet die Glaubwürdigkeit seines Geltungsanspruchs, die Integrität der gemeinschaftlichen Rechtsordnung und die Erfüllung der Aufgaben der Gemeinschaft. Die Funktionsfähigkeit der Gemeinschaft setzt die Bereitschaft der Mitgliedstaaten zum unbedingten und damit einheitlichen Vollzug des Gemeinschaftsrechts voraus. Für diese einheitliche „allgemeine“ Geltung des Gemeinschaftsrechts ist es unabdingbar, dass es nicht nationalen Vorbehalten unterworfen wird. Angesichts der Tatsache, dass die Qualität solcher Vorbehalte jeweils national bestimmt wird, würde dies zwangsläufig eine Partikularisierung des Gemeinschaftsrechts bedeuten.[282] Das Erfordernis des einheitlichen Vollzugs umfasst auch den Vollzug durch die nationalen Gerichte. Dies folgt schon daraus, dass das Gemeinschaftsrecht durch seine innerstaatliche Anwendung nicht zu nationalem Recht wird, sondern Teil der Gemeinschaftsrechtsordnung bleibt.

2. Die Herleitung des Grundsatzes der einheitlichen Anwendung des Gemeinschaftsrechts

Das Gebot der einheitlichen Anwendung des Gemeinschaftsrechts durch die Mitgliedstaaten steht in unmittelbarem Zusammenhang mit dem Gebot der Gleichheit der Mitgliedstaten und deren Bürger vor dem Gemeinschaftsrecht. Der Gleichheitssatz stellt sich hierbei als Gebot formaler Rechtsanwendungsgleichheit dar, weil es die einheitliche Anwendung des Gemeinschaftsrechts

---

[280] Oppermann Rn. 628; EuGH, verbd. Rs. 143/88 und 92/88, Zuckerfabrik Süderdithmarschen, Slg. 1991, I-415, 541, Rn. 25-26; siehe dazu auch Hatje, S. 52 ff.; Magiera DÖV 1998, 173.

[281] Oppermann Rn. 628.

[282] Siehe dazu v. Bogdandy in: Grabitz/Hilf Art. 5 Rn. 82, der darauf hinweist, dass gerade in Deutschland fast jede politische Frage verfassungsrechtlich determiniert ist und damit ein entsprechender Vorbehalt besteht. Dies gilt natürlich erst Recht für rechtliche Fragen.

in allen Mitgliedstaaten verlangt.[283] Nur die Rechtsanwendungsgleichheit schafft Gerechtigkeit vor dem Gesetz. Das Gebot der Gerechtigkeit wiederum zählt neben der Zweckrationalität des Rechts und der Rechtssicherheit zu den Zielen, die das Recht verwirklichen soll[284] und dem Gemeinschaftsrecht seinen Rechtscharakter verschafft.

Das Gebot der formalen Rechtsanwendungsgleichheit dient nach klassischem Verständnis der gleichmäßigen Anwendung der Gesetze ohne Ansehen der Person.[285] Es verlangt, dass alle Rechtsunterworfenen unter den gleichen Voraussetzungen gleichermaßen und gleichzeitig durch die Normen einer Rechtsordnung berechtigt und verpflichtet werden. Jeder wird dabei, im Guten wie im Schlechten, von den vorgesehenen Rechtsfolgen betroffen. Daher muss eine Rechtsnorm auf jeden Sachverhalt, den sie regelt, auch tatsächlich angewandt werden. Insoweit kommt dem Gleichheitssatz die Funktion zu, die einheitliche Anwendung des Rechts und somit die Einheitlichkeit der Rechtsordnung zu sichern. Versteht man das Gemeinschaftsrecht als Rechtsordnung eigener bzw. eigenständiger Art[286] leitet sich das Erfordernis seiner einheitlichen Geltung schon aus dem Gebot formaler Rechtsanwendungsgleichheit ab, ohne dass auf eine dem Gemeinschaftsrecht immanente „Gemeinsamkeit" abgestellt werden müsste.

Der Grundsatz der einheitlichen Anwendung des Rechts berührt aber auch die materielle Rechtsanwendungsgleichheit. Der mangelhafte Vollzug des Gemeinschaftsrechts durch einen Mitgliedstaat führt zwangsläufig zu einer Diskriminierung von Staatsangehörigen, die der Hoheitsgewalt eines anderen Mitgliedstaates unterworfen sind, in dem das Gemeinschaftsrecht korrekt zu seiner Verwirklichung gelangt.[287] Anders als im klassischen Völkerrecht, richtet sich das primäre und sekundäre Gemeinschaftsrecht auch an den einzelnen Bürger in der Gemeinschaft.[288] Die materielle Gleichheit, also die gleiche Wirkung einer Rechtsnorm für vergleichbare Sachverhalte, spielt gerade wegen der Anerkennung der unmittelbaren Wirkung des Gemeinschaftsrechts[289] für alle Unionsbürger eine bedeutende Rolle. Eine uneinheitliche und damit ungleiche Anwendung des Gemeinschaftsrechts auf vergleichbare Sachverhalte würde die positiven Aspekte des Binnenmarktes für den Einzelnen negieren und womöglich sogar zur einem Wettbewerbsnach-

---

283 Schwarze, Europäisches Verwaltungsrecht, Band I, S. 642.
284 Henkel S. 390; Brugger AöR 119 (1994) S. 1, 2.
285 Herzog in: Evangelisches Staatslexikon, unter dem Stichwort „Gleichheitssatz" S. 696.
286 EuGH, Rs. 26/62, Van Gend & Loos, Slg. 1963, 1.
287 Klösters S. 116.
288 Grabitz, Gemeinschaftsrecht bricht nationales Recht, S. 77 ff.
289 EuGH, Rs. 26/62, Van Gend & Loos, Slg. 1963, 1, 25; EuGH, Rs. 57/65, Lüttike, Slg. 1966, 257; EuGH, Rs. 9/70, Grad, Slg. 1970, 825; EuGH, Rs. 8/81, Becker, Slg. 1982, 53.

teil führen. Die Gleichheitsmaxime verlangt eine insoweit möglichst effektive Angleichung mitgliedstaatlicher Regelungen[290], die allerdings mit den Grundsätzen der funktionalen Zweckmäßigkeit[291] und der Rechtssicherheit[292] in Einklang gebracht werden müssen.

Konkret wird der Grundsatz der einheitlichen Anwendung des Gemeinschaftsrechts in verschiedenster Art begründet. Frühe Versuche der dogmatischen Herleitung zogen das Prinzip der Gleichheit der Mitgliedstaaten[293] neben den Art. 10 Abs. II und 12 EG[294] oder Art. 1 EG[295] heran. Des Weiteren bezog man sich auf den Grundsatz der Rechtssicherheit[296] und auf den Grundsatz der unmittelbaren Geltung des Gemeinschaftsrechts aus Art. 249 Abs. II EG.[297] Der EuGH hat nunmehr von einer derartigen Herleitung Abschied genommen und verweist schlicht auf ein entsprechendes Grunderfordernis der gemeinschaftlichen Rechtsordnung.[298] Es fällt auf, dass all diese Vorschläge einleuchten. Betrachtet man die grundsätzlichen Überlegungen zum Einheitlichkeitsgebot, verwundert dies nicht besonders, denn die angesprochenen Aspekte haben allesamt ihren gemeinsamen Ausgangspunkt in dem Grundsatz der funktionellen und materiellen Rechtsanwendungsgleichheit. Die einheitliche Anwendung des Rechts und damit die Rechtsanwendungsgleichheit ist ein Grunderfordernis einer jeden Rechtsordnung[299] und beruht deshalb schon auf dem Rechts- und Gemeinschaftscharakter der Gemeinschaft.

---

[290] Nettesheim in: GS Grabitz S. 447, 450.

[291] Dieser Grundsatz besagt, dass einzelne Mitgliedstaaten nicht eigenmächtig aus gemeinschaftlichen Rechten und Pflichten ausscheren dürfen, um der Verteilung der „Kosten und Nutzen" im Sinne des politisch ausgehandelten Kompromisses zu verteilen. Tun sie dies, ist ein Einschreiten seitens der Gemeinschaft geboten und gerechtfertigt, Nettesheim in: GS Grabitz S. 447, 451.

[292] Die vor allem hinsichtlich des „Wie" der einheitlichen Wirkung von Bedeutung ist, Nettesheim in: GS Grabitz S. 447, 452.

[293] EuGH, Rs. 39/72, Kommission/Italien, Slg. 1973, 101, 106 - „Gleichheit vor dem Gesetz für alle Mitgliedstaaten und EG-Bürger.; Hallstein, Der unvollendete Bundesstaat S. 33.

[294] EuGH, Rs. 6/64, Costa/ENEL, Slg. 1964, 1251, 1270.

[295] EuGH, Rs. 93/71, Orsolina Leonesio, Slg. 1972, 287, 296.

[296] GA Capotorti EuGH, Rs. 101/78, , Slg. 1979, 623, 642.

[297] EuGH, Rs. 6/64, Costa/ENEL, Slg. 1964, 1251, 1269 f.; Ipsen, Gemeinschaftsrecht, S. 280.

[298] EuGH, verbd. Rs. 143/88 und 92/88, Zuckerfabrik Süderdithmarschen, Slg. 1991, I-415, 542, Rn. 26; siehe dazu auch: Hallstein RTDE 1965, 247, 251.

[299] Dieser Grundsatz wird nicht durchbrochen durch das Konzept der „abgestuften" bzw. „differenzierten" Integration, nach der einzelne Mitgliedstaaten vorübergehend von der einheitlichen Geltung gemeinschaftlicher Regelungen ausgenommen sind. (siehe dazu Grabitz, Abgestufte Integration, 1984; Forgó, IEF Working Paper Nr. 23 S. 1 ff.; siehe zum Amsterdamer Vertrag: Thun-Hohenstein S. 114 ff.) In diesem Falle wären einzelne Mitgliedstaaten per kodifizierten Gemeinschaftsrecht, also von vornherein, von der Geltung von Gemeinschaftsrecht ausgenommen.

3. *Das Gebot der einheitlichen Anwendung des Gemeinschaftsrechts in der Rechtsprechung des Gerichtshofes*

Das Prinzip der „einheitlichen Anwendung des Gemeinschaftsrechts“ hat in der Rechtsprechung des Gerichtshofes eine lange Tradition[300], die mit seiner Entscheidung in der Rechtssache Costa/ENEL[301] begann. In dieser Entscheidung stellte der Gerichtshof fest, dass das Gemeinschaftsrecht nicht „je nach der nachträglichen innerstaatlichen Gesetzgebung von einem Staat zum anderen eine unterschiedliche Geltung“ haben dürfe.[302] Anfangs diente der Grundsatz der einheitlichen Anwendung des Gemeinschaftsrechts der Sicherung der Geltungskraft des Gemeinschaftsrechts in den Mitgliedstaaten gegenüber Einwirkungen durch mitgliedstaatliche Rechtsordnungen. Dadurch sollten die einheitliche Geltungskraft[303] und der Inhalt[304] gemeinschaftsrechtlicher Regelungen vor einer Beeinflussung durch innerstaatliches Recht geschützt werden. Damit hatte das Prinzip von der einheitlichen Anwendung des Gemeinschaftsrechts einen defensiven Charakter. Insoweit basierte der Grundsatz unmittelbar auf dem Grundsatz der Funktionssicherung des Gemeinschaftsrechts[305] und war daher mit der jeweils anzuwendenden Norm quasi akzessorisch verbunden. War eine nationale Norm mit der einheitlichen Anwendung einer gemeinschaftsrechtlichen Norm nicht zu vereinbaren, wurde sie für unvereinbar mit dem Gemeinschaftsrecht und daher für nicht anwendbar erklärt.[306] Demgegenüber dient der Grundsatz der einheitlichen Anwendung des Gemeinschaftsrechts dem Gerichtshof spätestens seit seiner Entscheidung in der Rechtssache „Zuckerfabrik Süderdithmarschen“[307] auch dazu, nationales Recht zu modifizieren, wenn er dies für erforderlich hält. Der Grundsatz der Einheitlichkeit wurde dadurch zu einem Prinzip gemein-

---

[300] EuGH, Rs. 13/68, Salgoil, Slg. 1969, 679, 693; EuGH, Rs. 40/69, Putensterze, Slg, 1970, 451, 460; EuGH, Rs. 39/70, Norddeutsches Vieh- und Fleischkontor, Slg.1971, 49, 58, Rn. 4; EuGH, Rs. 94/71, Schlüter und Maak, Slg. 1972, 307, 319 f., Rn. 11; EuGH, Rs. 1/76, Stillegungsfonds, Slg. 1977, 741, 759, Rn. 12; EuGH, Rs. C-1/91, Gutachten EWR I, Slg. 1991, 6079, 6103, Rn. 22 ff.

[301] EuGH, Rs. 6/64, Costa/ENEL, Slg. 1964, 1251, Rn. 9.

[302] ebd. S. 1270.

[303] EuGH, Rs. 13/68, Salgoil, Slg. 1969, 679, 693; EuGH, Rs. 28/67, Molkereizentrale, Slg. 1968, 215, 232.

[304] GA Gand in: EuGH, Rs. 13/68, Salgoil, Slg. 1969, 679, 705.

[305] Ipsen, Gemeinschaftsrecht, S. 280, Ipsen ZHR Beiheft 29 (1965), 1, 21.

[306] Z.B. wie in der Rechtssache Costa/ENEL später als das Gemeinschaftsrecht erlassene Recht, dass letztlich gegenüber dem Gemeinschaftsrecht zurücktreten musste.

[307] Allerdings spiegeln schon die Ausführungen des Gerichtshofes in EuGH, verbd. Rs. 205-215/82, Milchkontor, Slg. 1983, 2633, 2665, Rn. 17 die Sorge um einen nicht einheitlichen Vollzug des Gemeinschaftsrechts durch die Mitgliedstaaten wieder.

schaftlicher Rechtseinheit verselbständigt.[308] Die Einheitlichkeit des Gemeinschaftsrechts wird so zu einer eigenständigen Zielvorgabe und löst sich qualitativ von der ursprünglichen defensiven Funktion der Sicherung der Geltungskraft des Gemeinschaftsrechts im Sinne der Wahrung eines einheitlich geltenden Normbestands. Der Grundsatz der Einheitlichkeit wird zum Maßstab für die Anwendung mitgliedstaatlichen Vollzugsrechts[309], selbst wenn sich die Realisierung des materiellen Gemeinschaftsrechts grundsätzlich nach dessen Normen richtet.[310]

Das Bemühen des Gerichtshofes, mit Hilfe des Grundsatzes der „Einheitlichkeit des Gemeinschaftsrechts" eine rechtsschöpfende Rechtsvereinheitlichung dogmatisch zu rechtfertigen, wird teilweise kritisiert.[311] Dabei ist jedoch zu beachten, dass diese Vereinheitlichung letztlich der Beseitigung von Vollzugsdisparitäten dient. Die Rechtsprechung des Gerichtshofes beabsichtigt offensichtlich keine umfassende Vereinheitlichung des Rechts in der Gemeinschaft, was schon aus der jeweils nur punktuellen Modifizierung nationalen Rechts folgt. Vielmehr zielt der Gerichtshof auf die Begrenzung der Vollzugsunterschiede auf ein „beim gegenwärtigen Stand des Gemeinschaftsrechts" unvermeidliches Maß ab.[312] Insofern lässt er sich von einem „Gebot der möglichst einheitlichen Anwendung des Gemeinschaftsrechts" leiten.[313] Festzuhalten bleibt aber, dass es im Gegensatz zur defensiven Funktion des Grundsatzes der einheitlichen Anwendung in diesem Zusammenhang nicht um den Wirkungsanspruch des Gemeinschaftsrechts geht, sondern um die unterschiedliche Anwendung einheitlich konzipierten Rechts durch die nationalen Rechtsprechungsorgane. Gerade dieser unterschiedlichen Anwendung des Gemeinschaftsrechts im innerstaatlichen Raum tritt der Gerichtshof entschieden entgegen, indem er den Zielen des Binnenmarktes[314] Priorität vor nationalen Eigenheiten bei der Realisierung des Gemeinschaftsrechts einräumt.[315] Dies geschieht konkret durch eine Intensivierung der Einwirkung

---

[308] v. Danwitz, Verwaltungsgerichtliches System, S. 120; dazu auch Zuleeg VVDStRL 53 (1994) 154, 175 in Fn. 110 zur Einheit des Gemeinschaftsrechts als Grund für die Einwirkung auf das mitgliedstaatliche Verwaltungsrecht.

[309] Und spiegelt damit einen Funktionswandel von der Sicherung des Gemeinschaftsrecht vor nationalem Recht hin zu einer Sicherung des Gemeinschaftsrechts „im" nationalen Recht.

[310] Joliet RDE 1992, 253, 278 ff.

[311] Kritisch zum Konzept der Rechtsvereinheitlichung als Integrationsziel unter Aufzählung der Begrenzungsfaktoren der Rechtsvereinheitlichung: v. Danwitz, Verwaltungsgerichtliches System, S. 120 ff.

[312] EuGH, Rs. C-290/91, Peter, Slg. 1993, I-2981, 3307 f., Rn. 17.

[313] Schwarze in: FS Börner S. 389 m.w.N.

[314] Die gerade anhand der materiellen Regelungen des sekundären Gemeinschaftsrechts verwirklicht werden sollen.

[315] Hailbronner JZ 1990, 149, 154; Rengeling VVDStRL 1994, 202, 226.

auf das nationale Vollzugsrecht.[316] Letztlich misst der Gerichtshof dem Grundsatz der Rechtseinheitlichkeit und damit der Rechtsgleichheit ein besonders hohes Gewicht bei, so dass er gegenläufige Gemeinschaftsgrundsätze, wie etwa den der nationalen Verfahrensautonomie, geringer gewichtet.[317]

4. Die Elemente der Einheitlichkeit

Das Gebot der Einheitlichkeit der Rechtsanwendung enthält sowohl einen inhaltlichen als auch einen zeitlichen Aspekt. So hat der Gerichtshof entschieden, dass die Mitgliedstaaten nicht selbst den Zeitpunkt des Inkrafttretens gemeinschaftsrechtlicher Rechtsakte in ihrem Hoheitsgebiet bestimmen können.[318] Darüber hinaus ist eine auch nur vorübergehende Infragestellung der Anwendung gemeinschaftlicher Normen im innerstaatlichen Bereich im Hinblick auf die einheitliche Anwendung des Gemeinschaftsrechts unzulässig.[319] Damit wird die Bedeutung der gleichzeitigen Anwendung des Gemeinschaftsrechts für dessen einheitliche Anwendung evident. Gerade bezüglich dieser gleichzeitigen Anwendung des Gemeinschaftsrechts in allen Mitgliedstaaten können sich aber Konflikte mit dem vorläufigen Rechtsschutz im dezentralen Vollzug ergeben, weil dieser auch auf die zeitliche Dimension der Gemeinschaftsrechtsanwendung einwirkt.[320]

II. Der Grundsatz der Effektivität des Gemeinschaftsrechts

In einem engen Zusammenhang mit dem Prinzip der Einheit des Gemeinschaftsrechts steht das Prinzip der Effektivität des Gemeinschaftsrechts. Nur das in der gesamten Gemeinschaft einheitlich vollzogene Recht wird auch insgesamt effektiv durchgesetzt. Die mitgliedstaatlichen Vollzugsorgane

---

[316] Rengeling VVDStRL 1994, 202, 226; so hielt der EuGH jüngst auch dann seine Auslegungsprärogative für gegeben, wenn eine Vorschrift sowohl auf innerstaatlichem Recht unterliegende Sachverhalte, als auch auf Gemeinschaftsrecht unterliegende Sachverhalte anwendbar ist. Nur so könne in Zusammenarbeit mit den nationalen Gerichten eine abweichende Auslegung verhindert werden: EuGH, verbd. Rs. C-300/98 u. C-392/98, Parfums Christian Dior u. Tuk Consultancy, TB 34/2000, S. 4, 6.

[317] Zu den vertraglichen Ausnahmen der einheitlichen Anwendung: Koch S. 54.

[318] EuGH, Rs. 34/73, Variola, Slg. 1973, 981, 992, Rn. 15.

[319] EuGH, Rs. 106/77, Simmenthal II, Slg. 1978, 629, 643; Zur Konsequenz daraus: EuGH, verbd. Rs. C-6/90 und C-9/90, Francovich, Slg. 1991, I-5357, 5418.

[320] Exemplarisch sei hier auf die Rechtssachen Factortame, EuGH, Rs. 213/89, Slg. 1990, 2433 ff., und Tafelweindestillation, EuGH, Rs.C-217/88, Slg. 1989, I-2879, 2903, verwiesen, die jeweils durch nationale Eigenheiten des temporalen Rechtsschutzes die einheitliche Anwendung des Gemeinschaftsrechts durch entgegengesetzte Extreme bedrohten.

müssen bei der Anwendung des Gemeinschaftsrechts im Zuge der Pflicht zur Gemeinschaftsloyalität dafür zu sorgen, dass das Gemeinschaftsrecht möglichst effektiv verwirklicht wird.[321] Zum ersten Mal wurde dieser Grundsatz im Zusammenhang mit der Begründung des Vorrangprinzips durch den Gerichtshof in der Rechtssache „Costa/ENEL“[322] im Jahre 1964 hervorgehoben. Später hat der Gerichtshof dann festgestellt, dass die grundsätzliche Anwendbarkeit des nationalen Vollzugsrechts nur solange gilt, wie es nicht zu einer Vereitelung der normativen Vorgaben des Gemeinschaftsrechts führt.[323]

Das Effektivitätsprinzip lässt sich dem Grunde nach aus dem allgemeinen Funktionssicherungsgrundsatz des Gemeinschaftsrechts herleiten.[324] Vielfach erfolgt eine Herleitung auch aus Art. 10 Abs. I EG.[325] Diese Norm ist eine Konkretisierung des allgemeinen Rechtsgrundsatzes der Funktionsfähigkeit, der sich im Verhältnis zu den Mitgliedstaaten als Grundsatz der Gemeinschaftstreue[326] darstellt. Von Danwitz ist der Auffassung, dass das Effektivitätsgebot deshalb nur in Fällen genereller Vereitelung der Durchsetzung des Gemeinschaftsrechts durch einen Mitgliedstaat greife.[327] Dies leuchtet nicht ein. Richtig ist, dass die Gemeinschaftsrechtsordnung den Anspruch auf Funktionsfähigkeit ihres Rechts erheben muss, wenn sie einen eigenen Geltungs- und Wirkungsanspruch verwirklichen will. Aus dem Gebot der Funktionsfähigkeit wiederum leitet sich das Erfordernis der effektiven und einheitlichen Anwendung des Gemeinschaftsrechts ab. So kann die Gemeinschaftsrechtsordnung nur funktionieren, wenn ihr Recht auch umfassend und effektiv in allen Mitgliedstaaten durchgesetzt wird. Allerdings verlangt die Funktionsfähigkeit der Gemeinschaft nicht, dass jede kleine Effizienzeinbuße sofort eine gemeinschaftliche Einwirkung auf das nationale Vollzugsrecht zur Folge hat. Dies würde den Grundsatz der nationalen Verfahrensautonomie negieren. Eine generelle Bestimmung der Grenze tolerierbarer Effektivitätseinbußen dürfte jedoch schwer fallen. Sie ist vielmehr im

---

[321] Zuleeg in: GTE Art. 5 Rn. 7; Jarass, Grundfragen, S. 8; v. Danwitz, Verwaltungsrechtliches System, S. 346; Streinz, HStR Bd. VII § 182, Rn. 25; siehe zur Auflistung sich daraus ergebender konkreter Pflichten: Fischer, Europarecht, S. 110.

[322] EuGH, Rs. 6/64, Costa/ENEL, Slg. 1964, 1251 ff.

[323] EuGH, Rs. 205-215/82, Deutsche Milchkontor, Slg. 1983, 2633 ff.; Rodríguez Iglesias NJW 2000, 1889, 1892, f; grundlegend kritisch hierzu: Scholz, DÖV 1998, 261, 262 f. vor dem Hintergrund des Urteils des EuGH in der Rs. C- 24/95, Alcan, Slg. 1997, I-1591 und die Gegenkritik von Winkler, DÖV 1999, 148, 150 ff., der auf den Charakter des Effizienzgebotes als Mindestanforderung hinweist.

[324] Ipsen, Gemeinschaftsrecht, S. 277 ff. insb. S. 280 f.

[325] Weber EuR 1986, 1, 13; Zuleeg in: GTE Art. 5 Rn. 7; Jarass, Grundfragen, S. 8.

[326] Zuleeg, NJW 2000, 2846, 2847.

[327] v. Danwitz, Verwaltungsrechtliches System, S. 348.

konkreten Fall jeweils unter Abwägung der Gemeinschaftsgrundsätze untereinander und mit den Prinzipien der Kompetenzverteilung festzulegen.

Weil Gemeinschaftsverordnungen und zunehmend auch Richtlinien sehr konkrete Ziele vorgeben, bedarf es zu ihrer Funktionsfähigkeit auch einer dem Sinn einer Vorschrift entsprechenden inhaltlich effektiven Anwendung. Ein bloßes Vereitelungsverbot genügt diesem Erfordernis nicht. Letztlich wird die Effektivität des Gemeinschaftsrechts im innerstaatlichen Raum solange nicht durch nationale Besonderheiten des Vollzugsrechts intolerabel geschmälert, wie die gemeinschaftliche Zielsetzung im konkreten Fall durchgesetzt wird.[328]

III. Die Gemeinschaftsgrundrechte

Ein wichtiger Maßstab für den dezentralen Vollzug können auch die Gemeinschaftsgrundrechte sein. Die Gemeinschaftsverträge enthalten, abgesehen von den Grundfreiheiten des EG-Vertrages[329], keinen Grundrechtskatalog. Gleichzeitig führt die unmittelbare Wirkung des Gemeinschaftsrechts und der Handlungen der Gemeinschaftsorgane und deren dezentraler Vollzug im Zuge einer zunehmenden Gemeinschaftsrechtsbetroffenheit[330] zwangsläufig zu Grundrechtsbeeinträchtigungen.[331] Um diesen Mangel des kodifizierten Gemeinschaftsrechts und Konflikte mit den verfassungsmäßig garantierten Grundrechten der Mitgliedstaaten[332] zu beheben, hat der Gerichtshof auf Grundlage des Art. 220 EG[333] Grundrechts- und Rechtsstaatsgarantien entwickelt.[334] Dem trägt Art. 6 des EUV in der Fassung des Amsterdamer Vertrages Rechnung, der die Rechtsstaatlichkeit der Europäischen Union bekräftigt.

---

[328] Diese Grenze zieht wohl auch der EuGH, z.B. in den Rechtssachen 33/76, Rewe, Slg. 1976, 1989, 1998; 45/76, Comet, Slg. 1976, 2043, 2053; 130/79, Express Diary Foods, Slg. 1982, 1887, 1900; 205-215/82, Milchkontor, Slg. 1983, 2633, 2665 f.; Götz EuR 21 (1986) 29, 46 f; Hilf in: Schwarze (Hrsg.) Europäisches Verwaltungsrecht im Werden, S 67, 81; Streinz in: Europäisches Verwaltungsrecht, S. 241, 271.

[329] Chwolik-Lanfermann S. 74 ff.; Lenz EuGRZ 1993, 585; von einem „echten" Grundrechtscharakter der Grundfreiheiten spricht z.B. Notthoff RIW 1995, 545, siehe zu dem Streit um den Grundrechtscharakter der Grundfreiheiten auch Bleckmann/Pieper in: Handbuch des EU-Wirtschaftsrechts, 1. Bd. B. I. Rn. 109; siehe zur Dogmatik der Grundfreiheiten: Behrens, EuR 1992, 145 ff.

[330] v. Danwitz NJW 1993, 1108.

[331] Lenz EuGRZ 1993, 585.

[332] Vgl. BVerfGE 37, 271 (Solange I).

[333] Zur Legitimation des Gerichtshofes zur Entwicklung von Grundrechten siehe Bleckmann/Pieper in: Handbuch des EU-Wirtschaftsrechts, 1. Bd. B. I. Rn. 79; Commichau S. 17 ff.

[334] EuGH, Rs. 29/69, Stauder, Slg. 1969, 419, 425; zu diesen Rengeling, Grundrechtsschutz in der EG, 1993; Kokott AöR (121) 1996, 599.

Außerdem bestimmt Art. 6 Abs. II AV, ebenso wie schon zuvor Art. F Abs. II EUV, dass die Union zur Achtung der im EMRK gewährleisteten und der sich aus den gemeinsamen Verfassungsüberlieferungen der Mitgliedstaaten ergebenden Grundrechte verpflichtet ist.[335] Danach kann keine Maßnahme der Gemeinschaft rechtens sein, die mit den in den Mitgliedstaaten anerkannten und geschützten Grundrechten unvereinbar ist.[336] Die Beachtung der Grundrechte, die zu den allgemeinen Rechtsgrundsätzen des Gemeinschaftsrechts zählen, ist durch den Gerichtshof zu sichern. In bezug auf Handlungen der Gemeinschaftsorgane ist dies nunmehr durch Art. 46 EUV in der Fassung des Amsterdamer Vertrages kodifiziert worden.

Als Erkenntnisquelle im Rahmen seiner Grundrechtssprechung dienen dem Gerichtshof sowohl die gemeinsamen Verfassungstraditionen, als auch die EMRK[337] und die Europäische Sozialcharta[338].[339] Außerdem hat sich der Gerichtshof auf die Präambel der EEA bezogen.[340] Diese Quellen werden nicht formell als völkerrechtlich bindende Vorschriften angewendet, sondern als Grundlage für die Bestimmung der Gemeinschaftsgrundrechte als allgemeine Rechtsgrundsätze genutzt.[341] Der durch den Gerichtshof gewährte Grundrechtsstandard entspricht so mittlerweile grundsätzlich dem Grundrechtsstandard, den auch das deutsche Grundgesetz gewährt.[342]

Auf dem EU-Gipfel von Nizza wurde die Charta der Grundrechte der Europäischen Union proklamiert.[343] Der Verfassungskonvent hat die Charta als Teil II in den Entwurf einer Verfassung der Europäischen Union übernommen. In insgesamt 54 Artikeln werden die fundamentalen Rechte der Menschen in der Europäischen Union kodifiziert. Unabhängig von der Diskussion über eine verbindliche Wirkung der Charta mangels Aufnahme in die Verträge[344] werden die Gemeinschaftsgerichte bei der ihnen nach Art. 6 Abs. II EUV obliegenden Ermittlung der gemeinsamen Verfassungstraditionen

---

[335] Der denkbare Beitritt der EG zur EMRK scheitert mindestens an einer fehlenden primärrechtlichen Ermächtigungsnorm, siehe dazu EuGH, Gutachten 2/94, Slg. 1996, I-1759 ff.. Ein Beitritt der EU insgesamt würde neben einer entsprechenden Vertragsschlusskompetenz auch eine einheitliche Rechtspersönlichkeit erfordern, Thun-Hohenstein S. 21 Fn. 1.

[336] EuGH, Rs. 4/73, Nold, Slg. 1974, 491, 507, Rn. 13.

[337] Konvention zum Schutze der Menschenrechte und Grundfreiheiten vom 4.11.1950, BGBl. 1952 II S. 686, 953, geändert durch Prot. Nr. 3, BGBl. 1968 II S. 1116; EuGH, Rs. 4/73, Nold, Slg. 1974, 491, 507; EuGH, Rs. 36/75, Rutili, Slg. 1975, 1219, 1232.

[338] Europäische Sozialcharta vom 18.9.1961, BGBl. 1964 II S. 1262.

[339] Bleckmann/Pieper in: Handbuch des EU-Wirtschaftsrechts, 1. Bd. B. I. Rn. 67.

[340] EuGH, Rs. C-415/93, Bosman, Slg. 1995, I-4921, 5065, Rn. 79.

[341] Siehe z.B. in: EuGH, Rs. C-74/95, Strafverfahren gegen X, Slg. 1996, I-6609, 6637.

[342] Vgl. BVerfGE 73, 339 (Solange II).

[343] s. dazu den Entwurf der Grundrechtscharta in der Beilage zu NJW 2000, Heft 49.

[344] Hilf, Die Charta der Grundrechte der Europäischen Union in der Beilage zu NJW 2000, Heft 49, S. 5, 6.

zwangsläufig auf die Charta zurückgreifen, die aus diesen Verfassungstraditionen entwickelt wurde.[345]

Ebenso wie die nationalen Grundrechte sind auch die der Gemeinschaft Schranken unterworfen. So können sie durch Ziele der Gemeinschaft eingeschränkt werden, die dem Allgemeinwohl dienen.[346] Die Gewährleistung der Grundrechte muss sich grundsätzlich in die „Struktur und die Ziele der Gemeinschaft einfügen".[347] Diese Schranken werden wiederum durch den Verhältnismäßigkeitsgrundsatz[348] und die Wesensgehaltgarantie[349] eingegrenzt.[350] Dem Gemeinschaftsrecht kann daher eine Mindestgarantie entnommen werden, die der Unterschreitung auch durch innerstaatliche Rechtsordnungen entgegensteht.[351] Sowohl beim direkten Vollzug als auch beim dezentralen Vollzug[352] des Gemeinschaftsrechts haben die jeweils zur Anwendung des Gemeinschaftsrechts berufenen Organe die Grundrechte zu beachten. Auch die mitgliedstaatlichen Vollzugsorgane sind damit bei der Auslegung, Anwendung und Transformation des Gemeinschaftsrechts sowohl im Bereich des Primärrechts als auch beim Sekundärrechtsvollzug an die Gemeinschaftsgrundrechte gebunden.[353] Ein Verstoß der mitgliedstaatlichen Vollzugsorgane kann von den Unionsbürgern vor den nationalen und gegebenenfalls vor den Gemeinschaftsgerichten geltend gemacht werden. Zur Durchsetzung der Effektivität des Gemeinschaftsrechts im Sinne der größtmöglichen Wirksamkeit der Gemeinschaftsrechtsordnung bedarf es somit nicht nur eines der Finalität verpflichteten Vollzugs kodifizierten Gemeinschaftsrechts, sondern auch der Durchsetzung der Gemeinschaftsgrundrechte[354], so dass sich diese beiden Grundsätze gegenseitig beschränken.

Mittlerweile hat der Gerichtshof eine Vielzahl von Grundrechten ausdrücklich anerkannt. Dazu gehören unter anderem das Eigentumsrecht[355], der Schutz der Privatsphäre[356] und die Meinungsäußerungsfreiheit[357].[358]

---

[345] ebd.; ähnlich Grabenwarter DVBl. 2001, 1, 11; v. Bogdandy JZ 2001, 157, 167 f.

[346] Art. 52 Abs. I Grundrechtscharta; EuGH, Rs. 4/73, Nold, Slg. 1974, 491, 507 f.

[347] EuGH, Rs. 11/70, Internationale Handelsgesellschaft, Slg. 1970, 1125, 1135, Rn. 3; Bleckmann DÖV 1993, 837, 839; Schwarze Neue Justiz Nr. 2/1994, 53, 56 f.

[348] EuGH, Rs. 44/79, Hauer, Slg. 1979, 3727, 3747.

[349] EuGH, Rs. 4/73, Nold, Slg. 1974, 491, 507 f.

[350] Art. 52 Abs. I Grundrechtscharta.

[351] Streinz in: HStR Bd. VII § 182 Rn. 28; Klein, Vereinheitlichung, S. 117, 139; GA Verlooren van Themaat Schlussanträge EuGH, Rs. 205-215/82, Deutsche Milchkontor, Slg. 1983, 2633, 2674 f.

[352] EuGH, Rs. C-260/89, ERT, Slg. 1991, I-2925, 2964, Rn. 42; GA Capotorti, EuGH, Rs. 149/77, Defrenne III, Slg. 1978, 1365, 1386; EuGH, Rs. 5/88, Wachauf, Slg. 1989, 2609, 2639, Rn. 19; Zuleeg NJW 1994, 545, 547.

[353] Rengeling, Grundrechtsschutz, §§ 33 II, 32 II, 3.

[354] Zuleeg NJW 1994, 545, 549.

[355] Art. 17 Grundrechtscharta; EuGH, Rs. 44/79, Hauer, Slg. 1979, 3727, 3745 ff.

IV. Der Grundsatz effektiven Rechtsschutzes

Die zunehmende Gemeinschaftsrechtsbetroffenheit der Unionsbürger durch die Ausweitung des Gemeinschaftsrechts zu Lasten nationaler Rechtsnormen wirft die Frage auf, ob das Gemeinschaftsrecht eine dem Art. 19 Abs. IV GG vergleichbare Garantie effektiven Rechtsschutzes enthält. Im Rahmen der Wahrnehmung von gemeinschaftsrechtlich begründeten Rechten oder der Abwehr von Pflichten ist die praktische Durchsetzbarkeit des Rechts für die Rechtsunterworfenen unabdingbar, wenn dem Recht nicht lediglich eine deklaratorische Wirkung zukommen soll.[359] So hat der Gerichtshof in seinem Urteil in der Rechtssache „Johnston"[360] einen Anspruch der durch Gemeinschaftsrecht Betroffenen auf einen effektiven gerichtlichen Rechtsschutz[361] festgestellt. Dieser Anspruch wird allgemein als Gemeinschaftsgrundrecht eingestuft.[362] Der Grundsatz effektiven Rechtsschutzes stellt so einen allgemeinen Rechtsgrundsatz des Gemeinschaftsrechts dar.[363] Diese Rechtsprechung gründet sich sowohl auf Art. 6 Abs. I und 13 der EMRK als auch die Verfassungstraditionen der Mitgliedstaaten, in denen die Rechtsschutzgarantie in unterschiedlichen inhaltlichen Ausformungen anzutreffen ist. Nunmehr proklamiert auch die Grundrechtscharta in Art. 47 Abs. I das Recht einer jeden durch Unionsrecht verletzten Person, einen wirksamen Rechtsbehelf einzulegen.

Das Gemeinschaftsgrundrecht auf effektiven Rechtsschutz steht jedermann zu, der durch den Vollzug des Gemeinschaftsrechts in seinen Gemeinschaftsgrundrechten oder den grundrechtsähnlichen Grundfreiheiten des EG-Vertrages beeinträchtigt wird. Das Rechtsschutzprinzip führt daher in Verbindung mit der unmittelbaren Wirksamkeit des Gemeinschaftsrechts und der damit verbundenen Gewährleistung der Gemeinschaftsrechte durch nationale Gerichte dazu, dass der gemeinschaftsrechtliche Rechtsschutz nicht nur den

---

[356] Art. 7 Grundrechtscharta; EuGH, Rs. 136/79, National Panasonic, Slg. 1980, 2033, 2056 f.

[357] Art. 11 Grundrechtscharta; EuGH, verbd. Rs. 43 und 63/82, Flämische Bücher, Slg. 1984, 19, 62.

[358] Vgl. die Übersicht bei Schweitzer/Hummer Rn. 805 und Bleckmann/Pieper in: Handbuch des EU-Wirtschaftsrechts, 1. Bd. B. I. Rn. 85 ff. sowie die Grundrechtscharta, NJW Beilage zu Heft 49/2000.

[359] Siehe zur grundsätzlichen Pflicht der mitgliedstaatlichen Gerichte zur Gewährung von Rechtsschutz im Rahmen der Aufgabenzuweisung des gemeinschaftlichen Vollzugssystems: 1. Teil 1. Kapitel C. II. 1. (1).

[360] EuGH, Rs. 222/84, Johnston, Slg. 1986, 1651, 1693; seitdem st. Rspr., vgl. nur: EuGH, Rs. 222/86, Heylens u.a., Slg. 1987, 4097, 4118; EuGH, Rs. C-104/91, Aguirre Borrel, Slg. 1992, I-3003, 3029; EuGH, Rs. C-424/99, Kommission/Österreich, Slg. 2001, I-9285, Tz. 45.

[361] Siehe dazu Tonne S. 200 ff.; v. Danwitz NJW 1993, 1108 ff.

[362] Curtin CMLR 1990, 729; Rodríguez Iglesias EuR 1992, 225, 237.

[363] EuGH, Rs. 222/84, Johnston, Slg. 1986, 1651, 1682; Knapp DÖV 2001, 12, 19.

Rechtsschutz vor dem Gerichtshof und dem EuGI umfasst, sondern auch den entsprechenden Rechtsschutz vor nationalen Gerichten.[364] Auf dieser Grundlage hat der EuGH festgestellt, dass auch die nationalen Gerichte beim Vollzug des Gemeinschaftsrechts umfassend Rechtsschutz gewähren müssen.[365] Dies gilt insbesondere dann, wenn der Rechtsweg zu den Gemeinschaftsgerichten nicht offen steht. So folgt aus Art. 10 EG die Verpflichtung mitgliedstaatlicher Gerichte, „die nationalen Verfahrensvorschriften über die Einlegung von Rechtsbehelfen möglichst so auszulegen und anzuwenden, dass natürliche und juristische Personen die Rechtmäßigkeit jeder nationalen Entscheidung oder anderen Maßnahme, mit der eine Gemeinschaftshandlung allgemeiner Geltung auf sie angewandt wird, gerichtlich anfechten und sich dabei auf die Ungültigkeit dieser Handlung berufen können".[366] Im Zweifel haben die nationalen Gerichte damit die gemeinschaftsrechtliche Pflicht, einen Rechtsbehelf zu eröffnen, selbst wenn dies in ihrem Verfahrensrecht im konkreten Fall eigentlich nicht vorgesehen ist. Insoweit schränkt das Recht auf effektiven Rechtsschutz die Verfahrensautonomie der Mitgliedstaaten ein.[367]

Das Recht auf effektiven Rechtsschutz ist ein Annexgrundrecht[368], das dem Unionsbürger gerichtlichen Schutz vor der Verletzung seiner gemeinschaftsrechtlich begründeten Grundrechte gewährt. Es dient dadurch neben der Wahrung der Rechte des Einzelnen zugleich der Durchsetzung der objektiven Gemeinschaftsrechtsordnung gegenüber Verletzungen durch die Mitgliedstaaten und ist somit doppelfunktional. Neben der subjektiven Rechtsschutzfunktion dient es auch den Interessen der Allgemeinheit durch eine größere Effektivität der Rechtsdurchsetzung und stellt einen Grund für die Modifizierung nationalen Verfahrensrechts dar.[369]

Während das nationale Verfahrensrecht für den Gemeinschaftsrechtsvollzug einen effektiven Rechtsschutz bereithalten muss, darf es keine unzumutbare Erschwerung der Durchsetzung von Gemeinschaftsrechtspositionen beinhalten. Dem Unionsbürger muss demnach ein effektiver gerichtlicher Schutz sowohl gegen mitgliedstaatliche Regelungen und Handlungen als auch gegen sekundäres Gemeinschaftsrecht und dessen Vollzug offen stehen.

---

[364] Triantafyllou NVwZ 1992, 129; mit Hinweis auf die Gemeinschaftstreue: Bleckmann DVBl. 1976, 483.

[365] EuGH, Rs. C-340/89, Vlassopolou, Slg. 1991, I-2357, 2385; EuGH, Rs.C-97/91, Borelli, Slg. 1992, I-6313, 6334; EuGH, Rs. C-54/96, Dorsch Consult, Slg. 1997, I-4961, 4997, Rn. 43.

[366] EuGH, Rs. C-50/00 P, UPA, EuZW 2002, 529, Tz. 42; Calliess NJW 2002, 3577, 3580; Schneider NJW 2002, 2927.

[367] Knapp DÖV 2001, 12, 19.

[368] Nowak S. 496.

[369] Rodríguez Iglesias NJW 1999, 1, 5.

Diese Pflicht zur Rechtsschutzgewährung obliegt sowohl der Gemeinschaft als auch den Mitgliedstaaten.[370] In diesem Rahmen ist das Vorabentscheidungsverfahren nach Art. 234 EG in das nationale Verfahren einzubeziehen, weil nur durch eine Vorabentscheidung des Gerichtshofes effektiver, weil rechtlich verbindlicher Rechtsschutz erreicht werden kann.[371] Wenngleich dem Vorabentscheidungsverfahren primär die objektive Funktion zukommt, die Rechtseinheit bei der Auslegung und Anwendung des Gemeinschaftsrechts zu wahren[372], hat der Gerichtshof gleichwohl die individualschützende Funktion des Art. 234 EG erkannt.[373] Diese Funktion greift vor allem dann, wenn dem Antragsteller direkte Klagen vor den Gemeinschaftsgerichten verwehrt sind. Dies ist vor allem in Zivilverfahren regelmäßig der Fall.

Die gemeinschaftsrechtliche Rechtsschutzgarantie umfasst auch die Notwendigkeit einstweiliger Anordnungen, wenn auf andere Weise der Eintritt vollendeter Tatsachen vor Entscheidung der Hauptsache nicht verhindert werden kann und der effektive Rechtsschutz andernfalls leerliefe.[374] Die durch die Gemeinschaft geschaffenen subjektiven Rechte strahlen somit auch auf die nationalen Regelungen vorläufigen Rechtsschutzes aus.

V. Das Gebot der Kohärenz des Rechtsschutzsystems

„Im Hinblick auf die Geordnetheit der Rechtsordnung muss als erste Wertungsinstanz der innere Wertungszusammenhang der Rechtsordnung gelten, so wie sie zur Zeit der Entscheidung aktualisiert ist.“[375]

Ein vom Gerichtshof[376] postulierter Orientierungspunkt für eventuelle Modifizierungen mitgliedstaatlichen Vollzugsrechts ist das Gebot der „Kohärenz des Rechtsschutzsystems“.[377] Er fordert die Wahrung des Wertungszusam-

---

[370] St. Rspr., vgl. nur EuGH, Rs. 106/77, Simmenthal II, Slg. 1978, 629, 643, Rn. 14-16.

[371] Zur subjektiven Rechtsschutzfunktion des Vorabentscheidungsverfahrens siehe: Bernhardt S. 338 insb. Fn. 340; GA Roemer, EuGH, verbd. Rs. 73 und 74/63, Internationale Credit- en Handelsvereniging, Slg. 1964, 1, 46 f.

[372] Dauses, Das Vorabentscheidungsverfahren, S. 25 ff.

[373] EuGH, Rs. 314/85, Foto-Frost, Slg. 1987, 4199, 4231, Rn. 15, EuGH, Rs. 294/83, Les Verts, Slg. 1986, 1339, 1357, Rn. 23 f.

[374] EuGH, Rs. 213/89, Factortame, Slg. 1990, 2433, 2475; Triantafyllou NVwZ 1992, 129.

[375] FR. Wieacker in: FS Zepos, S. 408; ders. in: FS W. Weber, S. 439.

[376] EuGH, Rs. 314/85, Foto-Frost, Slg. 1987, 4199, 4231, Rn. 16; EuGH, verbd. Rs. C-143/88 u. 92/88, Süderdithmarschen, Slg. 1991, I-415, 541; EuGH, Rs. C-465/93, Atlanta, Slg. 1995, I-3761, 3788.

[377] Siehe dazu die Entschließung des Europäischen Parlaments vom 18.1.1994 - A3-0421/93 - C und dazu Schmidt-Aßmann JZ 1994, 832, 836.

menhanges des gemeinschaftlichen Rechtsschutzsystems, das auch den dezentralen Vollzug des Gemeinschaftsrechts einschließt.

1. Die Herleitung des Kohärenzarguments

Unklar ist die Rechtmäßigkeit der Forderung nach einer Kohärenz des Rechtsschutzsystems. So ist eine Normierung dieses Grundsatzes innerhalb der Verträge nicht ersichtlich.[378] Vielmehr wurde das Gebot „der notwendigen Kohärenz des vom Vertrag geschaffenen Rechtsschutzsystems" vom Gerichtshof geprägt.[379] Er ging dabei davon aus, dass das Gemeinschaftsrecht mitsamt seinem nationalen Vollzugsrecht ein umfassendes Rechtsschutzsystem bildet, das dem Kohärenzgebot verpflichtet ist. Dies ist auf den ersten Blick vor dem Hintergrund der nationalen Verfahrensautonomie nicht schlüssig. Vordergründig begründet das Prinzip der nationalen Verfahrensautonomie einen strengen Dualismus der Rechtsschutzsysteme, der weder eine Konvergenz noch eine Kohärenz fordert oder gar rechtfertigt. Allerdings begründet Art. 234 EG die Funktion der nationalen Gerichte als funktionelle Gemeinschaftsgerichte[380] und damit ein gemeinschaftsrechtliches Rechtsschutzsystem, das im Einzelnen über die Regelungen der Art. 220 ff. EG hinausgeht.[381] Gerade im Hinblick auf das gemeinschaftliche Rechtsschutzsys-

---

[378] Nunmehr ist das Kohärenzgebot in Art. 3 Abs. II EUV verankert. Außerdem ist in Art. 178 eine Kohärenzklausel enthalten. Diese Bestimmungen beziehen sich jedoch auf das Kohärenzgebot im Hinblick auf die Politiken und Maßnahmen der EU und sind daher an dieser Stelle nicht unmittelbar von Interesse. Dazu aber: Bleckmann Rn. 1465 und nun umfassend Siems, Das Kohärenzgebot in der Europäischen Union und seine Justitiabilität, 1999. So beschränkt sich das Kohärenzargument nicht auf die Kohärenz des Rechtsschutzsystems, sondern wird insbesondere auch für einzelne materielle Rechtsgebiete wie das Steuersystem innerhalb der Gemeinschaft (EuGH, Rs. C-204/90, Bachmann, Slg. 1992, I-249, 282) postuliert.

[379] EuGH, Rs. 314/85, Foto-Frost, Slg. 1987, 4199, 4231: Hier hat der Gerichtshof anhand des Kohärenzgebotes begründet, dass ihm die alleinige Verwerfungskompetenz der Handlungen der Gemeinschaftsorgane auch dann zukommen müsse, wenn solche Handlungen vor nationalen Organen angegriffen werden. Dies folge aus dem Kohärenzgebot in Verbindung mit dem Umstand, dass ihm im Verfahren nach Art. 230 und 241 EG die alleinige Verwerfungskompetenz für Handlungen der Gemeinschaftsorgane zustehe.

[380] Siehe dazu 1. Teil 1. Kapitel C. II. 1.

[381] Beachte in diesem Zusammenhang das grundlegende Urteil des Gerichtshofes in der Rechtssache 166/73, Rheinmühlen, Slg. 1974, 33, Nr. 2, in dem er ausführt: „Artikel 177 ist von entscheidender Bedeutung dafür, dass das vom Vertrag geschaffene Recht wirklich gemeinsames Recht bleibt; er soll gewährleisten, dass dieses Recht in allen Mitgliedstaaten der Gemeinschaft immer die gleiche Wirkung hat. Auf diese Weise soll er unterschiedliche Auslegungen des Gemeinschaftsrechts verhindern, das die nationalen Gerichte anzuwenden haben; doch zielt er auch darauf ab, diese Anwendung selbst zu gewährleisten, weil er dem nationalen Richter die Möglichkeit gibt, die Schwierigkeiten auszuräumen, die sich aus der Notwendigkeit ergeben können, dem Gemeinschaftsrecht im Rahmen der Rechtsordnungen der Mitgliedstaaten zur vollen Geltung zu verhelfen.

tem wird deutlich, dass es sich bei der nationalen und der gemeinschaftlichen nicht um zwei parallele, sondern um zwei sich überschneidende Rechtsordnungen handelt. In seiner wegweisenden Entscheidung in der Rechtssache „Foto-Frost" spricht der Gerichtshof von der „notwendigen Kohärenz des vom Vertrag geschaffenen Rechtsschutzsystems"[382], also dem notwendigen Wertungs- und Wirkungszusammenhang des Rechtsschutzsystems, von dessen Existenz er demnach ausgeht.

Fraglich ist, ob dieses vom Gerichtshof postulierte Kohärenzgebot, abgesehen von seinen konkreten Auswirkungen, rechtlich fundiert ist. Das Gebot der Wahrung des rechtlichen Zusammenhangs eines Rechtsschutzsystems ist nur fundiert, wenn ein solcher Zusammenhang bereits tatsächlich existiert. Anerkanntermaßen bildet die Gemeinschaft vor allem eine *„Rechtsgemeinschaft"*.[383] Ein grundlegendes Prinzip dieser Rechtsgemeinschaft ist das Rechtsschutzprinzip.[384] Dieses führt zusammen mit den Regelungen der Art. 10 und 234 EG dazu, dass der gemeinschaftsrechtlich begründete Rechtsschutz nicht nur den Rechtsschutz vor den Gemeinschaftsgerichten gemäß Art. 220 EG sondern auch den Rechtsschutz vor den nationalen Gerichten umfasst.[385] Art. 234 EG begründet darüber hinaus die Zusammenarbeit zwischen dem Gerichtshof und den mitgliedstaatlichen Gerichten und dient dadurch der Einheitlichkeit und der Effektivität des Gemeinschaftsrechts in den Mitgliedstaaten. Die nationalen Gerichte sind Gemeinschaftsgerichte im funktionellen Sinn[386], beide sind funktionell verschränkt.[387] Der Vertrag hat daher nicht nur eine „Rechtsgemeinschaft" sondern auch eine „Rechtsschutzgemeinschaft" geschaffen.

Das von den mitgliedstaatlichen Gerichten anzuwendende Verfahrensrecht ist allerdings weitestgehend nicht gemeinschaftsrechtlich kodifiziert[388], was zu einer Unvollkommenheit des vom Vertrag geschaffenen Rechtsschutzsystems führt. Dies allein bewirkt aber nicht zwangsläufig eine Inkohärenz, also einen mangelnden rechtlichen Begründungs- und Wertungszu-

---

Jede Lücke in dem so geschaffenen *System* [Hervorh. d. Verf.] würde daher sogar die Wirksamkeit der Vertragsvorschriften und des abgeleiteten Gemeinschaftsrechts in Frage stellen."

[382] EuGH, Rs. 314/85, Foto-Frost, Slg. 1987.,4199, 4231, Rn. 16.

[383] Steinberg ZRP 1999, 365, 366; Dreher JZ 1999, 105, 106; Hirsch NVwZ 1998, 907; Rittner JZ 1995, 849 f.; siehe auch: EuGH, Rs. 155/79, AM & S, Slg. 1982, 1575, 1610, Rn. 18, EuGH, Rs. 294/83, Les Verts, Slg. 1986, 1339, 1365, Rn. 23; Zuleeg NJW 1994, 545 ff.; Ulmer JZ 1992, 1; Klein VVDSTR 50 (1991), 56, 57; Kutscher EuR 1991, 392 ff.

[384] EuGH, Rs. 294/83, Les Verts, Slg. 1986, 1339, 1356; Triantafyllou NVwZ 1992, 129, 129; siehe dazu 1. Teil 2. Kapitel A. IV.

[385] Triantafyllou NVwZ 1992, 129, 129.

[386] Dauses, Das Vorabentscheidungsverfahren, S. 43; Novak EuR 2000, 724, 725.

[387] Kirchhof JZ 1998, 965969.

[388] 1. Teil 1. Kapitel C. 6. (1).

sammenhalt. So käme niemand auf die Idee, die nationalen Rechtsschutzsysteme als inkohärent zu bezeichnen, weil einige elementare Verfahrensgrundsätze nicht normiert sind. Vielmehr kommt es darauf an, ob dem System diese Grundsätze auf dogmatisch fundierte Weise entnommen werden können.[389] Es ist somit zwischen der Errichtung eines kohärenten Systems und seiner Wahrung bzw. seinem Funktionieren zu differenzieren. Auch nach der Errichtung eines kohärenten Systems können daher weitere Maßnahmen erforderlich sein, um die Kohärenz des Rechtsschutzsystems zu sichern.[390] Eine Rechtfertigung solcher Maßnahmen durch die kohärente Interpretation einzelner Probleme bringt natürlich die Kritik mit sich, Rechtfertigung und Interpretation beruhten auf einem zirkulären Verhältnis. Dies ist vor allem aufgrund der Nähe des Kohärenzprinzips zum Systemgedanken problematisch, dem im Gemeinschaftsrecht das Prinzip der begrenzten Einzelermächtigung entgegensteht. Doch setzt eine solche Betrachtungsweise die Existenz einer idealen Norm voraus. In der Praxis ist eine absolute Kohärenz aber selbst in nationalen Rechtsordnungen kaum zu erreichen. Das Kohärenzprinzip ist keine Beschreibung eines Endzustandes, sondern eine Rationalitätsanforderung. Vor dem Hintergrund dieser Überlegungen ist festzustellen, dass der Vertrag ein Rechtsschutzsystem geschaffen hat, dass einen Anspruch auf Widerspruchsfreiheit und einen praktischen Wertungszusammenhang hat. Der Aspekt der Kohärenz beinhaltet neben dem Anspruch auf Widerspruchsfreiheit in positiver Hinsicht aber auch das Erfordernis der Abgestimmtheit im Hinblick auf eine gemeinsame Zielsetzung.[391]

2. *Das Kohärenzgebot als Grund für die Modifikation nationalen Verfahrensrechts*

Wenn der Wertungszusammenhang des gemeinschaftlichen Rechtsschutzsystems im konkreten Fall durch die Anwendung nationalen Vollzugsrechts gefährdet ist, kommt eine modifizierende Einwirkung des Gemeinschaftsrechts in das mitgliedstaatliche Vollzugsrecht in Betracht, um diesen Wertungszusammenhang zu wahren. Dabei verlangt der Gerichtshof keine Ho-

---

[389] An dieser Stelle sei auf das deutsche Prozessrecht verwiesen, das ebenfalls aus allgemeinen Rechtsgrundsätze allgemeine und teilweise sogar recht spezielle Verfahrensregeln ableitet. So werden sogar Verfahrenslücken ausgefüllt (z.B. durch neue Klagearten, denn die VwGO enthält keinen abschließenden Klagekatalog: Kopp/Schenke Vor § 40 Rn. 5). Dies ist auch im Gemeinschaftsrecht möglich: vgl. EuGH, Rs. C-70/88, Parlament/Rat, Slg. 1990, I-2041, 2072 f. = EuZW 1990, 221; EuGH, Rs. C-68/95, T. Port, Slg. 1996, I-6065, 6105, Tz. 59.

[390] Vgl. die Unterscheidung zwischen der Errichtung des Binnenmarktes und dessen Funktionieren in Art. 95 EG. Diese Ermächtigungsvorschrift geht offenbar davon aus, dass trotz eines errichteten Binnenmarktes weitere Maßnahmen zu seinem Funktionieren erforderlich sein können.

[391] Siems S. 22.

mogenität oder Konvergenz des Rechts, also eine Übereinstimmung der mitgliedstaatlichen mit den gemeinschaftsrechtlichen Vollzugsregelungen. Vielmehr ist eine Heterogenität des Rechts zumindest grundsätzlich im System angelegt, weil das nationale Verfahrensrecht im Gemeinschaftsrechtsvollzug ein Teil des vom Vertrag geschaffenen Rechtsschutzsystems ist. Kommt es durch diese Heterogenität zu Verwerfungen innerhalb des vom Vertrag geschaffenen Systems und damit zu einer strukturell bedingten Gefährdung der Kohärenz, dann bedarf es zur Gewährleistung des rechtlichen Zusammenhaltes unter Umständen der Rechtsangleichung zur Abstimmung des Rechtsschutzsystems. Ziel ist dabei nicht eine Konvergenz sondern allein die Wahrung der Kohärenz des Rechtsschutzsystems. Dies gilt trotz der Feststellung des Gerichtshofes, dass „die Kohärenz des vom Vertrag geschaffenen Systems" einen Rückgriff auf die Regelungen des EG-Vertrages erfordern kann.[392] Durch einen solchen Rückgriff soll nicht die Begründungsstruktur des Systems verbessert, sondern eine Gefahr für diese Begründungsstruktur abgewehrt werden.[393]

Es wäre ein Zirkelschluss, von einer strengen Dualität der Verfahrensordnungen auszugehen und dies mit einer mangelnden Kohärenz des Rechtsschutzsystems der Gemeinschaft zu begründen, wenn dieser Mangel gerade eine Folge der Dualität darstellt. Eine Lösung offensichtlicher Verwerfungen innerhalb des Rechtsschutzsystems bietet diese Argumentation nicht. Bestünde im Kollisionsfall aufgrund der Dualität der Rechtsschutzsysteme als Ausnahme kein Erfordernis der Einheitlichkeit und der Effektivität des Gemeinschaftsrechts und letztlich kein Erfordernis der uneingeschränkten Anwendung des Gemeinschaftsrechts, würde dessen Begründungszusammenhang und damit das Gebot einer kohärenten Rechtsordnung und der Rationalität des Rechts durchbrochen. Vielmehr bedarf es bei Vollzugsdefiziten und Verwerfungen des Rechtsschutzsystems Maßnahmen zur Wahrung der Kohärenz des Rechtsschutzsystems.

3. *Das Kohärenzgebot als Maßstab für die Modifikation nationalen Verfahrensrechts*

Das Kriterium der Kohärenz sagt noch nichts über den normativen Inhalt des Systems aus.[394] Das Kohärenzgebot stellt den Grund und das Ziel einer etwaigen Modifikation nationalen Rechts dar, weist aber weder auf die Metho-

---

392 EuGH, Rs. 213/89, Factortame, Slg. 1990, 2433, 2474; EuGH, verbd. Rs. 143/88 u. 92/88, Süderdithmarschen, Slg. 1991, I-415, 450 ff.

393 Es soll somit kein neues System geschaffen (so aber Lehr S. 400), sondern die Rationalität des Rechtsschutzsystems gewahrt bleiben.

394 Alexy, Juristische Begründung, S. 107.

dik und schon gar nicht auf den Inhalt einer solchen Modifikation hin. Das Erfordernis der Kohärenz kann allerdings auf einen bestimmten und einzig wirksamen und rechtmäßigen Weg der Modifizierung hinweisen. Dies ist beispielsweise dann der Fall, wenn nur durch einen Rückgriff auf das gemeinschaftliche Primärrecht die Kohärenz des Rechtsschutzsystems zu wahren ist. Zulässig ist ein solches Vorgehen aber nur, wenn die Rechtsfindung kein neues Rechtsschutzsystem schaffen will, eine dogmatisch einwandfreie Methodik zugrunde liegt und man somit zwischen dem Ziel und der Methodik differenziert.

Eine rechtmäßige Methode der Rechtsfindung kann ein Analogieschluss sein, dessen Notwendigkeit sich unter Umständen aus einer Kollisionslage und damit einer Lücke im Rechtsschutzsystem ergibt. Möglicherweise ist der Wertungszusammenhang nur zu wahren, wenn Verwerfungen des Systems mit Hilfe systemimmanenter Prinzipien gelöst werden. Dabei ist an dieser Stelle das Kohärenzgebot nicht mit einem Konvergenzgebot zu verwechseln, das im dezentralen Vollzug aufgrund des Grundsatzes der nationalen Verfahrensautonomie und der durch Art. 234 EG geschaffenen Aufgabenverteilung zwischen nationalen und Gemeinschaftsgerichten nicht anwendbar ist. Dies verkennend wird die Argumentation des Gerichtshofes vielfach kritisch betrachtet. So sei nicht ersichtlich, weshalb die Voraussetzungen gemeinschaftlicher Regelungen nunmehr auch für den Gemeinschaftsrechtsvollzug nach nationalem Recht gelten solle, denn dies setze ein in sich geschlossenes Rechtsschutzsystem voraus, das nicht existiere.[395] Daher habe der Gerichtshof ohne rechtliche Fundierung mit Hilfe des Kohärenzgebotes eigene Anforderungen an den dezentralen Vollzug postuliert.[396] Diese Auffassungen ignorieren sämtlich, dass die Kohärenz eine Frage der ständigen Abstimmung von gemeinschaftsrechtlichem und nationalem Rechtsschutz, aber kein Endzustand[397] ist. Auf Grundlage vorstehender Ansichten wäre der Gestaltungsauftrag des Art. 220 EG grundsätzlich abzulehnen, was gerade im Lichte der Unvollkommenheit des Gemeinschaftsrechts problematisch wäre.

Eine dogmatisch saubere Fundierung der Rechtsfindung aufgrund des Kohärenzgebotes ist nicht grundsätzlich ausgeschlossen, nur weil sich für einen Rückgriff auf das Gemeinschaftsrecht bei Gefahren für die Kohärenz des Gesamtsystems keine ausdrückliche Normierung in den Verträgen findet. So kann eine Rechtsfindung auch durch Extrahierung aus anerkannten oder gar konstitutiven Grundsätzen des Gemeinschaftsrechts erfolgen. Gerade in Deutschland stellen die meisten Regeln des allgemeinen Verwaltungsrechts

---

[395] Schlemmer-Schulte/Ukrow EuR 1992, 81, 90.
[396] Schoch SGb 1992, 118, 122.
[397] Alexy, Juristische Begründung, S. 97; siehe auch soeben 1. Teil 2. Kapitel A. V. 1.

letztlich nur eine Konkretisierung des grundlegenden Rechtsstaatsprinzips dar[398], die erst später kodifiziert wurden und der Wahrung einer kohärenten Rechtsordnung dienen. Insbesondere das BVerfG hat aus dem Rechtsstaatsprinzip und aus den Grundrechten zahlreiche Verfahrensprinzipien entwickelt.[399] Nicht weniger berechtigt ist es, Verfahrensprinzipien für den Vollzug des Gemeinschaftsrechts aus Grundsätzen des Gemeinschaftsrechts zu extrahieren. Entsprechend der Gewinnung allgemeiner Rechtsgrundsätze aus den Rechtsordnungen der einzelnen Mitgliedstaaten im Wege der wertenden Rechtsvergleichung[400] muss auch eine Gewinnung einheitlicher Maßstäbe aus dem Gemeinschaftsrecht selbst im Wege der Analogiebildung möglich sein. Dies ist neben dem Rückgriff auf die allgemeinen Rechtsgrundsätze der Mitgliedstaaten die andere grundlegende Möglichkeit, um Lücken im Gemeinschaftsrechtssystem zu schließen.[401] Für diese Methode der Maßstabsgewinnung spricht vor allem, dass die Voraussetzungen im Primärrecht selbst verankert sind und somit letztlich ihre demokratische Legitimation in dem einheitlichen Willen und der Ratifizierung der Mitgliedstaaten finden.[402] Entgegen der Lückenschließung durch allgemeine Rechtsgrundsätze der Mitgliedstaaten wird hierbei kein Recht aus „fremden“ Systemen verwendet, um das Rechtsschutzsystem der Gemeinschaft zu vervollständigen.[403] Dies wiederum dient der Kohärenz, also dem Zusammenhalt und der *inneren Stimmigkeit* des Rechtsschutzsystems. Daher ist dem Analogieschluss grundsätzlich der Vorrang vor der Rechtsvergleichung zu geben.[404] Diese Ansicht wird auch dadurch gestützt, dass bei der Anwendung des Gemeinschaftsrechts aus dem Effizienzgebot und dem Grundsatz der Gemeinschaftstreue die Verpflichtung folgt, die nationalen Verfahrensregeln so anzuwenden und auszulegen, dass sie das Gemeinschaftsrecht bestmöglich verwirklichen. Dies wiederum werden sie tun, wenn sie den Strukturen und Zielen des Gemeinschaftsrechts optimal entsprechen. Der Interessenlage der Gemeinschaft entspricht naturgemäß ihr eigenes, kodifiziertes Recht am besten.

Letztlich ist das Gebot eines kohärenten Rechtsschutzsystems einschließlich seiner Folgen eng an das Gebot der einheitlichen Anwendung des Gemeinschaftsrechts gebunden. Denn nur in einem kohärenten Rechtsschutzsystem ist die einheitliche Rechtsanwendung auf alle der dem Recht

---

[398] Ehlers in: Erichsen, Allgemeines Verwaltungsrecht, § 4 I 2.
[399] BVerfGE 52, 131, 143; 203, 206; siehe auch Bleckmann, Staatsrecht II, S. 494, der weitere Nachweise bietet.
[400] Für diesen Weg spricht sich Schlemmer-Schulte, Rechtsschutz, S. 308 aus.
[401] Bleckmann, NJW 1982, 1177, 1181.
[402] Classen S. 188.
[403] Vgl. Daig in: FS Zweigert S. 395, 399.
[404] Siehe zum Vorrang der Analogie vor der Rechtsvergleichung: Anweiler S. 306 ff.

Unterworfenen zu gewährleisten. Insoweit ist auch das Gebot eines kohärenten Rechtsschutzsystems ein Ausfluss des Geltungsanspruchs einer jeden Rechtsordnung und des Grundsatzes der Rechtsanwendungsgleichheit.[405]

4. *Die Grenzen des Kohärenzarguments*

Das Kohärenzargument kann nicht unbeschränkt für eine Einwirkung in das nationale Verfahrensrecht instrumentalisiert werden. In welchem Maße das Kohärenzargument eine gemeinschaftsrechtliche Einwirkung in das nationale Verfahrensrecht rechtfertigen kann, hängt maßgeblich davon ab, welche qualitativen Anforderungen man an das Kohärenzgebot stellt. Einerseits kann anhand des Kohärenzarguments die Angleichung des nationalen Verfahrensrechts an das Gemeinschaftsrecht in jedem Fall eines Vollzuges materiellen Gemeinschaftsrechts begründet werden. Denn je angeglichener die nationalen Verfahrensordnungen sind, desto weniger sind Systembrüche aufgrund der Anwendung des nationalen Verfahrensrechts zu befürchten. Das Kohärenzgebot entspräche in diesem Falle einer Maximalforderung. Andererseits kommt ein Verständnis des Kohärenzarguments als Minimalforderung in Betracht. Eine Harmonisierung wäre nur dann gerechtfertigt, wenn im dezentralen Vollzug Verwerfungen innerhalb des Rechtsschutzsystems drohen. Eine generelle Vereinheitlichung legitimiert dies zumindest theoretisch nicht.[406] Das gemeinschaftliche Rechtsschutzsystem geht grundsätzlich von der nationalen Verfahrensautonomie aus, die im Konfliktfall in den Normen des Primärrechts und den allgemeinen Rechtsgrundsätzen des Gemeinschaftsrechts ihre Grenzen findet. Wenn durch Prinzipienkollisionen Gefährdungen der Kohärenz des Rechtsschutzsystems verursacht werden, bedarf es zu ihrer Wahrung der Optimierung der gegenläufigen Prinzipien innerhalb des Systems. Prinzipien sind Optimierungsgebote.[407] Sind gegenläufige Prinzipien Bestandteil ein und desselben Systems, ist eine Kohärenz nur unter Wahrung jeweils größtmöglicher Optimierung zu erreichen. Willkürliche Entscheidungen zu Gunsten eines der gegenläufigen Prinzipien würden die Inkohärenz des Systems bewirken.

Eine generelle Harmonisierung des Rechtsschutzsystems ist also zur Wahrung der Kohärenz nicht zwingend notwendig. Nur im Fall struktureller Verwerfungen bzw. indirekter Kollisionen bedarf es einer Harmonisierung,

---

[405] So spricht der EGMR von einem Anspruch des Einzelnen auf ein kohärentes Rechtsschutzsystem: EGMR Rs. 87/1991/339/412, De Gouffre de la Pradelle ./. Frankreich, HRLJ 1993, 276; Schwarze EuGRZ 1993, 377, 379.

[406] Nicht ausgeschlossen ist allerdings eine recht weitgehende faktische Harmonisierung, wenn und soweit der Umfang der indirekten Kollisionen dies erforderlich macht.

[407] Siehe dazu: Alexy, Theorie der Grundrechte, S. 42 ff.

soweit andernfalls der Begründungszusammenhang, der rechtliche Zusammenhalt und damit die Kohärenz des Gemeinschaftsrechtssystems gefährdet wären. Dies ist aber nicht in jedem Fall der Anwendung nationalen Verfahrensrechts zu befürchten, dessen Verwendung im gemeinschaftlichen Rechtsschutzsystem angelegt ist. Daher wird der rechtliche Zusammenhalt durch die Anwendung des nationalen Rechts auch nicht per se gefährdet. Andernfalls wäre das Kohärenzargument geeignet, durch die Schaffung eines einheitlichen Verfahrensrechts jedwede innerstaatliche Verfahrensnorm zu vereinheitlichen. Dies aber ist vom Gemeinschaftsgesetzgeber offensichtlich nicht vorgesehen. Die Kohärenz des Rechtsschutzsystems hat also eine der Einheitlichkeit der Gemeinschaftsrechtsanwendung dienende Funktion, ebenso wie die Einheitlichkeit des Gemeinschaftsrechts dem rechtlichen Zusammenhalt des Gemeinschaftsrechtssystems dient[408]. Sie kann nicht von sich aus eine generelle Modifizierung der nationalen Verfahrensrechte legitimieren.

Seine Begrenzung findet das Kohärenzgebot somit in den Prinzipien des dezentralen Vollzugs wie der Wahrung des Kompetenzgefüges der Gemeinschaft, das auch die nationale Verfahrensautonomie umfasst, und in den allgemeinen Rechtsgrundsätzen des Gemeinschaftsrechts.

VI. Die gemeinschaftsrechtliche Kompetenzordnung

Von besonderer Bedeutung für den Vollzug des Gemeinschaftsrechts durch die Mitgliedstaaten ist die Beachtung der vertikalen Kompetenzverteilung zwischen den Institutionen der Gemeinschaft[409] und den mitgliedstaatlichen Vollzugsorganen. Dies betrifft sowohl die administrativen als auch die legislativen Kompetenzen sowie die Rechtsprechungskompetenz.

1. Das System faktischer „checks and balances" im Gemeinschaftsrecht

Ihren Grund findet die besondere Bedeutung der Kompetenzabgrenzung im Gemeinschaftsrecht nicht im Gewaltenteilungsprinzip[410] nach deutschen Rechtsverständnis oder in Berechenbarkeitsgrundsätzen, sondern vor allem im Prinzip der begrenzten Einzelermächtigung nach Art. 5 Abs. I EG, das die Kompetenzen der Gemeinschaftsorgane begrenzt.[411] Danach kommt den Or-

---

[408] Zur „Idee der wechselseitigen Begründung" siehe Alexy, Juristische Begründung, S. 101.
[409] Zu diesen: Bleckmann Rn. 205 ff.
[410] Siehe zur Gewaltenteilung im Gemeinschaftsrecht: Hofmann in: Rechtsstaatlichkeit in Europa, S. 321, 325 f.; Wechsler S. 102 ff.
[411] Bleckmann Rn. 183; die Kompetenzverteilung vollzog sich denn auch nicht nach einer speziellen Systematik, wie dem Grundsatz der Gewaltenteilung, sondern nach pragmatischen Gesichtspunkten der optimalen Aufgaben- und Zielverwirklichung (Schweitzer/Hummer Rn. 884; Nessler

ganen der Gemeinschaft keine umfassende Befugnis zur Vornahme von Rechtshandlungen zu. Vielmehr dürfen sie nur im Falle ausdrücklicher vertraglicher Ermächtigung tätig werden.[412] Dies wirkt sich sowohl in ihrem Verhältnis zu den Mitgliedstaaten, als auch in ihrem Verhältnis untereinander (horizontale Kompetenzverteilung) aus.

Die konkreten Zuständigkeiten zum Erlass von Rechtshandlungen sind in Übereinstimmung mit dem Prinzip der begrenzten Einzelermächtigung jeweils im Zusammenhang mit der Art und dem zulässigen Umfang der Maßnahmen im EG-Vertrag benannt. So bestimmt Art. 220 EG die Zuständigkeit des Gerichtshofes zur Wahrung des Gemeinschaftsrechts bei der Auslegung und Anwendung des EG-Vertrages. Sodann regelt der Vertrag abschließend die konkreten Mittel des Gerichtshofes zur Erfüllung dieser Aufgabe. Diese Zuordnung von Kompetenzen beschränkt den Aufgabenkreis des Gerichtshofes zur Erfüllung seiner Rechtswahrungs- und Gestaltungsfunktion[413] und sichert gleichzeitig seine Alleinzuständigkeiten innerhalb des vom Vertrag geschaffenen Rechtsschutzsystems. Die strenge Kompetenzbegrenzung nach dem Prinzip der begrenzten Einzelermächtigung bewirkt quasi reflexartig die Notwendigkeit einer strengen Kompetenzwahrung der Gemeinschaftsorgane, wo dies zur effektiven Erfüllung der ihnen vom Vertrag zugedachten Funktionen notwendig ist. So lässt die durch Art. 220 ff. EG erfolgte Kompetenzzuordnung insbesondere keine konkurrierende Rechtsprechung, zum Beispiel durch nationale Gerichte, zu.[414] Ähnlich dem Gewaltenteilungsprinzip des nationalen Rechts enthält das horizontale ebenso wie das vertikale Kompetenzsystem des EG-Vertrages damit ein System faktischer „checks and balances“, das als normatives Kriterium für die Beurteilung strittiger Kompetenzfragen dient.[415]

RIW 1993, 206, 211). Die Gemeinschaft ist daher gewaltenvermengend konzipiert. Daraus folgt, dass die Abgrenzung der Befugnisse nicht zwingend mit der aus dem nationalen Recht bekannten Kategorie der Zuordnung bestimmter Kompetenzen an bestimmte Gewalten vorgenommen werden kann.

[412] Vgl. nur: EuGH, verbd. Rs. 188-190/80, Frankreich u.a./Kommission, Slg. 1982, 2545, 2573; Ipsen, Gemeinschaftsrecht S. 426 f.; zu den Möglichkeiten, wenn die vorhandenen ausdrücklichen Kompetenzgrundlagen für den Erlass notwendiger Rechtshandlungen nicht ausreichend sind: Schweitzer/Hummer Rn. 336 ff.

[413] Schweitzer/Hummer Rn. 444.

[414] EuGH, Gutachten 1/76, Stillegungsfonds für die Binnenschiffahrt, Slg. 1977, 741, 761 f.; Gutachten EWR I, Slg. 1991, I-6079, 6104 ff.

[415] Schweitzer/Hummer Rn. 925; Meier EuZW 1998, 193 (Editorial); siehe grundsätzlich zur Gewaltenbalance zwischen staatlichen und europäischen Organen: Kirchhof JZ 1998, 965.

Grundsätzlich scheint die Zuständigkeit nationaler Gerichte im dezentralen Vollzug des Gemeinschaftsrechts unproblematisch zu sein. Weil sie die Anwendung des Gemeinschaftsrechts durch nationale Vollzugsorgane kontrollieren, obliegt ihnen die Judikatur über deren Maßnahmen.[416] Dies ergibt sich nicht nur aus der gemeinschaftsrechtlichen Kompetenzverteilung, sondern auch daraus, dass Vollzugsakte der nationalen Organe immer auch Ausdruck innerstaatlicher Hoheitsgewalt sind.[417] Die handelnden Gerichte unterliegen damit einer doppelten Loyalitätspflicht.[418] Ebenso wie die Qualifizierung im innerstaatlichen föderalen System richtet sich auch die Qualifizierung im dezentralen Vollzug nicht nach der Ermächtigungsgrundlage, sondern nach dem handelnden Organ.[419] Die Zuordnung der Gerichtsbarkeit erfolgt somit stets formal danach, ob Organe der Gemeinschaft oder der Mitgliedstaaten den streitbefangenen Rechtsakt erlassen haben. Dass ein Rechtsakt eventuell auf materiellem Gemeinschaftsrecht beruht, ist insofern für die gerichtliche Zuständigkeit ohne Belang.[420] Gleichzeitig bedeutet dies, dass die Anwendungskontrolle über jedwede Maßnahmen der Gemeinschaftsorgane ausschließlich dem EuGH und dem EuGI obliegt. Dies ergibt sich aus Art. 220 EG und aus Art. 234 EG, der dem Gerichtshof eine Auslegungsprärogative und ein Verwerfungsmonopol hinsichtlich der Handlungen der Gemeinschaftsorgane zubilligt.[421] Dies gilt insbesondere für den Fall, dass die Maßnahme des Gemeinschaftsorgans, z.B. eine Verordnung der Kommission, unmittelbar anwendbar ist. Den nationalen Gerichten kommt somit keine umfassende, sondern nur eine limitierte gemeinschaftsrechtliche Rechtsprechungskompetenz zu.

Diese grundsätzliche Kompetenzverteilung hat das BVerfG in bestimmten Fällen für deutsche Fachgerichte als unerheblich erklärt. Zum Schutz der Grundrechte des Grundgesetzes vor irreparablen Verletzungen

---

416 1. Teil 1. Kapitel C. II. 1. und III. 2.

417 Riegel BayVBl. 1978, 289, 291.

418 Pernice NJW 1990, 2409, 2417; Kadelbach S. 259.

419 BVerfG EuGRZ 1977, 410, 411; BVerfGE 37, 283, „Solange I"; bei der Frage, ob eine Maßnahme Landesstaatsgewalt oder Bundesgewalt ist, kommt es nicht auf die Ermächtigung, sondern auf das handelnde Organ an. BVerfG 18, 414, 417f.; Leupold, NVwZ 1995, 553, 554, ist der abwegigen Auffassung, dass es sich beim mitgliedstaatlichen Vollzug des Gemeinschaftsrecht in jedem Fall um einen Rechtsakt des Mitgliedstaates handelt, über den dann auch die nationalen Gerichte zu befinden hätten, selbst wenn ein Rechtsakt der Gemeinschaft in Frage steht. Insoweit sei der Gemeinschaftsbezug unerheblich.

420 EuGH, Rs. 60/75, Russo/AIMA, Slg. 1976, 45; EuGH, Rs. 46/75, IBC/Kommission, Slg. 1976, 65, 79.

421 EuGH, Rs. 314/85, Foto-Frost, Slg. 1987, 4199, 4231.

sollen sie Entscheidungen der Gemeinschaftsorgane beurteilen und vorwegnehmen können.[422] Diese Entscheidung lässt allerdings außer Betracht, dass allein der Gerichtshof Hüter des Gemeinschaftsrechts ist.[423] Eine Anwendungskontrolle auch des Wirkens der Gemeinschaftsorgane durch nationale Fachgerichte, zumal nach Maßgabe der nationalen Verfassung, würde die Einheitlichkeit sowie den Vorrang des Gemeinschaftsrechts negieren, der im Übrigen auch vom BVerfG selbst anerkannt ist.[424] Den nationalen Fachgerichten obliegt daher in der Regel nur die Rechtsprechungsgewalt über die Handlungen nationaler Organe, die das Gemeinschaftsrecht vollziehen.[425] Dies ergibt sich schon daraus, dass die nationalen Gerichte nicht nur über Art. 1 Abs. III, 20 Abs. III GG an die Grundrechte und die Rechtsschutzmaßstäbe des Grundgesetzes gebunden sind, sondern nach Art. 23 Abs. I GG auch an die allgemeinen Rechtsgrundsätze des Gemeinschaftsrechts.

B. Die methodischen Möglichkeiten der gemeinschaftsrechtlichen Modifizierung nationalen Verfahrensrechts

Das vom Vertrag geschaffene Rechtsschutzsystem sieht grundsätzlich die Anwendung nationalen Verfahrensrechts vor, um das Recht der Gemeinschaft in den Mitgliedstaaten durchzusetzen.[426] Das nationale Verfahrensrecht ist insoweit Teil des vom Vertrag vorausgesetzten Rechtsschutzsystems. Durch diese Struktur und durch die Unvollständigkeit des Gemeinschaftsrechts[427] können Defizite im Gemeinschaftsrechtsvollzug durch die Mitgliedstaaten auftreten, die dessen Funktionalität und rechtlichen Zusammenhalt gefährden. Daher bedarf es unter Umständen einer Vervollständigung der Verfassungsstruktur der Gemeinschaft. Das Ziel einer solchen Vervollständigung, die sich aufgrund der nationalen Verfahrensautonomie immer als eine gemeinschaftsrechtliche Einflussnahme darstellen wird, ist nicht die Ausweitung der Tätigkeitsbereiche der Gemeinschaft in Form der Harmonisierung nationaler Vollzugsregelungen, sondern die Gewährleistung der effektiven Durchsetzung des materiellen Gemeinschaftsrechts in Übereinstimmung mit dem vertraglich geschaffenen Rechtsschutzsystem.[428] Im Folgenden sol-

---

[422] BVerfG NJW 1995, 950.
[423] Deringer ZUM 1995, 317, 326; Oppermann DVBl. 1994, 901, 906; Burgi DVBl. 1995, 772, 776.
[424] Vgl. beispielsweise BVerfG JZ 1992, 913.
[425] Zu den Ausnahmen, wie sie das BVerfG für sich postuliert hat siehe 1. Teil 2. Kapitel B. II. 3. (2) (b).
[426] Siehe dazu 1. Teil 1. Kapitel C. I. 6.
[427] Pühs S. 119.
[428] Vgl. nur: Schwarze, Das Verwaltungsrecht unter europäischem Einfluß, S. 123, 128 ff. m.w.N.

len daher die Grundlagen und Möglichkeiten der modifizierenden Einwirkung insbesondere in bezug auf richterliche Eilmaßnahmen untersucht werden.

I. Die kodifizierte Einwirkung

Grundsätzlich obliegt die Harmonisierung des mitgliedstaatlichen Rechts mit dem Gemeinschaftsrecht den politischen Organen der Gemeinschaft. Diesen Auftrag können sie in vielfältiger Weise mittels der in Art. 249 EG dargelegten Formen wahrnehmen. Allerdings haben sich die Gemeinschaftsorgane in der Vergangenheit mit der Ausschöpfung dieser Regelungsmöglichkeiten hinsichtlich des Verfahrensrechts sehr zurückgehalten.[429]

Für die Harmonisierung des mitgliedstaatlichen Vollzugsrechts kommen insbesondere die Handlungsformen der Verordnung nach Art. 249 Abs. II und der Richtlinie nach Art. 249 Abs. III EG in Betracht. Insoweit handelt es sich um einen präventiven Ansatz[430], der den Mitgliedstaaten in dem jeweiligen Regelungsbereich keinen, bzw. wenig Spielraum für eigene verfahrensrechtliche Regelungen lassen würde.

1. Die Verordnung

Die Harmonisierung des für den Gemeinschaftsrechtsvollzug maßgeblichen mitgliedstaatlichen Rechts könnte insbesondere auf den durch die EEA[431] eingeführten Art. 100a EGV (nunmehr Art. 95 EG) gestützt werden.[432] Gemäß Art. 95 Abs. I Satz 1 EG erlässt der Rat „die Maßnahmen zur Angleichung der Rechts- und Verwaltungsvorschriften der Mitgliedstaaten, welche die Errichtung und das Funktionieren des Binnenmarktes zum Gegenstand haben“.[433] Aus dem Fehlen einer umfassenden Kompetenznorm und der Reichweite des Art. 95 EG folgt zugleich, dass die Gemeinschaft nicht über eine umfassende Befugnis zur Vereinheitlichung der mitgliedstaatlichen Rechtsordnungen verfügt.[434]

Für den Gemeinschaftsrechtsvollzug von Interesse ist die Schaffung verbindlicher Verfahrensregelungen, die sich unmittelbar oder mittelbar auf

---

[429] Scherer EuR 1986, 52, 54; Mögele BayVBl. 1993, 552, 558; siehe dazu 1. Teil 1. Kapitel C. I. 6. (1).
[430] Pühs S. 300.
[431] ABl. 1987, Nr. L 169/1.
[432] Streinz in: Europäisches Verwaltungsrecht, S. 241, 245.
[433] ebd. S. 290 f. m.w.N.; zu den Grenzen des Art. 95 EG siehe Engel DÖV 1992, 437, 461f.
[434] Pühs S. 300; Vedder EuR - Beiheft 1 - 1995, 75, 90, 91.

das Handeln mitgliedstaatlicher Rechtsanwendungsorgane beziehen.[435] Der Einsatz des Instruments der Verordnung ist hierbei in Art. 95 EG nicht ausgeschlossen, weil Abs. I ganz generell von „Maßnahmen“ spricht.[436] Von besonderer Bedeutung wird die Verordnung dort sein, wo eine auf unterschiedliche Vollzugsnormen basierende Wettbewerbsverzerrung in für den Binnenmarkt elementaren Fragen nur durch eine verbindliche einheitliche Regelung verhindert werden kann. Durch eine solche Regelung könnte verhindert werden, dass Mitgliedstaaten die einheitliche Wirkung des Gemeinschaftsrechts zeitlich und inhaltlich verzögern. Das bekannteste Beispiel für eine Harmonisierung des dezentralen Gemeinschaftsrechtsvollzugs mittels einer Verordnung ist der Zollkodex.[437]

2. Die Richtlinie

In Betracht kommt auch eine Kodifizierung eines Gemeinschaftsvollzugsrechts durch Richtlinien nach Art. 94, 95 EG. In Anbetracht dessen, dass sich das Harmonisierungserfordernis im Hinblick auf das mitgliedstaatliche Vollzugsrecht aber gerade aus der Vielgestaltigkeit mitgliedstaatlicher Verfahrensregelungen ergibt, bestehen gegen den Einsatz von Richtlinien schon strukturelle Bedenken. Allerdings nähert sich die Richtlinie hinsichtlich der Wahlmöglichkeiten bezüglich der Form und der Mittel ihrer Umsetzung zunehmend der Verordnung an.[438] Zudem bietet sich der Erlass einer Richtlinie an, wenn nur bestimmte Teilaspekte nationalen Verfahrensrechts harmonisiert werden müssen. Es ist aber zu beachten, dass der Durchführungsspielraum der Mitgliedsstaaten bei der Umsetzung der Richtlinien und die Erfahrungen mit der Umsetzungsmoral im Angesicht der Notwendigkeit eines effektiven Vollzuges große Probleme aufwerfen können, welche die Richtlinie als wenig geeignetes Mittel zur Erreichung vergleichbarer und effektiver Vollzugspraktiken erscheinen lassen.[439] So ist es nicht verwunderlich, dass der Rat den Zollkodex in Form einer Verordnung auf Grundlage der Art. 100a, 113, 28 EGV (a.F., nunmehr Art. 95, 133, 26 EG) erlassen hat.

---

[435] Schmidt-Aßmann DVBl. 1993, 924, 926; im Gegensatz zum Eigenverwaltungsrecht der Gemeinschaft.
[436] Lukes in: Handbuch des EU-Wirtschaftsrechts, 1. Bd. B. II Rn. 96 ff.
[437] Zollkodex VO (EWG) Nr. 2913/92, ABl. 1992 L 302, 1.
[438] Ipsen Gemeinschaftsrecht S. 48 f.
[439] Ähnlich auch Pühs S. 306

II. Die nichtkodifizierte Einflussnahme

Angesichts der politischen Unwägbarkeiten und einer mangelnden legislativen Dynamik einerseits und den vielfältigen Erfordernissen effektiver Regelungen für den Gemeinschaftsrechtsvollzug andererseits, kommt insbesondere im Hinblick auf die Modifizierung nationalen Vollzugsrechts die Rolle des Gerichtshofes als „Motor der Integration"[440] verstärkt zum Tragen.[441] Eine modifizierende Einwirkung des Gerichtshofes mittels Rechtsfortbildung kommt immer dann in Betracht, wenn eine solche zulässig ist und methodisch korrekt vorgenommen wird.

1. Die Zulässigkeit der richterlichen Einwirkung

Im Gemeinschaftsrecht entscheiden entgegen dem traditionellen Verfahren des überkommenen Völkerrechts nicht die Mitgliedstaaten über die Klärung von Rechtsfragen, sondern der Gerichtshof als unabhängige gerichtliche Instanz der eigenständigen Gemeinschaftsrechtsordnung.[442] Nach Art. 220 EG ist der Gerichtshof in dieser Funktion zur „Wahrung des Rechts" bei der Anwendung und Auslegung des Vertrages berufen. Die Terminologie des Art. 220 EG weist nach deutschem Rechtsverständnis zunächst nicht auf eine Befugnis zur „Rechtsfortbildung" hin. Dieser Begriff entstammt der deutschen juristischen Methodenlehre, die zwischen der Auslegung im engeren Sinne und der ergänzenden Rechtsfortbildung unterscheidet. Kriterium zur Unterscheidung ist dabei die Grenze des Wortlauts.[443] Jenseits dieser Grenze beginnt die Ausfüllung von Gesetzeslücken. Noch weiter vom Gesetzestext entfernt ist die gesetzeserweiternde und die gesetzesübersteigende Rechtsfortbildung. Hierbei dient die Rechtsfortbildung nicht bloß der Ausfüllung planwidriger Lücken, die in gesetzesimmanenter Weise zu beseitigen sind. Sie bewegt sich vielmehr über das Gesetz hinaus und entwickelt es fort. Auch bei dieser weitestgehenden und unter den Gesichtspunkten der Gesetzesbindung der Rechtsprechung und dem Prinzip der Gewaltenteilung problematischen Art der Rechtsfortbildung hat sich der Richter jedenfalls an das bestehende System der Rechtsordnung und an den vom Gesetzgeber vorgegebenen Grundwerten zu orientieren.

---

[440] Schweitzer/Hummer Rn. 445; siehe auch: Hallstein, Die echten Probleme der europäischen Integration, S. 9, der den Gerichtshof als „Integrationsfaktor erster Ordnung" bezeichnet
[441] Auflistung hinsichtlich des Verwaltungsrechts bei Vedder EuR Beiheft 1 1995, S. 75, 80
[442] Ukrow, S. 90 f.; Frowein in: FS für Werner Maihofer, S. 149, 149f.
[443] Larenz/Canaris S. 187

Der Gerichtshof nimmt die soeben beschriebene Unterscheidung nicht vor. In Übereinstimmung mit der französischen Methodenlehre[444] geht der Gerichtshof anders als die deutsche Doktrin auch in Fällen judizieller Normbildung davon aus, dass er das Gemeinschaftsrecht auslegt.[445] Über die Fundierung im französischen Recht hinaus weist die Formulierung des Art. 220 EG auf eine über die reine „Gesetzesbindung" hinausgehende „Rechtsbindung" des Gerichtshofes hin und erteilt eine Absage an einen engen „Gesetzespositivismus", weil das „Recht" mehr ist als die Summe primären und sekundären Gemeinschaftsrechts.[446] Dieses „Recht" hat der Gerichtshof auch bei Lücken des positiven Rechts nach dessen Maßgabe zu verwirklichen und gegebenenfalls fortzubilden.[447] Das Ziel ist insoweit die Vervollständigung der Verfassungsstruktur der Gemeinschaft.[448] Die Rechtsfortbildung muss aber dennoch auch eine Deduktion aus Rechtsgrundsätzen[449] sein, die objektivierbaren Quellen entnommen ist.[450] Diese können im Gemeinschaftsrecht insbesondere dessen Regelungen, Rechtsgrundsätze und Ziele sein.

Argumentiert man nun mit diesem methodischen Ansatz oder stützt man sich auf die gemeineuropäische Rechtsgeschichte[451] und Rechtswirklichkeit[452], muss man jedenfalls mit der wohl allgemeinen Ansicht[453] die grundsätzliche Zulässigkeit der Rechtsfortbildung durch den Gerichtshof anerkennen. Die Mitgliedstaaten der Gemeinschaft wollten dem Gerichtshof Rechtsfindungswege eröffnen, „wie sie in jahrhundertealter gesamteuropäischer Rechtsüberlieferung und Rechtskultur ausgeformt sind".[454] Während einige Stimmen in der Literatur dem Gerichtshof jedoch nur dann eine Rechtsfortbildungskompetenz zuerkennen wollen, wenn im konkreten Fall durch die unterschiedlichen nationalen Rechte das Funktionieren der Gemeinschaft oder die volle Wirksamkeit der Gemeinschaftsvorschriften ernstlich gefähr-

---

[444] Vgl. Fikentscher, Methoden des Rechts S. 543, 546.

[445] Beisse StVj 1992, 42 ff.; Olbertz StVj 1992, 37 ff.; Dänzer-Vanotti RIW 1992, 733, 734.

[446] So Ukrow S. 91 ff.; siehe dort auch zu den Fassungen des Art. 220 EG in den unterschiedlichen Amtssprachen in Fn. 120; Sander S. 46, der darauf hinweist, dass Art. 220 EG gerade nicht bloß auf die Wahrung des „Vertrages" gerichtet ist.

[447] Krück in: GTE Art. 164 Rn. 51; Brandt JuS 1994, 300, 303.

[448] Möller EuR 1998, 20, 31.

[449] Ipsen, Richterrecht und Verfassung, S. 190.

[450] Dänzer-Vanotti RIW 1992, 733, 734.

[451] Wie dies das Bundesverfassungsgericht tut wenn es feststellt, dass der Richter in Europa niemals nur „la bouche qui prononce les paroles de la loi" war: BVerfGE 75, 223, 243 f.

[452] Everling JZ 2000, 217, 218 ff. m.w.N.

[453] Vgl. beispielsweise: Schwarze, Europäisches Verwaltungsrecht, S. 1392; Dänzer-Vanotti, BB 1991, 1015, 1016; BVerfGE 75, 223, 243 f., „Kloppenburg".

[454] So wörtlich: BVerfGE 75, 223, 243; Dänzer-Vanotti BB 1991, 1015, 1016; siehe auch: Steinberger FS Doehring S. 966 f.

det wäre[455], verlangt eine andere Ansicht lediglich eine planwidrige oder fehlerhafte Lücke im Gemeinschaftsrecht[456]. Angesichts des weitreichenden Integrationsauftrages des durch die Mitgliedstaaten geschaffenen - und damit in ihren gemeinsamen Willen aufgenommenen - Art. 220 EG sowie aufgrund des Regelungsdefizits des Gemeinschaftsrechts ist letztere Ansicht überzeugender. Vor allem aber ist nicht ersichtlich, weshalb der Gerichtshof eine geringere Rechtsfortbildungskompetenz als die Gerichte der Mitgliedstaaten innehaben sollte. Diesen steht, weitestgehend anerkannt, eine Kompetenz zur rechtsfortbildenden Lückenfüllung zu.[457]

Für den Gerichtshof ist die Rechtsfortbildung im Sinne einer Rechtsneuschöpfung nicht nur ein Rechtsbehelf zur Schließung von Gesetzeslücken. Vielmehr kommt ihm die Rolle eines Integrationsfaktors zu, der durch eine Ausfüllung der umfangreichen Regelungslücken das Gemeinschaftsrecht zu gestalten hat[458] und die Sicherung der Funktionsfähigkeit der Gemeinschaft gewährleistet.[459] Diese wäre aber gefährdet, wenn sich die Gemeinschaft und die Mitgliedstaaten nicht sicher sein könnten, dass die Gemeinschaftsrechtsakte sowie das Primärrecht in den Mitgliedstaaten durchgesetzt werden.[460] Die in Art. 10 EG primärrechtlich verankerte Treuepflicht und die Funktionsfähigkeit als fundamentale Wertentscheidung des Gemeinschaftsrechts hat der Gerichtshof deshalb gegebenenfalls mittels einer Rechtsfortbildung zu konkretisieren, wenn die politischen Organe der Gemeinschaft ihre Integrationsaufgaben nicht oder nur unzureichend wahrnehmen.[461] Daher kommt dem Gerichtshof auch eine Einwirkungskompetenz bezüglich des nationalen Verfahrensrechts zu, wenn sich durch Vollzugsdefizite oder Verwerfungen Lücken innerhalb des gemeinschaftsrechtlichen Vollzugssystems offenbaren.[462] In diesen Fällen leistet die Einwirkung durch Rechtsfortbildung nicht nur einen Beitrag zur effektiven und einheitlichen Durchsetzung der Gemeinschaftsinteressen, sondern fördert durch den Beitrag zur Rationalität des Rechts[463] auch den effektiven Rechtsschutz des Einzelnen.[464]

---

[455] Stein, Richterliche Rechtsfortbildung, S. 619, 629; Dänzer-Vanotti BB 1991, 307, 309.
[456] Schlemmer-Schulte EuZW 1991, 307, 309.
[457] Kutscher, Thesen zu den Methoden der Auslegung des Gemeinschaftsrechts, S. 12, vgl. nur § 137 GVG; Everling JZ 2000, 217, 218 ff. m.w.N.
[458] Schweitzer/Hummer Rn. 444.
[459] So zutreffend: Dänzer-Vanotti, BB 1991, 1015, 1016; Möller EuR 1998, 20, 28.
[460] Weiler, Journal of Common Market Studies, S 417, 427 ff.
[461] Pescatore in: GS Contantinesco S. 559, 577.
[462] v. Dietze S. 165 ff.
[463] Siehe schon 1. Teil 2. Kapitel A I. 1. und V. 2.; Classen S. 188 f.
[464] Die Wahrung eines kohärenten Systems ist notwendige Voraussetzung für die Effektivität administrativer Maßnahmen und wirksamen Rechtsschutz, weil nur so Transparenz und Vergleichbarkeit des hoheitlichen Handelns zu erreichen ist.

2. *Die Methode der Rechtsfindung*

Der Gerichtshof bedient sich zur Rechtsfindung unter anderem des Analogieschlusses und der Heranziehung der den Rechtsordnungen der Mitgliedstaaten innewohnenden Rechtsgrundsätze. Diese über die klassischen Auslegungsmethoden hinausgehende Rechtsfindung dient vor allem der Herausbildung „Allgemeiner Rechtsgrundsätze“ des Gemeinschaftsrechts.[465] Im Rahmen der wertenden Rechtsvergleichung stellt sich zunächst die Frage, welche Rechtsordnung als Erkenntnisquelle maßgeblich sein soll. Nach dem Effektivitätsgrundsatz ist diejenige Rechtsordnung heranzuziehen, welche die Funktionalitätsinteressen der Gemeinschaft und die europäischen Grundrechte der Privatperson optimal schützt.[466] Die Finalität des Gemeinschaftsrechts hat zur Folge, dass sich das Gemeinschaftsrecht bei Fragen des Vollzugsrechts tendenziell eher an Rechtsordnungen orientieren wird, die den Interessen der Allgemeinheit mehr Gewicht einräumen als denen des rechtsschutzsuchenden Individuums. Nur wenn sich das gemeinschaftliche Interesse gerade mit dem Individualinteresse deckt, wie im Falle der Verwirklichung der Grundfreiheiten, wird in der wertenden Rechtsvergleichung diejenige nationale Rechtsordnung Einfluss nehmen, die einen weitreichenden Individualrechtsschutz vorsieht.[467]

Die Entwicklung der erforderlichen Regelungen, die das Recht bei der Anwendung und Ausbildung der Verträge wahren[468], kann sich aber nicht nur aus den in allen Mitgliedstaaten gemeinsam geltenden Rechtsgrundsätzen vollziehen.[469] Vielmehr muss sie sich im Rahmen der systematischen und teleologischen Auslegung[470] auch an den Zielen der Gemeinschaft und dem erworbenen Rechtsbestand orientieren. Dies entspricht dem Grundsatz der autonomen Auslegung aus dem Gemeinschaftsrecht im Rahmen der teleologisch-systematischen Auslegung[471], die insbesondere bei der Lückenfüllung

---

[465] de Wilmars CDE 1986, 5, 18; Everling RabelZ 1986, 193, 211.
[466] Bleckmann DÖV 1993, 837, 840.
[467] ebd. S. 841.
[468] Art. 220 EG.
[469] So aber: Dänzer-Vanotti BB 1991, 1015, 1018; Schlemmer-Schulte EuZW 1991, 307, 310; siehe dazu: Schwarze in: Der Europäische Gerichtshof, S. 24.
[470] EuGH, Rs. C-84/95, Bosphorus, Slg. 1996, I-3953, 3983 m.w.N.; de Wilmars CDE 1986, 5, 16; zur untergeordneten Rolle der wörtlichen und der historischen Auslegung: v. Dietze S. 147; siehe auch EuGH, Rs. C-219/95 P, Ferrière Nord/Kommission (Wettbewerbsabkommen), Slg. 1997, I-4411, 4434 f. m.w.N., wo der Gerichtshof die Grenzen der wörtlichen Auslegung bei elf verschiedenen Amtssprachen verdeutlicht.
[471] Dauses, Das Vorabentscheidungsverfahren, S. 78.

heranzuziehen ist.[472] Eine quasi „autonome“ Rechtsfindung liegt vor allem dann nahe, wenn das Gemeinschaftsrecht entsprechende Regelungen bereithält. Diese sind nicht nur von den Mitgliedstaaten in ihrem gemeinsamen Willen aufgenommen worden, sondern werden den Erfordernissen des Gemeinschaftsrechts naturgemäß am besten gerecht. Ein solcher Bezug entspricht daher nicht nur den Anforderungen des "effect utile"[473], sondern auch der Rationalität des Rechts. Auch im deutschen Recht bedient man sich der Analogie, wenn der ungeregelte Tatbestand dem geregelten Tatbestand so ähnlich ist, dass es die Gerechtigkeit gebietet, beide gleich zu behandeln.[474] Der dezentrale Vollzug ähnelt schon hinsichtlich der Quelle des materiellen Rechts, das die nationalen Verfahrensrechte ja zu verwirklichen haben, dem gemeinschaftsunmittelbaren Vollzug.

3. Die Grenzen der Rechtsfortbildung durch den Gerichtshof

(1) Die gemeinschaftsrechtlichen Grenzen der Modifizierung nationalen Rechts

Der Gerichtshof ist bei der Fortbildung des Gemeinschaftsrechts nicht völlig frei, sondern hat vor allem dessen Bestimmungen zu beachten. Neben den kodifizierten Regelungen des Gemeinschaftsrechts und seinem Kompetenzsystem sind dies vor allem die durch den Gerichtshof selbst konkretisierten allgemeinen Grundsätze des Gemeinschaftsrechts. So ist die richterliche Rechtsfortbildung vor dem Hintergrund der „checks and balances“ immer von der Rechtssetzung abzugrenzen, die im Grundsatz allein den dazu berufenen Gemeinschaftsorganen und den mitgliedstaatlichen Legislativorganen zusteht. Es bedarf nicht nur der Beachtung der institutionellen Kompetenzverteilung der Gemeinschaftsorgane gemäß Art. 7 EG, sondern auch die Kompetenzverteilung zwischen der Gemeinschaft und den Mitgliedstaaten, wie sie in Art. 48 EUV angelegt ist.[475] Letztlich besteht die Problematik des Richterrechts der Gemeinschaft in erster Linie im Verhältnis zu den Mitgliedstaaten.[476] Die Grenze der richterlichen Rechtsfortbildung muss daher nicht nur unter Beachtung der vertraglich festgeschriebenen institutionellen

---

[472] Schermers/Walbroek S. 22; ... und die für den Gerichtshof im Vordergrund steht: Everling JZ 2000, 217, 223 m.w.N.
[473] Siehe zur Auswirkung des Grundsatzes des „effect utile“ auf die Vertragsauslegung durch den EuGH: Sander S. 41 f.
[474] Larenz/Canaris S. 187 ff.
[475] Siehe dazu bereits 1. Teil 2. Kapitel A. VI. 1.
[476] Everling JZ 2000, 217, 225.

Gewichte[477] sondern auch im Hinblick auf die Rechtssetzungskompetenz der Gemeinschaft nach Maßgabe der Verträge gezogen werden. Letztlich hat der EG-Vertrag ein System der Zuständigkeitsverteilung zwischen den Gemeinschaftsorganen sowie zwischen diesen und den mitgliedstaatlichen Organen geschaffen, das jedem Organ eigene Aufgaben beim Vollzug des Gemeinschaftsrechts zuweist. Ein Überschreiten der Kompetenzen käme daher einer Vertragsänderung gleich, zu der nur die Mitgliedstaaten befugt sind.[478]

Die Grenze der Befugnis zur richterlichen Rechtsfortbildung lässt sich über den Integrationsauftrag des Gerichtshofes aus Art. 220 EG bestimmen. So darf er nicht die Aufgaben anderer Gemeinschaftsorgane wahrnehmen, solange deren Untätigkeit nicht die Kompetenz des Gerichtshofes begründen.[479] Eine Rechtsfortbildung ist daher unzulässig, wenn die zum Handeln berufenen Gemeinschaftsorgane selbst tätig werden oder ein solches Tätigwerden mangels Gefährdung der Funktionsfähigkeit der Gemeinschaft nicht notwendig ist. Der Gerichtshof überschreitet daher nur dann nicht seine Rechtsfortbildungsbefugnisse, wenn deren Ausübung zur Schließung einer wesentlichen Regelungslücke im Gemeinschaftsrecht notwendig sind.[480] Im Rahmen der horizontalen Kompetenzabgrenzung hat sich der Gerichtshof bei der Rechtsfortbildung zudem an die Ermächtigungen und Ziele der Verträge zu halten. Beachtet der Gerichtshof die Grenze der Ermächtigungen und Ziele des Vertrages, ist auch ein Eindringen in die Kompetenzbereiche der Mitgliedsstaaten, die ja keine ausschließlichen Kompetenzbereiche sind, sondern über zahlreiche Einbruchstellen verfügen[481], zulässig. So unterliegt das Recht des dezentralen Vollzugs nicht einer ausdrücklichen Kompetenzzuweisung des EG-Vertrages an die Mitgliedstaaten, sondern ist nur mangels gemeinschaftsrechtlicher Regelung deren Rechtsordnungen zu entnehmen.[482]

Eine modifizierende Einwirkung auf das nationale Verfahrensrecht durch eine Rechtsfortbildung des Gerichtshofes ist jedenfalls nur insoweit zulässig, wie kodifizierte Regelungen des Gemeinschaftsrechts zulässig wären. Der Gerichtshof muss sich demnach an den Gesetzgebungskompetenzen der Gemeinschaft orientieren. Andernfalls würde er die Grenzen der Hoheitsbefugnisse verlassen, die der Gemeinschaft von den Mitgliedstaaten zur Ausübung übertragen wurde. So ist für eine generelle Vereinheitlichung des

---

[477] EuGH, Rs. C-70/88, Parlament/Rat, Slg. 1990, I-2041, 2072; EuGH, Rs. C-316/91, Parlament/Rat, Slg. 1994, I-625, 657 f., Dänzer-Vanotti RIW/AWD 1992, 733, 734; Stein in: Richterliche Rechtsfortbildung, S. 165 ff.
[478] BVerfGE 89, 155 (Maastricht-Entscheidung); Grimm RdA 1996, 66, 69.
[479] Siehe 1. Teil 2. Kapitel B. II. 1.
[480] EuGH, Rs. 165/84, Krohn, Slg. 1985, 3997, 4019.
[481] In Deutschland durch Art. 23 Abs. I und 24 Abs. I GG begründet.
[482] Siehe 1. Teil 2. Kapitel B. I.

Verfahrensrechts keine Ermächtigungsgrundlage ersichtlich. Ist eine Harmonisierung der mitgliedstaatlichen Verfahrensregeln notwendig, um konkrete Ziele des Vertrages zu verwirklichen, stehen der Gemeinschaft die Kompetenzen der Art. 94 ff. EG zur Verfügung.[483] Im konkreten Fall kann somit eine Befugnis zur harmonisierenden Rechtsfortbildung bestehen, wenn eine „wesentliche Lücke" innerhalb des Gemeinschaftsrechts besteht. Steht der Gemeinschaft nämlich grundsätzlich eine Handlungskompetenz zu, so kann sich die Grenze zulässiger Rechtsfortbildungskompetenz nur noch nach der institutionellen Kompetenzverteilung bestimmen.

Obwohl nach dem Prinzip der begrenzten Einzelermächtigung die Kompetenzen zwischen den nationalen Organen und jenen der Gemeinschaft zweifelsfrei bestimmt sein müssten, ergeben sich aus der inhaltlichen Ausgestaltung der einzelnen Kompetenzen, die in „unbegrenzten Tatbeständen Hoheitsrechte einräumen"[484], Abgrenzungsprobleme. So sind die Einzelkompetenzen an der Verwirklichung von Zielen orientiert und haben daher keine vollends abgegrenzten Sachgebiete zum Gegenstand.[485] Dies hat zur Folge, dass der Gemeinschaft im Falle des Vorliegens einer Einzelkompetenz möglicherweise eine funktionalitätsbedingte Annexkompetenz zusteht, die in mitgliedstaatliche Normenkomplexe eingreifen kann, welche normalerweise der Kompetenz der Mitgliedstaaten unterliegen. Die Rechtsfortbildung des Gerichtshofes darf demnach nur nicht das Ziel einer umfassenden Rechtsangleichung verfolgen. Vielmehr hat sie sich auf konkrete Rechtsschutzprobleme zu beziehen, die sich durch Systemkonflikte im dezentralen Vollzug offenbaren und Normziele zu vereiteln drohen. Dabei setzt der EuGH wie bei einer kodifizierten Harmonisierung kein neues oder „verändertes" nationales Recht, sondern explizit Gemeinschaftsvollzugsrecht, weil ihm die Konkretisierung nationalen Rechts untersagt ist.[486]

Im Schrifttum wird eine Regelungskompetenz aufgrund einer planwidrigen Lücke teilweise grundsätzlich verneint, weil durch eine Rückverweisung auf das nationale Recht eine Lösung zu finden sei, welche die Lücke im Gemeinschaftsrecht zu Gunsten des sowieso anwendbaren nationalen Rechts egalisiere.[487] Diese Ansicht verkennt, dass etwaige Vollzugsdefizite und Gefährdungen des gemeinschaftsrechtlichen Vollzugssystems gerade aufgrund der Anwendung nationalen Vollzugsrechts verursacht werden. Daher macht es wenig Sinn, im Wege der Rückverweisung auf diese nationalen Regelungen zurückgreifen zu wollen. Will das Gemeinschaftsrecht als selbstän-

---

[483] ebd.
[484] BVerfGE 89, 155, 210, „Maastricht-Urteil".
[485] Everling EuR 1987, 214, 221.
[486] Nettesheim AöR 119 (1994), 261, 287.
[487] Huthmacher S. 99 f.

dige Rechtsordnung seinen Vorrang, die unmittelbare Wirkung und die gleiche Behandlung der Bürger garantieren, so muss es grundsätzlich über eigene Vollzugsgrundsätze verfügen.[488] Dies gilt insbesondere vor dem Hintergrund des überwiegend dezentralen Vollzugs des Gemeinschaftsrechts.[489] Entstehen durch das Zusammenwirken des Gemeinschaftsrechts und des nationalen Vollzugsrechts Systemkonflikte, besteht eine auszufüllende Lücke innerhalb des Gemeinschaftsrechts. Diese Lücke ist dann auch planwidrig, weil das Gemeinschaftsrecht mitsamt dem mitgliedstaatlichen Verfahrensrecht als funktionellem Gemeinschaftsrecht grundsätzlich ein kohärentes System bildet.[490]

Die gemeinschaftsrechtlichen Grenzen der Rechtsfortbildungsbefugnis des Gerichtshofes sind somit durch die Rechtsetzungskompetenzen der Gemeinschaft und durch das Vorliegen einer „wesentlichen Lücke" zu ziehen.

(2) Die verfassungsrechtlichen Schranken der Modifizierung nationalen Rechts

Die Frage der zulässigen Grenzen richterlicher Rechtsfortbildung durch den Gerichtshof wird aus der Sicht des BVerfG nach den in dem „Maastricht-Urteil" erläuterten Maßstäben bestimmt.[491] Entgegen früheren Urteilen[492] geht es in seiner Entscheidung nicht mehr davon aus, dass er nur über die Tätigkeit deutscher hoheitlicher Gewalt die Rechtsprechung ausübt. Vielmehr sieht er sich nunmehr befugt, in „Kooperation" [493] mit dem Gerichtshof Schutz vor jedweder Hoheitsgewalt zu gewähren, die sich im Geltungsbereich des Grundgesetzes auswirkt und somit die Grundrechtsberechtigten berühren kann.[494] Dem BVerfG obliegt nach seiner Rechtsprechung auf diese Weise nicht nur der Grundrechtsschutz gegenüber deutschen Staatsorganen, sondern grundsätzlich auch gegenüber den Maßnahmen der Europäischen Gemeinschaft, weil deren Rechtsakte direkt und unmittelbar Wirkung im deutschen Rechtsraum entfalten.[495] Damit greift das BVerfG potenziell in das durch den EG-Vertrag konstituierte vertikale Kompetenzsystem der Gemein-

---

[488] Rengeling EuR 1984, 331 ff.; Schwarze, Europäisches Verwaltungsrecht, S. 9.
[489] Schweitzer DV 1984, 137 ff.
[490] Siehe oben 1. Teil 2. Kapitel A. V. 1.
[491] BVerfGE 89, 155 (Maastricht-Entscheidung)
[492] BVerfGE 37, 271 (Solange I); eine kurze Übersicht zur wechselhaften Entwicklung der Rechtsprechung des BVerfG in dieser Frage bietet Trautwein JuS 1997, 893, 893 f.
[493] BVerfGE 89, 155 (Maastricht-Entscheidung).
[494] ebd. S. 174 f.
[495] Wittkowski BayVBl. 1994, 359, 362; Schmidt-Aßmann JZ 1994, 832, 836.

schaft und speziell in die Zuständigkeiten des Gerichtshofes nach Art. 220 ff. EG ein.

Von besonderer Bedeutung ist hier die vom BVerfG für sich reklamierte Prüfungskompetenz in der Frage, ob der EuGH die ihm zustehende Rechtsfortbildungskompetenz überschritten hat. Denn „würden etwa europäische Einrichtungen oder Organe den Unions-Vertrag in einer Weise handhaben oder fortbilden, die von dem Vertrag, wie er dem deutschen Zustimmungsgesetz zugrunde liegt, nicht mehr gedeckt wäre, so wären die daraus hervorgehenden Rechtsakte im deutschen Hoheitsbereich nicht verbindlich“[496]. Deutsche Gerichte wären somit daran gehindert, Vorgaben des Gerichtshofes auszuführen. Diese Auffassung des BVerfG beruht wohl auf dem Gedanken, dass Maßnahmen internationaler Organisationen nicht verbindlich sind, wenn sie den ihnen eingeräumten Rechtskreis überschreiten.[497] Eine Prüfungskompetenz soll dem BVerfG in diesen Fällen auch deshalb zukommen, weil es problematisch wäre, wenn der Gerichtshof selbst über die eigene Rechtsverletzung entscheiden und somit quasi zum Richter in eigener Sache würde.[498]

(a) Wesensgehalt der Grundrechte gem. Art. 19 Abs. IV Satz 1 GG

Weil nach Ansicht des BVerfG auch das nationale Recht in Form des Zustimmungsgesetzes zu den Verträgen und Art. 23 Abs. I GG ein Begrenzungsfaktor für den dezentralen Gemeinschaftsrechtsvollzug ist stellt sich die Frage, ob eine Senkung des nationalen Rechtsschutzstandards durch die Rechtsfortbildung des EuGH zulässig ist. Eine solche Frage ist vor allem bei der Modifizierung nationalen Prozessrechts durch den EuGH virulent. Konflikte zwischen Grundrechten und gemeinschaftsrechtlichen Anforderungen an den dezentralen Gemeinschaftsrechtsvollzug sind somit vor allem möglich, soweit Art. 23 Abs. I Satz 1 GG keine Relativierung der nationalen Grundrechte zu Gunsten der Gemeinschaftsrechtsdurchsetzung gestattet. Dieser räumt die Möglichkeit der Übertragung von Hoheitsrechten auf die Europäische Gemeinschaft, bzw. auf zwischenstaatliche Einrichtungen ein, deren Ausübungsakte im innerstaatlichen Raum unmittelbare Geltung entfalten.[499]

---

[496] BVerfGE 89, 155, 188.
[497] So jedenfalls Weber DÖV 1997, 624, 625.
[498] Hillgruber AVR 1996, 347, 370; Reich EuZW 2002, Editorial zur Diskussion um ein Europäisches Kompetenzgericht; Dänzer-Vanotti in: FS Everling 1995, 205, 207, dabei stellt sich die Frage, wer die Entscheidungen des BVerfG als oberstes bundesdeutsches Judikativorgan kontrolliert. Siehe zum Risiko von Fehlentscheidungen im Rahmen von Konfliktentscheidungen: Nicolaysen/Hilf NJW 2001, 1233, 1237.
[499] BVerfGE 37, 271, 280; 73, 339, 375 f. „Solange II“; Streinz, Bundesverfassungsrechtlicher Grundrechtsschutz, S. 250.

Er wirkt insoweit als „Integrationshebel".[500] Dies bewirkt eine zumindest potenzielle Duplizität des Prüfungsmaßstabes, weil staatliches Handeln nunmehr sowohl den verfassungsrechtlichen, als auch den Erfordernissen des von den zwischenstaatlichen Organen gesetzten Rechts gerecht werden muss. Dies folgt daraus, dass die gemeinschaftsrechtlich bedingten Einwirkungen in das deutsche Verfassungsrecht zwar auf den konkreten Prüfungsmaßstab, nicht aber auf die generelle Verfassungsbindung der nationalen Organe Einfluss haben[501]. Daher sind nationale Gerichte auch beim Gemeinschaftsrechtsvollzug grundsätzlich an die Grundrechte, also auch an den Art. 19 Abs. IV Satz 1 GG[502], gebunden.

Die Aufgabe des Art. 23 Abs. I Satz 1 GG[503] ist die Ermöglichung, aber auch die Begrenzung von „Verfassungsdurchbrechungen"[504]. Die Integrationsoffenheit des Grundgesetzes, wie sie in der Präambel des Grundgesetzes und in Art. 23 Abs. I GG zum Ausdruck kommt, bewirkt, dass ein geringerer Grundrechtsstandard grundsätzlich verfassungsrechtlich gedeckt ist.[505] Das Grundgesetz fordert keinen deckungsgleichen „Schutz in den einzelnen Grundrechtsbereichen des Grundgesetzes durch das europäische Gemeinschaftsrecht und die darauf fußende Rechtsprechung des EuGH".[506] Eine strikte und ausnahmslose Grundrechtsbindung der hoheitlich in den innerstaatlichen Rechtsraum einwirkenden zwischenstaatlichen Organe würde die Bundesrepublik faktisch „vertragsunfähig" machen und die Integrationsoffenheit des Grundgesetzes in Frage stellen.[507] Die Grenze der Relativierung liegt nach Auffassung des Bundesverfassungsgerichtes in der Wahrung der „Grundstrukturen der Verfassung, auf der ihre Identität beruht"[508] und der

---

[500] Ipsen, Gemeinschaftsrecht, S. 58 zu Art. 24 GG a.F.

[501] Auch wenn das BVerfG zunächst auf seine verfassungsrechtliche Kontrolle verzichtet: BVerfGE 73, 339 (Solange II); BVerfGE 89, 155 (Maastricht-Entscheidung).

[502] Schmidt-Aßmann in: MD Art. 19 Abs. 4 Rn. 51.

[503] Mit der Implementierung des Art. 23 Abs. I GG geht keine Änderung der bisherigen Verfassungslage einher, weil der Artikel an die bisherige Judikatur des Bundesverfassungsgerichts anknüpft. Siehe dazu: Breuer NVwZ 1994, 417, 423; Di Fabio Der Staat 32 (1993), 191, 207; Kirchner/Haas JZ 1993, 760, 762.

[504] Kritisch zu diesem Begriff nicht zu Unrecht: Streinz, Bundesverfassungsrechtlicher Grundrechtsschutz, S. 250, der darauf hinweist, dass es sich um einen von der Verfassung selbst zugelassenen Vorgang und damit um Verfassungsbetätigung handelt. Allerdings bedeutet diese Betätigung faktisch eine Durchbrechung der -anderen- Verfassungsvorgaben, so dass dieser eingeführte Begriff hier verwandt sei; zu dem Problem der Verfassungsdurchbrechung in diesem Kontext siehe auch: Thieme, VVDStRL 18 (1960), 50, 55; Randelzhofer in: MD Art. 24 Rn. 57 ff.; 68 ff.

[505] Klein, Vereinheitlichung, S. 126 Fn. 46; Randelzhofer in: MD Art. 24 Rn. 57 ff.; 68 ff.

[506] BVerfG Beschl. v. 7.6.2000, NJW 2000, 3124, 3125.

[507] BVerfGE 58, 1, 41, „Eurocontrol I".

[508] BVerfGE 37, 271, 279; 73, 339, 375 f. „Solange II".

„Gewährleistung der unabdingbaren Grundrechtsstandards“[509]. Diese Standards sollen jedenfalls die Rechtsprinzipien umfassen, die dem Grundrechtsteil des Grundgesetzes zugrunde liegen. Einer gemeinschaftsbedingten Relativierung entzogen ist nach der Rechtsprechung des Bundesverfassungsgerichts vor allem die Wesensgehaltgarantie.[510] Daher ist die Grenze zulässiger Relativierungen des verfassungsrechtlichen Grundrechtsstandards der Wesensgehalt jeweils betroffener Grundrechte. Insoweit sichert das BVerfG Grundrechtsschutz auch gegenüber der Hoheitsgewalt der Gemeinschaft.[511]

(b) Wahrung des Grundrechts auf effektiven Rechtsschutz durch das BverfG

Die Reichweite bundesverfassungsgerichtlicher Kontrolle der Rechtsfortbildung durch den Gerichtshof ist vor allem dahingehend problematisch, ob die absolute Grenze der Relativierung nationaler Grundrechte generell oder einzelfallbezogen gilt. Nur wenn das BVerfG in jedem Einzelfall zur Kontrolle der Entscheidungen des EuGH berufen ist, kann sich der einzelne Unionsbürger auf die nationalen Grundrechte berufen. Andernfalls wird das nationale Verfassungsgericht nur tätig, wenn der Gerichtshof grundsätzlich keinen dem Wesensgehalt nationaler Grundrechte entsprechenden Rechtsschutz mehr garantiert.

Angesichts des auch vom BVerfG anerkannten[512] umfassenden Grundrechtsschutzes durch den Gerichtshof ist davon auszugehen, dass die Gemeinschaft gemäß Art. 23 Abs. I Satz 1 GG grundsätzlich „einen diesem Grundgesetz im wesentlichen vergleichbaren Grundrechtsschutz[513] gewährleistet“.[514] Selbst wenn dessen konkrete Ausgestaltung von der des deutschen Verfassungsrechts abweicht, so garantiert auch das Gemeinschaftsrecht zumindest grundsätzlich deren Wesensgehalt.[515] Es verdrängt daher den nationalen Grundrechtsschutz.[516] Die Tiefe eines konkreten Eingriffs in das je-

---

[509] BVerfGE 73, 339, 387 „Solange II“; 89, 155, 175.
[510] BVerfGE 16, 194, 201; siehe dazu Streinz, Bundesverfassungsrechtlicher Grundrechtsschutz, S. 273 f.
[511] BVerfGE 89, 155, 174 f. („Maastricht“); BVerfGE NJW 2000, 3124, 3125.
[512] BVerfGE 73, 339 (Solange II).
[513] Siehe 1. Teil 2. Kapitel A. III.
[514] So Zuleeg JZ 1994, 1; Tietje JuS 1994, 199 f.; Kirchner/Haas JZ 1993, 760, 763.
[515] Entsprechend der Auslegung des Art. 6 Abs. I EMRK durch den EGMR, nach der eine Beschränkung des gerichtlichen Rechtsschutzes gerechtfertigt sein kann, solange das Recht nicht in seinem Wesensgehalt angetastet wird: EGMR (Große Kammer), Urt. v. 18.2.1999, Waite u. Kennedy/Deutschland, Beschwerdenr. 26083/94, NJW 1999, 1173; EuGH, Rs. 4/73, Nold, Slg. 1974, 3727, 3747; Art. 52 Abs. I Grundrechtscharta.
[516] Nettesheim NJW 1995, 2083, 2084.

weilige nationale Grundrecht spielt insoweit für die Rechtmäßigkeit des Durchführungs- oder Kontrollaktes keine Rolle, wenn das BVerfG eine nur grundsätzliche Gewährleistung des Wesensgehalts nationaler Grundrechte verlangt.[517] Vor dem Hintergrund der grundsätzlichen Gewährleistung eines umfassenden Grundrechtsschutzes durch die Gemeinschaft[518] und dem auch gemeinschaftsrechtlich fundierten Anspruch effektiven Rechtsschutzes[519] lässt sich eine solche Einzelfallprüfung zumindest dann als haltlos erweisen, wenn dem Kläger ein anderer, ebenfalls dem Erfordernis effektiven Rechtsschutzes genügender Rechtsschutzweg offen steht. Allerdings braucht dieser Weg nicht ebenso effektiv zu sein wie der bei rein nationalen Sachverhalten, weil die Wesensgehaltgarantie eine Mindest-, nicht aber eine Maximalgarantie ist. Hinzu kommt, dass Art. 19 Abs. IV Satz 1 GG nur eine Zielvorgabe enthält, deren inhaltliche Ausgestaltung dem Gesetzgeber obliegt und mithin kein Element der Wesensgehaltgarantie darstellt. Ein Eingriff des BVerfG im Sinne seiner „Maastricht" – Rechtsprechung ist daher von vornherein nur dann denkbar, wenn einem Unionsbürger trotz objektiven Bedürfnisses überhaupt kein effektiver Rechtsschutz offen steht. Selbst wenn man gegen das BVerfG die Einzelfallbezogenheit der bundesverfassungsgerichtlichen Grundrechtsgewährleistung annähme, kommt ein solcher Eingriff des BVerfG angesichts der Garantie effektiven Rechtsschutzes im Gemeinschaftsrecht kaum in Betracht.

So hat das BVerfG denn auch entschieden, dass Verfassungsbeschwerden und Vorlagen von Gerichten, die eine Verletzung von Grundrechten des Grundgesetzes durch sekundäres Gemeinschaftsrecht geltend machen, von vornherein unzulässig sind, wenn die Begründung nicht darlegt, dass die europäische Rechtsentwicklung einschließlich der Rechtsprechung des EuGH unter den erforderlichen Grundrechtstandard abgesunken sei. Es müsse im Einzelnen dargelegt werden, dass der jeweils als unabdingbar gebotene Grundrechtsschutz *generell* nicht mehr gewährleistet sei.[520] Damit hat das BVerfG eine einzelfallbezogenen Prüfung des gemeinschaftsrechtlichen Grundrechtsstandards deutlich abgelehnt.

Er vermeidet damit, dass sich das von ihm proklamierte „Kooperationsverhältnis"[521] mit dem EuGH tatsächlich als Oberaufsicht des BVerfG über

---

[517] BVerfG EuZW 1995, 126; BVerfG Beschl. v. 7.6.2000, NJW 2000, 3124, 3125.

[518] Siehe z.B. BVerfGE 73, 339, 383 ff. „Solange II", wonach auch der Wesensgehalt der Grundrechte generell verbürgt ist.

[519] EuGH, Rs. 222/84, Johnston, Slg. 1986, 1651, 1682; EuGH, Rs. 222/86, Heylens, Slg. 1987, 4097, 4117.

[520] BVerfG Beschl. v. 7.6.2000, NJW 2000, 3124, 3125; Nicolaysen/Nowak NJW 2001, 1233, 1235; Schwarze NJW 2002, 993, 996; Hilf/Hörmann NJW 2003, 1, 2.

[521] BVerfGE 89, 155 (Maastricht-Entscheidung).

die europäischen Gerichte auswirkt.[522] Das Gemeinschaftsrecht würde andernfalls an den nationalen Grundrechten und deren Auslegung durch das Bundesverfassungsgericht gemessen. Es stünde so unter dem Vorbehalt des bundesverfassungsgerichtlichen Grundrechtsverständnisses und würde nicht mehr nach supranationalen Grundsätzen beurteilt. Angesichts dessen, dass sich auch die Verfassungsgerichte einer Reihe anderer Mitgliedstaaten hinsichtlich der Grundrechtswahrung eine Letztentscheidungsbefugnis zugesprochen haben[523], würde dies erhebliche Auswirkungen auf die Anwendung des Gemeinschaftsrechts im Vollzug durch die Mitgliedstaaten haben. Es unterläge im Einzelfall nationalen Vorbehalten. Dadurch würden die Einheitlichkeit und die Wirksamkeit des Gemeinschaftsrechts als Grundlagen seiner Rechtsidee in Frage gestellt und damit die gemeinschaftliche Rechtsordnung als solche bedroht. Jeder Integrationsschritt bedeutet auch immer einen Eingriff in die nationale Souveränität und die Rechte Einzelner. Würde bei jedem dieser Schritte eine Einzelfallkontrolle nationaler Verfassungsgerichte stattfinden, würde die Integrationsaufgabe des Gerichtshofes ad absurdum geführt. Eine Kontrollbefugnis kann den nationalen Verfassungsgerichten daher in Form einer Grundsatzkontrolle und mit Trautwein auch in Form einer Evidenzkontrolle zuzusprechen sein. Diese dürfte sich nur bei schwerwiegenden und eindeutigen Verstößen der Gemeinschaftsorgane gegen die Grundsätze des Gemeinschaftsrechts ergeben, die mit den beteiligten Rechtsordnungen in vollkommen unvereinbarem Widerspruch stehen und sich konkret als qualitative Veränderung im Integrationsprozess auswirken.[524]

(c) Gewährleistung der Effektivität des Eilrechtsschutzes

Fraglich ist, welche Auswirkungen diese Erkenntnisse auf die verfassungsrechtlichen Anforderungen an den Eilrechtsschutz im dezentralen Vollzug haben. Nach der Rechtsprechung des BVerfG garantiert das Verfahrensgrundrecht des Art. 19 Abs. IV GG nicht nur das formelle Recht und die theoretische Möglichkeit die Gerichte anzurufen, sondern auch die Effektivität des Rechtsschutzes, also ein Recht des Bürgers auf einen tatsächlichen gerichtlichen Schutz seiner Rechte.[525] Rechtsschutz, der sich vor dem Hintergrund des Faktors „Zeit" tatsächlich nicht mehr auswirken kann, geht ins Leere. Daher folgt aus Art. 19 Abs. IV Satz 1 GG auch ein Anspruch auf

---

[522] Zuvor noch kritisch zum Kooperationsmodell: Trautwein, JuS 1997, 893, 896, der feststellt, dass das Kooperationsmodell des BVerfG in Wirklichkeit auf eine Überprüfung der Rechtsprechungstätigkeit des EuGH durch das BVerfG hinausläuft.
[523] Emmert, Europarecht, S. 146 f.; siehe dazu auch Weber in: FS Everling 1995, S. 1625, 1636
[524] Vgl. Trautwein NJW 1997, 893, 896.
[525] BVerfG EuGRZ 1995, 170, 171; BVerfGE 35, 263, 274 ff. (st. Rspr.).

Rechtsschutz innerhalb angemessener Zeit.[526] Dies kann den Erlass einstweiliger Anordnungen erfordern, denn Art. 19 Abs. IV GG verlangt jedenfalls dann vorläufigen Rechtsschutz, wenn ohne den Erlass einstweiliger Maßnahmen schwere und unzumutbare, anders nicht abwendbare und irreversible Nachteile zu Lasten des Antragstellers entstünden, die durch die Hauptsacheentscheidung nicht nachträglich zu beseitigen wären.[527] Insoweit erhält das Effektivitätsgebot durch Art. 19 Abs. IV GG eine subjektiv-rechtliche Komponente.[528] Deswegen muss der Gesetzgeber eine Regelung vorsehen, aufgrund derer die Gerichte in Vornahmesachen einstweiligen Rechtsschutz gewähren können.[529] Darüber hinaus sind die Gerichte gehalten, bei der Anwendung und Auslegung dieser Vorschriften über den Erlass einstweiliger Anordnungen die Bedeutung der betroffenen Grundrechte und die Effektivität des Rechtsschutzes zu wahren.[530] Drohen dem Antragsteller bei Versagung des Erlasses einer einstweiligen Anordnung erhebliche und irreparable Verletzungen seiner Grundrechte, ist ihm in der Regel vorläufiger Rechtsschutz zu gewähren. Dabei kommt insbesondere der Erlass einer Anordnung in Form der vorläufigen Härtefallregelung in Betracht. Die Erforderlichkeit oder ein Recht zum Erlass einstweiliger Anordnungen ergeben sich daher nicht nur aus den einfachgesetzlichen Regelungen der §§ 935, 940 ZPO und 123 VwGO, sondern direkt aus Art. 19 Abs. IV GG.[531] Ähnlich wie bei der dezentralen Anwendung des Gemeinschaftsrechts[532] wird so das kodifizierte Verfahrensrecht modifiziert.

Dem schließt sich die Frage an, in welchem Umfang das nationale Verfassungsrecht die gemeinschaftsrechtliche Relativierung des Rechtsschutzes durch nationale einstweilige Anordnungen zulässt. Dies gilt sowohl für die Frage der Zulässigkeit eines Anordnungsantrages, als auch für eine etwaige inhaltliche Modifizierung der Erlassvoraussetzungen. Im Gegensatz zum Problem einer grundsätzlichen Kompetenz zur modifizierenden Einwirkung steht hier die zulässige Reichweite einer inhaltlichen Modifizierung in Frage.

Die mitgliedstaatlichen Gerichte haben grundsätzlich die Kompetenzordnung und damit die Rechtswege- bzw. Zuständigkeitszuweisung des gemeinschaftsrechtlichen Rechtsschutzsystems gemäß Art. 220 ff. EG zu achten. Auch nach deutschem Verfassungsrecht besteht ein Grundrecht auf einen

---

526 BVerfGE 35, 382, 405; Schoch, Risikoverteilung, S. 992.
527 BVerfGE 46, 166, 179 (st. Rspr.).
528 Finkelnburg/Jank Rn. 3.
529 BVerfG EuGRZ 1995, 170, 171; so geschehen in § 123 VwGO, § 114 FGO, §§ 935, 940 ZPO etc.
530 BVerfGE 79, 69, 74; BVerfG EuGRZ 1995, 170, 171.
531 BVerfGE 46, 166, 177 ff. zu einstweiligen Anordnungen im Sozialrecht (SGG).
532 Siehe insbesondere EuGH, Rs. 213/89, Factortame, Slg. 1990, 2433.

„wirksamen Rechtsbehelf vor einem zuständigen Gericht". Art. 19 Abs. IV GG gewährt kein Grundrecht auf „Forumshopping". Dies wäre vor allem in einem dezentralisierten Rechtsschutzsystem problematisch, in dem sich ein Rechtsschutzsuchender andernfalls jeweils an das Gericht wenden könnte, das ihm verfahrenstaktisch Vorteile bringen würde. Die Möglichkeit der Ausnutzung solcher Vorteile aber wird von Art. 19 IV GG nicht gewährleistet. Vielmehr hat der Rechtsschutzsuchende sich an das zum Rechtsschutz berufene gesetzliche Gericht zu wenden. Auch wenn, wie die jüngere Vergangenheit gezeigt hat, Unklarheiten im Hinblick auf den richtigen Rechtsweg und damit letztlich auch im Hinblick auf das im Einzelfall zum Eilrechtsschutz berufenen Gericht der Hauptsache bestehen können, steht in jedem Fall ein gerichtlicher Rechtsschutz zur Verfügung.[533]

Auch hinsichtlich einer Modifizierung der Erlassvoraussetzungen ist, abgesehen davon, ob ein Grundrechtsverstoß evident oder gar eine generelle Abkehr des Gerichtshofes von der Gewährleistung eines adäquaten Grundrechtsschutzes zu erwarten ist, bereits eine Beschneidung der Effektivität des Rechtsschutzes durch einstweilige Anordnungen in ihrem Wesensgehalt kaum zu befürchten. Art. 19 Abs. IV Satz 1 GG beinhaltet primär einen Gesetzgebungsauftrag, so dass die inhaltliche Ausgestaltung des Rechtsschutzes kompetenziell dem Gesetzgeber zugewiesen ist. In welcher Art und Weise die Zielvorgabe der Effektivität des Rechtsschutzes verwirklicht wird, obliegt somit der Entscheidung des Gesetzgebers.[534] Art. 19 Abs. IV Satz 1 GG schreibt somit keine bestimmte Regelungstechnik, sondern einen bestimmten Regelungserfolg vor.[535] Die inhaltliche Ausgestaltung und damit die konkreten Voraussetzungen für den Erlass der einstweiligen Anordnung sind verfassungsrechtlich nur insoweit determiniert, wie sie die Effektivität des Rechtsschutzes nicht negieren.

Diese Grundsätze gelten auch für den dezentralen Vollzug des Gemeinschaftsrechts. Für den Gemeinschaftsgesetzgeber und den EuGH kann insoweit kein strengerer Maßstab gelten als für den nationalen Gesetzgeber. Daher sind die Rechtsschutzinstitute der einstweiligen Anordnung im Rahmen der Einwirkungskompetenzen der Gemeinschaft offen für Modifikationen, insbesondere hinsichtlich der Frage der Zuständigkeit und der Erlassvoraussetzungen. Dem Antragsteller darf nur nicht grundsätzlich die Rechtsschutzmöglichkeit durch einstweilige Anordnungen verwehrt werden, und die Voraussetzungen für den Erlass einstweiliger Maßnahmen dürfen nicht ein die Effektivität des Rechtsschutzes negierendes Maß erreichen.

---

[533] Siehe dazu 1. Teil 1. Kapitel C. II. 1.
[534] Schoch, Risikoverteilung, S. 1000; Lorenz, Der Rechtsschutz des Bürgers, S. 137.
[535] Schmidt-Aßmann in: M/D Art. 19 Abs. IV Rn. 274.

C. Schlussfolgerungen für den Untersuchungsgegenstand

Das nationale Verfahrensrecht unterliegt als funktionelles Gemeinschaftsrecht Kautelen, die die Funktionsfähigkeit des Gemeinschaftsrechts und die Wahrung der Kohärenz der Gemeinschaftsrechtsordnung sicherstellen sollen. Gefährdungen der zwingenden Erfordernisse des Rechts der Gemeinschaft, wie der Wahrung der Einheitlichkeit und der Effektivität, offenbaren Lücken innerhalb des gemeinschaftsrechtlichen Vollzugssystems die durch eine partielle Modifizierung des nationalen Verfahrensrechts geschlossen werden können. Dem Gerichtshof steht hierbei das Mittel der Rechtsfortbildung zur Verfügung. In diesem Rahmen hat er im Lichte des Optimierungsgebotes sowohl die gemeinschaftsrechtlichen Anforderungen und Kompetenzen als auch die nationalen Verfassungsanforderungen zu beachten.

Der Gerichtshof geht mittlerweile von der Existenz eines umfassenden gemeinschaftsrechtlichen Rechtsschutzsystems aus.[536] In diesem Rahmen begnügt sich der Gerichtshof nicht mehr mit der Einhaltung von Mindestanforderungen an den dezentralen Vollzug, sondern wirkt selbst modifizierend in nationale Verfahrensordnungen hinein, wenn dies der Anwendung des Gemeinschaftsrechts in den Mitgliedstaaten dient. Modifizierend ist diese Einflussnahme, weil die nationalen Regelungen nicht vollends verdrängt, sondern deren Voraussetzungen nach gemeinschaftsrechtlichen Anforderungen geändert werden. Angesichts der Festigung dieser Rechtsprechung in verschiedenen Rechtsmaterien kann insoweit von einem „Prinzip der modifizierenden Einwirkung“ gesprochen werden.

Die als Maßstab für die Einwirkung herangezogenen Regelungen sind durch die Mitgliedstaaten selbst geschaffen und ratifiziert worden und stellen somit eine Art gemeinsamen Willen[537] dar. Dadurch werden die Kompetenzen der Mitgliedstaaten im Ergebnis relativ schonend behandelt, zumal durch den Gerichtshof gesetztes Richterrecht jederzeit durch den Gemeinschaftsgesetzgeber korrigiert werden kann. Vor diesem Hintergrund müssen Gegenstand und Grund der Modifizierung jeweils im Lichte der gemeinschaftsrechtlichen Erfordernisse in Einklang gebracht werden. Der Gegenstand der Modifizierung nationalen Eilrechtsschutzes in Deutschland und das inhaltliche Vorbild einer Modifizierung, die einstweilige Anordnung des Gemeinschaftsrechts, werden im Folgenden dargestellt.

---

[536] Lenz NJW 1994, 1633 f.
[537] R. Koch S. 60.

Kapitel 3 Einstweilige Anordnungen im Gemeinschaftsrecht und im nationalen Recht

Der Gerichtshof hat, insbesondere in seiner Rechtsprechung zum vorläufigen Rechtsschutz, das Gemeinschaftsrecht selbst als Erkenntnisquelle für die nähere Ausfüllung von Lücken im gemeinschaftlichen Rechtsschutzsystem herangezogen. Durch eine Gegenüberstellung der gemeinschaftsrechtlichen und der nationalen einstweiligen Anordnung können die Gemeinsamkeiten sowie die Unterschiede und damit die Fixpunkte einer Anwendung der einstweiligen Anordnungen im Gemeinschaftsrechtsvollzug durch die Mitgliedstaaten gefunden werden. Des Weiteren sind diese Betrachtungen notwendig, um die Verankerung der einstweiligen Anordnung im jeweiligen Rechtsschutzsystem zu ergründen und somit die Bedeutung etwaiger Konflikte verstehen zu können. Gegenstand der Untersuchungen sind dabei die wesentlichen Vorschriften beider Rechtsordnungen, nämlich Art. 243 EG sowie § 123 VwGO und §§ 935, 940 ZPO.

A. Grundlagen

Der Eilrechtsschutz in den deutschen Verfahrensordnungen und der des EG-Vertrages beruht zum großen Teil auf den gleichen rechtlichen Grundsätzen. Ein Rückgriff auf diese Grundsätze kann insbesondere mangels hinreichender tatbestandlicher Fixierung einzelner Regelungen erforderlich sein. Daher wird nachfolgend eine Abgrenzung zu anderen Formen vorläufigen Rechtsschutzes vorgenomme die qualitative und quantitative Bedeutung einstweiliger Anordnungen beleuchtet und ein Überblick über die historischen Wurzeln und rechtsphilosophischen Grundlagen gegeben.

I. Die einstweilige Anordnung und die Vollzugsaussetzung im deutschen und europäischen Recht

Der Eilrechtsschutz des deutschen Verwaltungsrechtes ist von einer „Zweispurigkeit" gekennzeichnet.[538] Neben dem Rechtsinstitut der einstweiligen Anordnung steht dabei das der Vollzugsaussetzung. Beide Rechtsschutzformen bilden eine systematische Einheit. Weil die Vollzugsaussetzung an die Anfechtungsklage gebunden ist[539], ergeht eine einstweilige Anordnung nach § 123 VwGO in all jenen Fällen, in denen in der Hauptsache eine andere als die Anfechtungsklage statthaft wäre. Daher bestimmt im deutschen Recht die

[538] Schoch, Risikoverteilung, S. 1068.
[539] Finkelnburg/ Jank Rn. 13.

Form der Hauptsacheklage auch die Form, in der vorläufiger Rechtsschutz zu gewähren ist.

Der vorläufige Rechtsschutz des Gemeinschaftsprimärrechts ist in den Art. 242 und 243 EG geregelt. Auch diese Regelungen stellen eine systematische Einheit dar.[540] So ist die Vollzugsaussetzung des 242 Abs. II EG lediglich ein normierter Spezialfall der „sonstigen" einstweiligen Anordnungen.[541] Anfangs haben EuGH und EuGI sogar grundsätzlich darauf verzichtet, die genaue Rechtsgrundlage für ihre Entscheidungen zu benennen.[542]

Art. 242 Satz 2 EG ermöglicht die Vollzugsaussetzung eines angefochtenen Rechtsaktes der Gemeinschaft. Der Antragsteller kann auf diesem Wege vor einer Veränderung seiner materiellen Rechtsposition durch einen Gemeinschaftsrechtsakt geschützt werden. Die Vollzugsaussetzung weist nur im Rahmen der Nichtigkeitsklage nach Art. 230 EG eine rechtliche Relevanz auf[543], durch die ein Gemeinschaftsrechtsakt angefochten werden kann. Eine einstweilige Anordnung ist immer dann zu beantragen, wenn der Eilantrag auf „positive" Änderungen abzielt.[544] Eine Vollzugsaussetzung ist aber allein statthaft, wenn die Entscheidung eines Gemeinschaftsorgans eine bereits innegehabte rechtliche Position des Antragstellers einschränkt oder sonst wie verändert[545], denn mit der Aufhebung des Gemeinschaftsrechtsaktes würde auch die vormalige Rechtsposition zurückgewonnen.[546]

---

[540] Gehrmann S. 9; Krück in: GTE Art. 186 Rn. 2.

[541] Krück in: GTE Art. 185, 186 Rn. 1; Wagner S. 11.

[542] So beispielsweise: EuGH, verbd. Rs. 43, 44 und 45/59 R, v. Lachmüller, Slg. 1960, 1019; Rs. 25/62 R, Plaumann, Slg. 1963, 273.

[543] Rengeling/Middeke/Gellermann S. 341.

[544] Z.B. nach Ablehnung der Teilnahme an einem Auswahlwettbewerb der Gemeinschaft: EuGH Rs. 50/69, Deutschland/Kommission, Slg. 1969, 449, 451, durch die Aussetzung des Rechtsaktes würde die Rechtsposition nicht gewonnen werden.

[545] EuGH, Rs. 76/88, La Terza, Slg. 1988, 1741 ff.; Joliet RDE 1992, 253, 259.

[546] Wendet ein nationales Gericht Normen des Gemeinschaftsrechts an, müsste dieses gegebenenfalls eine Sicherungsanordnung erlassen, während bei einer Direktklage vor dem Gerichtshof ein Antrag auf Vollzugsaussetzung zu stellen wäre. Siehe dazu die Rechtssache „Atlanta" EuGH, Rs. C-465/93, Slg. 1995, I-3761. Hier wird eine Marktordnung eingeführt, der Antragsteller will den alten Zustand wiederhergestellt sehen, damit seine vormalige Rechtsposition gewahrt wird. Durch die Vollzugsaussetzung eines Bescheides nationaler Behörden wäre der alte Rechtszustand noch nicht wiederhergestellt. Während in der Regel auch ein mit Klageerhebung eintretender Suspensiveffekt oder eine Vollzugsaussetzung eine einstweilige Anordnung nicht überflüssig macht, wenn eine faktische Klärung der Streitigkeit durch die Parteien erreicht werden soll, wie vor den mitgliedstaatlichen Gerichten, genügt eine Vollzugsaussetzung dann, wenn die Maßnahme auf die Aussetzung der Durchführung von bestimmten Beschlüssen gerichtet ist, wie es in der Regel beim EuGH der Fall ist (Oellers-Frahm S. 9 f.).

II. Positivrechtliche Grundlagen der einstweiligen Anordnung

Die Zulässigkeit und der Inhalt richterlicher Eilbefugnisse in Gestalt einstweiliger Anordnungen hat sich im Laufe der europäischen Rechtsgeschichte differenziert herausgebildet und lässt sich dennoch auf einen positivrechtlichen Grundgehalt zurückführen. Nach einer treffenden Definition umfasst diese Befugnis *„jede das außerprozessuale Verhalten der Parteien im Hinblick auf die richterliche Entscheidung während der Dauer der Rechtshängigkeit regelnde Verfügung seitens des Gerichtes"*.[547]

III. Qualitative Bedeutung einstweiliger Anordnungen

Die qualitative Bedeutung des verwaltungs- und des zivilverfahrensrechtlichen Eilrechtsschutzes liegt in der Sicherung des grundrechtlichen Rechtsschutzanspruches. Ohne einen Eilrechtsschutz bestünde oftmals die Gefahr, dass das Begehren des Bürgers und damit die richterliche Entscheidung in der Hauptsache durch Handlungen der Parteien oder durch bloßen Ablauf der Zeit[548] faktisch gegenstandslos wird. Das Postulat der Rechtsschutzgewährung gebietet es aber, dem Eintritt irreversibler Tatsachen vor der Entscheidung der Hauptsache entgegenzuwirken.[549] Das gerichtliche Verfahren verfolgt sowohl im nationalen als auch im supranationalen Recht das Ziel, eine Streitigkeit der endgültigen Entscheidung zuzuführen.[550] Gleichzeitig soll eine vorzeitige Entwertung der Rechtsposition der Parteien verhindert werden.[551] Denn nur so wird der wirksame Rechtsschutz und der Geltungsanspruch des richterlichen Endurteils gesichert. Daher bedarf es eines vorläufigen Verfahrens, durch das die Rechte der Parteien bis zur Findung des Endurteils geschützt werden.[552] Dies bedeutet gleichzeitig, dass die Eilentscheidung die Entscheidung in der Hauptsache nicht vorwegnehmen darf.[553]

Mit einer einstweiligen Anordnung kann der Richter das außerprozessuale Verhalten der Parteien regeln, das den Prozess durch eine materiell nicht wiedergutzumachende Verletzung von im Streit befindlichen Rechten beeinflussen könnte.[554] So kommt der Funktion, das Endurteil vor einer Entschei-

---

[547] Oellers-Frahm S. 11.
[548] Baur S. 5; Grunsky JuS 1976, 277.
[549] Schoch, Risikoverteilung, S. 184 f.
[550] Oellers-Frahm S. 9.
[551] Jakobs VBlBW 1984, 129, 133; Grunsky JuS 1976, 277.
[552] BVerfGE 35, 263, 273 f.; Kopp/Schenke § 80 Rn. 1; Leipold ZZP 90 (1977) 285, 260. Zur praktischen Bedeutung verwaltungsgerichtlicher Eilverfahren siehe Finkelburg/Jank Rn. 49 ff.
[553] W. Schmidt Rn. 162.
[554] Oellers-Frahm S. 10: „D.h., dass auch ein mit Klageerhebung eintretender Suspensiveffekt die einstweilige Anordnung in der Regel nicht überflüssig macht außer bei Maßnahmen, die auf Aus-

dung des Rechtsstreites durch die Faktizität der Dinge zu bewahren, in mehrerer Hinsicht Bedeutung zu. Es wird nicht nur die Effektivität und letztlich auch die Integrität[555] der Gerichtsbarkeit, sondern auch die Herrschaft des Rechts und damit der Rechtsfrieden gewahrt. Zudem sichert sie einen effektiven Rechtsschutz des Einzelnen und gegebenenfalls die Kontrolle der Verwaltung.[556] Insoweit kann von einer Doppelfunktionalität des Rechtsschutzes gesprochen werden[557], die sich auch auf die Funktion des einstweiligen Anordnungsverfahrens auswirkt. Der Individualrechtsschutz stellt zum Teil grundlegend andere Anforderungen an das Prozessrecht als die reine Rechtskontrolle. Das Modell des Individualrechtsschutzes geht letztlich von einer Gleichberechtigung und daher von einer notwendigen „Waffengleichheit“ zwischen der Verwaltung und dem Bürger aus. Dagegen sieht das Modell der objektiven Rechtskontrolle[558] die Verwaltung als Träger der demokratisch legitimierten Hoheitsgewalt an, der ein Vorrang vor privaten Interessen zukommen müsse.[559] Dies führt dazu, dass Interventionen der Justiz in das Verwaltungshandeln nur eine Ausnahme darstellen, während ein relativ großzügiges Anrufungsrecht existiert.[560] Dies wirkt sich insbesondere auf den vorläufigen Rechtsschutz aus. So bedarf es zu einer Rechtmäßigkeitskontrolle lediglich des Rechtsschutzinstitutes der Vollzugsaussetzung, um nicht eventuell gesetzeswidrige Verwaltungsentscheidungen zu vollziehen. Legt eine Rechtsordnung jedoch besonderen Wert auf den Individualrechtsschutz, muss sie eine effektive Möglichkeit bereithalten, zur Sicherung der Rechte des Einzelnen positive gerichtliche Eilentscheidungen zu bewirken.

IV. Grundgedanken des einstweiligen Anordnungsverfahrens

Den einstweiligen Anordnungsverfahren im deutschen Recht und im EG-Vertrag sind wesentliche gemeinsame Grundgedanken zu entnehmen, die für ihre Existenz und Struktur bestimmend sind und sie zugleich vom Hauptsacheverfahren abgrenzen. Diese Grundsätze sind in einzelnen Rechtsordnungen unterschiedlich ausgestaltet. Dennoch sind sie Leitbild und Interpretationsmaßstab der speziellen Ausformungen dieses Rechtsschutzinstitutes im

---

setzung der Durchführung von bestimmten Beschlüssen gerichtet ist, wie es in der Regel vor dem EuGH der Fall ist.“

555 Pescatore in: Bernhardt (Hrsg.): Interim Measures S. 122.

556 Schoch, Risikoverteilung, S. 151.

557 Schmidt-Aßmann in: FS Menger, S. 107 ff.

558 ... die dem französischen Verwaltungsprozess zugrunde liegt: Schwarze DVBl. 1987, 1037, 1083.

559 Classen S. 7.

560 Ähnlich wie im französischen Verwaltungsrecht: Schwarze DVBl. 1999, 261, 267.

nationalen und im Gemeinschaftsrecht sowie im mitgliedstaatlichen Vollzug des Gemeinschaftsrechts.

1. Akzessorität

Die wesentliche Funktion des einstweiligen Anordnungsverfahrens ist die Sicherung des Hauptsacheurteils. Aus dieser Funktion ergibt sich eine enge Bindung der einstweiligen Anordnung an das Hauptverfahren, in dessen Erwartung[561] sie ergeht. Die grundsätzliche Akzessorität des Eilverfahrens zum Hauptsacheverfahren bedeutet aber weder, dass die einstweilige Anordnung ihrem Inhalt nach zwingend dem möglichen Inhalt des Endurteils entsprechen muss, noch, dass es sich bei dem Eilverfahren nicht um ein eigenständiges Verfahren[562] handelt. Die Strenge der Akzessorität ist in den einzelnen nationalen Prozessordnungen durchaus verschieden. Dennoch ist allen einstweiligen Anordnungen im Grundsatz eine Akzessorität zum Hauptsacheverfahren immanent. Teilweise verlangt die Zulässigkeit einstweiliger Anordnungen sogar die Anhängigkeit der Hauptsache.[563]

2. Vorläufigkeit

Aus dem Sinn der einstweiligen Anordnung, nämlich der Sicherung des Endurteils und eines Individualrechts, ergibt sich das Merkmal der Vorläufigkeit. Die Eilmaßnahme in Form der vorläufigen Gewährung oder Sicherung einer Rechtsposition soll das Endurteil weder ersetzen noch überflüssig machen, sondern „den Zeitraum bis zur endgültigen Entscheidung im ordentlichen Verfahren durch eine schnelle Zwischenregelung [...] überbrücken“[564]. Die Wirksamkeit der Eilmaßnahme endet deshalb zumindest grundsätzlich[565] mit dem Erlass des Urteils im Hauptsacheverfahren.

Das Gericht beurteilt im Eilverfahren die Begründetheit der vom Antragsteller geltend gemachten Rechtsposition nur vorläufig.[566] Der Eilentscheidung kommt daher keine Bindungswirkung gegenüber dem Hauptsa-

---

[561] Insofern stellt die einstweilige Anordnung ein dem Hauptverfahren vorgeschaltetes Stadium der punktuellen Rechtsverwirklichung dar.

[562] So in Deutschland: BVerfGE 69, 257, 267; Wieseler S. 173; Drettmann DVBl. 1985, 884, 885.

[563] Art. 243 EG, Art. 83 Abs. I Satz 1 VerfOEuGH, Art. 104 Abs. I Satz 1 VerfO EuGI, anders dagegen Deutschland und England: Jacobs, Interim Measures S. 45.

[564] BVerfGE 46, 166, 178; so z.B. auch Hamann DVBl. 1984, 1204, 1205.

[565] Die einstweilige Anordnung kann grundsätzlich auch schon vor Erlass des Endurteils durch Befristung seine Wirkung verlieren. U.U. kann auch ein Grund bestehen, die vorläufige Maßnahme zunächst bestehen zu lassen, z.B. wenn das Hauptsacheurteil noch rechtlich angreifbar ist (Baur S. 93).

[566] HessVGH NJW 1984, 378, 378; Schoch, Risikoverteilung, S. 156.

cheurteil zu.[567] Letztlich kann die Vorläufigkeit der Maßnahme aber nicht verhindern, dass die Interimsmaßnahme aufgrund faktischer Umstände endgültigen Charakter annehmen kann. Dennoch darf die einstweilige Anordnung das in der Hauptsache streitige Recht weder präjudizieren noch etwa dessen Vollziehung enthalten, weil dies praktisch dem erst mit der Hauptsacheklage erstrebten Ziel gleichkommt.

3. Eilbedürftigkeit

Vorläufiger Rechtsschutz und der Hauptsacherechtsschutz korrelieren hauptsächlich über den Faktor „Zeit".[568] Das einstweilige Anordnungsverfahren dient gegenüber dem Hauptverfahren als „Eilverfahren", das die Rechte des Antragstellers und die praktische Relevanz des Endurteils sichern soll.[569] Unter anderem durch die Eilbedürftigkeit[570] grenzt sich das einstweilige Anordnungsverfahren von dem Hauptsacheverfahren ab. Sie ist nur dann anzunehmen, wenn ohne den Erlass der Interimsmaßnahme der Eintritt oder die Vertiefung eines Schadens für ein Rechtsgut des Antragstellers als zwangsläufig erscheint. Insoweit hängt die Eilbedürftigkeit der Sache eng mit dem Erfordernis der „periculum in mora" zusammen.

4. „Periculum in Mora"

Durch die Verzögerung („mora") der Rechtsschutzgewährung in der Hauptsache müsste dem Antragsteller die Gefahr der Entstehung oder Vertiefung eines Schadens („periculum") entstehen. Der Grund für die Entstehung einer Verzögerung bei der Gewährung eines wirksamen Rechtsschutzes besteht vor allem darin, dass sich der Zeitpunkt der Entstehung eines Rechts und der mögliche Zeitpunkt seiner gerichtlichen Bestätigung naturgemäß nicht decken.[571] Diese natürliche Verzögerung verstärkt sich oftmals noch durch die zunehmende Verfahrensdauer vor den Gerichten.[572] Durch diese Verzögerung entfernt sich die mögliche gerichtliche Bestätigung einer Rechtsposition im Hauptsacheurteil zunehmend von dem Zeitpunkt ihrer Entstehung.

Eine einstweilige Anordnung zur vorläufigen Wahrung dieser Rechtsposition lässt sich aber nur rechtfertigen, wenn ihr durch die Verzögerung ein Schaden droht. Andernfalls bestünde wiederum die Gefahr der Präjudizie-

---

[567] Siehe dazu: Baur S. 91 ff.
[568] Schoch, Risikoverteilung, S. 154.
[569] 1. Teil 3. Kapitel A. III.
[570] Zum Merkmal der Vorläufigkeit siehe sogleich in 1. Teil 3. Kapitel A. IV. 2.
[571] GA Tesauro in: EuGH, Rs. 213/89, Factortame, Slg. 1990, I-2433, 2456.
[572] Redeker NVwZ 1992, 713, 715; Dauses, Manfred A.: Gutachten D zum 60 DJT, S. D 175 ff.

rung des Rechtsstreites und eine unangemessene Benachteiligung des Antragsgegners. Der potenzielle Schaden muss als Ausdruck des Akzessoritätsgrundsatzes gerade dem im Hauptsacheverfahren streitbefangenen Recht drohen.[573] Er kann sowohl in der Entstehung eines neuen Schadens als auch in der Vertiefung eines bereits entstandenen Schadens liegen. Die Gefahr des Schadenseintritts darf sich aber noch nicht verwirklicht haben.[574] An den Grad der Schadenswahrscheinlichkeit werden unterschiedliche Anforderungen gestellt. Die Schwere des drohenden Schadens kann auch zum dogmatischen Ansatzpunkt für eine Interessenabwägung gemacht werden.

5. *Interessenabwägung*

Im Rahmen der Interessenabwägung[575] werden die Vorteile des Antragstellers, die er durch die Interimsmaßnahme genießen würde, mit den Nachteilen einer solchen Maßnahme für den Antragsgegner oder Dritte abgewogen. In diesem Abwägungsvorgang werden die Vor- und Nachteile stets im Lichte des Verhältnismäßigkeitsprinzips betrachtet.[576] Die Interessen Privater sind grundsätzlich gleichwertig. Problematischer ist die Interessenabwägung in den Fällen, in denen Belange der Allgemeinheit betroffen sind, denen Vorrang vor den Interessen des Einzelnen eingeräumt wird. Ohne eine Abwägung und damit der Berücksichtigung der konkurrierenden Interessen würde jedenfalls das Hauptsacheverfahren zum Nachteil des Antragsgegners präjudiziert.

6. *Erfolgsaussichten in der Hauptsache („Fumus boni iuris“)*

Obschon das Eilverfahren weder von seinem Zweck noch von seiner Struktur her geeignet und bestimmt ist, eine umfassende Klärung der materiellen und tatsächlichen Rechtslage herbeizuführen, kann im Lichte der Akzessorität der mögliche Ausgang des Hauptverfahrens nicht völlig ausgeblendet werden. Nur wenn ein mögliches Recht besteht, macht es auch Sinn, eine Interimsmaßnahme zur Sicherung der Rechtsausübung zu erlassen. Nur wenn eine summarische Betrachtung eine für den Antragsteller sprechende materielle Rechtslage ergibt, kann eine einstweilige Anordnung gerechtfertigt sein. Andererseits würden die Rechte des Antragsgegners verkürzt. Außerdem besteht das Postulat effektiven Rechtsschutzes nicht um seiner selbst Willen, sondern

[573] Pescatore, Les mésures conservatoires, S. 339.
[574] Ramsauer Rn. 20.11.
[575] Zugrundegelegt z.B. in § 32 BVerfGG und in der „balance of convenience“ im Rahmen der interloctury injunction im englischen Recht.
[576] Für den EuGH im Rahmen des Art. 243 EG: Schneider DÖV 1990, 924 ff.

im Angesicht des Schutzes der materiellen Rechte des Individuums.[577] Somit bedarf es regelmäßig einer Prognose hinsichtlich der Wahrscheinlichkeit des Erfolges in der Hauptsache.

7. *Verbot der Vorwegnahme der Hauptsache*

Aufgrund des Gebotes der „Vorläufigkeit" besteht grundsätzlich ein Verbot der faktischen Vorwegnahme des Endurteils durch die einstweilige Anordnung. Das Vorwegnahmeverbot kann dabei in zweierlei Hinsicht verstanden werden. Zum einen dahingehend, dass das Gericht nicht schon im Eilverfahren komplexe Rechts- und Tatsachenfragen klären darf. Nach dieser Auffassung, die sich vor allem im französischen Zivilprozess[578] entwickelt hat, sind Entscheidungen über umstrittene Rechtsfragen dem Hauptsacheverfahren vorbehalten.[579] Zum anderen wird unter dem Vorwegnahmeverbot verstanden, dass die einstweilige Anordnung nicht etwas gewähren dürfe, was der Antragsteller nur im Hauptsacheverfahren erreichen könne.[580] Diese Variante des Vorwegnahmeverbotes, die auch dem deutschen Recht zugrunde liegt[581], bezieht sich somit auf den Inhalt der Eilmaßnahme, die im Interesse der praktischen Wirksamkeit des Hauptsacheurteils dieses nicht bezüglich seiner Wirkungen vorwegnehmen darf.[582]

V. Historische Grundlagen

Schon das römische Recht kannte Verfahren, in denen Anordnungen für die Dauer des Prozesses ergingen. So wurden streitbefangene Gegenstände für die Prozessdauer dem Sequester, einer Vertrauensperson, gegebenenfalls auch zwangsweise übergeben.[583] Das Institut der einstweiligen Anordnung an sich kannte das römische Prozessrecht dagegen nicht.[584]

---

[577] Schoch, Risikoverteilung, S. 189; es wird aber auch versucht, durch Abkopplung des vorläufigen Rechtsschutzes vom materiellen Recht den sachlich-rechtlichen Implikationen zu entgehen, dazu Ahrens, Wettbewerbsverfahrensrecht, S. 265 ff., dies ist aus vorgenannten Gründen abzulehnen.

[578] Nach Art. 808 des Code de procedre civile ist es dem Richter des „Référé" versagt, eine einstweilige Verfügung zu treffen, wenn dies eine Entscheidung über strittige Rechts- oder Tatsachenfragen voraussetzt. Dazu: Weber, Die Verdrängung, S. 52 ff.

[579] Leipold S. 79 f.; Debbasch S. 344.

[580] Finkelnburg/Jank Rn. 211; BVerfG NVwZ 1984, 429.

[581] Finkelnburg/Jank S. 211.

[582] Zu den verfassungsrechtlich gebotenen Beschränkungen des Vorwegnahmeverbotes aus Gründen der Rechtsschutzeffektivität: BVerfGE 82, 353, 372; Kopp/Schenke § 123 Rn. 13 f.

[583] Muther S. 247 ff. 348.

[584] v. Savigny S. 522; v. Bayer S. 160 f.

Die Wurzeln der Sicherungsanordnung liegen im alten deutschrechtlichen Selbsthilferecht der eigenmächtigen Pfändungen. Um dieses Selbsthilferecht in einem geordneten Rechtsschutzverfahren überflüssig zu machen, wurde vor allem im langobardischen Oberitalien der Arrestprozess eingeführt und im 13. Jahrhundert justizförmig ausgestaltet.[585] Durch Pfändung und persönliche Haft sollte dieses Verfahren gefährdete Zugriffsmöglichkeiten sichern. Im 19. Jahrhundert erst hat sich in Deutschland dann die Sicherungsanordnung im heutigen Sinne als prozessrechtliches Institut unter dem Eindruck des Référé-Verfahrens des französischen Code de pocedure civile von 1806 mehr und mehr im Zivilprozess der deutschen Staaten etabliert.[586]

Die Regelungsanordnung kann dagegen schon bis ins 13. Jahrhundert zurückverfolgt werden. Sie entstammt der Rechtsprechung zum kanonischen Recht des 13. Jahrhunderts und wurde im weltlichen italienischen Prozess näher ausgeformt. Der Richter erhielt in Besitzauseinandersetzungen das Recht, den gesamten Streit an sich zu ziehen und an Stelle der Durchführung eines Hauptverfahrens sofort zu entscheiden, um eine Klärung der Streitigkeit auf Grundlage des alten und blutigen Fehderechts zu unterbinden.[587] Später entstand dann im weltlichen italienischen Recht das „possesorium summarissimum". Dieses beinhaltete, dass die richterliche Amtsgewalt die umfassende Kompetenz erhielt, für die Dauer des Verfahrens nach summarischer Prüfung einen Besitzstand allgemein zu regeln und gegen Beeinträchtigungen zu schützen.[588] Im Gegensatz zu seinem Vorläufer trat dieses summarische Verfahren neben das Hauptverfahren.[589] Es wurde auch eröffnet, wenn keine unmittelbare Gefahr des Blutvergießens bestand.[590] Im 19. Jahrhundert kam dann allmählich der Gedanke auf, dass die Gefahren des Schwebezustandes während des Prozesses bei jedem Streitgegenstand, losgelöst von der Prozessart, auftreten können und dann immer auch provisorische Regelungen rechtfertigen.[591] Im Laufe des Jahrhunderts wurden entsprechende Regelungen, die über jene bei Besitzstreitigkeiten hinausgingen, in den Prozessordnungen erlassen.[592] Die Idee richterlicher Interimsbefugnisse entstammt somit ganz wesentlich dem alten deutschen Recht und wurde im romanischen Rechtskreis verfeinert. Ihre Grundlagen entstammen damit einer gemeinsamen europäischen Rechtstradition. Zudem zeigt der historische Rückblick,

---

[585] Rohmeyer S. 22; Keßler S. 10.
[586] Nachweise bei Keßler S. 10.
[587] Rohmeyer S. 24; Bruns S. 235.
[588] Rosenberg S. 1103.
[589] Bruns S. 267.
[590] Rohmeyer S. 25; Bruns S. 264 f.
[591] Gönner S. 306.
[592] Nachweise bei Rohmeyer S. 26 f.

dass die richterlichen Interimsbefugnisse insgesamt ihre Herkunft im Zivilverfahren finden.[593]

VI. Die einstweilige Anordnung und die Gewaltenteilung

Nationale Gerichte nehmen im Rahmen ihrer Rechtsprechungstätigkeit ebenso wie die Gemeinschaftsgerichte gegebenenfalls gestaltend auf die Rechtsverhältnisse der Parteien eines Rechtsstreits Einfluss. Dies gilt sowohl für Hauptverfahren, als auch für ein entsprechendes Eilverfahren. Die Gerichte nehmen in diesem Rahmen einen Gestaltungsauftrag wahr, der eigentlich den Verwaltungsbehörden oder den Parteien eines Privatrechtsverhältnisses zukommt. Im Verwaltungsprozess bewirkt dies die Gefahr einer Überschneidung der Kompetenzen von Judikative und Exekutive und mithin einer Durchbrechung der Gewaltenteilung.

Im deutschen Verfassungsrecht ist das Gewaltenteilungsprinzip in Art. 20 Abs. II Satz 2 GG verankert. Den drei Staatsgewalten, nämlich der Legislative, der Exekutive und der Judikative, sind jeweils bestimmte Funktionen zugeteilt, in deren Kernbereich die anderen Gewalten nicht eingreifen dürfen.[594] Dieses Gewaltenteilungsprinzip dient nicht der Arbeitsorganisation, sondern der wechselseitigen Kontrolle der einzelnen Gewalten und damit der Relativierung staatlicher Macht im Interesse und zum Schutze der Wahrung der Individualrechte. Der Individualrechtsschutz und die staatliche Zuständigkeitsverteilung sind demnach zwei Seiten derselben Medaille. Dem deutschen Verfassungsrecht sind jedoch Ausnahmen vom Grundsatz der Gewaltenteilung immanent.[595] Inwieweit die Verwaltungsgerichtsbarkeit im Funktionenbereich der Verwaltung Maßnahmen ergreifen darf, bestimmt grundsätzlich der Gesetzgeber. Eine solche funktionsbestimmte Kontrollbeschränkung findet ihre Grenzen in Art. 19 Abs. IV GG. Eine Beschränkung der gerichtlichen Befugnisse aufgrund der Gewaltenteilung um ihrer selbst willen wäre dann nicht mit den verfassungsrechtlichen Vorgaben zu vereinbaren, wenn sie zu Lasten des Rechtsschutzsuchenden ginge.[596]

Im Gemeinschaftsrecht wird der Wirkungskreis der Gemeinschaftsorgane durch die Funktionenzuordnung und das Prinzip der begrenzten Einzelermächtigung in Art. 5 Abs. I EG bestimmt. Gemeinschaftsorgane dürfen sowohl gegenüber den Mitgliedstaaten als auch gegenüber den anderen Ge-

---

[593] Eckert S. 14; Rohmeyer S. 33.
[594] St. Rspr.: BVerfGE 9, 268, 279 f.; Herzog in: MD Art. 20 Rn. 81.
[595] Maurer VVDStRL 43 (1985) 135, 150; Schnapp VVDStRL 43 (1985) 172, 190; Letztlich könnte die Verwaltungsgerichtsbarkeit insgesamt als eine Durchbrechung der Gewaltenteilung zu Lasten der Verwaltung angesehen werden: Czermak BayVBl. 1984, 233.
[596] So im Ergebnis Schoch, Risikoverteilung, S. 1038.

meinschaftsorganen nur die Rechtshandlungen erlassen, für die sie nach dem Vertrag zuständig sind.[597] Im Vergleich zum deutschen Verwaltungsrecht kommt den Gemeinschaftsgerichten, die insoweit in französischer Rechtstradition stehen[598], eine geringere Kompetenz zur Kontrolle des Handelns der anderen Gemeinschaftsorgane zu.[599]

Neben der Bindung an innerstaatliches Verfassungs- und Verwaltungsprozessrecht sind die nationalen Gerichte beim Erlass von Eilmaßnahmen auch an die Kompetenzverteilung des Gemeinschaftsrechts gebunden. Aufgrund des Vorrangs des Gemeinschaftsrechts und das Gebot der Gemeinschaftstreue aus Art. 10 EG haben sie die vom Vertrag geschaffene und sich insofern vertikal auswirkende Kompetenzverteilung zu beachten.

B. Einstweilige Anordnungen im Gemeinschaftsrecht

Den Gemeinschaftsgerichten obliegt nach Art. 220 EG die Wahrung des Gemeinschaftsrechts. Zu diesem Zweck sieht das gemeinschaftliche Prozessrecht die Möglichkeit zum Erlass einstweiliger Anordnungen in Art. 243 EG vor. Die Grundlagen des Prozessrechts im EG sind in ihren Grundzügen seit der Unterzeichnung des Vertrages über die Europäische Wirtschaftsgemeinschaft am 25. März 1957[600] dessen nahezu unveränderter Bestandteil. Durch diesen Vertrag wurde ein Rechtsschutzsystem geschaffen[601], das sich ein Vorbild an der Ausgestaltung des französischen Verwaltungsrechts nahm.[602] Dieses bot sich den Verfassern der Verträge aus mehreren Gründen an.[603] Zum einen gewährte das französische Verwaltungsrecht dem Einzelnen einen umfassenden Rechtsschutz und stellte schon in den 50er Jahren ein hochentwickeltes und geschlossenes System dar. Zum anderen hat Frankreich seit der französischen Revolution[604] und damit als erster europäischer Staat überhaupt ein modernes Verwaltungsrechtssystem herausgebildet.[605] In der Folgezeit

[597] Ipsen, Gemeinschaftsrecht, S. 426 f.
[598] Schlette S. 20; hinsichtlich einstweiliger Anordnungen: Duez-Debeyre No. 661; Becker S. 12.
[599] Vgl. hierzu ausführlich Classen S. 189 ff.
[600] BGBl. II S. 753; siehe auch BGBl. II S. 1156 Abkommen über die gemeinsamen Organe, durch dessen Art. 3 und 4 am gleichen Tage ein einheitlicher Gerichtshof für die drei bestehenden Gemeinschaften gegründet wurde.
[601] EuGH, Rs. 6/64 , Costa/ENEL, Slg. 1964, 1251 ff., 1269.
[602] Becker S. 3; Schüle, S. 231; Fromont S. 191; Schwarze DVBl. 1999, 261, 268.
[603] Siehe zur Dogmengeschichte des europäischen Verwaltungsrechts Bülck in: FS Kraus S. 29 ff.
[604] Zur Geschichte der französischen Verwaltungsgerichtsbarkeit: Fromont S. 193-196; Becker S. 7; Schwarze, Europäisches Verwaltungsrecht, Band I, S. 97 ff.
[605] Forsthoff S. 49 f.; Mayer S. VII.

war dieses System Vorbild für viele der neu entstehenden Verwaltungsrechtsordnungen in Europa[606], namentlich in Deutschland.[607]

Das französische Référé-Verfahren wurde neben der Möglichkeit der Vollzugsaussetzung nach Art. 242 EG als Mittel des Eilrechtsschutzes in den Vertrag übernommen. Dies geschah zu einer Zeit, in der die deutsche verwaltungsgerichtliche einstweilige Anordnung gerade erst im Begriff war, sich endgültig durchzusetzen. Allerdings war zu jenem Zeitpunkt auch in Frankreich die vorläufige Anordnung eines Gerichts gegenüber der Verwaltung nicht unproblematisch, weil die Gerichte grundsätzlich keine Verpflichtungen gegenüber der Verwaltung aussprechen durften.[608] Das Référé-Verfahren diente ausschließlich als Sicherungsverfahren, das der Sachentscheidung nicht vorgreifen durfte.

Auch das Ziel der gemeinschaftsrechtlichen einstweiligen Anordnung ist die Sicherung der praktischen Wirksamkeit des Hauptsacheurteils.[609] Einstweilige Anordnungen dienen somit auch im Gemeinschaftsrecht einerseits der Wahrung der objektiven Rechtsordnung durch die Sicherung der Durchsetzung materiellen Rechts, andererseits der Effektivität des Rechtsschutzes, indem die praktische Wirksamkeit des Hauptsacheurteils gesichert wird. Notwendig ist ein solches Eilverfahren vor allem aufgrund der langen Dauer der Hauptsacheverfahren, so lag im Jahre 2002 die durchschnittliche Dauer eines Hauptverfahrens vor dem Gerichtshof bei rund 24,3 Monaten.[610]

I. Primäres Gemeinschaftsrecht

1. Normative Grundlagen

Das gemeinschaftliche Primärrecht sieht die Möglichkeit zum Erlass einstweiliger Anordnungen in den Artikeln 243 EG und 158 EAGV vor. Zunächst galten diese Normen nur für den Erlass einstweiliger Anordnungen vor dem EuGH. Aufgrund des Art. 4 des Ratsbeschlusses 88/591[611] finden diese Vorschriften seit seiner Errichtung im Jahre 1989 ihre entsprechende Anwendung

---

606 Schwarze, Europäisches Verwaltungsrecht, Band I, S. 5.

607 Becker S. 10 f.

608 Siehe dazu Gehrmann S. 42 f.; Woehrling NVwZ 1985, 21, 23; Schwarze, Europäisches Verwaltungsrecht Band II, S. 109; siehe zu den Grundzügen des Verwaltungsrechtsschutzes in Frankreich auch: Tonne S. 75 ff. und Sommermann in FS Blümel S. 523, 528 (auch zum spanischen und italienischen vorläufigen Rechtsschutz).

609 Siehe dazu nur Pastor/Ginderachter RTDE 1989, 565.

610 Der Jahresbericht 2002 ist mit Statistiken des Gerichtshofes und des Gerichtes erster Instanz auf der Internetseite des Gerichtshofes www.curia.eu.int veröffentlicht.

611 ABl. Sartorius II Nr. 220b.

auf Verfahren vor dem EuGI[612]. Ergänzt werden diese Normen durch Art. 83 ff. VerfOEuGH[613] und Art. 104 VerfOEuGI[614] sowie in Art. 36 der Satzung der Gerichte[615]. Die Satzung des EuGH wurde auf Grundlage des Art. 188 EWGV in einem besonderen Protokoll[616] verabschiedet, das gemäß Art. 311 EG Bestandteil des EG-Vertrages und somit als Primärrecht zu qualifizieren ist. Art. 36 der Satzung beschränkt sich im Wesentlichen darauf, auf die Verfahrensordnungen zu verweisen. Diese gelten gleichermaßen für alle drei Verträge, wurden vom EuGH und dem EuGI erlassen und bedurften der einstimmigen Genehmigung durch den Rat. Sie regeln die wesentlichen Verfahrensfragen und somit die Voraussetzungen für den Erlass von Maßnahmen des vorläufigen Rechtsschutzes. Art. 83 ff. VerfOEuGH und Art. 104 ff. VerfOEuGI unterscheiden dabei nicht zwischen der Vollzugsaussetzung und der einstweiligen Anordnung, sondern gelten einheitlich für die Gewährung vorläufigen Rechtsschutzes nach Maßgabe der Verträge.[617] Sie sind so Ausdruck der systematischen Einheit des gemeinschaftsrechtlichen vorläufigen Rechtsschutzes.

2. Zulässigkeit einstweiliger Anordnungen

Der Gerichtshof gewährt nur dann vorläufigen Rechtsschutz, wenn der Anordnungsantrag zulässig ist.

(1) Zuständigkeit und Anhängigkeit der Hauptsache

Der Gerichtshof darf nur im Rahmen seiner vertraglich festgelegten Zuständigkeit über die Zulässigkeit und die Begründetheit eines Eilantrages entscheiden.[618] Der Gerichtshof ist dann für das Eilverfahren zuständig, wenn er auch für das Hauptverfahren zuständig ist, denn das Eilverfahren hat ein kon-

---

[612] Der aufgrund der durch die EEA (ABl. 1987 Nr. L 169/29) eingefügten Art. 168a EWGV, Art. 140a EAGV und Art. 32d EGKSV durch Ratsbeschluss (ABl. Nr. L 319/1 vom 25.11.1988 i.d.F. vom 21.08.1989 ABl. Nr. C 215/1 geändert ABl. 1994 Nr. L 66/26) errichtet wurde und seit dem Maastrichter Vertrag über die Europäische Union (ABl. 1993 Nr. L 293/61) auch primärrechtlich in den Verträgen verankert ist (Art. 225 EG, Art.140a EAGV und – mittlerweile ausgelaufen - Art. 32d EGKSV).

[613] Sartorius II Nr.250.

[614] Sartorius II Nr. 252.

[615] BGBl. II Nr.23 vom 19.08. 1957 S. 1166 ff., BGBl. II 1972 S. 1154; Sartorius II Nr. 221, 222.

[616] Protokoll über die Satzung der Europäischen Wirtschaftsgemeinschaft vom 17.4.1957 ABl. 1957 (BGBl. 1957 II S.1166) zuletzt geändert ABl. 1989 Nr. L 241/4.

[617] Art. 83 Abs. II VerfO EuGH und Art. 104 Abs. II VerfOEuGI als zentrale Normen für die Bestimmung der Begründetheitsvoraussetzungen vorläufigen Rechtsschutzes verweisen auf die „in Abs. I genannten Anträge" insgesamt.

[618] EuGH; Rs. 118/83 R, CMC, Slg. 1983, 2583, 2595.

nexes Hauptverfahren zur Voraussetzung.[619] Demnach entscheidet der Gerichtshof gemäß Art. 83 § 1 VerfOEuGH, Art. 104 Abs. I VerfOEuGI und Art. 243[620] EG ausschließlich über Eilmaßnahmen, wenn die Hauptsache bei ihm anhängig ist.[621] Das Gericht erster Instanz entscheidet entsprechend über Eilanträge, die im Rahmen der bei ihm anhängigen Rechtsstreitigkeiten gestellt werden.[622] Erheblich ist vor allem die Zuständigkeit des Gerichtshofes in Abgrenzung zur Zuständigkeit der mitgliedstaatlichen Gerichte. So ist nur der Gerichtshof befugt, die Rechtsprechung über Maßnahmen der Gemeinschaftsorgane auszuüben.[623]

(2) Statthaftigkeit des Antrags

Entsprechend der Statthaftigkeit eines Antrages im deutschen Prozessrecht ist es auch im gemeinschaftlichen Prozessrecht erforderlich, dass die richtige Antragsart gewählt wurde und dass mit dem Antrag das Rechtsschutzziel zu erreichen ist. So ist ein Anordnungsbegehren vor allem nur dann zulässig, wenn der Rechtsschutz nicht mit einer Vollzugsaussetzung gemäß Art. 242 Satz 2 EG zu verfolgen wäre. Außerdem sind Eilanträge aufgrund der Akzessorität zum Hauptverfahren grundsätzlich an die enumerativen Klagearten des EG-Vertrages gebunden. Eine einstweilige Anordnung, die nicht einem der mit den Klagearten des EG-Vertrages zu erreichenden Ziel dient, ist somit nicht zulässig.[624] Einstweiliger Rechtsschutz kann daher im Gemeinschaftsrecht nicht unabhängig von den Verfahrensarten der Hauptsache erlangt werden, so dass es sich bei der einstweiligen Anordnung im Gemeinschaftsrecht nicht um eine selbständige Verfahrensart handelt.[625]

Der Antrag einer Vollzugsaussetzung bezieht sich ebenso wie der Klagegegenstand im Rahmen der Nichtigkeitsklage nach Art. 230 EG auf belastende Maßnahmen der Gemeinschaftsorgane, die Rechtswirkungen erzeu-

---

[619] Krück in: GTE Art. 185 Rn. 8.

[620] Art. 243 EG: „bei ihm anhängigen Sachen".

[621] EuGH, Rs. 2/59 R, Mannesmann, Slg. 1960, 345, 349; Wägenbaur EuZW 1996, 327, 330. Zur hierdurch bedingten Problematik hinsichtlich der Rechtsschutzeffektivität: Jacobs, Interim Measures, S. 45 und Dauses, DJT-Gutachten, D 144 f.; Kaessner S. 23 f.. Formales Kennzeichen ist, dass das Aktenzeichen der Hauptsache mit einem R für Référé versehen wird: siehe Klinke Rn. 260 und Fn. 237.

[622] Insbesondere in Beamtenrechts- und Wettbewerbssachen; siehe Art. 3 Beschluss des Rates (88/591/EWG) zur Errichtung eines Gerichtes erster Instanz, ABl. 1988 Nr. L 319/1.

[623] EuGH, Rs. 314/85, Foto-Frost, Slg. 1987, 4199, Rn. 15; EuGH, Rs. C-68/95, T. Port, Slg. 1996, I-6065, Rn. 53.

[624] Wagner S. 44 m.w.N.

[625] Dauses in: Handbuch des EU-Wirtschaftsrechts, P. IV, Rn. 39; Allkemper S. 145.

gen und zukünftig tatsächlich zum Vollzug geeignet sind.[626] Ein Antrag auf Aussetzung des Vollzugs der Handlung eines Gemeinschaftsorgans ist immer dann zu stellen, wenn die Aussetzung der in der Hauptsache angefochtenen Rechtshandlung und die Vermeidung der mit ihr zusammenhängenden Nachteile erreicht werden soll.[627]

Bezüglich der Erreichbarkeit eines konkreten Antragszieles ist der Anwendungsbereich der einstweiligen Anordnung nach Art. 243 EG noch nicht abschließend geklärt. Ursprünglich wurde überwiegend vertreten, dass das zulässige Antragsziel auf sichernde Maßnahmen beschränkt sei.[628] Weil die Klagearten des EG-Vertrages keine zur Vornahme verpflichtenden Urteile zuließen sondern allesamt lediglich Feststellungscharakter hätten, würde die Eilanordnung ansonsten mehr zubilligen als das Hauptsacheurteil und so über den im Gemeinschaftsrecht herrschenden Sicherungszweck hinausgehen.

Mittlerweile ist die Ansicht im Vordringen, dass Eilanordnungen nach Art. 243 EG sämtliche Gebote und Verbote umfassen könnten die notwendig seien, um streitbefangene Rechtspositionen bis zum Endurteil im Hauptsacheverfahren zu erhalten, zu gestalten oder zu regeln.[629] Art. 243 EG ermögliche nicht nur die Bewahrung bestehender[630], sondern auch die positive Begründung neuer Rechtspositionen[631]. Weil Art. 243 EG allgemein formuliert sei, ließe er vom Wortlaut her keine nähere Qualifizierung seines Regelungsumfanges zu. Daher komme grundsätzlich jede Anordnung in Betracht, die aufgrund einer Interessenabwägung erforderlich sei. Die Möglichkeit einer *Eilanordnung mit Verpflichtungswirkung* wird aus diesen Gründen bejaht.[632]

Dagegen wurde von Kritikern in Anschluss an die Argumentation des Generalanwalts Gand angemerkt, dass sich die Eilanordnungen im Gemeinschaftsrecht aufgrund der Konnexität von vorläufigem Rechtsschutz und

---

[626] EuGH, Rs. 196/79, National Panasonic/Kommission, Slg. 1980, 2033, 2058; EuGH, Rs. 92/78, Simmenthal, Slg. 1978, 1129, 1136; EuGH, Rs. 6/72, Euroemballage und Continental Can, Slg. 1972, 157, 159.

[627] EuGH, Rs. 186/80, Suss, Slg. 1980, 3501, 3506.

[628] GA Gand, EuGH, Rs. 50/69 R, Deutschland/Kommission, Slg. 1969, 449, 455; siehe dazu Kaessner S. 53 ff.

[629] Grabitz in: Grabitz/Hilf Art. 186 Rn. 1; siehe jetzt auch EuGH, Rs. C-393/96 P [R], Antonissen, Slg. 1997, I-441, 457, Rn. 37 hinsichtlich der vorläufigen Erbringung einer vertraglichen Hauptleistung und entsprechend zu Art. 5 EuGVÜ: EuGH, Rs. C-391/95, Van Uden Maritime BV, RIW 1999, 776.

[630] EuGH, Rs. 118/83, CMC, Slg. 1983, 2585, 2595.

[631] Diese Auffassung wird auch durch einzelne Eilanordnungen des Gerichtshofes gestützt, z.B. EuGH, Rs. 809/79 R, Fratelli Pardini, Slg. 1980, 139, 147: Anweisung an die Kommission, die italienische Regierung zur Erteilung von Ausfuhrlizenzen zu ermächtigen; EuGH, Rs. 64/86 R, Giovanni Sergio, Slg. 1986, 1085, 1099 f.; Kaessner S. 53 ff.

[632] Ehle RIW/AWD 1964, 39/40; Pastor/Van Ginderachter RTDE 1989, 561, 613 f.; Pernice EuZW 1997, 545.

Hauptsacheverfahren an der möglichen Entscheidung in der Hauptsache orientieren müssten.[633] Daher seien nur solche Antragsziele statthaft, die auch mit den Hauptsacheklagen erreicht werden könnten. Weil das Gemeinschaftsrecht keine gestaltende Verpflichtungsklage entsprechend dem § 42 Satz 2 VwGO kenne, gelte dies auch für die Regelungsanordnungen mit Verpflichtungswirkung, deren Beantragung mithin unstatthaft sei.[634] Der Gerichtshof äußere sich grundsätzlich nicht zu der Frage, wie das verurteilte Organ tätig werden soll.[635] Er könne beispielsweise in der Hauptsache nur *feststellen*, dass die Kommission gegen den Vertrag verstoßen habe. Folglich könne er vorläufige Maßnahmen nicht selbst erlassen oder den vorläufigen Erlass der Kommission aufgeben.[636] Diese Feststellungen mögen für die Klagearten des Hauptverfahrens richtig sein, lassen aber nicht zwingend Rückschlüsse auf die zulässigen Antrags- und Anordnungsgegenstände im Eilverfahren zu. Auch für das Hauptverfahren statuiert das Gemeinschaftsrecht in Art. 233 EG eine Verpflichtungswirkung aus den Untätigkeitsurteilen der Gemeinschaftsgerichte.[637] Diese Norm verpflichtet das untätige Organ, die „sich aus dem Urteil ergebenden Maßnahmen zu ergreifen". So ist das Handlungsermessen des verurteilten Organs durch die Verpflichtung aus Art. 233 EG dahingehend beschränkt, dass es die sich aus dem Urteil mitsamt seinen Entscheidungsgründen ergebenden Maßnahmen zu ergreifen hat.[638] Gleichzeitig können die Gemeinschaftsgerichte im Rahmen von Art. 232 EG das Unterlassen von Maßnahmen, „deren Tragweite sich hinreichend bestimmen lässt, so dass sie konkretisiert werden und Gegenstand des Vollzugs i.S.d. Art. 233 sein können" als vertragswidrig verurteilen.[639] Dies wiederum bedeutet nicht nur eine Befugnis zur reinen *Feststellung* der Untätigkeit, sondern gegebenenfalls auch zur inhaltlichen Bewertung. Aus dieser ergibt sich dann die entsprechende Verpflichtung des Art. 233 EG. Insoweit wird ein systematischer Unterschied zum deutschen Verfahrensrecht deutlich. Während sich hier die Verpflichtung aus dem Urteil selbst ergibt und ihm damit eine Gestaltungswirkung zukommt[640], begründet im Gemeinschaftsrecht erst Art. 233 EG eine Verpflichtung der Parteien des Verfahrens, ihre im Urteil festgestellten Pflichten wahrzunehmen. Diese Regelung verdeutlicht vor allem die durch

---

[633] Koenig/Sander Rn. 517.
[634] ebd.
[635] Classen, S. 25 m.w.N.
[636] Schlussantrag GA Elmer, EuGH, Rs. C-68/95, T. Port, Slg. 1996, I-6065, 6086, Rn. 52.
[637] Pernice EuZW 1997, 545.
[638] Krück in: GTE Art. 176 Rn. 2.
[639] EuGH, Rs. 13/83, Parlament/Rat, Slg. 1985, 1513, Rn. 37.
[640] Finkelnburg/Jank Rn. 561.

die Gemeinschaftsrechtsordnung begründete strenge Kompetenzzuordnung, die auch im gerichtlichen Verfahren zu wahren ist.

Diese strenge Kompetenzzuordnung wirkt sich auch auf die Statthaftigkeit der Beantragung einer bestimmten Maßnahme im Eilverfahren aus. Die Befugnis des Richters beschränkt sich darauf, den Verfahrensparteien einschließlich der Organe aufzuerlegen, ein bestimmtes Ergebnis bis zur Entscheidung zur Hauptsache sicherzustellen.[641] Die Wahrnehmung einer der Kommission zustehenden Aufgabe durch EuGH oder EuGI ist auch im Eilverfahren unzulässig.[642] Der Gerichtshof hat das verurteilte Gemeinschaftsorgan nur anzuweisen, die „einstweiligen Maßnahmen zu treffen, die sie [hier: die Kommission] für unbedingt erforderlich hält"[643], sofern ihm ein Ermessenspielraum zusteht und kein Anzeichen für einen Ermessensmissbrauch vorliegt.[644] So kann sich aus einer Gemeinschaftsverordnung gegebenenfalls eine Verpflichtung zu einem bestimmten Handeln ergeben, die insoweit das Ermessen der Kommission reduziert oder aufhebt. Eine einstweilige Feststellung wäre in diesem Zusammenhang sinnlos zur Erreichung des Rechtsschutzziels und unter dem Aspekt des Vorwegnahmeverbotes möglicherweise unzulässig, denn eine einstweilige Feststellung würde das Hauptsacheurteil präjudizieren. In diesem Rahmen muss es den Gemeinschaftsgerichten zwangsläufig unbenommen sein, die Parteien des Verfahrens zur Vornahme konkreter Maßnahmen zu verpflichten.

Der Hinweis auf den Entscheidungsrahmen im Hauptsacheverfahren läuft auch vor dem Hintergrund der dogmatischen Grundlagen des Eilverfahrens ins Leere. So haben die Gerichte im Eilverfahren anders als im Hauptsacheverfahren nicht über die Rechtmäßigkeit einer hoheitlichen Maßnahme oder über das Bestehen eines Anspruchs zu entscheiden[645], Streitgegenstand des Eilverfahrens ist vielmehr, ob eine Eilanordnung zur Sicherung des Hauptverfahrens und der dort geltend zu machenden Ansprüche unter Berücksichtigung der Interessen der am Verfahren beteiligten Parteien erforderlich ist. Dies kommt auch in Art. 243 EG selbst zum Ausdruck, wenn er dem Gerichtshof den Erlass der „erforderlichen" Dringlichkeitsmaßnahmen gestattet.[646] Wäre ein statthafter Antrag auf die im Hauptverfahren zulässigen

---

[641] EuGI, Rs. T-6/97 R, Comafrica SpA und Dole Fresh Fruit Europe Ltd. & Co., Slg. 1997, II-291, 292.

[642] vgl. nur EuGH, Rs. 109/75 R, NCC, Slg. 1975, 1193, 1202; EuGI, Rs. T-543/93 R, Telecinco, Slg. 1993, II-1409, 1419 ff.

[643] EuGH, Rs. 109/75 R, NCC, Slg 1975, 1193, 1202; Kaessner S. 60.

[644] EuGH, Rs. 25/85 R, Nuovo Campsider, Slg. 1985, 751, 757; EuGI, Rs. T-507/93 R, Branco, Slg. 1993, II-1013, 1020 ff.

[645] Auch wenn die Rechtslage zumeist ein wichtiges Indiz für das Bestehen eines Anordnungsanspruchs sein wird.

[646] Usher, European Court Practice, S. 271.

gerichtlichen Aussprüche begrenzt, könnte es nur auf die Gewährung von Schadensersatz und zur Feststellung von Pflichtverletzungen zielen. Abgesehen von der bereits erwähnten Kollision eines solchen Ausspruches mit dem Vorwegnahmeverbot würden solche deklaratorischen Anordnungen oftmals nicht verhindern, dass das Hauptverfahren durch Zeitablauf überflüssig wird. Zudem stellt sich die Frage, weshalb Art. 234 EG dem Gerichtshof ausdrücklich Ermessen einräumt, wenn dieses letztlich auch im Eilverfahren an den Entscheidungsrahmen des Hauptverfahrens gebunden sein soll. Vor diesem Hintergrund wird deutlich, dass eine reine Feststellungswirkung dem Normzweck und dem ausdrücklichen Regelungsgehalt des Art. 243 EG nicht genügt. Hätte Art. 243 EG reinen Feststellungscharakter, würde er lediglich eine Verfahrensbeschleunigung ohne jeglichen Sicherungscharakter hinsichtlich der Durchsetzbarkeit des Urteils im Hauptverfahren bewirken.

Dem steht auch nicht das Argument entgegen, der Antragsteller im Eilverfahren könne gegebenenfalls mit Hilfe von Verpflichtungsanträgen systemwidrig mehr erreichen als im Hauptverfahren.[647] Abgesehen von der bereits erläuterten Verpflichtungswirkung des Art. 233 EG[648] entzieht sich das Antragsziel im Eilverfahren einem qualitativen oder quantitativen Vergleich mit dem Antragsziel in der Hauptsache, denn es handelt sich um eine gänzlich andersartigen Entscheidung des Gerichtshofes. Im Eilverfahren soll das Gericht nicht über eine Tatsachen- oder Rechtsfrage entscheiden, sondern allein über die Erforderlichkeit der Eilanordnung zur Sicherung des Hauptverfahrens. Ein Antrag ist demnach immer dann statthaft, wenn er im Ergebnis nicht die endgültige Vorwegnahme der Hauptsacheentscheidung bezweckt.

(3) Antragsbefugnis und Antragsfrist

Antragsbefugt sind gemäß Art. 83 § 1 Abs. II VerfOEuGH und Art. 104 § 1 Abs. II VerfOEuGI alle Klageberechtigten im Hauptsacheverfahren. Natürliche und juristische Personen können das Eilverfahren daher letztlich nur dann

---

[647] So Sandner DVBl. 1998, 262, 266, Fn. 51, und Koenig/Sander Rn. 517.

[648] Dessen Wirkung auch für Art. 234 EG nicht unbeachtet bleiben darf, siehe auch Waelbroeck in: Commentaire Megret. S. 406 und Pastor/Van Ginderachter, RTDE 1989, 613 folgern aus der automatischen Verpflichtung des Art. 243 EG an das Gemeinschaftsorgan, die sich aus dem Urteil ergebenden Maßnahmen zu ergreifen, die Befugnis des Gerichtshofes, dem Gemeinschaftsorgan ein entsprechendes einstweiliges Handeln vorzugeben, wenn dem Organ kein Ermessen zusteht. Vgl. auch den Hinweis von Kaessner auf S. 61 Fn. 1, die Rechtsprechung übernähme diese Sichtweise wenn sie argumentiert, bestimmte einstweilige Anordnungen nähmen die Konsequenzen einer Hauptsacheentscheidung vorweg: EuGH, Rs. 91/76 R, de Lacroix, Slg. 1976, 1563, 1564; Rs. 74/85 R, Remy, Slg. 1985, 1185, 1188.

beantragen, wenn sie von dem Gemeinschaftsrechtsakt unmittelbar und individuell betroffen sind[649] und eigene Interessen schützen wollen[650].[651]

Fristbeginn für einen Anordnungsantrag ist der Zeitpunkt der Rechtshängigkeit in der Hauptsache. Die Frist endet, wenn die einstweilige Maßnahme nicht mehr vor der Entscheidung in der Hauptsache getroffen werden könnte.[652]

3. Begründetheit

Einem Antrag auf eine einstweilige Anordnung gibt der Gerichtshof nur statt, wenn dieser begründet ist. Die Aussagekraft des Art. 243 EG hinsichtlich der konkreten Begründetheitsvoraussetzungen erschöpft sich darin, dass der Gerichtshof die „erforderlichen einstweiligen Anordnungen treffen kann". Die Satzung des Gerichtshofes verweist auf die Verfahrensordnungen, die wiederum die Erforderlichkeit der Anordnung in den Art. 83 § 2 VerfOEuGH und Art. 104 Abs. II VerfOEuGI dahingehend konkretisieren, dass die einstweilige Anordnung notwendig und dringlich sein und in tatsächlicher und rechtlicher Hinsicht glaubhaft gemacht werden muss. Außerdem sind die dem Antragsteller bei Ablehnung des vorläufigen Rechtsschutzes drohenden Nachteile gegenüber den Interessen der Gemeinschaft abzuwägen.[653]

(1) Dringlichkeit

Nach Art. 83 Abs. II VerfOEuGH und Art. 104 Abs. II VerfOEuGI bedarf es für die Begründetheit eines Antrages der „Dringlichkeit" der Anordnung. Diese ist dann gegeben, wenn die Anordnung zur Abwendung eines schweren und nicht wiedergutzumachenden[654] Schadens auf Seiten des Antragstellers erforderlich ist.[655] Dabei wird auf die Art und Schwere des Rechtsversto-

---

[649] EuGH, Rs. 25/62, Plaumann, Slg. 1963, 216, 238; EuGH, Rs. 160/88, Fedesa, Slg. 1980, 4129; EuGH, Rs. 1/84, Ilford/Kommission, Slg. 1984, 423, 427; EuGH, Rs. C-500/00 P, UPA, EuZW 2002, 529, Tz. 42.
[650] EuGH, Rs. 22/75, Küster/EP, Slg. 1975, 277, 278.
[651] Siehe zum Problem der Klagebefugnis vor dem EuGI gegen Verordnungen: EuGH, Rs. C-500/00 P, UPA, EuZW 2002, 529, Tz. 42; EuGI, Rs. T-177/01, Jégo-Quéré, NJW 2002, 2088, Schneider NJW 2002, 2927; Hilf/Hörmann NJW 2003, 1.
[652] Krück in: GTE Art.186 Rn.17.
[653] EuGH, Rs. 3/75, Johnson & Firth Brown, Slg. 1975, 1, 6.
[654] Wagner S. 62.
[655] EuGH, Rs. 152/88 R, Sofrimport, Slg. 1988, 2931; EuGH, Rs. C-364/98 P (R), Emesa Sugar (Free Zone), Slg. 1998, I-8815, 8816; EuGI, Rs. T-53/01 R, Poste Italiane, Slg. 2001, II-1479, Rn. 110.

ßes[656] und auf die konkreten und endgültigen nachteiligen Auswirkungen auf rechtlich geschützte Güter des Antragstellers[657] abgestellt.

Der Gerichtshof muss zu der Auffassung gelangen, dass sich die Gefahr eines drohenden Schadens ohne den Erlass einer einstweiligen Maßnahme verwirklichen würde, weil der Rechtsschutz durch das Hauptsacheverfahren zu spät käme.[658] Dies ist dann der Fall, wenn durch das Urteil im Hauptsacheverfahren eine rückwirkende Berücksichtigung der Interessen des Antragstellers nicht möglich ist.[659] Ein nicht wiedergutzumachender Schaden liegt dann nicht vor, wenn ein rein finanzieller Schaden[660] durch die Gewährung eines Schadensersatzanspruches tatsächlich[661] wieder ausgeglichen werden kann.[662] Dies gilt jedoch nicht, wenn dem Antragsteller eine Existenzgefährdung droht[663] oder ein Schaden für die Marktfreiheiten und die Gemeinschaftsgrundrechte des Antragstellers zu besorgen ist.[664]

(2) Notwendigkeit der Anordnung

Nach Art. 83 Abs. II VerfOEuGH und Art. 104 Abs. II VerfOEuGI ist eine beantragte einstweilige Anordnung zudem nur dann begründet, wenn sie sich als „notwendig" erweist. Diese „Notwendigkeit" hat der Antragsteller vor dem Gerichtshof oder dem EuGI glaubhaft zu machen.[665] Hinter dem Begriff der „Notwendigkeit" verbirgt sich somit der Aspekt der Erfolgsaussicht in der Hauptsache („fumus boni iuris").[666] Diese ist gegeben, wenn eine gewisse *Wahrscheinlichkeit* dafür spricht, dass das Hauptsacheverfahren zu Gunsten

---

656 EuGH, Rs. 37/84, EISA, Slg. 1984, 1749, 1757.

657 EuGH, Rs. 92/78, Simmenthal, Slg. 1978, 1129, 1136.

658 EuGH Rs. 76/88 R, La Terza, Slg. 1988, 1741, 1744; EuGH verbd. Rs. 160 und 161/73 R, , Slg. 1973, 1049, 1053; EuGH Rs. 51/79 R II, Buttner, Slg. 1979, 2387, 2389 f.; EuGH Rs. 166/78 R, Italien/Kommission, Slg. 1978, 1745, 1747.

659 EuGH, Rs. 29/66 R, Gutmann, Slg. 1967, 325, 328.

660 EuGI, Rs. T-11/99 R, Léon van Parys N.V. u.a., Slg. 1999, II-1355, 1356.

661 Klinke S. 273.

662 Jacobs Interim Measures S. 55 f.; EuGH, verbd. Rs. C-143/88 und C-92/89, Süderdithmarschen, Slg. 1991, I-415, 543; EuGH, Rs. C-195/90 R, Kommission/Deutschland, Slg. 1990, I-3351, 3361; EuGH, Rs. 141/84 R, de Compte, Slg. 1984, 2575, 2581; EuGH Rs. 809/79 R, Pardini, Slg. 1980, 139, 149; EuGH Rs. 33/80 R, Albini, Slg. 1980, 1671, 1675; EuGI, Rs. T-339/00/ R, Bactria, Slg. 2001, II-1721, Rn. 94.

663 EuGH, Rs. 92/78 R, Simmenthal, Slg. 1978, 1129, 1136; Dauses in: Handbuch des EU-Wirtschaftsrechts, 2. Bd., P. IV., Rn. 43; Wagner S. 64.

664 Lasok S. 167; EuGH, Rs. 152/88 R, Sofrimport, Slg. 1988, 2931 ff.

665 EuGH, Rs. C-364/98 P (R), Emesa Sugar (Free Zone), Slg. 1998, I-8815, 8816; Art. 84 § 2 VerfOEuGH; Lenz in: Lenz (Hrsg.) EG-Vertrag, Art. 243 Rn. 14.

666 EuGH, Rs. C-120/94 R, Kommission/Griechenland, Slg. 1994, I-3037, 3055; EuGH, Rs. 246/89 R, Kommission/GB, Slg. 1989, 3125, 3131; EuGH, Rs. 194/88 R, Kommission/Italien, Slg. 1988, 5647, 5650; Dauses in: Handbuch des EU-Wirtschaftsrechts, 2. Bd., P. IV., Rn. 44.

des Antragstellers ausgehen wird.[667] Dabei sind die Anforderungen, die der Gerichtshof an die „Wahrscheinlichkeit“ stellt, im Verfahren der einstweiligen Anordnung insgesamt strenger als im Rahmen der Vollzugsaussetzung.[668]

(3) Einstweiligkeit

Auch wenn die Anordnung „notwendig“ ist, darf sie nicht der Entscheidung des Gerichtshofes zur Hauptsache vorgreifen.[669] Ein Anordnungsantrag ist unbegründet, wenn die Eilentscheidung das Urteil in der Hauptsache präjudizieren würde. So dürfen aufgrund des Vorwegnahmeverbotes nur solche Eilmaßnahmen erlassen werden, die weder strittige Rechts-[670] oder Tatsachenfragen[671] entscheiden noch im vorhinein erst im Hauptverfahren zu treffende Sachentscheidungen wirkungslos machen.[672] Anordnungen dieser Art scheiden im vorläufigen Rechtsschutzverfahren aus, weil sie über den Sicherungszweck hinausgehen.[673]

(4) Interessenabwägung

Schließlich führt der Gerichtshof eine Interessenabwägung zwischen den Belangen der Parteien durch.[674] Eine besondere Bedeutung kommt der Interessenabwägung in den Fällen zu, bei denen die einstweilige Anordnung die Gemeinschaftsinteressen oder die Interessen unbeteiligter Dritter berührt.[675] Die Funktion der Interessenabwägung ist es, die Nachteile, die dem Antragsteller bei Versagung der einstweiligen Anordnung drohen, mit möglichen Schäden Dritter oder der Gemeinschaft im Falle einer Eilanordnung ab-

---

667 GA Capotorti, EuGH, Rs. 24 und 97/80 R, Kommission/Frankreich, Slg. 1980, 1319, 1341; Wagner S. 55; Grabitz in: Grabitz/Hilf Art. 186 Rn. 16.

668 Schneider DÖV 1990, 924, 924.

669 Art. 36 Abs. IV EuGH-Satzung, Art. 86 Abs. IV VerfOEuGH und Art. 107 Abs. IV VerfOEuGI.

670 EuGH, Rs. C-120/94 R, Kommission/Griechenland, Slg. 1994, I-3037, 3061; EuGH, Rs. 20/81 R, Arbed SA, Slg. 1981, 721, 732; EuGH, Rs. 352/88 R, Kommission/Italien, Slg. 1989, 267, 273.

671 EuGH, Rs. 206/81 R, Alvarez, Slg. 1981, 2187, 2190; EuGH, Rs. 91/76 R, de Lacroix, Slg. 1976, 1563, 1564.

672 EuGH, Rs. C-364/98 P (R), Emesa Sugar (Free Zone), Slg. 1998, I-8815, 8816; EuGH, Rs. C-149/95, Atlantic Container Line, Slg. 1995, I-2165, Rn. 22.

673 EuGH, Rs. 731/79 R I, Buttner/Parlament, Slg. 1979, 3635, 3637; EuGH, Rs. 46787 R, Hoechst, Slg. 1987, 1549, 1557; Grabitz in: Grabitz/Hilf Art. 185 Rn. 15 u. 38; Dauses in: Handbuch des EU-Wirtschaftsrechts, 2. Bd., P. IV., Rn. 45.

674 EuGH, Rs. 445/00 R, Österreich/Rat, Slg. 2001, I-1461, Rn. 73.

675 Rechtsprechungsnachweise bei HER-Krück I A 63 Art. 36 Satzung Rn. 12, Fn. 32.

zuwägen.[676] Ferner muss im Rahmen der Interessenabwägung auch berücksichtigt werden, ob eine einstweilige Anordnung einen Zustand der Rechtsunsicherheit verhindern oder beseitigen kann, der sich aus einem Widerspruch zwischen der Kommission und einem nationalen Gericht hinsichtlich der Auslegung von Bestimmungen des Vertrages ergibt.[677] Bei dieser Abwägung beachtet der Gerichtshof das Verhältnismäßigkeitsprinzip.[678] Einen Interessenausgleich kann der Gerichtshof auch durch Auflagen[679] oder durch Sicherheitsleistungen des Antragstellers nach Art. 86 § 2 VerfOEuGH herstellen.

4. *Inhalt einstweiliger Anordnungen*

Die Frage, in welchem Umfang die Gemeinschaftsgerichte Eilmaßnahmen anordnen können hängt eng mit der Frage des statthaften Anordnungsantrages zusammen.[680] Ein Antrag ist letztlich nur dann statthaft, wenn das von ihm begehrte Rechtsschutzziel mit einer Eilanordnung der Gemeinschaftsgerichte erreicht werden kann. Der Fächer möglicher Anordnungen reicht von rein konservierenden Maßnahmen bis hin zu Anordnungen, die das Rechtsverhältnis der Vertragsparteien vorläufig regeln. Weil im Eilverfahren gerichtliche Anordnungen möglich sind, die dem Gemeinschaftsrichter im Hauptverfahren versagt sind, ist der Kontrast der Möglichkeiten der Gemeinschaftsgerichte im Eilverfahren einerseits und im Hauptverfahren andererseits besonders auffallend.[681]

Nach Art. 243 EG können die Gemeinschaftsgerichte „die erforderlichen einstweiligen Anordnungen treffen". Diese Formulierung eröffnet ihnen einen erheblichen Ermessensspielraum bei der Bestimmung der zu treffenden Dringlichkeitsmaßnahmen.[682] Dieser wird aber zumindest insoweit begrenzt, als die Entscheidung nicht präjudizierend im Hinblick auf die Hauptsache wirkt[683] und keine Regelungen enthalten darf, die an die Stelle der von den

---

[676] EuGH, Rs. 45/87 R, Kommission/Irland, Slg. 1987, 1369, 1387.
[677] EuGI, Rs. T-65/98 R, Van den Bergh Foods Ltd., Slg. 1998, II-2641 vor dem Hintergrund der rechtlichen Bewertung von Ausschließlichkeitsklauseln in Vertriebsvereinbarungen.
[678] Das Verhältnismäßigkeitsprinzip bindet als allgemeiner Rechtsgrundsatz des Gemeinschaftsrechts sämtliche Gemeinschaftsorgane (EuGH, Rs. 265/87, Schräder, Slg. 1989, 2237, 2269). Daher ist die Auffassung von Wagner abzulehnen, der Verhältnismäßigkeitsgrundsatz sei wegen einer Lücke in den Regelungen der VerfO nicht anwendbar. Wagner S. 69.
[679] EuGH, Rs. 3/75, Johnson & Firth Brown, Slg. 1975, 1, 6.
[680] Siehe dazu 1. Teil 3. Kapitel B. I. 2. (2).
[681] de Wilmars, SEW 1986, 51; Kaessner S. 245.
[682] Kaessner S. 248 f.; Rideau/Charrier S. 219.
[683] Art. 86 § 4 VerfOEuGH; Art. 36 Satzung/EuGH; Grabitz in: Grabitz/Hilf Art. 186 Rn. 22.

Gemeinschaftsorganen getroffenen Maßnahme tritt.[684] Daher liegt die Grenze der richterlichen Ermessensausübung in Verfahren des vorläufigen Rechtsschutzes in der gemeinschaftsrechtlich begründeten Kompetenzverteilung.[685] Der Gerichtshof veranlasst die Gemeinschaftsorgane gegebenenfalls zum Handeln, ohne darüber hinausgehende inhaltliche Verpflichtungen auszusprechen, solange der Kommission ein Ermessensspielraum zusteht.[686] Außerdem muss sich der Inhalt der Eilmaßnahme im Rahmen dessen halten, was dem Antragsteller nach materiellem Recht zusteht, weil die einstweilige Anordnung in der Regel nur dann erforderlich ist, um die praktische Wirksamkeit des Hauptsacheurteils sicherzustellen.[687]

Konkret umfasst das Spektrum einstweiliger Anordnungen nach Art. 243 EG beispielsweise die Anordnung, nicht-belgische EG-Studenten vorläufig unter den gleichen Bedingungen zuzulassen wie belgische[688], bis zur vorläufigen Aussetzung nationaler Gesetze im Rahmen des Vertragsverletzungsverfahrens[689]. Das Gericht kann auch anordnen, die Gewährung einer Beihilfe durch einen Mitgliedstaat einzustellen[690], oder die Kommission anweisen, gegenüber nationalen Behörden die Rechtslage klarzustellen[691]. Denkbar sind auch Anordnungen, die die Parteien zu einem außergerichtlichen Vergleich bewegen sollen, der bei Erfolg das Hauptsacheverfahren gegenstandslos macht.[692] Diese Verfahrensweise ist sowohl dem französischen Référé-Verfahren als auch dem Verfahren vor dem IGH bekannt.[693] Der Gerichtshof schließt trotz einer tendenziell restriktiven Haltung regelnde einstweilige Anordnungen nicht grundsätzlich aus.[694] So wurde der Republik Frankreich im Rahmen eines Eilverfahrens exakt der Umfang und die Dauer von stichprobenartigen Kontrollen ausländischer Weinlieferungen vorge-

---

[684] EuGH, Rs. 209-215/78, van Landewyck, Slg. 1978, 2111, 2114; EuGI, Rs. T-131/89 R, Cosimex, Slg. 1990, II-1, 5; EuGH, Rs. 294/86 R, Technointorg, Slg. 1986, 3979, 3987; vergleiche aber: EuGH, Rs. 120/83 R, Raznoimport, Slg. 1983, 2573, 2579; ein entsprechender Anordnungsantrag ist bereits unzulässig, zugleich schränkt dieser Grundsatz aber auch das Anordnungsermessen des Gerichtes ein, Grabitz in: Grabitz/Hilf Art. 185 Rn. 38.

[685] EuGH, Rs. 71/74, Fruit-en Groentenimport, Slg. 1978, 2111, 2114.

[686] EuGH, Rs. 118/83, CMC, Slg. 1983, 2583, 2597, EuGH, verbd. Rs. 209-215 u. 218/78, van Landewyck, Slg. 1978, 2113, 2114.

[687] Kaessner S. 254 f.

[688] EuGH, Rs. 293/85 R, Kommission/Belgien, Slg. 1985, 3521

[689] EuGH, Rs. 61/77 R, Kommission/Irland, Slg. 1977, 937, 943

[690] EuGH, verbd. Rs. 31 und 53/77 R, Kommission/GB, Slg. 1977, 921, 925

[691] EuGH, Rs. 88/76 R, Société pour l'exporation des sucres, Slg. 1976, 1585, 1587 f.

[692] Z.B. EuGH, Rs. 1/84, Ilford, Slg. 1984, 423, 432; Nachweise bei Pescatore, Les mésures conservatoires, S. 348

[693] Bergerès S. 166

[694] Siehe dazu den Überblick bei Kaessner S. 55 ff.

schrieben.[695] Eine andere gängige Anordnung verpflichtet die Mitgliedstaaten zur Aussetzung der strittigen Maßnahme.[696] In der Rechtssache „Plaumann“[697] und anderen Beschlüssen[698] beantragten die Antragsteller, die Kommission einstweilig zu einem bestimmten Handeln zu verpflichten. Der Gerichtshof verkündete, dass Art. 243 EG solche Anordnungen zur Verhinderung eines dem Antragsteller andernfalls drohenden und nicht wiedergutzumachenden Schadens ermöglicht. Der Gerichtshof hielt sich sogar für zuständig, im Rahmen eines Eilverfahrens die Zahlung von Geldleistungen der Kommission anzuordnen, wenn dies zur Sicherung des Lebensunterhalts des Antragstellers notwendig sei.[699] Ferner könne die Anordnung der vorläufigen Erbringung einer vertraglichen Hauptleistung erforderlich sein.[700] In der Rechtssache „Connolly“[701] hat das Gericht erster Instanz die Kommission verpflichtet, alle erforderlichen Maßnahmen zu ergreifen, damit ihre Bediensteten weder im Rahmen von Pressekontakten noch auf andere Weise Informationen über den Antragsteller verbreiten, die geeignet wären, sein persönliches und berufliches Ansehen zu beeinträchtigen. Diese Anordnung erging, obwohl die Kommission geltend machte, dass der Antrag auf einstweilige Anordnung einen Verpflichtungsantrag darstelle und daher unzulässig sei. Das Gericht wies diese Rüge zurück. Art. 243 EG verleihe dem Gemeinschaftsrichter die Zuständigkeit, die „erforderlichen“ einstweiligen Anordnungen zu treffen. Diese Zuständigkeit umfasse gemäß Art. 36 der Satzung des Gerichtshofes die Befugnis, Anordnungen zu treffen, die eine einstweilige Regelung darstellen und der Entscheidung im Hauptsacheverfahren nicht vorgreifen. Dem entspricht die Rechtsprechung des Gerichtshofes, nach der das Gemeinschaftsgericht auch im Rahmen von Untätigkeitsklagen einstweilige Anordnungen treffen darf.[702] Einstweilige Anordnungen im Rahmen einer Untätigkeitsklage müssen aber der Anordnung zur Vornahme entsprechen.

Um die wechselseitigen Interessen der Beteiligten auch bei einem späteren Unterliegen des Antragstellers im Hauptsacheverfahren zu gewährleisten,

---

[695] EuGH, Rs. 42/82 R, Kommission/Frankreich, Slg. 1982, 841, 859 f.

[696] Siehe zum Vertragsverletzungsverfahren und zu Rechtsprechungsnachweisen Kaessner S. 73 ff.

[697] EuGH, Rs. 25/62 R1, Plaumann, Slg. 1963, 273, hinsichtlich der einstweiligen Verpflichtung der Kommission, der Bundesrepublik die Senkung eines Zolltarifs für Klementinen zu gestatten und die Kommission den Antrag zuvor abgelehnt hatte.

[698] Vgl. EuGH, Rs. 258/80 R, Rumi, Slg. 1980, 3873, 3875; Rs. 114/83 R, STE, Slg. 1983, 2315, 2318, 2320

[699] EuGH, Rs. 44/59 R, Fiddelaar/Kommission, Slg. 1960, 1159, 1162; Rs. T-45/90 R, Speybrouk/Parlament, Slg. 1990, II-705, 715; siehe dazu Kaessner S. 64 f.

[700] EuGH, Rs. C-393/96 P [R], J. Antonissen, Slg. 1997, I-441, 457, Rn. 37.

[701] EuGI, Rs. T-203/95, Conolly, Slg. 1995 II-2919.

[702] EuGH, Rs. C-68/95, T. Port, Slg. 1996, I-6065, 6105, Rn. 60.

geben Art. 86 Abs. II VerfOEuGH und Art. 107 Abs. II VerfOEuGI den Gerichten die Möglichkeit, dem Antragsteller eine Sicherheitsleistung aufzuerlegen.[703] Diese dient vor allem der Prävention etwaiger Zahlungsunfähigkeit des Antragstellers nach einem für ihn negativen Ausgang des Hauptverfahrens.

5. *Rechtswirkungen der einstweiligen Anordnung*

Weil die einstweilige Anordnung der Entscheidung des Gerichtshofes nicht vorgreift[704], kann sie das Gericht in der Hauptsache nicht binden.[705] Die Wirkung der Eilentscheidung beschränkt sich somit auf das Rechtsverhältnis zwischen den Parteien. Im Hinblick auf das Hauptsacheurteil fehlt es ihr an materieller Rechtskraft.[706]

Die Geltungsdauer der Anordnung wird gemäß Art. 86 § 3 VerfOEuGH und Art. 107 § 3 VerfOEuGI durch Befristung oder Verkündung des Hauptsacheurteils begrenzt. In diesem Zeitraum kann der Beschluss des Gerichtshofes jederzeit auf Antrag einer Partei wegen veränderter Umstände geändert oder aufgehoben werden.[707] Gegen die Beschlüsse des EuGI auf Grundlage der Art. 242, 243 EG eröffnet Art. 50 Abs. II der Satzung den Parteien ein Rechtsmittel zum Gerichtshof. Entsprechende Beschlüsse des Gerichtshofes sind nach Art. 86 § 1 VerfOEuGH unanfechtbar.

II. Sekundäres Gemeinschaftsrecht

Das Gemeinschaftsrecht enthält nicht nur ausdrückliche Regelungen des vorläufigen Rechtsschutzes durch den Gerichtshof. Mit dem Zollkodex der Gemeinschaft[708] wurden erstmals entsprechende gemeinschaftliche und damit einheitlich geltende Regelungen für die Anwendung des Gemeinschaftsrechts durch die nationalen Gerichte geschaffen. So enthält Art. 244 ZK Regelungen über den vorläufigen Rechtsschutz vor nationalen Gerichten im Anwendungsbereich des Zollkodex. Entgegen anderer Formen der Einwirkung und Modifikation mitgliedstaatlichen Verfahrensrechts stellt dies eine qualitativ andere, nämlich legislative Einflussnahme auf den nationalen vorläufigen Rechtsschutz dar.

---

[703] Rengeling/Middeke/Gellermann S. 366.
[704] Art. 86 § 4 VerfOEuGH, Art. 107 § 4 VerfOEuGI.
[705] de Wilmars SEW 1986, 46.
[706] ebd.
[707] Art. 87 VerfOEuGH/ Art. 108 VerfOEuGI.
[708] VO Nr. 2913/92 des Rates vom 12.10.1992 (ABl. EG Nr. L 302/1).

Art. 244 ZK regelt die Vollzugsaussetzung im Verwaltungsverfahren und ist entgegen seinem Wortlaut auch im finanzgerichtlichen Verfahren anwendbar.[709] Eine entsprechende Ermächtigung zum Erlass einstweiliger Anordnungen enthält der Zollkodex nicht ausdrücklich. Zweifelhaft und nicht abschließend geklärt ist die Frage, ob aus diesem Grunde im Anwendungsbereich des Zollkodex überhaupt einstweilige Anordnungen ergehen dürfen. Nach den allgemeinen Regeln[710] überlagert Art. 244 ZK nur insoweit die nationalen Regelungen, wie sein Anwendungsbereich reicht. Im Übrigen sind die Verfahrensvorschriften des nationalen Rechts nach wie vor anwendbar.[711] Die FGO sieht in § 114 FGO die Möglichkeit zum Erlass einstweiliger Anordnungen vor. Unabhängig davon, ob von einer abschließenden Regelung des Eilrechtsschutzes in Art. 244 ZK auszugehen ist, enthält das Sekundärrecht jedenfalls keine Rechtsgrundlage für den Erlass einstweiliger Anordnungen, die Maßstab für die Anwendung des nationalen Prozessrechts im dezentralen Vollzug des Gemeinschaftsrechts sein könnte.

C. Einstweilige Anordnungen in der Bundesrepublik

Mangels einheitlicher normierter Regelung haben die nationalen Gerichte bei der Anwendung des Gemeinschaftsrechts gegebenenfalls das nationale Prozessrecht anzuwenden, wenn sie einstweilige Maßnahmen anordnen möchten. Dem Bedürfnis nach einem effektiven Rechtsschutz in Form einer einstweiligen Anordnung tragen im deutschen Recht verschiedene Regelungen in diversen Prozess- und Verfahrensordnungen Rechnung. Grundmodell für diese Regelungen sind die allgemeinen einstweiligen Anordnungen bzw. Verfügungen in den § 123 Abs. 1 VwGO und §§ 935, 940 ZPO.

I. Die einstweilige Anordnung des Verwaltungsrechts

Aufgrund ihrer praktischen Relevanz und ihrer Vorreiterrolle in der Entwicklung der modifizierenden Einwirkung des Gerichtshofes auf das nationale Prozessrecht ist die verwaltungsgerichtliche einstweilige Anordnung von besonderer Bedeutung für die Frage, in welchem Rahmen Eilanordnungen nationaler Gerichte gemeinschaftsrechtlich zulässig sind und welchen Voraussetzungen sie unterliegen.

---

[709] So jetzt ausdrücklich der EuGH, Rs. C-1/99, Kofisa Italia Srl, TB 1/2001, S. 11 f.
[710] Siehe oben 1. Teil 1. Kapitel C. I. 2.
[711] Hess. FG, EFG 1995, 576, 577; FG Saarl. EFG 1994, 759; Ehlers/Pünder EuR 1997, 74 Fn. 5.

1. Normative Grundlagen

Für den allgemeinen Verwaltungsprozess regelt § 123 VwGO die Zulässigkeit und den Inhalt einstweiliger Anordnungen. Diese Rechtsgrundlage wurde erst im Jahre 1960 mit der Verwaltungsgerichtsordnung[712] in jetziger Form eingeführt. Zunächst wurde kein Bedürfnis nach richterlicher Interimskompetenz erkannt, weil den Verwaltungsbehörden die Befugnis zustand, mit eigenen Zwischenregelungen die Verhältnisse vorläufig zu gestalten.[713] Aus diesem Grunde konnten die Verwaltungsgerichte keine einstweiligen Anordnungen erlassen.[714] Der Suspensiveffekt wurde lange Zeit als hinreichende Gewährleistung vorläufigen Rechtsschutzes angesehen. Dieser war allerdings nur solange ausreichend, wie das materielle Verwaltungsrecht als reine hoheitliche Eingriffsverwaltung begriffen wurde.[715] Daher gab es in einigen Verwaltungsprozessordnungen der Länder bald nach dem Kriege allgemeine Verweise auf die §§ 935 und 940 der ZPO, so dass vorläufiger Rechtsschutz zunächst über diese Vorschriften gewährt wurde.[716]

Heute gestatten neben § 123 VwGO noch einige spezialgesetzliche Normen entsprechende Befugnisse der Gerichte, so vor allem § 114 FGO im finanzgerichtlichen und seit Januar 2002 § 86 b Abs. II SGG im sozialgerichtlichen Verfahren.[717]

2. Funktion des einstweiligen Anordnungsverfahrens

Einstweilige Anordnungen bezwecken auch im deutschen Verwaltungsrecht eine Schadensverhinderung während des rechtlich unsicheren Zustands vor der abschließenden Entscheidung im Rahmen des Hauptverfahrens.[718] Dies geschieht durch eine Zwischenregelung, die den Rechtsstreit entscheidungsfähig halten soll.[719] Auf diese Weise dient die einstweilige Anordnung der Gewährleistung wirksamen Rechtsschutzes im Sinne des Art. 19 Abs. IV GG.[720]

---

[712] Siehe zum rechtshistorischen Weg bis zum Inkrafttreten der einheitlichen Verwaltungsgerichtsordnung: Forsthoff; Sellmann; Boos.
[713] Boos. 17 f.; Rohmeyer S. 46.
[714] Illing-Kautz § 53 Anmk. 2.
[715] Boos S. 16 f.; Rohmeyer S. 46; Keßler S. 21.
[716] Z.B. Ba.-Wü. VGH DÖV 1949, 160; NJW 1949, 838; Bayr. VHG BayVBl. 1956, 187.
[717] Meyer-Ladewig § 86 b Rn. 23 ff.
[718] Schmitt, Richtervorlagen, S. 132; Baur S. 10.
[719] Rohmeyer S. 79, 181, 192; Leipold S. 83; Finkelnburg/Jank Rn. 45.
[720] Rohmeyer S. 156; Finkelnburg/Jank Rn. 45.

Für den Erlass der einstweiligen Anordnung ist nach § 123 Abs. II VwGO das Gericht der Hauptsache *zuständig*. Ist kein Hauptverfahren anhängig, ist das Gericht zuständig, bei dem die Hauptsache anhängig zu machen wäre.[721] Wie sich aus der Verweisung des § 123 Abs. III VwGO auf § 926 ZPO ergibt, kann das einstweilige Anordnungsverfahren bereits vor der Klageerhebung anhängig gemacht werden.[722] Zu seiner Durchführung und Beendigung bedarf es keines Hauptverfahrens.[723]

Der Erlass einstweiliger Anordnungen ist nur *statthaft*, wenn nicht vorläufiger Rechtsschutz nach § 80 Abs. V VwGO zu gewähren ist.[724] Außerdem muss der Antrag auf ein Rechtsschutzziel gerichtet sein, das im Rahmen des § 123 Abs. I VwGO liegt, also auf eine Sicherungs- oder eine Regelungsanordnung.

Nach § 123 Abs. III VwGO in Verbindung mit § 920 Abs. I und II ZPO bedarf es für die Zulässigkeit eines Antrages auf Erlass einer einstweiligen Anordnung einer besonderen *Antragsbefugnis*. Ein Antragsteller ist danach nur dann antragsbefugt, wenn er das Bestehen eines eigenen Rechts im Sinne des § 123 Abs. I Satz 1 oder 2 VwGO vorträgt und eine Gefährdung dieses Rechts geltend und glaubhaft macht.[725]

Außerdem muss der Antragsteller ein allgemeines Rechtsschutzinteresse geltend machen können. Dieses ist vom besonderen Rechtsschutzbedürfnis zu unterscheiden, das in der Dringlichkeit der gerichtlichen Maßnahme besteht und die Begründetheit des Antrags bestimmt. Ein allgemeines Rechtsschutzinteresse liegt vor allem dann nicht vor, wenn der Antragsteller sein Rechtsschutzziel einfacher und schneller auf andere Weise als durch das einstweilige Anordnungsverfahren erreichen kann.[726]

Problematisch ist, ob das allgemeine Rechtsschutzinteresse fehlt, wenn der Antragsteller sein Anliegen nicht zuvor der zuständigen Behörde vorgetragen hat. Eine Antragstellung bei der zuständigen Behörde ist vielfach die Voraussetzung für das Vorliegen eines „Streitgegenstandes" oder eines „streitigen Rechtsverhältnisses" im Sinne des § 123 Abs. I VwGO. Daher

---

[721] Eyermann § 123 Rn. 28 a.
[722] Kopp/Schenke § 123 Rn. 18.
[723] Arg.: §§ 123 Abs. III in Verbindung mit § 926 ZPO; OVG Münster OVGE 32, 77, 79.
[724] Zur Abgrenzung zwischen der Vollzugsaussetzung und der einstweiligen Anordnung siehe 1. Teil 3. Kapitel A. I.
[725] Kopp/Schenke § 123 Rn. 20 m.w.N.
[726] Finkelnburg/Jank Rn. 125 ff.

wird in der Regel eine vorherige Befassung der zuständigen Behörde zu fordern sein.[727]

4. *Begründetheit einstweiliger Anordnungen*

Die Regelung des § 123 Abs. I VwGO unterscheidet zwischen Sicherungsanordnungen gemäß § 123 Abs. I Satz 1 VwGO und Regelungsanordnungen nach § 123 Abs. I Satz 2 VwGO. In der Praxis wird diese Differenzierung kaum mehr vollzogen, weil eine exakte Einordnung der Anordnungsarten zum einen schwer, zum anderen aufgrund der identischen Rechtsfolgen auch unnötig ist.[728] Daher wird Art. 123 Abs. I VwGO als eine Generalklausel der einstweiligen Anordnung begriffen, die einen einheitlichen Tatbestand bildet.[729] Dennoch soll an dieser Stelle eine Differenzierung vorgenommen werden, weil so die Entscheidungsmaßstäbe exakter dargestellt werden können.

(1) *Sicherungsanordnung*

Eine Sicherungsanordnung nach § 123 Abs. I Satz 1 VwGO kann ergehen, wenn die Gefahr der Vereitelung oder wesentlichen Erschwerung eines Rechts des Antragstellers durch die Veränderung eines Zustandes zu besorgen ist. Die Sicherungsanordnung birgt somit ein Recht des Antragstellers, die Veränderung eines bestehenden Zustandes zu verhindern.[730] Insoweit weist sie eine konzeptionelle Nähe zur Vollzugsaussetzung auf. Bei der Sicherungsanordnung geschieht dies jedoch durch eine Interimsregelung zur Überbrückung der Zeit bis zum Endurteil im Hauptsacheverfahren.

(a) *Sicherungsanspruch*

Der Antragsteller kann nur dann eine einstweilige Anordnung zu seinen Gunsten erwarten, wenn ihm ein Sicherungsanspruch zusteht. Dies ist dann der Fall, wenn ihm ein sicherungsfähiges Recht zusteht, das in seinem Bestand gefährdet ist. Sicherungsfähig sind alle subjektiv-öffentlichrechtlichen Rechtspositionen die beeinträchtigenden Zustandsveränderungen ausgesetzt sein können und die mit einer Verpflichtungsklage, einer allgemeinen

---

[727] Kopp/Schenke § 123 Rn. 22; Finkelnburg/Jank Rn. 129. Diese Frage kann entscheidend sein, wenn ein Antragsteller sich nicht zunächst an die Kommission als zuständige Behörde, sondern sofort an ein nationales Gericht gewandt hat.

[728] Ramsauer Rn. 20.06; Schmitt Glaeser/Horn Rn. 317, 321; Jacobs VBlBW 1984, 129, 133; Grunsky JuS 1977, 217, 220.

[729] BVerfG NJW 1989, 827, 827; BVerfGE 51, 268, 280; Grunsky JuS 1977, 217, 220.

[730] Rohmeyer S. 19.

Leistungs- oder Unterlassungsklage, einer Feststellungsklage oder sonstigen Klagen durchgesetzt werden können.[731] Die Rechtsposition des Antragstellers muss nicht notwendig bereits eingenommen und ausgeübt sein. So kann auch eine einstweilige Anordnung zur Sicherung einer gefährdeten angestrebten Rechtsposition ergehen[732], insbesondere bei der Wahrnehmung von Rechten in Konkurrentenverhältnissen.[733]

Steht der Erlass des begehrten Verwaltungsakts im behördlichen Ermessen, besteht grundsätzlich kein sicherungsfähiger Anspruch auf Erteilung der begehrten Vergünstigung. Nur wenn eine „Ermessensreduzierung auf Null" das Verwaltungshandeln vorschreibt oder eine gebundene Entscheidung vorliegt, kann ein nach § 123 Abs. I Satz 1 VwGO sicherungsfähiger Rechtsanspruch auf Erlass eines bestimmten Verwaltungsaktes bestehen.[734] Bei der Tatbestandsprüfung wird somit unmittelbar Bezug auf das zu sichernde materielle Recht genommen.[735] Insoweit findet eine materiell-akzessorische Vorprüfung statt, die letztlich eine Prüfung der Erfolgsaussichten in der Hauptsache mit sich bringt.[736]

(b) Sicherungsgrund

Der Erfolg eines Antrages auf Erlass einer Sicherungsanordnung hängt neben dem Sicherungsanspruch maßgeblich von dem Vorliegen eines Sicherungsgrundes ab. Nach § 123 Abs. I Satz 1 VwGO setzt der Erlass einer Sicherungsanordnung voraus, dass eine Veränderung des bestehenden Zustandes droht, welche die Rechtsverwirklichung vereiteln oder zumindest wesentlich erschweren würde. Eine *Veränderung des bestehenden Zustandes* droht, wenn zu befürchten ist, dass sich die gegebenen tatsächlichen oder rechtlichen Grundlagen des Streitgegenstandes der Hauptsache zum Nachteil des Antragstellers ändern.[737] Durch den Schutz vor Veränderung erhält die Sicherungsanordnung eine abwehrende Funktion. Maßnahmen, die im Vorfeld des Hauptsacheverfahrens die Rechtsposition des Antragstellers verbessern sollen, lässt § 123 Abs. I Satz 1 VwGO dagegen nicht zu.[738]

---

[731] Finkelnburg/Jank Rn. 176 f. m.w.N.; anders Kopp/Schenke § 123 Rn. 7, der lediglich materielle Rechte als sicherungsfähig erachtet.
[732] Baur S. 36 f.
[733] Handbuch des vorläufigen Rechtsschutzes S. 929 Abschnitt K Rn. 95.
[734] St. Rspr.: BVerwGE 63, 110, 111; Redeker/v.Oertzen § 123 Rn. 8.
[735] Schoch, Risikoverteilung, S. 1564.
[736] Schoch, Risikoverteilung, S. 1565; Schenke, Verwaltungsprozessrecht, Rn. 1033.
[737] BayVGH BayVBl. 1982, 18.
[738] Finkelnburg/Jank Rn. 185 f. m.w.N.

Neben der drohenden Zustandsveränderung muss dem Antragsteller eine Gefahr für die Verwirklichung eines Rechts drohen. Die Beeinträchtigung muss schwerwiegend sein, d.h. die Durchsetzbarkeit des Rechts nach einem Obsiegen in der Hauptsache muss ernstlich und konkret[739] gefährdet sein.[740] Die Gefährdung darf sich noch nicht verwirklicht haben, so dass die Sicherungsanordnung ausschließlich vorbeugenden Rechtsschutz gewährt.

(2) Regelungsanordnung

Eine Regelungsanordnung nach § 123 Abs. I Satz 2 VwGO kann ergehen, wenn bezüglich eines streitigen Rechtsverhältnisses eine Regelung, die den Status quo überwindet, notwendig erscheint, um wesentliche Nachteile oder drohende Gewalt zu verhindern, oder aus sonstigen Gründen eine einstweilige Anordnung geboten ist. Die Regelungsanordnung gibt dem Antragsteller einen Anspruch auf die vorläufige Vornahme einer bestimmten Handlung oder die Herstellung eines bestimmten Zustandes, der erst im Hauptverfahren abschließend geregelt werden soll. Damit dient die Regelungsanordnung dem Antragsteller vor allem zur einstweiligen Begründung und Erweiterung einer Rechtsposition.[741]

(a) Regelungsanspruch

Für den Anspruch auf Erlass einer Regelungsanordnung bedarf es eines strittigen Rechtsverhältnisses. Ein Rechtsverhältnis ist dann anzunehmen, wenn sich aus dem Sachverhalt aufgrund bestimmter Rechtsnormen rechtliche Beziehungen zwischen Verfahrensbeteiligten ergeben.[742] Aus diesem Rechtsverhältnis muss dem Antragsteller ein Recht oder eine Befugnis zustehen, für das wesentliche Nachteile oder Gefahren drohen, wenn eine Eilmaßnahme nicht ergeht.[743] Dabei ist es gleichgültig, ob es bereits zu der Rechtsbeeinträchtigung gekommen ist oder ob diese erst noch bevorsteht.[744] Ein Regelungsanspruch kann bestehen, wenn eine Behörde es ablehnt, einen beantragten Verwaltungsakt zu erlassen oder Befugnisse für sich in Anspruch

---

[739] Eyermann § 123 Rn. 6.
[740] Finkelnburg/Jank Rn. 187; Handbuch des vorläufigen Rechtsschutzes S. 931 Abschnitt K Rn. 105.
[741] Schenke, Verwaltungsprozessrecht, Rn. 1027; Kopp/Schenke § 123 Rn. 8.
[742] Der Begriff des „Rechtsverhältnisses" ist hier derselbe wie in § 43 VwGO: Kopp/Schenke § 123 Rn. 8; Handbuch des vorläufigen Rechtsschutzes S. 931 Abschnitt K Rn. 108; OVG Lüneburg DVBl. 1974, 881.
[743] Kopp/Schenke § 123 Rn. 8.
[744] Dies ergibt sich unmittelbar aus dem Wortlaut des § 123 Abs. I Satz 2 - „drohende Gewalt"; Handbuch des vorläufigen Rechtsschutzes S. 932; Finkelnburg/Jank Rn. 147.

nimmt, deren Berechtigung der Bürger leugnet.[745] Bei Leistungsbegehren ist ein strittiges Rechtsverhältnis in der Regel erst dann gegeben, wenn die Behörde einen gestellten Antrag abgelehnt hat oder einen solchen Antrag mit hinlänglicher Sicherheit ablehnen wird.[746] Letztlich liegen diesen Rechtsverhältnissen stets subjektive Rechte zugrunde[747], so dass die jeweilige materielle Berechtigung des Begehrens zu prüfen ist.

(b) Regelungsgrund

Nach § 123 Abs. I Satz 2 VwGO muss eine Regelungsanordnung notwendig sein, um „wesentliche Nachteile abzuwenden oder drohende Gewalt zu verhindern oder [wenn sie] aus anderen Gründen nötig erscheint". Der Erlass der Regelungsanordnung muss für den Antragsteller selbst[748] dringlich sein. Sein Interesse[749] an einer vorläufigen Regelung muss so erheblich sein, dass es gänzlich unzumutbar erscheint, ihn ausschließlich auf das Hauptverfahren zu verweisen.[750]

5. Inhalt der einstweiligen Anordnung

Zur Bestimmung des Inhalts gerichtlicher Anordnungen verweist § 123 Abs. III VwGO auf § 938 Abs. I ZPO. Danach bestimmt das Gericht nach freiem Ermessen, welche Anordnungen erforderlich sind, um den Zweck der Eilmaßnahme zu erreichen. Dieses Ermessen wird jedoch in mehrfacher Hinsicht rechtlich begrenzt. So muss sich die Anordnung im Rahmen des mit dem Antrag bezweckten Rechtsschutzziels halten.[751] Der Anordnungsinhalt muss zur vorläufigen Sicherung oder Regelung der Rechtsposition erforderlich sein und darf nur gegenüber dem Antragsgegner ergehen.[752] Zudem darf die einstweilige Anordnung grundsätzlich nicht die Hauptsacheentscheidung vorwegnehmen.[753] Der Anordnungsinhalt muss daher ein minus bzw. ein aliud zu der beantragten Hauptsacheentscheidung sein. Relativiert wird diese

---

[745] Finkelnburg/Jank Rn. 148.
[746] Handbuch des vorläufigen Rechtsschutzes S. 932 Abschnitt K Rn. 109; OVG Lüneburg NVwZ 1983, 106.
[747] BVerfGE 51, 268, 280 („Recht oder rechtlich geschütztes Interesse"); Ramsauer Rn. 20.13.
[748] Handbuch des vorläufigen Rechtsschutzes S. 933.
[749] Str., ob die Generalklausel durch eine umfassende Interessenabwägung oder nur durch besondere Eilbedürftigkeit ausgefüllt werden soll. Siehe dazu Schoch, Risikoverteilung, S. 1568 ff.
[750] Finkelnburg/Jank Rn. 154.
[751] ebd. Rn. 264.
[752] Kopp/Schenke § 123 Rn. 11a m.w.N.
[753] Siehe nur Finkelnburg/Jank Rn. 211; Kopp/Schenke § 123 Rn. 13 ff.; beide mit weiteren Nachweisen.

Schranke vorläufiger Rechtsschutzgewährung durch die Garantie effektiven Rechtsschutzes in Art. 19 Abs. IV GG. Insbesondere kann eine einstweilige Anordnung unter Vorwegnahme der Hauptsache erforderlich sein, wenn die sonst zu erwartenden Nachteile für den Antragsteller schlechterdings untragbar wären und eine überwiegende Wahrscheinlichkeit für sein Obsiegen in der Hauptsache spricht.[754]

Eine einstweilige Anordnung, die auf den Anspruch auf Erlass eines Ermessensverwaltungsaktes zielt, darf nur in Ausnahmefällen gewährt werden, so etwa im Falle einer Ermessensreduzierung auf Null.[755] Ansonsten fehlt es schon an einem Anordnungsanspruch. Andererseits kann das Gericht zur Erreichung des Zweckes auch im materiellen Recht nicht vorgesehene Maßnahmen erlassen[756], wie vorläufige oder befristete Erlaubnisse, Genehmigungen etc.[757], weil die richterliche Regelungsbefugnis ihre Grundlage ausschließlich im Prozessrecht, nicht aber im materiellen Recht findet.[758] Durch die vorläufige Maßnahme wird keine materiell-rechtliche Berechtigung verliehen, sondern „nur" eine prozessuale Gestattung ausgesprochen, die eine im Verhältnis zum Hauptsacheurteil andersartige Rechtsposition vermittelt.[759] Grundsätzlich darf das Gericht die angeordnete Maßnahme nicht selbst treffen und so anstelle der Verwaltung handeln. Vielmehr ist es grundsätzlich darauf beschränkt, der Verwaltung den Erlass des Verwaltungsaktes anzuordnen.[760]

Die einstweilige Anordnung des Gerichtes kann eine Reihe von Einschränkungen in Form von Befristungen, Bedingungen und Auflagen ent-

---

[754] BVerfGE34, 160, 162 f.; BVerwGE 50, 124, 133 f.; Finkelnburg/Jank Rn. 217.

[755] BVerwGE 63, 110, 112; BayVGH NJW 1983, 835; Quaritsch VerwArch 1960, 210 und 342, 358 ff.; Handbuch des vorläufigen Rechtsschutzes S. 930 Abschnitt K Rn. 100.

[756] Mit der Folge, dass auch bei der einstweiligen Anordnung das materielle Gemeinschaftsrecht unangewendet bleibt.

[757] Kopp/Schenke § 123 Rn. 11; Handbuch des vorläufigen Rechtsschutzes S. 935; Leipold S. 107; VGH Bad.-Württ. ESVGH 30, 84, 85.

[758] Redeker/v.Oertzen § 123 Rn. 19; Kopp/Schenke § 123 Rn. 17; Rohmeyer DVBl. 1968, 265, 267; Baur S. 75; Leipold S. 54 ff.; OVG Koblenz NJW 1978, 2355; Dies folgt aus der Zuordnung der einstweiligen Anordnung zu den Akten der rechtsprechenden Gewalt, die nicht dem Grundsatz der Gesetzmäßigkeit der Verwaltung, sondern vom Prinzip der Rechtmäßigkeit der Rechtsprechung geleitet wird. Maßgeblich für den Inhalt der Anordnung ist demnach nur die prozessuale Vorschrift des § 123 Abs. I VwGO, nicht aber die an die Verwaltung adressierten materiell-rechtlichen Vorschriften. So kann das Gericht im einstweiligen Anordnungsverfahren auch dann eine befristete Konzession gewähren, wenn das materielle recht nur unbefristete Konzessionen vorsieht und das Hauptsacheurteil daher nur über deren Erteilung oder Versagung befinden kann. Nach Boos S. 70.

[759] Rohmeyer S. 128, 191; OVG Koblenz AS 15, 97, 105.

[760] Quaritsch VerwArch 51, 351 ff.; Masson BayVBl. 1966, 376; OVG Münster OVGE 14, 298, 302.

halten.[761] Im Einzelnen kann die einstweilige Anordnung Verpflichtungen mit dem Inhalt begründen,

- einen bestimmten Verwaltungsakt einstweilen zu erlassen,
- bestimmte Leistungen einstweilen zu erbringen,
- einen bestimmten Antrag des Antragstellers vorläufig zu bescheiden, bei Bedarf mit der Maßgabe, dass eine näher zu bezeichnende normative Voraussetzung für den Erlass des beantragten Verwaltungsaktes zu unterstellen ist,
- einen bestimmten Verwaltungsakt einstweilen nicht vorzunehmen,
- festzustellen, dass der Antragsgegner einstweilen zu einem bestimmten Tun, Dulden oder Unterlassen verpflichtet ist.[762]

6. *Rechtswirkungen der einstweiligen Anordnung*

Die einstweilige Anordnung ist sofort mit ihrem Erlass nach § 168 Abs. I Nr. 2 VwGO Vollstreckungstitel.[763] Sie entfaltet hinsichtlich des Hauptverfahrens keinerlei materielle Rechtskraft und vermag das Hauptsachegericht daher nicht zu binden.[764] Die einstweilige Anordnung kann nach allgemeiner Auffassung trotz mangelnder Verweisung in § 123 Abs. III VwGO wegen veränderter Umstände aufgehoben oder verändert werden.[765]Außerdem stehen den Parteien Rechtsmittel und Rechtsbehelfe gegen die Anordnungsentscheidung zu.[766]

II. Die einstweilige Verfügung im Zivilprozess

Auch die Zivilgerichte können die Durchsetzung materiell-rechtlicher Ansprüche durch vorläufige Maßnahmen sichern, wenn befürchtet werden muss, dass sich die Möglichkeiten der Zwangsvollstreckung im Laufe der für das allgemeine Erkenntnisverfahren erforderlichen Zeit wesentlich verschlechtern. Das zivilrechtliche Eilverfahren ist in allgemeiner Art in den §§ 935, 940 ZPO geregelt. Diesen gehen besondere Vorschriften des Eilrechtsschutzes vor, soweit ihr Regelungsgehalt reicht.[767] Hervorzuheben sind in diesem Zusammenhang vor allem die einstweiligen Anordnungsverfahren in Familiensachen nach §§ 620 und 641d ZPO, in § 76 Abs. I GBO und in § 44 Abs. I

---

[761] Finkelnburg/Jank Rn. 252 ff.
[762] Bender in: FS Menger S. 659; Finkelnburg/Jank Rn. 251.
[763] Finkelnburg/Jank Rn. 561.
[764] Baur S. 93.
[765] Kopp/Schenke § 123 Rn. 39; Finkelnburg/Jank Rn. 526 m.w.N.
[766] Siehe dazu ausführlich: Finkelnburg/Jank Rn. 517 ff.
[767] Handbuch des vorläufigen Rechtsschutzes A. Rn. 466; Zöller/Vollkommer § 935 ZPO Rn. 3.

WEG sowie in Angelegenheiten der Freiwilligen Gerichtsbarkeit gemäß § 24 Abs. III FGG und in Wettbewerbssachen gemäß § 25 UWG.

1. Funktion der einstweiligen Verfügung

Die einstweilige Verfügung soll der Gefahr des Rechtsverlustes im Verlaufe des oft langwierigen allgemeinen Erkenntnisverfahrens entgegenwirken, indem Ansprüche des Antragstellers vorläufig gesichert werden. Es wird versucht, das ohne eine gerichtliche Eilmaßnahme zu erwartende rechtsgefährdende Geschehen durch einen rechtewahrenden Geschehnisablauf zu ersetzen.[768] Mit der einstweiligen Verfügung haben die Gerichte ein Mittel zur Hand, das nicht zuletzt auch der Wahrung des Rechtsfriedens bis zum Hauptsacheurteil dient.[769] Ebenso wie im Verwaltungsgerichtsverfahren soll die einstweilige Verfügung letztlich das Hauptsacheverfahren entscheidungsfähig halten[770] und dient damit dem wirksamen Rechtsschutz des Einzelnen. Weil das Verfahren nur der Sicherung eines Anspruchs, nicht der Befriedigung des Gläubigers dient, sind die Streitgegenstände von Hauptsache- und Eilverfahren nicht identisch.

2. Zulässigkeit

Ausschließlich *zuständig* für den Erlass einstweiliger Verfügungen ist grundsätzlich[771] das Gericht der Hauptsache (§ 937 Abs. I in Verbindung mit § 802 ZPO).[772] Die einstweilige Verfügung ist vor und während des *Hauptverfahrens* zulässig, jedoch nicht mehr nach einer rechtskräftigen Entscheidung im Hauptverfahren.[773] Es ist ein eigenständiges, vom Hauptsacheverfahren unabhängiges Verfahren.

Der Antrag auf Erlass einer einstweiligen Verfügung ist nur insoweit *statthaft*, als keine besonderen Vorschriften des Eilrechtsschutzes anwendbar sind.[774] Zudem muss das Antragsziel der Erlass einer Sicherungs- oder Regelungsverfügung sein. Die Sicherungsverfügung (§ 935 ZPO) ist auf die Sicherung der künftigen Verwirklichung eines Rechts wie der Herausgabe einer Sache, der Vornahme einer Handlung, Unterlassung, Duldung, Abgabe einer

[768] Leipold S. 84; G. Stein ZIP 1992, 893, 900.
[769] Baur S. 5.
[770] Littbarski S. 104.
[771] Zur besonderen Eilzuständigkeit des Amtsgerichts der belegenen Sache siehe Handbuch des vorläufigen Rechtsschutzes A. Rn. 485.
[772] Siehe dazu ausführlich: Handbuch des vorläufigen Rechtsschutzes A. Rn. 482 ff.
[773] Thomas/Putzo ZPO § 916 Vorbem. Rn. 3.
[774] Thomas/Putzo § 935 Rn. 2.

Willenserklärung und ähnlichem gerichtet.[775] Die Regelungsverfügung (§ 940 ZPO) knüpft an die vorläufige Regelung streitiger „Rechtsverhältnisse" an. Darunter fällt neben dem Anspruch auf eine bestimmte vorläufige Leistung auch die vorläufige Regelung von Gestaltungsrechten[776] und die vorläufige Regelung dauernder Rechtsverhältnisse, vor allem von Arbeits-, Gemeinschafts- und Gesellschaftsverhältnissen und Verwertungsrechten.[777] Eine Abgrenzung zwischen der Sicherungsverfügung und der generalklauselartigen[778] Regelungsverfügung wird in der Rechtspraxis kaum mehr durchgeführt.[779]

Der Antragsteller muss schließlich behaupten, dass ihm ein durch die einstweilige Verfügung sicherbarer *Anspruch* zusteht.[780]

3. *Begründetheit*

Der Antrag auf Erlass einer einstweiligen Verfügung ist nach §§ 936, 920 Abs. II ZPO begründet, wenn der Antragsteller das Bestehen eines Verfügungsanspruches und eines Verfügungsgrundes glaubhaft macht. Der Verfügungsanspruch einer *Sicherungsverfügung* kann jeder nicht auf eine Geldleistung gerichtete Individualanspruch sein.[781] Neben dem Verfügungsanspruch bedarf es auch eines die Eilmaßnahme rechtfertigenden Grundes. Es muss die objektive Gefahr bestehen, dass durch die Veränderung des Status quo die Verwirklichung eines Rechtes des Antragstellers vereitelt oder zumindest wesentlich erschwert werden könnte. Es bedarf also der objektiven Gefährdung eines Individualanspruches. Dies kann z.B. der Fall sein bei drohender Veräußerung oder Zerstörung einer Sache, bei drohender Zuwiderhandlung oder abzusehender Nichtvornahme.

Die *Regelungsverfügung* dient der vorläufigen Regelung einer streitigen Rechtsbeziehung. Mit ihrer Hilfe soll die Sicherung oder Wiederherstellung des Rechtsfriedens innerhalb einer Rechtsgemeinschaft bzw. –beziehung durch die vorläufige Regelung eines Zustandes erreicht werden.[782] Statt eines Verfügungsanspruchs muss ein Rechtsverhältnis vorliegen. Es ist nicht erforderlich, dass der Antragsteller nach materiellem Recht bereits einen Anspruch auf die erstrebte Regelung hat, sofern ein solcher Anspruch zukünftig

---

[775] Baur S. 26.
[776] ebd. S. 30.
[777] ebd. S. 31.
[778] So Baur S. 2, der von einer Generalklausel, ja einer „Generalermächtigung" des Richters spricht.
[779] Thomas/Putzo § 935 Rn. 3.
[780] ebd. Rn. 1.
[781] Zöller/Vollkommer § 935 Rn. 6.
[782] Baumbach/Lauterbach/Albers/Hartmann, ZPO, § 940, Rn. 2; Brox/Walker, Zwangsvollstreckungsrecht, Rn. 1589.

entstehen kann.[783] Im Rahmen der Regelungsverfügung ist ein *Verfügungsgrund* gegeben, wenn die Regelung zur Abwendung wesentlicher Nachteile oder zur Verhinderung drohender Gewalt oder aus anderen Gründen nötig erscheint. Die einstweilige Verfügung muss nach einer objektiven Betrachtungsweise[784] dringlich sein.[785]

Der Verfügungsanspruch und der Verfügungsgrund sind gemäß §§ 936, 920 Abs. II ZPO glaubhaft zu machen. Die Glaubhaftmachung des Verfügungsgrundes ist in gesetzlich geregelten Fällen, wie den §§ 489, 885 Abs. I, 899 Abs. II BGB und § 25 UWG, entbehrlich. Macht der Antragsteller den Verfügungsanspruch oder den Verfügungsgrund nicht glaubhaft, so kann das Gericht dennoch nach §§ 936, 921 Abs. II Satz 1 ZPO eine einstweilige Verfügung erlassen, sofern bezüglich der dem Antragsgegner drohenden Nachteile eine Sicherheit geleistet wird.[786]

4. *Inhalt einstweiliger Verfügungen*

Das Gericht bestimmt nach § 938 Abs. I ZPO den Inhalt der einstweiligen Verfügung nach seinem freien Ermessen. Dabei handelt es sich um einen Entscheidungsspielraum im Rahmen der gestellten Anträge zur Erreichung des Zweckes der einstweiligen Verfügung.[787] Die Verfügung darf die Entscheidung des Hauptsacheurteils nicht vorwegnehmen und nicht zu einer endgültigen Befriedigung des Gläubigers führen. Etwas anderes gilt nur für die Leistungsanordnung[788], wenn deren Voraussetzungen erfüllt sind.[789] Das Moment der Vorläufigkeit führt dazu, dass mit der Aufhebung der einstweiligen Verfügung der Status quo ante wieder eintritt.[790]

5. *Rechtswirkungen der einstweiligen Verfügung*

Die Entscheidung über die einstweilige Verfügung ergeht gemäß §§ 936, 922 Abs. I ZPO durch Urteil oder Beschluss. Beide haben Titelfunktion (§ 929 Abs. I ZPO). Sicherungs-, Regelungs- und Leistungsverfügungen sind gemäß

---

[783] Thomas/Putzo § 940 Rn. 2.
[784] Zöller/Vollkommer § 940 Rn. 4.
[785] Handbuch des vorläufigen Rechtsschutzes A. Rn. 506; Brox/Walker Zwangsvollstreckungsrecht, Rn. 1592.
[786] Handbuch des vorläufigen Rechtsschutzes A. Rn. 514.
[787] OLG Celle NJW-RR 1987, 447; Zöller/Vollkommer § 938 Rn. 1.
[788] Oder „Befriedigungsverfügung"; zur Begriffswahl siehe Brox/Walker, Zwangsvollstreckungsrecht Rn. 1612 ff.; Walker, Einstweiliger Rechtsschutz, Rn. 84.
[789] Handbuch des vorläufigen Rechtsschutzes A. Rn. 561.
[790] So Jauernig in: ZZP 79 (1966), 321, 331 ff.

den §§ 936, 928, 929 ZPO mit Erlass unmittelbar vollstreckbar.[791] Bei der einstweiligen Verfügung auf Abgabe einer Willenserklärung tritt die Fiktionswirkung des § 894 ZPO bereits mit dem Erlass der einstweiligen Verfügung ein, so dass es einer gesonderten Vollstreckung nicht mehr bedarf.[792] Das Urteil im Hauptverfahren führt nicht automatisch zum Wegfall der Eilmaßnahme. Vielmehr muss deren Wirkung nach § 927 ZPO beseitigt werden.[793] Gleichzeitig entfaltet die einstweilige Verfügung keinerlei materielle Rechtskraft im Hinblick auf die Hauptsacheentscheidung und vermag das Hauptsachegericht daher nicht zu binden.[794]

D. Zusammenfassung

Insgesamt sind die dogmatischen Grundlagen der gemeinschaftsrechtlichen einstweiligen Anordnung mit denen des deutschen Rechts vergleichbar. Beide basieren deutlich auf positivrechtlichen Grundsätzen, die sich in europäischer Rechtstradition herausgebildet haben. Sowohl die gemeinschaftsrechtlichen als auch die nationalen Eilverfahren dienen der Sicherung der Durchsetzbarkeit des Urteils im allgemeinen Erkenntnisverfahren. Streitgegenstand dieser Eilverfahren ist, ob ein Anspruch auf Sicherung eines gefährdeten Anspruchs oder auf die vorläufige Regelung eines Rechtsverhältnisses besteht. Zur Beurteilung eines solchen Anspruchs erfolgt eine Vorausbeurteilung der materiellen Rechts- und eine endgültige Beurteilung der Gefährdungslage. Der Inhalt der zu erlassenen Eilmaßnahme steht im Ermessen der Gerichte. Bei der konkreten Anwendung des Eilrechtsschutzes wird das Ermessen der Gemeinschaftsgerichte vor dem Hintergrund der strengen Kompetenzzuweisung zwischen den Gemeinschaftsorganen und dem Grundsatz der Akzessorität eher begrenzt, während es im deutschen Recht im Lichte der Rechtsschutzgarantie eher ausgeweitet wird.

So ist auch der auffälligste Unterschied zwischen deutschen und gemeinschaftsrechtlichen einstweiligen Anordnungen die Aufweichung des Grundsatzes der Akzessorität im deutschen Eilverfahrensrecht. Das Anordnungsverfahren ist im deutschen Recht im Gegensatz zum Gemeinschaftsrecht ein selbständiges gerichtliches Verfahren. Letztlich hat dies hinsichtlich der zulässigen Eilmaßnahmen nach zutreffender Auffassung nur geringe Auswirkungen. Weil auch im Verfahren nach Art. 243 EG der Streitgegenstand von dem des akzessorischen Hauptverfahrens unterschiedlich ist und im Eilverfahren nicht bereits das im Hauptverfahren Begehrte gewährt werden

---

791 Handbuch des vorläufigen Rechtsschutzes A. Rn. 601; Zöller/Vollkommer § 929 ZPO Rn. 1.
792 Brox/Walker, Zwangsvollstreckungsrecht, Rn. 1657.
793 Baur S. 93.
794 ebd. Dies folgt schon daraus, dass es sich um unterschiedliche Streitgegenstände handelt.

darf, ist auch das Gemeinschaftsgericht hinsichtlich der zu erlassenen Maßnahmen nicht an den Ausspruch im Hauptverfahren, nämlich an Feststellungen, gebunden.

Bemerkenswert ist in diesem Zusammenhang auch die Entwicklung des französischen Rechts. So befindet sich das weitgehende Verbot von Eilanordnungen („injonctions“) insbesondere durch den Einfluss des Gemeinschaftsrechts auf dem Rückzug.[795] Nunmehr enthält das französische Verwaltungsprozessrecht, ursprünglich Vorbild für das gemeinschaftliche Rechtsschutzsystem[796], sogar für das Hauptverfahren eine gesetzlich begründete[797] und verfassungsrechtlich bestätigte Befugnis der Gerichte, der Verwaltung konkrete Maßnahmen zur Durchführung des Urteils vorzuschreiben.[798]

Aus alledem lässt sich der Schluss ziehen, dass etwaige Vollzugsdefizite im Zusammenhang mit der Anwendung materiellen Gemeinschaftsrechts im Eilverfahren kaum auf Wertungswidersprüchen der jeweiligen Anordnungsverfahren beruhen dürften, soweit deutsche Gerichte tätig werden. Dennoch kann es zu Verwerfungen im Rechtsschutzsystem kommen, wenn durch nationale Eilmaßnahmen die allgemeinen Grundsätze des mitgliedstaatlichen Vollzugs des Gemeinschaftsrechts durch nationale Gerichte berührt werden, wie die Wirksamkeit und Effektivität des Gemeinschaftsrechts, die Wahrung der Gemeinschaftsgrundrechte und der gemeinschaftlichen Kompetenzordnung. Aus diesem Grunde hat der Gerichtshof in den letzten Jahren zunehmend Einfluss auf den nationalen Eilrechtsschutz genommen, soweit für diesen eine Vorausbeurteilung der Rechtslage nach materiellem Gemeinschaftsrecht erforderlich ist.

Die konkreten Unterschiede und Übereinstimmungen zwischen gemeinschaftsrechtlichen und nationalen Bestimmungen, die Modifizierungen erfor-

---

[795] Insbesondere durch Art. 2 der RL 89/665/EWG, ABl. 1989 EG L 395, S. 33 zur Koordinierung der Rechts- und Verwaltungsvorschriften für die Anwendung der Nachprüfungsverfahren im Rahmen der Vergabe öffentlicher Liefer- und Bauaufträge; RL 92/13/EWG, ABl. EG L 76, S. 14 zur Koordinierung der Rechts- und Verwaltungsvorschriften für die Anwendung der Gemeinschaftsvorschriften über die Auftragsvergabe durch Auftraggeber im Bereich der Wasser-, Energie-, und Verkehrsversorgung sowie im Telekommunikationssektor. Flauss in: Schwarze (Hrsg.) Verwaltungsrecht unter europäischem Einfluß, S. 31, 82 ff.; Gundel S. 429 f. m.w.N.; Sommermann in: FS Blümel S. 523, 528 (auch zum spanischen und italienischen vorläufigen Rechtsschutz).

[796] Siehe zum Einfluß des französischen Verwaltungsrechts auf das der Gemeinschaft: Becker.

[797] Loi No. 95-125 du 8.2.1995 relative à l'organisation des juridictions et à la procédure civile, pénale et administrative, JORF 9.2.1995, S. 2175.

[798] CC No. 95-360 DC, JORF 7.2.1995, S. 2097; zur verfassungsrechtlich geforderten Effektivität des Rechtsschutzes: Gundel S. 428, 429 m.w.N.

dern oder überflüssig machen, werden ebenso wie die konkrete Ausgestaltung der Modifizierungen im Folgenden dargestellt.

Teil 2 Einstweilige Anordnungen im dezentralen Vollzug des Gemeinschaftsrechts

Wie in Teil 1 dieser Untersuchung bereits festgestellt wurde, fehlt es für den dezentralen Vollzug des Gemeinschaftsrechts an ausdrücklichen Regelungen für die Gewährung einstweiliger Anordnungen durch nationale Gerichte. Dies führt nach dem Grundsatz der nationalen Verfahrensautonomie dazu, dass grundsätzlich auf die nationalen prozessrechtlichen Regelungen zurückzugreifen ist. Der Gerichtshof hatte in den letzten Jahren komplexe und hochstreitige Rechtsfragen zu entscheiden, die sich aus dem Zusammenspiel von nationalem Prozessrecht und Gemeinschaftsrecht ergaben. Insbesondere die Rechtssachen „Atlanta“[799] und „T. Port“[800] zeigten, dass Konflikte zwischen gemeinschaftsrechtlichen Grundsätzen und nationalem Eilrechtsschutz bei der Anwendung von materiellem Gemeinschaftsrecht nicht nur im Rahmen von Vollzugsaussetzungen[801] denkbar sind. Vielmehr können Verwerfungen des gemeinschaftlichen Rechtsschutzsystems auch beim Erlass richterlicher Interimsmaßnahmen des Verwaltungs- und des Zivilprozessrechts auftreten. Um diese Konflikte zu lösen, hat der Gerichtshof spezielle Voraussetzungen für die Gewährung richterlichen Eilrechtsschutzes entwickelt und damit inhaltlich auf den nationalen Eilrechtsschutz eingewirkt. Die dogmatische Begründbarkeit dieser Einwirkung ist dabei ebenso problematisch wie die Berechtigung der Vorgaben im Einzelnen. Darüber hinaus wirft die Rechtsprechung des Gerichtshofes erhebliche neue Fragen hinsichtlich einzelner Komponenten der Einwirkung auf. Ungeklärt ist zudem, ob und gegebenenfalls inwieweit seine für die verwaltungsprozessuale einstweilige Anordnung entwickelte Rechtsprechung auf den zivilprozessualen Eilrechtsschutz übertragbar ist. Dem Verwaltungsrecht kommt für die Entwicklung von Maßstäben der innerstaatlichen Anwendung des Gemeinschaftsrechts eine besondere Vorreiterrolle zu[802], daher wird im Folgenden zunächst die Einwirkung des Gemeinschaftsrechts auf verwaltungsgerichtliche einstweilige Anordnungen untersucht.

---

[799] EuGH, Rs. C-465/93, Atlanta, Slg. 1995, I-3761.

[800] EuGH, Rs. C-68/95, T. Port, Slg. 1996, I-6065.

[801] Siehe dazu 1. Teil 1. Kapitel C. II. 6.

[802] Brenner DV 1998, 1, 2; siehe 1. Teil 1. Kapitel C. II.

Kapitel 1 Verwaltungsgerichtliche einstweilige Anordnungen

A. Einleitung

Für den Anwendungsbereich der Vollzugsaussetzung hat der Gerichtshof in nunmehr gefestigter Rechtsprechung[803] und unter reger Anteilnahme der Literatur[804] das nationale Verfahrensrecht am Leitbild des gemeinschaftsrechtlichen Eilrechtsschutzes modifiziert. Diese Einwirkung wurde durch die mangelnde Kohärenz des nationalen Verfahrensrechts mit den gemeinschaftsrechtlichen Anforderungen an den dezentralen Vollzug im konkreten Fall veranlasst.[805] Der Gerichtshof entschloss sich, die hierdurch verursachten indirekten Kollisionen und Rechtslücken nicht mittels der ausschließlichen Anwendung des nationalen oder des kodifizierten Gemeinschaftsrechts zu überwinden, sondern durch ein verfeinertes Zusammenspiel der einzelnen Rechtsordnungen.

Auch bei der Anwendung des § 123 Abs. I VwGO durch deutsche Gerichte kann eine Kollision mit den Rechtsgrundsätzen und Grunderfordernissen des Gemeinschaftsrechts nicht per se ausgeschlossen werden. So kann eine Eilmaßnahme zur Nichtanwendung von Gemeinschaftsrecht führen[806] oder dessen Wirkung behindern. Denkbar ist auch, dass durch nationale verfahrensrechtliche Beschränkungen der gemeinschaftsrechtlich gebotene Rechtsschutz verwehrt bleibt. Durch die konkrete Ausgestaltung nationaler Eilmaßnahmen kann das formelle statt des materiellen Rechts die Ausübung gemeinschaftlicher Rechte bestimmen. Einstweilige Anordnungen beinhalten auch deshalb ein erhebliches Konfliktpotenzial, weil angesichts der Gemengelage von gemeinschaftlichen und mitgliedstaatlichen Kompetenzen den Antragstellern oder auch den nationalen Gerichten unter Umständen unklar sein kann, ob das angerufene Gericht im Lichte des gemeinschaftsrechtlichen Kompetenzsystems überhaupt zur Gewährung von Eilrechtsschutz befugt ist.

Kollisionslagen mit einer Funktionsminderung des Gemeinschaftsrechts durch einstweilige Anordnungen auf mitgliedstaatlicher Ebene beschäftigen in jüngerer Zeit zunehmend den Gerichtshof und die gemeinschaftsrechtliche Literatur. Trotz der jahrzehntelangen Anwendung materiellen Gemeinschaftsrechts durch Verwaltungsgerichte haben rechtliche Probleme bei der Anwendung richterlicher Interimsbefugnisse erst in den letzten Jahren mehrmals zur

---

[803] Siehe nur: EuGH, verbd. Rs. C-143/88 u. 92/88, Süderdithmarschen, Slg. 1991, I-415; EuGH, Rs. C-334/95, Krüger, Slg. 1997, I-4517.

[804] Siehe nur Gehrmann/Schlemmer-Schulte EuZW 1991, 309; Dänzer-Vanotti BB 1991, 1015.

[805] Siehe dazu 1. Teil 1.Kapitel C. II. 6.

[806] So in der Rechtssache C-465/93, Atlanta, Slg. 1995, I-3761.

Anrufung des Gerichtshofes geführt[807], der daraufhin in richterlicher Rechtsfortbildung bestimmte Anforderungen an die Gewährung richterlicher Interimsmaßnahmen auf mitgliedstaatlicher Ebene beim Vollzug materiellen Gemeinschaftsrechts entwickelt hat.

B. Das Recht nationaler Gerichte zum Erlass von Interimsmaßnahmen

Nach der Rechtsprechung des Gerichtshofes zur Rechtssache „Süderdithmarschen"[808] war zunächst unklar, ob den nationalen Gerichten neben dem Recht und gegebenenfalls der Verpflichtung zur Vollzugsaussetzung auch eine Kompetenz zum Erlass von Interimsmaßnahmen auf Grundlage des § 123 Abs. I VwGO beim Vollzug materiellen Gemeinschaftsrechts zukommt. Weil das jeweils anwendbare Primär- und Sekundärrecht im innerstaatlichen Rechtsverkehr eine „vollwertige" Rechts- bzw. Anspruchsgrundlage ist, sind eine Vielzahl von Antragsgegenständen denkbar, die ein Unionsbürger auf Grundlage dieser Regelungen begehren kann. Während bei der Vollzugsaussetzung der gemeinschaftliche „Schaden", eben die zeitlich begrenzte Hemmung des Gemeinschaftsrechts, noch recht eindeutig zu kalkulieren ist, sind die Auswirkungen richterlicher Anordnungen auf den Anwendungs- und Wirkungsanspruch und auf das gemeinschaftliche Kompetenzgefüge aufgrund der Breite denkbarer Anordnungen nur schwer zu bestimmen.[809] Um jegliche negative Auswirkungen des § 123 Abs. I VwGO auf das Gemeinschaftsrecht zu vermeiden, wäre auch eine Alleinzuständigkeit des Gerichtshofes zum Erlass einstweiliger Anordnungen bei Fällen mit Gemeinschaftsrechtsbezug denkbar.[810] Eine solche Alleinzuständigkeit sieht der Vertrag jedoch nicht ausdrücklich vor. Auch der Gerichtshof konnte den Bestimmungen des Vertrages zunächst keine Beschränkung der Anordnungskompetenz nationaler Gerichte entnehmen.

---

[807] EuGH, Rs. C-465/93, Atlanta, Slg. 1995, I-3761; EuGH, Rs. C-68/95, T. Port, Slg. 1996, I-6065; Rs. C-334/95, EuGH, Rs. C-369/95, Somalfruit SpA und Camar SpA, Slg. 1997, I-6619.

[808] EuGH, verbd. Rs. C-143/88 u. 92/88, Süderdithmarschen, Slg. 1991, I-415, siehe dazu 1. Teil 1. Kapitel C. II. 6. (2).

[809] Ehlers/Pünder, EuR 1997, 74, 74.

[810] Entsprechend der alleinigen Kompetenz nach Art. 256 Abs. IV EG zur Vollstreckungsaussetzung gemeinschaftsrechtlicher Titel.

I. Rechtsprechung des Gerichtshofes

In der Rechtssache „Atlanta“[811] hatte der Gerichtshof erstmals zu entscheiden, ob nationale Gerichte befugt sind, einstweilige Anordnungen hinsichtlich der Gewährung von Ausnahmen von Gemeinschaftsrechtsvorschriften zu erlassen. Diese Rechtsfrage wurde dem Gerichtshof im Rahmen einer Streitigkeit bezüglich der mitgliedstaatlichen Umsetzung der Bananenmarktverordnung des Rates Nr. 404/93 vom 13.2.1993[812] durch das VG Kassel[813] nach Art. 234 EG vorgelegt. In seinem Vorlagebeschluss führte das VG Kassel aus, dass der Gedanke der Kohärenz sowie der gemeinschaftsrechtlich begründete Rechtsschutz für eine solche Befugnis spreche. Das Gemeinschaftsrecht gewähre zudem ebenfalls einstweilige Anordnungen nach Art. 243 EG. Andererseits bestehe die Gefahr, dass durch nationale einstweilige Anordnungen die volle Wirksamkeit der Verordnung in Frage gestellt würde, weil nicht nur der Vollzug streitbefangener Verwaltungsakte sondern auch die Verordnung selbst tangiert werde. Dennoch sei die Gewährung vorläufigen Rechtsschutzes in der begehrten Form geboten, weil die Antragstellerin ansonsten ohne jeglichen Rechtsschutz bliebe.

Der Gerichtshof entschied daraufhin erstmals und in enger Anlehnung an seine „Süderdithmarschen“ – Rechtsprechung, Art. 243 EG sei „dahingehend auszulegen, dass er die Befugnis nationaler Gerichte nicht ausschließt, in bezug auf einen nationalen Verwaltungsakt, der auf einer Gemeinschaftsverordnung beruht, deren Gültigkeit Gegenstand eines Vorabentscheidungsverfahrens ist, einstweilige Anordnungen zur vorläufigen Gestaltung oder Regelung der streitigen Rechtsposition oder -verhältnisse zu treffen.” Er begründet die Zulässigkeit der einstweiligen Anordnung im vorliegenden Fall ebenso wie das VG Frankfurt a.M. mit dem schon zuvor verwendeten[814] Argument der Kohärenz des gemeinschaftlichen Rechtsschutzsystems. So besteht nach Art. 243 EG die Befugnis der Gemeinschaftsgerichte, im Rahmen von Nichtigkeitsklagen einstweilige Anordnungen zu erlassen. Welchen vorläufigen Schutz die nationalen Gerichte den Bürgern aufgrund des Gemeinschaftsrechts gewähren müssen dürfe nicht davon abhängen, ob diese die Aussetzung der Vollziehung eines auf einer Gemeinschaftsverordnung beruhenden nationalen Verwaltungsaktes oder den Erlass einstweiliger Anord-

---

811 EuGH, Rs. C-465/93, Atlanta, Slg. 1995, I-3761.

812 ABl. Nr. L 47/1; siehe dazu: Europa-Report EuZW 1993, 170; Manervisi EuZW 1994, 210; Hahn/Schuster EuR 1993, 261; Weustenfeld, Die Bananenmarktordnung.

813 Vorlageentscheidung des VG Frankfurt a.M., EuZW 1994, 160.

814 EuGH, Rs. 314/85, Foto-Frost, Slg. 1987, 4199, 4231; EuGH, Rs. 213/89, Factortame, Slg. 1990, 2433, 2474; EuGH, verbd. Rs. C-143/88 u. 92/88, Süderdithmarschen, Slg. 1991, I-415, 541.

nungen zur vorläufigen Gestaltung oder Regelung der streitigen Rechtsverhältnisse zu ihren Gunsten beantragen.[815] Außerdem vertrat der Gerichtshof die Auffassung, dass der Erlass einstweiliger Anordnungen keine größeren Auswirkungen auf das Gemeinschaftsrecht habe als die reine Vollzugsaussetzung mitgliedstaatlicher Maßnahmen, die sich auf Gemeinschaftsrecht stützen.[816]

Der Gerichtshof begründet die Anordnungsbefugnis außer mit der notwendigen Kohärenz des vom Vertrag geschaffenen Rechtsschutzsystems auch mit dem gemeinschaftsrechtlichen Rechtsschutzniveau. Ohne eine solche Anordnungsbefugnis wäre die Verwirklichung der subjektiven Gemeinschaftsrechte und die praktische Wirksamkeit des Art. 234 EG gefährdet. Dies folge daraus, dass die Wirksamkeit der Vorabentscheidung des Gerichtshofes unter Umständen nicht mehr gewährleistet sei, wenn die Rechte des betroffenen Bürgers durch Zeitablauf untergingen und das Hauptsacheurteil deshalb gegenstandslos würde. Letzteres würde regelmäßig auch die objektive Rechtskontrolle durch Art. 234 EG behindern. Daher müsse ein Antrag auf Erlass einer einstweiligen Anordnung vor dem Hintergrund einer das Gemeinschaftsrecht betreffenden Gültigkeitsfrage ebenso zulässig sein wie die Aussetzung der Vollziehung eines auf Gemeinschaftsrecht beruhenden Verwaltungsaktes.[817]

II. Beurteilung

Durch die Vorabentscheidung in der Rechtssache „Atlanta" hat der Gerichtshof das Recht mitgliedstaatlicher Gerichte zum Erlass einstweiliger Anordnungen bei der Anwendung des Gemeinschaftsrechts festgestellt. Insoweit stärkt der Gerichtshof die nationale Verfahrensautonomie, die auch zu Lasten der Anwendung des Gemeinschaftsrechts wirken kann.[818] Diese Rechtsprechung ist konsequent, wenn wie im Falle „Atlanta" die Wiederherstellung des Status quo ante durch nationale Maßnahmen begehrt wird.[819] Eine Wiederherstellung der Rechtslage vor Erlass einer Verordnung, z.B. durch die Ge-

---

[815] EuGH, Rs. C-465/93, Atlanta, Slg. 1995, I-3761, 3789.
[816] ebd. S. 3790.
[817] So im Ergebnis auch EuGH, Rs. C-465/93, Atlanta, Slg. 1995, I-3761, 3795.
[818] Andererseits hat er, quasi als Preis für diesen Zuständigkeitszuwachs der nationalen Gerichte (so schon hinsichtlich der „Süderdithmarschen" – Rechtsprechung Kaessner S. 51, weil den nationalen Gerichte nunmehr eine Rechtsprechungsbefugnis über gemeinschaftsrechtliche Rechtsfragen zukommt), im Anschluss an seine „Süderdithmarschen" - Rechtsprechung einige einheitliche Anforderungen an den Erlass postuliert, welche die nationale Verfahrensautonomie einschränken und das nationale Verfahrensrecht im Ergebnis zumindest für den Gemeinschaftsrechtsvollzug modifizieren.
[819] So i.E. auch: Burmeister / Miersch EuZW 1995, 840.

währung entsprechender vorläufiger Einfuhrkontingente, ist durchaus mit der Vollzugsaussetzung eines Gemeinschaftsrechtsaktes durch nationale Gerichte vergleichbar. Folglich ist die Zulässigkeit der entsprechenden Eilmaßnahme ebenso zu beurteilen. Auf die nationale Qualifikation dieser Maßnahme kommt es nicht an. Die gemeinschaftsrechtlichen Auswirkungen sind identisch, auch wenn nach nationalem Recht verschiedene Eilmaßnahmen statthaft sein können.[820] So kann es keinen Unterschied machen, ob dem Antragsgegner ein Verbot oder ein Gebot zur Wahrung der Rechte des Antragstellers aufgegeben wird. Eine andere Beurteilung der Zulässigkeit als in der Rechtssache „Süderdithmarschen" wäre daher nicht nachvollziehbar gewesen. Aufgrund der Vergleichbarkeit der Rechtslagen greifen auch bei der einstweiligen Anordnung die vom Gerichtshof hinsichtlich der Vollzugsaussetzung hervorgehobenen Gründe. Der gemeinschaftsrechtlich gewährte Rechtsschutz beinhaltet im dezentralen Vollzug das Recht der Bürger, die Rechtmäßigkeit einer Gemeinschaftshandlung zu bestreiten und das nationale Gericht zu einem Vorabentscheidungsersuchen zu veranlassen.[821] Dieses Recht und damit die Kohärenz des Rechtsschutzsystems ist aber tatsächlich gefährdet, wenn ein subjektives Recht aufgrund des Zeitfaktors oder tatsächlicher Umstände irreparabel verletzt wird, bevor der Gerichtshof abschließend über die Gültigkeit der Verordnung entscheiden kann. Dieses wäre nicht nur im Hinblick auf die objektive Rechtskontrolle problematisch, sondern auch unter dem Gesichtspunkt der gemeinschaftsrechtlich und national gewährleisteten Rechtsschutzgarantie.[822] Daher hat der Gerichtshof den Antragstellern zu Recht diesen Rechtsschutzweg eröffnet.

Diese Anordnungskompetenz erweitert im Zusammenhang mit der inzidenten Beurteilung von Fragen der Gültigkeit von Gemeinschaftsrecht die Befugnisse der nationalen Gerichte, weil ihnen nach Art. 234 EG eigentlich keine auch nur zeitweilige Verwerfungskompetenz zukommt.[823] Insoweit ist die zumindest zeitweilige Beurteilung der Gültigkeit eines Rechtsakts der Gemeinschaft eine Ausnahme von dem im Urteil „Foto-Frost" festgestellten Verwerfungsmonopol des Gerichtshofes.[824] Eine mögliche Kompensation

---

[820] Hier zeigt sich, dass die nationalen Rechtsanwender bei der Anwendung national bekannter Rechtsschutzinstitute grundsätzlich dem gemeinschaftsrechtlichen Verständnis dieser Rechtsschutzmöglichkeiten Rechnung zu tragen. Siehe zu diesem Problemkreis: Behrens EuZW 1994, 289 (Editorial).

[821] EuGH, Rs. C-465/93, Atlanta, Slg. 1995, I-3761, 3788, Rn. 20; EuGH, verbd. Rs. C-143/88 und C-92/89, Süderdithmarschen, Slg. 1991, I-415, 540, Rn. 16.

[822] Siehe dazu 1. Teil 2. Kapitel A. IV.

[823] So schon hinsichtlich der „Süderdithmarschen" - Rechtsprechung: Kaessner S. 51.

[824] Rodríguez Iglesias, NJW 2000, 1889, 1893 und Schwarze NVwZ 2000, 241, 250 f., die auf die diskriminierende bzw. wettbewerbsverzerrende Wirkung nationaler Eilmaßnahmen für andere

dieser Funktionseinbuße des Art. 234 EG kann über spezifische Anordnungsvoraussetzungen herbeigeführt werden.[825]

Bereits dargestellt wurde die Rechtsprechung des Gerichtshofes in der Rechtssache „Factortame", nach der es den Mitgliedstaaten grundsätzlich obliegt, vorläufigen Rechtsschutz zur Gewährleistung der Durchsetzung gemeinschaftsrechtlich begründeter Individualrechte zu ermöglichen.[826] Diese Rechtsprechung umfasst unproblematisch auch einstweilige Anordnungen entsprechend § 123 VwGO, denn Vollzugsdefizite entstehen schon dann, wenn materielle Gemeinschaftsrechte eines Antragstellers dadurch dauerhaft vereitelt werden, dass vor Erlass des Hauptsacheurteils irreversible Verhältnisse geschaffen werden. Für die Notwendigkeit der Bereitstellung des Eilrechtsschutzes in Form einstweiliger Anordnungen im dezentralen Vollzug spricht auch die Kohärenz des Rechtsschutzsystems, weil ein entsprechender Rechtsschutz auch durch das primäre Gemeinschaftsrecht in Art. 243 EG vorgesehen ist.[827] Bereits aus diesen Überlegungen folgt, dass es zur effektiven Durchsetzung des Gemeinschaftsrechts und unter Berücksichtigung der Kohärenz des gemeinschaftlichen Rechtsschutzsystems der Möglichkeit bedarf, auch im dezentralen Vollzug auf Antrag richterliche Interimsanordnungen zu erlassen.

C. Die Zulässigkeit einstweiliger Anordnungen im dezentralen Vollzug

I. Die Zuständigkeit zum Erlass einstweiliger Anordnungen

Ob und in welcher Weise vorläufiger Rechtsschutz zu gewähren ist, hat grundsätzlich und ausschließlich das sachlich und instanziell zuständige Gericht zu entscheiden.[828] Für den Erlass einstweiliger Anordnungen ist auf dem Gebiet der Verwaltungsgerichtsbarkeit gemäß § 123 Abs. II VwGO das Gericht der Hauptsache zuständig. Im Hinblick auf die Gemengelage von nationalen und gemeinschaftlichen Kompetenzen bei der Verwirklichung des Gemeinschaftsrechts kann die Frage nach der Zuständigkeit nationaler Gerichte zur Gewährung einstweiliger Anordnungen problematisch sein.

Marktbürger hinweisen. Dies ist nicht zuletzt durch die gerade im Eilrechtsschutz bestehenden nationalen Unterschiede bedingt.

[825] Z.B. durch eine Vorlagepflicht, siehe dazu 2. Teil 1. Kapitel D. II. 6. (2) (c).

[826] Siehe dazu ausführlich 1. Teil 1. Kapitel C. II. 6. (1); zu Existenz und Umfang der in den einzelnen Mitgliedstaaten vorgesehenen einstweiligen Anordnungen siehe Schwarze, Das Verwaltungsrecht unter europäischem Einfluß.

[827] Siehe dazu ausführlich 1. Teil 3. Kapitel B. I.

[828] Finkelnburg/Jank Rn. 71.

Sowohl im Gemeinschaftsrecht[829] als auch im nationalen Recht[830] richtet sich die Zuständigkeit der Gerichte zum Erlass einstweiliger Anordnungen nach der Zuweisung der Hauptsache. Ist die Hauptsache durch Gesetz einem anderen als dem vom Antragsteller angerufenen Gericht zugewiesen, fehlt diesem die Zuständigkeit zum Erlass der Eilmaßnahme. Wenn in der Hauptsache ein Gemeinschaftsgericht zuständig ist, fehlt es bereits an der Eröffnung des Verwaltungsrechtsweges gemäß §§ 123 Abs. II, 40 Abs. I VwGO. Die Gefahr eines Kompetenzkonfliktes besteht insbesondere im Verwaltungsprozessrecht, weil dem Gerichtshof gerade auf diesem Gebiet umfangreiche Befugnisse als Eingangsgericht zustehen. Alle anderen als dem EuGH oder dem EuGI ausdrücklich zugewiesenen Rechtssachen, insbesondere jene, die die Handlungen nationaler Hoheitsträger betreffen, sind dagegen nach Maßgabe des Art. 234 EG den nationalen Verwaltungsgerichten zugewiesen. Richtet sich das Antragsbegehren gegen den Vollzug eines Gemeinschaftsrechtsaktes in einem Mitgliedstaat durch dessen Behörden, oder begehrt der Antragsteller ein bestimmtes Handeln aufgrund eines Gemeinschaftsrechtsaktes, so unterliegt der Antragsgegner der Rechtsprechungsgewalt mitgliedstaatlicher Gerichte. Im Hauptsacheverfahren hat er sein Rechtsschutzbegehren an das zuständige innerstaatliche Gericht zu richten, das dann gegebenenfalls im Wege des Vorabentscheidungsverfahrens nach Art. 234 EG den Gerichtshof anruft. Dieses nationale Gericht ist dann auch zum Eilrechtsschutz berufen. Die sachliche und örtliche Zuständigkeitsanordnung wird gemäß §§ 45, 52 VwGO nach dem Grundsatz der nationalen Verfahrensautonomie allein vom nationalen Gesetzgeber bestimmt, sofern der nationale Verwaltungsrechtsweg gemäß § 40 Abs. I VwGO eröffnet ist.

Zu beachten ist jedenfalls, dass die Rechtsprechungsgewalt der nationalen Gerichte nur die Handlungen nationaler Hoheitsträger umfassen. Rechtssetzungsakte der Gemeinschaftsorgane dürfen nur nach Maßgabe des Art. 234 EG vor den nationalen Gerichten verhandelt werden.[831] Durch das Vorabentscheidungsverfahren bleibt die grundsätzliche Auslegungs- und Verwerfungskompetenz des Gerichtshofes gewahrt.[832] Nationale Gerichte sind somit nur dann zuständige Eingangsgerichte, wenn die Gültigkeit oder die Auslegung der Handlungen von Gemeinschaftsorganen im Rahmen nationaler Rechtsstreitigkeiten in Frage steht.

Ob auch andere Fragen, wie solche des Schadensersatzanspruchs oder der Untätigkeit von Gemeinschaftsorganen, zumindest vorläufig im Rahmen

---

[829] Grabitz in: Grabitz/Hilf Art. 185 Rn. 10.
[830] Finkelnburg/Jank Rn. 72.
[831] Insoweit begründet Art. 234 EG die Funktion der nationalen Gerichte als Teil des Gemeinschaftsgerichtssystems: Dauses, Das Vorabentscheidungsverfahren,, S. 43.
[832] Sie dazu Everling, Das Vorabentscheidungsverfahren, S. 15 ff.

des mitgliedstaatlichen Eilrechtsschutzes zu klären sind, hatte der Gerichtshof in der Rechtssache „T. Port“[833] zu klären, der ein Vorabentscheidungsersuchen des VGH Kassel[834] zugrundelag. In dieser Entscheidung bezeichnete der Gerichtshof erstmals die Grenzen der Zuständigkeit mitgliedstaatlicher Gerichte zum Erlass von Interimsmaßnahmen.

1. Rechtsprechung des Gerichtshofes

Der Rechtssache lag eine Konstellation zugrunde, die ihre Ursache in der Gemengelage zwischen nationalen und gemeinschaftlichen Vollzugskompetenzen findet: Auch im Rahmen von Gemeinschaftsverordnungen, die von den nationalen Behörden vollzogen werden, können der Kommission Regelungsbefugnisse eingeräumt sein.[835] Nimmt die Kommission diese Befugnisse nicht wahr, fehlt den nationalen Behörden die Grundlage für eine Maßnahme zur Regelung der Rechtsposition des Antragstellers. So dürfen nationale Behörden beispielsweise keine Härtefallregelungen im konkreten Fall treffen, wenn die Kommission die in der Bananenmarktordnung[836] vorgesehenen und ihr obliegenden Feststetzungen in diesem Bereich nicht vorgenommen hat. Fehlt es insoweit an einer Rechtsgrundlage für das Handeln der nationalen Behörden, müssen sie ihre Entscheidung anhand der allgemeinen Regelungen der einschlägigen Verordnung treffen.

Die Klägerin des Ausgangsverfahrens beantragte zusätzliche Importlizenzen für Drittlandsbananen von der Bundesanstalt für Landwirtschaft und Ernährung (BLE), die über das ihr nach der Bananenmarktordnung zustehende Kontingent hinausgingen. Sie wandte sich nicht direkt an die Kommission, sondern begehrte einen Verwaltungsakt der nationalen Behörde. Nachdem diese abgelehnt hatte die Einfuhrlizenzen zu gewähren, beantragte sie beim VG Kassel im Wege einer einstweiligen Anordnung eine vorläufige Regelung. Das vorlegende Gericht betrachtete diesen Antrag als zulässig und gab dem Begehren im Wege einer Verpflichtungsanordnung statt. Zur Begründung verwies es auf eine Bedrohung der subjektiven Rechte der Antragstellerin aus Art. 14 Abs. I GG und auf die Ermächtigung zur Härtefallregelung in Art. 16 Abs. III und Art. 30 der Bananenmarktordnung. Eine genaue Bestimmung bzw. Differenzierung zwischen dem eigentlichen Antragsgegner, der BLE, und dem eigentlichen Adressaten der Ermächtigung zur Härtefallregelung, der Kommission, leistete das Gericht nicht.

---

[833] EuGH, Rs.C-68/95, Slg. 1996, I-6065.
[834] VGH Kassel EuZW 1995, 222.
[835] So z.B. die Befugnis zum Erlass von Härtefallregelungen in Art. 30 der Verordnung Nr. 404/93.
[836] Verordnung (EWG) Nr. 404/93.

Auf die Vorlagefrage des VG Kassel, ob es zum Erlass einer derartigen Eilmaßnahme befugt sei, stellte der Gerichtshof zunächst abermals fest, dass die nationalen Gerichte im Rahmen eines Vorabentscheidungsverfahrens zum Erlass einstweiliger Anordnungen berechtigt sind, wenn die Vereinbarkeit von nationalem Recht mit dem Gemeinschaftsrecht[837] oder die Gültigkeit von Gemeinschaftsrecht[838] in Frage steht.[839] Dabei weist der Gerichtshof nochmals ausdrücklich auf die Kohärenz des Rechtsschutzsystems hin, die dazu führe, dass die prozessualen Möglichkeiten des EG-Vertrages auch den nationalen Gerichten im dezentralen Vollzug zustehen müssten. Die vorgenannten Formen einstweiligen Rechtsschutzes finden ihren Maßstab somit in der Möglichkeit der Gültigkeitskontrolle nach Art. 230 EG und vorläufigen Vollzugsaussetzung nach Art. 242 und 243 EG durch den EuGH und der ergänzenden Rechtmäßigkeitskontrolle im Rahmen des Vorabentscheidungsverfahrens nach Art. 234 EG. Sodann befand der Gerichtshof, dass der Sachverhalt des Verfahrens sich von jenen in den Rechtssachen „Süderdithmarschen" und „Atlanta" unterscheidet. Im vorliegenden Fall ging es nicht um den Erlass vorläufiger Maßnahmen im Rahmen des Vollzugs einer als rechtswidrig angefochtenen Gemeinschaftsverordnung, um vorläufigen Rechtsschutz im Hinblick auf Rechte zu gewähren, die dem Einzelnen nach der Gemeinschaftsrechtsordnung zustehen[840], sondern darum, den Marktbeteiligten Rechtsschutz zu gewähren, obwohl das Bestehen und der Umfang ihrer Rechte aufgrund einer Gemeinschaftsverordnung erst durch einen von der Kommission noch nicht erlassenen Rechtsakt festgestellt werden musste.[841] Mit Blick auf die Kohärenz des Rechtsschutzsystems suchte der EuGH im Folgenden ein primärrechtliches Äquivalent zu einer „Regelungsanordnung" bis das Bestehen und der Umfang der Rechte aufgrund der Gemeinschaftsverordnung durch einen Rechtsakt der Kommission festgestellt würde. Weil die Kommission letztlich eine Regelung treffen musste, sah der Gerichtshof als primärrechtliche Klageart die Feststellung der Untätigkeit der Kommission, also die Untätigkeitsklage nach Art. 232 Abs. III EG, als einschlägigen Rechtsbehelf.[842]

Im Gegensatz zur Frage der Gültigkeit eines Gemeinschaftsrechtsaktes sehe der Vertrag aber keine Möglichkeit für ein nationales Gericht vor, den Gerichtshof im Wege des Vorabentscheidungsverfahrens um die Feststellung der Untätigkeit eines Gemeinschaftsorgans zu ersuchen. Nationale Gerichte

---

[837] EuGH, Rs.C-68/95, T. Port, Slg. 1996, I-6065, 6102, Rn. 47 ff.
[838] ebd.
[839] ebd.
[840] Siehe auch Jannasch VBlBW 1997, 361, 362.
[841] EuGH, Rs. C-68/95, T. Port; Slg. 1996, I-6065, 6103, Rn. 52.
[842] ebd. S. 6104, Rn. 58.

sind aber nur im Rahmen des § 234 EG zur Rechtsprechung über Akte der Gemeinschaftsorgane zuständig. Daher seien die nationalen Gerichte auch nicht befugt vorläufige Maßnahmen zu erlassen, bis das Organ tätig geworden sei.[843] Somit fehle dem nationalen Gericht schlicht die Zuständigkeit zum Erlass einer solchen einstweiligen Anordnung. Im Rahmen einer Untätigkeitsklage nach Art. 232 Abs. III EG könne vielmehr der Gerichtshof einstweiligen Rechtsschutz nach Art. 243 EG gewähren, bis er über die Rechtmäßigkeit des Handelns oder Unterlassens des Gemeinschaftsorgans befunden hat.[844]

2. *Beurteilung*

Nachdem in der Literatur der Erlass einstweiliger Anordnungen durch nationale Gerichte im Lichte der „Atlanta“ - Rechtsprechung als unproblematisch erachtet wurde[845], ist die Entscheidung in der Rechtssache „T. Port” um so mehr kritisiert worden.[846] Sie wirft nicht nur die Frage nach der richtigen Kompetenzzuordnung, sondern auch die nach der Effektivität des Rechtsschutzes auf, wenn sich Kompetenzbereiche der Kommission und der nationalen Behörden überschneiden.

Grundsätzlich scheint das Urteil des Gerichtshofes dogmatisch auf sicheren Füßen zu stehen. So sind innerhalb des gemeinschaftlichen Rechtsschutzsystems allein der EuGH und das EuGI zur Überprüfung der Rechtmäßigkeit des Handelns der Kommission befugt.[847]. Insoweit besteht auch keine Anordnungszuständigkeit nationaler Gerichte. Dies deckt sich im Übrigen mit den Bestimmungen des deutschen Prozessrechts, nach dem die deutschen Gerichte allein die Rechtsprechungsgewalt über deutsche hoheitliche Gewalt ausüben. Maßgeblich für das Vorliegen der deutschen Gerichtsbarkeit ist die Unterwerfung des Beklagten - oder des Anordnungsgegners - unter die deutsche Gerichtsgewalt.[848] Für Klagen gegen Akte der Gemeinschaft ist in Ermangelung einer „öffentlich-rechtlichen Streitigkeit“ i.S.d. § 40 Abs. I VwGO der Verwaltungsrechtsweg nicht eröffnet.[849] Andererseits ist zu beachten, dass der VGH Kassel nicht die Kommission, sondern die nationalen Behörden zur Gewährung von zusätzlichen Lizenzen verpflichtet hat.

---

[843] ebd. S. 6104, Rn. 53.

[844] ebd. S. 6105, Rn. 60.

[845] Triantafyllou NVwZ 1992, 129, 132.

[846] So z.B. Koenig EuZW 1997, 206; Koenig/Zeiss JZ 1997, 461; Brenner/Huber DVBl. 1999, 764, 777.

[847] EuGH, Rs. 294/83, Les Verts, Slg. 1986, 1339, 1364 ff.

[848] Kopp/Schenke § 1 Rn. 24 m.w.N.

[849] Kopp/Schenke § 40 Rn. 37.

Die Tätigkeit nationaler Behörden unterliegt aber auch dann uneingeschränkt der deutschen Gerichtsbarkeit, wenn diese aufgrund supranationalem Rechts handeln.[850] Solche Akte deutscher Behörden sind nicht vom Ausschluss des Verwaltungsrechtsweges erfasst.[851] Wenn die Antragsteller daher bei nationalen Behörden Härtefallkontingente beantragt haben, scheint das nationale Gericht berufen zu sein, insoweit Rechtsschutz gegen ein vermeintlich rechtswidriges Unterlassen der Behörde zu gewähren, denn der Antrag richtet sich nicht gegen die Kommission selbst.

Zu beachten ist hier, dass im dezentralen Vollzug üblicherweise nicht die Akte der Gemeinschaft unmittelbar zum Gegenstand des gerichtlichen Verfahrens gemacht werden, sondern dass die gerichtliche Prüfung die Anwendung des Gemeinschaftsrechts durch deutsche Organe betrifft. Dies bewirkt oftmals eine Inzidentprüfung von Gemeinschaftsrechtsakten. Weil Akte deutscher Behörden auf Grundlage von Gemeinschaftsrecht nicht dem deutschen Verwaltungsrechtsweg entzogen sind, sind von den Gerichten jedoch inhaltliche Beschränkungen ihrer Entscheidungskompetenz zu beachten. Diese ergeben sich aus dem supranationalen Recht, insbesondere in Form der Vorlagepflicht an den EuGH. Einer solchen Vorlagepflicht aber hätte auch der VGH Kassel nach der „Atlanta“ - Rechtsprechung des Gerichtshofes unterlegen, wenn er eine einstweilige Anordnung zu Gunsten des Antragstellers erlässt. Die Vorlagefrage hätte dann die unzulässige Frage des möglichen rechtswidrigen Unterlasses der Kommission bezüglich der Gewährung von Härtefalllizenzen beinhalten müssen.

Möglicherweise konnte man nach dem Urteil in der Rechtssache „Atlanta" davon ausgehen, dass der Gerichtshof auch einstweilige Anordnungen zulassen würde, die sich im Kern auf die Handlung eines Gemeinschaftsorgans beziehen. In jener Rechtssache ging es nicht nur um die Ungültigkeit der Handlung einer nationalen Verwaltung, sondern um die Ungültigkeit des ihrem Handeln zugrundeliegenden Gemeinschaftsrechtsaktes. Ebenso wie aus der Ungültigkeit eines unmittelbar anwendbaren Gemeinschaftsrechtsaktes die Ungültigkeit eines nationales Rechtsaktes folgt, folgt aus dem Untätigbleiben eines Gemeinschaftsorgans die entsprechende Untätigkeit der nationalen Verwaltung. In der Rechtssache „T. Port“ handelte es sich um eine solche Frage der Untätigkeit eines Gemeinschaftsorgans. Die Frage der Untätigkeit eines Gemeinschaftsorgans unterscheidet sich aber grundlegend von der Ungültigkeit eines Gemeinschaftsrechtsakts, denn letztere setzt gerade das Handeln eines Gemeinschaftsorgans voraus. Daher konnte das

---

[850] So jüngst wieder: EuGI, Rs. T-93/95, Laga/Kommission, Slg. 1998, II-195, 206 EuGI, Rs. T-94/95, Lanuyt/Kommission, Slg. 1998, II-213, 223.
[851] BVerfGE 37, 271; Kopp/Schenke § 40 Rn. 37 m.w.N.

„Atlanta" – Urteil von vornherein nicht präjudizierend für die Zulässigkeit einer einstweiligen Anordnung der hier fraglichen Art sein.

Das Rechtsschutzsystem der Gemeinschaft weist den nationalen Gerichten nach Art. 234 EG eine nur limitierte Rechtsprechungsbefugnis bei Fragen der Gültigkeit und der Auslegung von Gemeinschaftsrecht zu. Der Gerichtshof hat zutreffend festgestellt, dass im Vorlageverfahren grundsätzlich keine Möglichkeit besteht, die Organe der Gemeinschaft zu einem bestimmten Handeln oder Unterlassen zu verpflichten.[852] Die nationalen Gerichte können daher kein Vorabentscheidungsersuchen an den Gerichtshof richten, das klärt, ob die Kommission zu Unrecht untätig geblieben ist. Während nationale Gerichte im Eilverfahren über die Gültigkeit oder Auslegung von Akten der Gemeinschaftsorgane entscheiden, entsprechende Eilanordnungen treffen und die Rechtsfragen in Übereinstimmung mit der „Atlanta" - Rechtsprechung dem Gerichtshof vorlegen können, ist ein solches Vorgehen bei Fragen der Untätigkeit von Gemeinschaftsorganen nach der Systematik des Art. 234 EG nicht möglich, weil entsprechende Vorlagefragen nicht vorgesehen sind. Ein Hauptsacheurteil könnte im Anschluss an die einstweilige Anordnung mangels Zuständigkeit nicht ergehen. Die einstweilige inzidente Feststellung der Untätigkeit der Kommission würde den (nationalen) Rechtsweg in eine Sackgasse führen, die mit dem Grundsatz der Vorläufigkeit der Eilentscheidung nicht zu vereinbaren wäre. Das nationale Gericht würde somit im Rahmen der Inzidentkontrolle systemwidrig direkt und in der Rechtssache endgültig über die Tätigkeit des Gemeinschaftsorgans urteilen, weil im Kern nicht das Unterlassen der nationalen Behörde, sondern das der Kommission in Frage steht.

Zu seinem Urteil hätte es der Ausführungen des Gerichtshofes hinsichtlich des Kohärenzarguments überhaupt nicht bedurft. Schon die Unzuständigkeit der Verpflichtung der Kommission durch ein nationales Gericht führt zur Unzulässigkeit einer entsprechenden einstweiligen Anordnung. Die Gemeinschaftsrechtsordnung bzw. das von ihr geschaffenen Rechtsschutzsystem sieht eben keine Befugnis der mitgliedstaatlichen Gerichte zum Erlass einstweiliger Anordnungen im Hinblick auf noch zu erlassende Gemeinschaftsrechtsakte vor.[853] Die Rechtsprechung des Gerichtshofes in der Rechtssache „T. Port" ist allein konsequent. Vor allem kann es für die Zuständigkeit des Gerichtes nicht darauf ankommen, welchen Antragsgegner der Antragsteller im konkreten Fall wählt.[854] Richtet sich das Anordnungsbe-

---

[852] EuGH, Rs. C-68/95, T. Port, Slg. 1996, I-6065, 6104, Rn. 53.

[853] ebd. S. 6103 ff., Rn. 52-62; so auch der zutreffende Schluss von v. Danwitz DVBl. 1998, 421, 426, Fn. 58.

[854] Anders wohl Koenig in: EuZW 1997, 206 der den Hinweis des Gerichtshofes auf den gemeinschaftlichen Rechtsschutzweg in der Rechtssache „T. Port" kritisiert, weil der Rechtsschutz nach

gehren im Kern gegen die Kommission und ist deren rechtliche Verpflichtung nicht im Vorlageverfahren zu klären, bleibt dem Antragsteller nur der Antrag auf Erlass einer einstweiligen Anordnung vor dem EuGI nach Art. 243 EG.[855]

Die Entscheidung des Gerichtshofes wurde dennoch unter dem Aspekt der Zuständigkeit kritisiert, weil das Handeln der nationalen Behörden, in diesem Fall der BLE, der Kommission zugerechnet werden müsse, was eine Art Durchgriff der nationalen Gerichte auf die Kommission rechtfertigen könne. Zudem habe der Antragsteller eine konkret-individuelle Regelung begehrt, zu deren Erlass die BLE zuständig sei.[856] Diese Aspekte führten zu einer nationalen Jurisdiktion. Beide Argumente greifen nicht.

Eine Zurechnung des Verwaltungshandelns von den Mitgliedstaaten auf ein Gemeinschaftsorgan setzt zumindest eine Weisungsbefugnis voraus.[857] Für eine solche Weisungsbefugnis enthält die VO (EWG) Nr. 404/93 aber keine Rechtsgrundlage. Vielmehr spricht Art. 17 Abs. I der Verordnung den Mitgliedstaaten die Kompetenz zu, Einfuhrbescheinigungen nach den Vorgaben der Verordnung zu erteilen. Außerdem ist nicht ersichtlich, wie eine Zurechnung des Handelns oder Unterlassens eine Zuständigkeit der nationalen Gerichte begründen könnte. Bestünde eine beiderseitige Zurechnung des Handelns, müsste vielmehr dem EuGH bzw. dem EuGI eine Durchgriffsmöglichkeit auf das Handeln nationaler Organe zustehen. Der Antragsteller in der Rechtssache „T. Port“ wäre um so mehr auf den Rechtsweg vor den Gemeinschaftsgerichten zu verweisen gewesen.

Auch der Hinweis auf das Antragsziel, das den Erlass einer konkret-individuellen Regelung beinhalte, greift nicht. Art. 30 der Verordnung eröffnet der Kommission im Rahmen der ihr obliegenden Verwaltung des Einfuhrkontingents die Möglichkeit und gegebenenfalls die Pflicht, in bestimmten Fällen Härtefallregelungen zu treffen.[858] Insoweit verweist Art. 30 auf Art. 27 Abs. II Satz 1 der Bananenmarktordnung, nach dem die Kommission unmittelbar geltende Regelungen erlässt. Vor deren Erlass fehlte es somit an einer Anspruchsgrundlage des Antragstellers gegen die BLE. Die Erfassung der Marktbeteiligten und die Festlegung der vermarkteten Mengen und somit die technische Erteilung von Einfuhrlizenzen werden dagegen ausdrücklich von den Mitgliedstaaten nach den von der Kommission festgelegten Verfahren

---

Art. 243 EG akzessorisch eine Klage vor dem EuGH oder dem EuGI voraussetze, welche der Kläger nicht erhoben habe.

855 Der für Individualklagen erstinstanzlich zuständig ist: Art. 3 lit. c des Beschlusses des Rates zur Errichtung des Gerichts erster Instanz.

856 Koenig EuZW 1997, 206, 207.

857 EuGH, Rs. 175/84, Krohn & Co., Slg. 1986, 753, 768.

858 EuGH, Rs. C-68/95, T. Port, Slg. 1996, I-6065, 6101; Zuleeg NJW 1997, 1201, 1206.

und Kriterien durchgeführt.[859] Somit steht fest, dass die Kommission für die Regelung von Härtefällen hinsichtlich der Einfuhrkontingente zuständig war. Ohne diesen anspruchsbegründenden Rechtsakt der Kommission greifen die allgemeinen Regelungen der Verordnung, so dass auch keine Regelungslücke bestand. Die nationale Behörde dürfte daher das materielle Gemeinschaftsrecht nicht von sich aus zur Disposition stellen. Ausnahmen von den Bestimmungen der Verordnung waren der Regelung durch die Kommission „vorbehalten" und damit zugleich der autonomen Regelung durch die Verwaltung entzogen. Diese dürfte entsprechend nicht zu Handlungen verurteilt werden, die der Verordnung widersprachen.

Die nationale Behörde konnte Art. 30 Bananenmarktordnung auch nicht direkt ein bestimmtes Leistungsrecht zu Gunsten des Klägers entnehmen. Einen solchen Weg sah offenbar das BVerfG[860] für eröffnet an indem es bemerkte, dass die Verordnung für Härtefälle offen sei und das nationale Gericht aufgrund der bedrohten Grundrechte hieraus eine verpflichtende Regelungsanordnung zu gewähren habe. Der Verordnungsgeber hat aber gerade zu Gunsten der Verwaltung der Einfuhrkontingente durch die Kommission auf eine genauere Ausgestaltung einer Härtefallregelung in Art. 30 VO verzichtet. Außerdem gibt Art. 30 VO keinerlei Hinweise auf eine mögliche Ausgestaltung eines subjektiven Rechts und ist insofern schon nicht unmittelbar anwendbar. Eine Anerkennung von Ansprüchen aus Art. 30 VO durch nationale Behörden würde die ausdrückliche Kompetenzzuweisung der Verordnung, nach der die nationalen Behörden die Verwaltung der gemeinsamen Marktorganisation gewährleisten, der Kommission aber die Verwaltung des Einfuhrkontingents[861] und damit die nähere Ausgestaltung der Verordnung obliegt, ins Gegenteil verkehren und eine Entscheidung der nationalen Organe an die Stelle der zuständigen Gemeinschaftsorgane setzen. So ist es jedenfalls nicht statthaft, dass im Rahmen der Verordnung ein Kontingent gewährt wird, das von ihr nicht gedeckt ist. Somit ist festzustellen, dass der Kläger eigentlich den Rechtsakt der Kommission begehren müsste, aufgrund dessen dann der Vollzugsakt der BLE, nämlich die Lizenzerteilung, ergehen könnte. Dies ergibt sich auch schon aus der Vorlagefrage[862], die auf das Handeln der Kommission nicht aber das der nationalen Vollzugsbehörde abzielt. Dies verkennt Koenig, wenn er auf die Untätigkeit der BLE und deren Zurechnung zur Kommission abstellt.[863] Ein Zusammenhang zwischen Kommissionshandeln und dem Handeln der Vollzugsbehörde besteht zwar nicht

---

[859] Begründungserwägungen ABl. Nr. L 047 v. 25/02/93 S. 1 ff.
[860] BVerfG v. 25.1.1995 JZ 1995, 352.
[861] Gornig/Trüe JZ 2000, 395, 403.
[862] VGH Kassel EuZW 1995, 222.
[863] Koenig EuZW 1997, 206, 207.

im Sinne einer direkten Zurechnung, wohl aber darin, dass ein Handeln der BLE ein vorheriges, rechtsbegründendes Handeln der Kommission voraussetzt, mit dem sie Härtefallregelungen zu Art. 30 VO erlässt. Der Schwerpunkt der Entscheidung und damit der gerichtlichen Kontrolle liegt somit nicht in der Sphäre der BLE.[864] Diese soll nur die vorhandenen Kontingente technisch korrekt nach den vorgegebenen Kriterien verteilen.[865]

Nach alledem ist festzuhalten, dass die Entscheidung des Gerichtshofes, nach der nationale Gerichte nicht zum Erlass einstweiliger Anordnungen im Hinblick auf noch zu erlassende Gemeinschaftsrechtsakte zuständig sind, dogmatisch fundiert und systematisch konsequent ist.

3. Vereinbarkeit des Ergebnisses mit den Anforderungen der Rechtsschutzgarantie

Die Urteile und Eilanordnungen nationaler Gerichte müssen nicht nur die Zuständigkeitsordnung und die Gesetze achten. Vielmehr müssen die nationalen Richter bei jeder Entscheidung über die Gewährung von Eilrechtsschutz prüfen, ob sie mit den Grundrechten und hier insbesondere mit dem Anspruch auf effektiven Rechtsschutz[866] zu vereinbaren ist. Grundsätzlich sind auch im dezentralen Vollzug des Gemeinschaftsrechts die Grundrechte des Grundgesetzes zu beachten[867] Aufgrund des Vorrangs des Gemeinschaftsrechts[868] und der Integrationsermächtigung des Art. 23 GG gilt dies aber nicht unbedingt ohne gemeinschaftsrechtliche Einschränkungen und Modifikationen.[869] So stehen im Gemeinschaftsrecht oftmals die Aspekte des „effect utile"[870] und der Kompetenzverteilung[871] im Vordergrund. Der Grundsatz effektiven Rechtsschutzes verlangt auch in seiner Eigenschaft als allgemeiner Rechtsgrundsatz des Gemeinschaftsrechts[872] und als justizielles Grundrecht nach Art. 47 der Grundrechtscharta Beachtung. Auf dieser Grundlage hat der EuGH festgestellt, dass die nationalen Gerichte beim Vollzug des Gemeinschaftsrechts umfassend Rechtsschutz gewähren müssen.[873] Im Zweifel haben die nationalen Gerichte das nationale Verfahrensrecht so auszulegen, dass

---

[864] Jannasch NVwZ 1999, 495, 500.
[865] Jannasch VBlBW 1997, 361, 364.
[866] BVerfGE 35, 263, 274 ff.
[867] Pernice NJW 1990, 2409, 2417 f.; Streinz, Europarecht, S. 188 ff.
[868] EuGH, Rs. 4/64, Costa/ENEL, Slg. 1964, 1251, 1269 f.
[869] Rengeling/Middeke/Gellermann S. 625 f.; Streinz, Europarecht, S. 93 ff.
[870] Rupp JZ 1995, 354.
[871] Classen S. 176.
[872] EuGH, Rs.222/84, Johnston, Slg. 1986, 1651, 1682; siehe 1. Teil 2. Kapitel A. IV.
[873] EuGH, Rs.C-97/91, Borelli, Slg. 1992, I-6313, 6334.

Rechtsschutz gewährt werden kann, insbesondere wenn der Weg zu den Gemeinschaftsgerichten verschlossen ist.[874]

Art. 19 Abs. IV GG verlangt auch bei Vornahmesachen, also wenn der Antragsteller wie in der Rechtssache „T. Port“ die Verpflichtung eines Hoheitsträgers begehrt, jedenfalls dann vorläufigen Rechtsschutz, wenn dem Antragsteller ansonsten schwere und unzumutbare, anders nicht abwendbare Nachteile entstünden, die eine Entscheidung in der Hauptsache nachträglich nicht mehr beseitigen könnte.[875] Daraus kann sich eine Verpflichtung zur Gewährung einstweiligen Rechtsschutzes ergeben.[876] Diesen Grundsätzen ist das BVerfG auch im Fall „T. Port“ gefolgt, der ihm zeitlich vor dem Gerichtshof vorgelegt wurde.[877] Unter Ignorierung gemeinschaftsrechtlicher Voraussetzungen und Entwicklungen[878], wie der Grundrechts- und Kompetenzjudikatur des Gerichtshofes, hat das BVerfG die Gewährung vorläufigen Rechtsschutzes verlangt.[879] Nunmehr sieht das BVerfG gerade in der Entscheidung des Gerichtshofes in der Rechtssache „T. Port“ einen Nachweis des effektiven Ineinandergreifens des gerichtlichen Grundrechtsschutzes auf europäischer Ebene durch nationale Gerichte und Gerichte der Gemeinschaft.[880]

Der Gerichtshof hat in seiner Entscheidung veranschaulicht, dass im Fall „T. Port“ gerade keine Rechtsschutzlücke bestand, die im Lichte des Art. 19 Abs. IV GG den Erlass einer Vornahmeentscheidung durch das eigentlich unzuständige nationale Gericht notwendig gemacht hätte. So hätte die Antragstellerin beispielsweise die einstweilige Vollzugsaussetzung der sie belastenden Regelungen der Bananenmarktordnung nach den Grundsätzen der „Atlanta“ - Rechtsprechung erreichen können. Sie hätte darlegen können, dass die Verordnung ohne bzw. bis zum Erlass der Härtefallregelung durch die Kommission angesichts der ihr drohenden Grundrechtsverletzungen ungültig sei. Allerdings hätte das nationale Gericht in seiner Entscheidung bereits ergangene Urteile des Gerichtshofes berücksichtigen müssen.[881] Hat etwa der Gerichtshof eine Nichtigkeitsklage gegen die Verordnung als unbegründet zurückgewiesen, lässt sich der Antrag auf einstweiligen Rechtsschutz nicht auf die bereits zurückgewiesenen Rechtswidrigkeitsgründe stützen. So wäre zu beachten gewesen, dass der Gerichtshof die Bananenmarkt-

---

[874] EuGH, Rs. C-50/00 P, UPA, EuZW 2002, 529, Tz. 42.
[875] BVerfG JZ 1995, 325.
[876] Siehe dazu 1. Teil 1. Kapitel C. II. 1. (1) und 6. (1).
[877] BVerfG JZ 1995, 325.
[878] Pache EuR 1995, 95, 97.
[879] Dazu: Koenig/Zeiss JZ 1997, 461, 463.
[880] BVerfG Beschl. v. 7.6.2000, NJW 2000, 3124, 3125; Schwarze NJW 2002, 993, 996.
[881] EuGH, Rs.C-465/93, Atlanta, Slg. 1995, I-3761, 3794, Rn. 46.

ordnung bereits grundsätzlich für gültig und rechtmäßig befunden hatte.[882] Insbesondere eine Verletzung der auch im Gemeinschaftsrecht geltenden Grundrechte des Eigentumsschutzes und der Berufsfreiheit[883] konnte er nicht feststellen. Allerdings hatte der Gerichtshof bereits früher entschieden, dass die Kommission gegebenenfalls Härtefallregelungen nach Art. 16, 27 und 30 VO erlassen müsse.[884] So wäre nicht ausgeschlossen gewesen, dass bei aktueller Betrachtung der Sachlage einzelne Teile der Verordnung vom Gerichtshof für den Fall für ungültig erachtet worden wären, dass die Antragstellerin ohne Härtefallregelung unverhältnismäßig in ihren Grundrechten beeinträchtigt wird.

Jedenfalls verkündete der Gerichtshof bereits früher, dass bei drohenden Beeinträchtigungen von Grundrechten Anlass zum Eingreifen bestünde.[885] Insoweit lägen gegenüber der bisherigen Judikatur neue Rechtswidrigkeitsgründe vor. Das Gericht hätte die Frage, ob die Verordnung auch ohne Härtefallregelung uneingeschränkt gültig sei, dem EuGH nach Art. 234 EG vorlegen und den Vollzug der Verordnung vorläufig gemäß § 123 VwGO aussetzen können. Dies ginge konform mit der den Entscheidungen des VG Frankfurt und des Hessischen VGH.[886] Diesen lag offenbar die Auffassung zugrunde, dass es im Kern um für ungültig gehaltenes Gemeinschaftsrecht gehe.[887] Entsprechendes gilt auch für das Vorbringen der deutschen Bundesregierung zur Rechtssache „T. Port".[888] Diese war der Ansicht, dass das Fehlen einer Härtefallregelung innerhalb der Verordnung in Anbetracht der bedrohten Grundrechte zu ihrer Ungültigkeit führen könne. Um die Grundrechte der Antragstellerin zu schützen, hätte das Gericht somit den Vollzug der Verordnung einstweilig aussetzen und eine Gültigkeitsfrage vorlegen können. Nicht statthaft war aber die Gewährung eines Kontingents ohne jegliche Rechtsgrundlage entgegen den Bestimmungen der Bananenmarktordnung. Eine solche Rechtsgrundlage konnte auch Art. 19 Abs. IV GG nicht sein.[889]

Beachtung verdient auch der von Kritikern verworfene[890] Weg, den der EuGH ausdrücklich vorgeschlagen hat.[891] So hätte die Antragstellerin mittels einer Individualklage nach Art. 232 Abs. III EG gegen die Kommission vor-

---

882 EuGH, Rs.C-280/93; Deutschland/Rat, Slg. 1994, I-4973, 4975.
883 ebd. S. 5065, Rn. 78.
884 EuGH, EuZW 1993, 483.
885 EuGH, Rs. C-68/95, T. Port, Slg. 1996, I-6065, Rn. 39; Zuleeg NJW 1997, 1201, 1206.
886 VGH EuZW 1995, 222.
887 Pache EuR 1995, 95, 103.
888 Sitzungsbericht Rs. C-68/95 in: EuGRZ 1996, 610, 611.
889 Dieser setzt ein subjektives Recht voraus: BVerfGE 51, 176, 185.
890 Insbesondere Koenig/Zeiss JZ 1997, 461, 462.
891 EuGH, Rs. C-68/95, T. Port, Slg. 1996, I-6065, 6100, Rn. 57 ff.

gehen können.[892] Für die Annahme, dass die Kommission einem Urteil des EuGI nicht folgen würde und die Antragstellerin weitere Rechtsschritte hätte einleiten müssen, bestand und besteht kein Hinweis. Vielmehr ergäbe sich aus einem Urteil des EuGI gemäß Art. 233 EG die Verpflichtung der Kommission, in einer angemessenen Frist[893] die entsprechenden Konsequenzen zu ziehen.[894] In Rahmen dieser Klage hätte das Gericht Rechtsschutz nach Art. 243 EG zur vorläufigen Regelung des Rechtsverhältnisses gewähren können.[895] Für nationalen Eilrechtsschutz bestand daher insoweit kein Bedürfnis.[896] Die Klägerin hätte dann Nichtigkeitsklage erheben und auch in diesem Verfahren einstweiligen Rechtsschutz beantragen können, wenn die aufgrund des Hauptsacheurteils erlassene Maßnahme der Kommission nicht ihren Vorstellungen entsprochen hätte.[897] Gegebenenfalls hätte sie auch Schadensersatz aufgrund der Untätigkeit der Kommission geltend machen können.[898] Ihr stand somit ein lückenloser Rechtsschutz zur Verfügung.

Nicht vergessen werden sollte der Hinweis, dass T. Port hier einen Rechtsweg gewählt hat, der im Erfolgsfall dauerhaft einen Verstoß gegen Gemeinschaftsrecht ermöglicht hätte, weil die Frage einer etwaig unrechtmäßigen Untätigkeit der Kommission nicht durch das nationale Gericht geklärt werden konnte. Im Vorabentscheidungsverfahren sind Fragen der Untätigkeit eines Gemeinschaftsorgans oder gar deren Verpflichtung zu einem bestimmten Handeln unzulässig. Solche Verfahrenstaktik im Hinblick auf die Gerichtswahl dürfte unbestritten nicht zum Schutzbereich des Art. 19 Abs. IV GG gehören.

Dieses Beispiel zeigt exemplarisch, dass grundsätzlich kein Widerspruch zwischen der effektiven Umsetzung des Gemeinschaftsrechts einschließlich seiner Kompetenzzuweisung und dem Recht auf effektiven Rechtsschutz einschließlich dem Recht auf zeitnahen Rechtsschutz besteht, das sowohl Art. 19 Abs. IV GG als auch Art. 47 Abs. II der Grundrechtscharta gewährleisten, und zwar auch in ihrem Wesensgehalt[899]. Andererseits gewährt das Grundgesetz kein Recht auf Rechtsschutz vor einem unzuständigen Gericht, sofern vor einem zuständigen Gericht effektiver Rechtsschutz

---

[892] Wie z.B. die Kläger in den verbd. Rs. T-79/97 und T--117/98, Camar srl und Tico srl, Urteil vom 8. Juni 2000, TB 2000/17, S. 29.

[893] EuGH, Rs. 266/82, Turner, Slg. 1984, 1, 11.

[894] Krück in: GTE Art. 176 Rn. 7 ff.

[895] Cascante/Sander S. 98. Dies bezweifelt zu Unrecht: Sandner DVBl. 1998, 262, 266, siehe dazu 1. Teil 3. Kapitel B. 4.

[896] Weber EuZW 1997, 165, 166.

[897] EuGH, Rs. C-68/95, T. Port, Slg. 1996, I-6065, 6105, Rn. 61.

[898] Der der Firma „T. Port“ in der Rechtssache T-1/99, TB 4/2001, S. 45 f. vom EuGI mangels hinreichender Substantiierung des Schadens nicht zugesprochen wurde.

[899] Art. 19 Abs. II GG; Art. 52 Abs. I Grundrechtscharta.

zu erlangen ist. Wie dargestellt, war ein solcher effektiver Rechtsschutz vor einem zuständigen Gericht im Fall „T. Port" gewährleistet. Wäre der Klägerin der Rechtsweg zu den Gemeinschaftsgerichten mangels Zulässigkeit der Klage verschlossen gewesen, wären die nationalen Gerichte auch gemeinschaftsrechtlich verpflichtet gewesen, entsprechenden Rechtsschutz zu gewähren.[900] Insofern veranschaulicht die Rechtssache „T. Port" in hohem Maße das lückenlose Ineinandergreifen des nationalen und des gemeinschaftsgerichtlichen Rechtsschutzes.

4. *Zusammenfassung*

Rechtssetzungsakte der Gemeinschaftsorgane dürfen nur nach Maßgabe des Art. 234 EG im Rahmen des Wirkens nationaler Rechtsträger vor den nationalen Gerichten verhandelt werden. Nationale Gerichte sind nur dann zuständige Eingangsgerichte, wenn die Gültigkeit oder die Auslegung der Handlungen von Gemeinschaftsorganen im Rahmen nationaler Rechtsstreitigkeiten in Frage steht. Dies gilt auch für die Zuständigkeit zum Erlass einstweiliger Anordnungen. Schadensersatzansprüche oder Fragen der Untätigkeit von Gemeinschaftsorganen sind im Rahmen des mitgliedstaatlichen Eilrechtsschutzes nicht zu klären, denn deutsche Gerichte üben allein die Rechtsprechungsgewalt über die Handlungen deutscher Hoheitsträger aus. Im Gegensatz zur Frage der Gültigkeit oder Auslegung eines Gemeinschaftsrechtsaktes sieht der Vertrag keine Möglichkeit für ein nationales Gericht vor, den Gerichtshof im Wege des Vorabentscheidungsverfahrens um die Feststellung der Untätigkeit eines Gemeinschaftsorgans zu ersuchen. Daher sind die nationalen Gerichte auch nicht befugt, vorläufige Maßnahmen zu erlassen, bis das Organ tätig geworden ist.

Das Fehlen einer Vorlagemöglichkeit bei Fragen der Untätigkeit von Gemeinschaftsorganen und die daraus folgende Unzuständigkeit nationaler Gerichte verursacht keine Rechtsschutzlücke, die den Kernbereich der Rechtsschutzgarantie berührt. Auch bei Untätigkeit von Gemeinschaftsorganen existiert ein effektiver Rechtsschutz, selbst wenn er nicht zwingend den Verfahren entspricht, die sich im nationalen Recht herausgebildet haben. Der Antragsteller kann entweder direkt den EuGI anrufen und dort neben dem Hauptsacherechtsschutz Eilrechtsschutz beantragen, oder er kann den nationalen Eilrechtsschutz wählen, wenn er die Gültigkeit des dem nationalen Verwaltungshandeln zugrundeliegenden Gemeinschaftsrechts oder dessen Auslegung durch die nationalen Behörden bezweifelt.

---

[900] EuGH, Rs. C-50/00 P, UPA, EuZW 2002, 529, Tz. 42.

II. Antragsbefugnis

Aufgrund der Anwendbarkeit nationalen Prozessrechts im dezentralen Vollzug ist entsprechend § 42 Abs. II VwGO regelmäßig das Vorliegen der Antragsbefugnis zu prüfen. Der Antragsteller muss die Möglichkeit geltend machen können, in seinen Rechten verletzt zu sein.[901] Dazu bedarf es eines subjektiven Rechts des Antragstellers, das der nationalen Rechtsordnung ebenso entspringen kann wie dem Gemeinschaftsrecht.[902] Das Vorliegen eines solchen Rechts wird im deutschen Verwaltungsrecht nach der Schutznormtheorie beurteilt. Danach wirkt ein subjektives Recht zu Gunsten des Antragstellers, wenn ihm die Norm, auf die er sich beruft, ein rechtlich anerkanntes oder geschütztes Interesse verleiht.[903] Das deutsche Verwaltungsprozessrecht fasst den antragsberechtigten Kreis somit relativ eng. In anderen Mitgliedstaaten genügt teilweise schon ein bloßes Interesse an dem begehrten oder angefochtenen Verwaltungshandeln zur Begründung einer Antragsbefugnis. Dieses Interesse kann materieller, ideeller oder rechtlicher Natur, individueller oder kollektiver Art sein.[904] Daraus folgt, dass es in Deutschland grundsätzlich schwerer fallen dürfte Verletzungen des Gemeinschaftsrechts prozessual geltend zu machen, als in einem vergleichbaren Fall in Frankreich, wo der Kläger vor allem Wächter über die objektive Legalität des Verwaltungshandelns ist. Zudem ist beispielsweise in Frankreich die Verbandsklage in einem weiteren Maße zulässig als in Deutschland.[905] Entscheidend für die Frage, inwieweit das nationale Prozessrecht den Bürger in die Lage versetzen muss, bei der innerstaatlichen Umsetzung das Gemeinschaftsrecht vor den nationalen Gerichten durchsetzen zu können, sind die gemeinschaftsrechtlichen Mindestanforderungen an die Möglichkeit einer prozessualen Geltendmachung.[906]

Solche Mindestanforderungen sind dem Art. 243 EG nicht zu entnehmen. Dieser qualifiziert die antragsbefugten Personen nicht anhand ihrer subjektiven Rechte oder eines irgendwie gearteten Interesses. Vielmehr ist der Kreis antragsbefugter Personen im einstweiligen Anordnungsverfahren vor den Gemeinschaftsgerichten aufgrund der strengen Akzessorität zur

---

901 Siehe dazu 1. Teil 3. Kapitel C. I. 3.
902 Classen NJW 1995, 2457, 2459.
903 Kopp/Schenke § 42 Rn. 78.
904 Stüer/Rude DVBl. 1999, 154, 155; Schwarze, Das Verwaltungsrecht unter europäischem Einfluß, 1996 S. 178 zum französischen Modell; v. Danwitz DÖV 1996 482; Triantafyllou DÖV 1997, 193, Woehrling NVwZ 1998, 462.ff.
905 Schwarze DVBl. 1999, 261, 265 m.w.N.
906 Ähnlich auch Burgi, Verwaltungsprozeß und Europarecht, S. 52 und Schwarze, das Verwaltungsrecht unter europäischem Einfluß, S. 175.

Hauptsache nach den Parteien des Hauptverfahrens zu bestimmen. Weil der Eilrechtsschutz im nationalen Prozessrecht vom Hauptsacheverfahren unabhängig ist, lässt sich der antragsbefugte Personenkreis zumindest dann nicht nach den Parteien des Hauptverfahrens bestimmen, wenn ein solches überhaupt nicht anhängig ist. Als gemeinschaftsrechtlicher Maßstab kann daher lediglich die Klagebefugnis nichtprivilegierter Kläger vor den Gemeinschaftsgerichten dienen.[907]

Ebenso wie im deutschen Verwaltungsprozessrecht ist dort eine Popularklage ausgeschlossen.[908] Vielmehr muss der Kläger durch einen Rechtsakt der Gemeinschaftsorgane unmittelbar betroffen sein (Art. 230 Abs. IV EG) oder einen Anspruch auf Vornahme eines Rechtsaktes der Gemeinschaftsorgane haben (Art. 232 Abs. III EG). Der Gerichtshof stellt dabei sowohl auf die Fähigkeit einer Norm, die individuellen Interessen des Klägers zu berühren[909], als auch auf dessen allgemeine Betroffenheit[910] ab. Dabei reicht es schon aus, wenn die Wettbewerbsstellung des Klägers spürbar beeinträchtigt wird[911] oder eine allgemeine Regelung eine individuelle Betroffenheit auslöst[912]. Individuell betroffen sind Marktteilnehmer vor allem dann, wenn es keine anderen Betroffenen geben kann, die in Zukunft in dieselbe Situation geraten können.[913] Ein individuelles Betroffensein ist also dann zu bejahen, wenn persönliche Eigenschaften oder besondere tatsächliche Umstände einen Marktteilnehmer im Hinblick auf die konkrete Maßnahme aus dem Kreis aller übrigen Marktteilnehmer herausheben und in ähnlicher Weise individualisieren wie den Adressaten einer Entscheidung.[914] In diesen Voraussetzungen könnte eine Annäherung des Gerichtshofes an die Schutznormtheorie gesehen werden, weil die unmittelbare Wirkung einer Norm nicht zugleich bewirkt, dass sich der Einzelne im konkreten Fall auf diese Norm berufen

---

[907] Davon unberührt bleibt natürlich die Bestimmung der Klagebefugnis durch Sekundärrechtsakte. Siehe hierzu Schwarze NVwZ 2000, 241, 248.

[908] EuGH, Rs. C-131/88, Kommission/Deutschland, Slg. 1991, I-825, 868; EuGH, GA Capotorti, Rs. 158/80, Rewe, Slg. 1981, 1805, 1865; EuGH, Rs. C-321/95 P, Stichting Greenpeace Council u.a., Slg. 1998, I-1651, 1715 f.; Zuleeg NJW 1993, 31, 37; Schwarze RIW 1996, 893, 895; dagegen: Lübbe-Wolff in: Behrens/Koch (Hrsg.) S. 127, 137; Schoch VBlBW 1999, 241, 248.

[909] EuGH, Rs. C-131/88, Kommission/Deutschland, Slg. 1991, I-825, 867; EuGH, Rs. C-70/97 P; Kruidvat, Slg. 1998, I- , Rn. 4 ff.; Hirsch NJW 2000, 1817, 1821.

[910] EuGH, Rs. C-87 bis 89/90, Verholen, Slg. 1991, I-3757, 3790.

[911] EuGH, Rs. 169/84, Cofaz, Slg. 1986, 391, 415; EuGI, Rs. T-2/93, Air France, Slg. 1994, II-323, 340 f.; Sedemund, Referat zum 60. DJT, S. N 41, 47 ff.

[912] EuGH, Rs. C-358/89, Extramet, Slg. 1991, I-2501, 2531.

[913] Gornig/Trüe JZ 2000, 395, 398 mit Rechtsprechungsnachweisen.

[914] st. Rspr., siehe nur EuGH, Rs. 25/62, Plaumann, Slg. 1963, 211, 238; EuGI, Rs. T-207/97, Berthu, Slg. 1998, II-509, Tz. 23 ff.; EuGH, Rs. C-41/99 P, Sadam Zuccherifici, Slg. 2001, II-4239, Tz. 27 und weitere Rechtsprechungsnachweise bei Gornig/Trüe JZ 2000, 395, 398.

kann.[915] Dennoch kann eine entsprechende Antragsbefugnis notwendig sein, selbst wenn das innerstaatliche Prozessrecht dies nicht vorsieht.[916] Das Gemeinschaftsrecht kann für die Wahrung gemeinschaftsrechtlich anerkannter Interessen eine Öffnung des nationalen Rechtsweges verlangen. Dem könnte eine „Interessentenklage" bzw. ein „Interessentenantrag" dienen, den das deutsche Verwaltungsrecht bisher allerdings nicht vorsieht. Insofern hat der Gerichtshof noch keine speziellen Zulässigkeitsvoraussetzungen für den dezentralen Vollzug aufgestellt.[917] Ob ein solcher Systemwechsel überhaupt notwendig ist, ist zweifelhaft.

Die grundsätzliche Kompetenz der Mitgliedstaaten, das Verfahren vor den nationalen Gerichten zu bestimmen, welches dem Schutz der gemeinschaftsrechtlich gewährten Rechte und Interessen dienen, darf jedenfalls nicht dazu führen, den Rechtsschutz im konkreten Fall auszuschalten.[918] Andernfalls würde die nationale Legislative den Wirkungskreis der Judikative einschränken, was unter Umständen eine Rechtsschutzlücke bewirkt, die das Gemeinschaftsrecht für seinen Regelungsbereich nicht hinnimmt.[919] Im Lichte der Rechtsprechung des Gerichtshofes zu Art. 243 EG muss die Antragsbefugnis des Einzelnen vor nationalen Gerichten dann gegeben sein, wenn die Rechtsnorm, auf die er sich beruft, eine Pflicht des Antragsgegners normiert, zumindest auch dem Schutz des einzelnen Marktbürgers dient, und der Antragsteller gerade in dem individualisierbaren Interesse betroffen ist, welches durch die Gemeinschaftsnormen geschützt sein soll.[920] Der Begriff des subjektiven Rechts ist demnach weit auszulegen. Zudem beurteilt sich die Frage, ob eine gemeinschaftsrechtlich begründete Norm ein subjektives Recht gewährt, allein nach Gemeinschaftsrecht. So kann es beispielsweise für die Begründung eines subjektiven Rechts ausreichen, wenn die richtlinienkonforme Auslegung eines Gesetzes zu der Erkenntnis führt, dass ein wesentliches Schutzgut der Richtlinie zumindest auch dem Einzelnen zugute kommen soll.[921] Ermitteln die nationalen Gerichte auf diesem Wege jegliche subjektiv-rechtliche Relevanz gemeinschaftsrechtlich begründeter Normen und sprechen infolgedessen konsequent die Antragsbefugnis zu, ist ein Systemwechsel nicht erforderlich.

---

[915] Hirsch NJW 2000, 1817, 1821.
[916] Triantafyllou DÖV 1997, 192, 194 mit Hinweis auf EuGH, Rs. C-97/91, Borelli, Slg. 1992, I-6313, 6334, Rn. 13.
[917] Triantafyllou DÖV 1997, 192, 194.
[918] EuGH, Rs. C-97/91, Borelli, Slg. 1992, I-6313, 6334.
[919] Triantafyllou DÖV 1997, 192, 200.
[920] In Anlehnung an Burgi, Verwaltungsprozeß und Europarecht, S. 54 ff.; Stern JuS 1998, 769, 771.
[921] Jarass, Grundfragen, S. 59; Kopp/Schenke § 42 Rn. 154.

III. Statthaftigkeit des Antrags auf Erlass einer einstweiligen Anordnung

Ein einstweiliges Anordnungsbegehren ist nach deutschem Prozessrecht statthaft, wenn kein vorläufiger Rechtsschutz nach § 80 Abs. V VwGO zu gewähren ist, und es sich um ein *zulässiges Antragsbegehren* handelt (§ 123 Abs. V VwGO i.V.m. § 123 Abs. I VwGO). Während die Abgrenzungsbestimmung zum vorläufigen Rechtsschutz nach §§ 80 ff. VwGO keine gemeinschaftsrechtliche Problematik erwarten lässt und der Gerichtshof in der Rechtssache „Atlanta" Sicherungsanordnungen bereits für statthaft erklärt hat, stellt sich die Frage nach der Statthaftigkeit von Regelungsanordnungen im dezentralen Vollzug schon deshalb, weil die Befugnis der Gemeinschaftsgerichte zu deren Erlass nicht unumstritten ist. Die Differenzierung einstweiliger Anordnungen nach Sicherungs- und Regelungsanordnungen, wie sie das deutsche Recht in § 123 Abs. I VwGO vorsieht, findet in Art. 243 EG, Art. 83 VerfO keine Entsprechung.

Das Ziel der Sicherungsanordnung ist es, die Rechte des Antragstellers vor schwerwiegenden Gefährdungen zu schützen, die durch eine Veränderung des bestehenden Zustandes bewirkt werden. Sie weist insoweit eine große Nähe zur Zielsetzung der Vollzugsaussetzung auf.[922] Der Gerichtshof hat einstweilige Anordnungen mit konservierender Wirkung durch nationale Gerichte zu Gunsten der Antragsteller vor dem Hintergrund des Kohärenzgebotes zugelassen.[923] Dies entspricht der Auslegung des Art. 243 EG durch die Rechtsprechung des Gerichtshofes. Selbst als die Reichweite des Art. 243 EG noch unklar war, herrschte über seinen sichernden Charakter weitgehend Einigkeit.[924]

Nachdem der Gerichtshof sichernde einstweilige Anordnungen im Gemeinschaftsrechtsvollzug zugelassen hat ist weiterhin ungeklärt, ob auch der Anwendungsbereich des § 123 Abs. I Satz 2 VwGO durch die nationalen Gerichte ausgeschöpft werden darf. Der Antragsteller begehrt in diesen Fällen die Herstellung eines vorläufigen Zustandes in bezug auf das streitige Rechtsverhältnis, das sich nach gemeinschaftsrechtlichen Vorfragen bemisst. Das Begehren des Antragstellers wird sich in der Regel auf die einstweilige Regelung einer von ihm erstrebten Rechtsposition gegenüber nationalen Behörden richten. Der Antragsgegner ist hier wie in den Rechtssachen „Süderdithmarschen" und „Atlanta" die Verwaltung eines Mitgliedstaates. Die wohl typischste Konstellation wird die sein, dass die Behörde sich weigert, dem

---

[922] Bei beiden Arten des Eilrechtsschutzes handelt es sich um zustandssichernde Maßnahmen.
[923] EuGH, Rs. C-465/93, Atlanta, Slg. 1995, I-3761, 3788.
[924] GA Gand in: Rs. 50/69 R, Deutschland /Kommission, Slg. 1969, 449, 445; EuGH, Rs. 25/62, Plaumann, Slg. 1963, 281, 286; EuGH, Rs. 19/59 R, Geitling, Slg. 1960, 87, 93.

Antragsteller eine ihm womöglich nach Gemeinschaftsrecht zustehende Rechtsposition einzuräumen, bzw. sie räumt ihm eine andere als die begehrte Rechtsposition ein. Letztlich liegen dem Rechtsstreit in aller Regel Fragen der Auslegung des sekundären Gemeinschaftsrechts und/oder der Untätigkeit nationaler Behörden zugrunde. Die Feststellungen in der Rechtssache „T. Port“ zur Eröffnung des nationalen Rechtsweges greifen hier nicht, weil keine Untätigkeit eines Gemeinschaftsorgans in Frage steht. Das „ob" der Statthaftigkeit wurde nicht unbedingt durch die „Atlanta" - Entscheidung präjudiziert. Diese war nach der ausdrücklichen Feststellung des Gerichtshofes auf die sichernde Anordnung beschränkt.[925]

Eine pauschale Beurteilung der Statthaftigkeit regelnder Anordnungen fällt schwer. Teilweise wird darauf verwiesen, dass die zumindest vorläufige Einräumung einer neuen Rechtsposition geeignet sei, das Gemeinschaftsrecht stärker zu beeinträchtigen als die bloße Sicherung bestehender Rechtspositionen.[926] Dem ist zumindest nicht grundsätzlich zuzustimmen, denn die Regelungsanordnung wirkt unter Umständen anders in das Gemeinschaftsrecht ein als die Sicherungsanordnung, doch nicht unbedingt schwerwiegender. Sowohl die faktische Aussetzung eines Gemeinschaftsrechtsaktes durch eine Sicherungsanordnung als auch der Erlass einer vom Gemeinschaftsrechtsakt nicht gedeckten Regelungsanordnung richten sich gegen dieses Recht und stellen sich als schwerwiegender Eingriff dar. Es handelt sich daher nicht um einen schwereren, sondern um einen andersartigen Eingriff. Die Begründung einer Unstatthaftigkeit von Regelungsanordnungen kann daher nicht auf die Überlegung gegründet werden, dass sie die Wirksamkeit und die einheitliche Anwendung der betroffenen Gemeinschaftsrechtsakte generell in einem *höherem Maße beeinträchtige* als die gemeinschaftsrechtlich zulässige[927] Sicherungsanordnung. So kann eine regelnde Anordnung durchaus dem Schutz gemeinschaftsrechtlich begründeter Rechte zugute kommen. Teilweise wird sie gegenüber der kassatorischen Wirkung der Vollzugsaussetzung sogar eine weniger einschneidende Maßnahme sein, mit der das Vollzugsinteresse des Gemeinschaftsrechts wenigstens teilweise berücksichtigt werden kann. Zudem sieht auch Art. 243 EG eine entsprechende Eilbefugnis vor[928], so dass auch das Kohärenzargument für die Zulässigkeit einer Regelungsanordnung spricht. Zur Wahrung der Gemeinschaftsinteressen und der Wirksamkeit des anzuwendenden Gemeinschaftsrechts dürfte es daher genügen, für etwaige Kollisionslagen differenzierte Voraussetzungen für den Erlass von Regelungsanordnungen aufzustellen. Grundsätzlich sind daher auch Regelungsan-

---

[925] EuGH, Rs.C-465/93, Atlanta, Slg. 1995, I-3761, 3790.
[926] So Fragstein S. 175.
[927] EuGH, Rs.C-465/93, Atlanta, Slg. 1995, I-3761, 3790.
[928] Siehe dazu ausführlich 1. Teil 3. Kapitel B. I. 2. (2).

ordnungen im dezentralen Vollzug gemeinschaftsrechtlich statthaft, soweit bei deren Erlass die besonderen Erfordernisse des dezentralen Vollzugs beachtet werden.

Diese Überlegungen zeigen, dass im dezentralen Vollzug eine Unterscheidung zwischen Regelungs- und Sicherungsanordnung ohne eine entscheidende Bedeutung ist[929], selbst wenn die deutschen Gerichte grundsätzlich an einer solchen Unterscheidung festzuhalten haben.[930] Gemeinschaftsrechtlich kommt es eher darauf an, dass die nationalen Gerichte, unabhängig von der Art der begehrten Anordnung, die vielfältigen gemeinschaftsrechtlichen Pflichten[931], die sich konkret als Schranken der richterlichen Anordnungsgewalt darstellen, im konkreten Fall berücksichtigen. Zudem setzt die besondere Dringlichkeit einer Maßnahme der oftmals schwierigen Beantwortung der Frage nach der richtigen Zuordnung zu einer der beiden Anordnungsarten Grenzen. So darf der Zweck der einstweiligen Anordnung, eine Zwischenregelung zu treffen, nicht durch die langwierige und letztlich wenig ergiebige Suche nach der richtigen Einordnung der Maßnahme ad absurdum geführt werden.[932] Im Interesse eines effektiven Rechtsschutzes und vor dem Hintergrund des Leitbildes des Art. 243 EG ist es daher auch im dezentralen Vollzug angebracht, im Einzelfall auf die genaue Festlegung der Anordnungsart zu verzichten und sich mit der generalklauselartigen Nennung des § 123 Abs. 1 VwGO zu begnügen. Die Zulässigkeit, aber auch die Begründetheit einzelner Anordnungen orientiert sich weniger an der Art der Anordnung, sondern vielmehr an deren Vereinbarkeit mit den gemeinschaftsrechtlichen Anforderungen an den Vollzug des Gemeinschaftsrechts.

D. Voraussetzungen des Erlasses einstweiliger Anordnungen im dezentralen Vollzug

Ebenso wie im Rahmen der Zulässigkeit von Eilmaßnahmen ist bei gemeinschaftsrechtlich determinierten Sachverhalten nicht von vornherein klar, unter welchen Voraussetzungen einstweilige Anordnungen ergehen können.

---

929 Siehe dazu die unbeantwortete Frage des VG Frankfurt a.M. GA Elmer, Rs. C-465/93, Atlanta, Slg. 1995, I-3761, 3765.

930 Mit Hinweis auf den Willen des Gesetzgebers: Walker, Einstweiliger Rechtsschutz, Rn. 86 ff.

931 Fischer, Europarecht, S. 110, Jarass, Grundfragen, S. 6 ff. m.w.N.

932 Littbarski S. 90.

I. Voraussetzungen des Erlasses einstweiliger Anordnungen bei Gültigkeitsfragen

Der Gerichtshof hat nicht nur die Zulässigkeitskriterien einstweiliger Anordnungen gemeinschaftsrechtlichen Maßgaben unterworfen. Auch die Voraussetzungen für den Erlass einstweiliger Anordnungen im Zusammenhang mit Gültigkeitsfragen hat er dem Art. 243 EG entnommen.[933] Solche Eilanordnungen sind in der Regel darauf gerichtet, den Zustand vor Erlass eines Gemeinschaftsrechtsaktes durch Erlass eines nationalen Verwaltungsaktes einstweilig wiederherzustellen. Faktisch begehrt der Antragsteller damit die Aussetzung der Geltung und Vollziehung eines Gemeinschaftsrechtsaktes für seinen konkreten Fall. Das nationale Gericht muss im Rahmen der Begründetheitsprüfung die Frage der Gültigkeit eines Gemeinschaftsrechtsaktes zumindest vorläufig bewerten. Weil sich das Antragsbegehren an einen nationalen Hoheitsträger richtet, sind für die Gewährung eines entsprechenden Eilrechtsschutzes grundsätzlich die nationalen Gerichte zuständig. Andererseits kommt dem Gerichtshof die alleinige Verwerfungskompetenz hinsichtlich der Rechtsakte der Gemeinschaft zu.[934] Dennoch hat der Gerichtshof die Kompetenz nationaler Gerichte begründet, den Vollzug sekundären Gemeinschaftsrechts bei Gültigkeitsfragen vorläufig auszusetzen.[935] Damit wird den nationalen Gerichten entgegen der durch Art. 234 EG begründeten Kompetenzzuweisung eine Befugnis zugewiesen, die ihnen nach dem Urteil in der Rechtssache „Foto-Frost“ eigentlich nicht zusteht. Hinzu kommt, dass durch diesen Eilrechtsschutz Defizite der zeitlich einheitlichen Anwendung des Gemeinschaftsrechts verursacht werden. Eine mögliche Kompensation dieser Funktionseinbuße des Art. 234 EG kann über *spezifische Anordnungsvoraussetzungen* herbeigeführt werden.[936]

Ein wesentliches Merkmal der vom Gerichtshof postulierten Voraussetzungen ist eine Zweiteilung in materielle Rechtslage und tatsächliche Umstände, die für den Erlass einer einstweiligen Anordnung maßgeblich sind. Danach darf das nationale Gericht derartige einstweilige Anordnungen treffen, wenn

- es erhebliche Zweifel an der Gültigkeit der Handlung der Gemeinschaft hat und diese Gültigkeitsfrage, sofern der Gerichtshof mit ihr noch nicht befasst ist, diesem selbst vorlegt,

---

[933] EuGH, Rs. C-465/93, Atlanta, Slg. 1995, I-3761, 3790 ff.
[934] EuGH, Rs. 314/85, Foto-Frost, Slg. 1987, 4199, 4231.
[935] Siehe dazu 2. Teil 1. Kapitel D. I. 1.
[936] Z.B. durch eine Vorlagepflicht, siehe dazu 2. Teil 1. Kapitel D. I. 5.

- die Entscheidung dringlich in dem Sinne ist, dass die einstweiligen Anordnungen erforderlich sind, um zu vermeiden, dass der Antragsteller einen schweren und nicht wiedergutzumachenden Schaden erleidet und
- es das Interesse der Gemeinschaft angemessen berücksichtigt.

Die gemeinschaftsrechtlichen Anforderungen an die vorläufige Vollzugsaussetzung und an den Erlass einstweiliger Anordnungen bei Gültigkeitsfragen sind somit weitgehend identisch. Dies entspricht der Identität der Voraussetzungen von Vollzugsaussetzung und einstweiliger Anordnung im direkten Vollzug.[937] Allerdings hat der Gerichtshof in dem Urteil zur Rechtssache „Atlanta" gegenüber seiner „Süderdithmarschen" - Rechtsprechung[938] eine weitere Anforderung aufgestellt, nämlich die *Beachtung der einschlägigen Rechtsprechung des EuGI und des EuGH* beim Erlass der vorläufigen Maßnahmen.[939]

1. Erhebliche Zweifel an der Gültigkeit des Gemeinschaftsrechtsaktes

Das vorlegende Gericht darf nur dann Interimsmaßnahmen anordnen, wenn es *erhebliche Zweifel* an der Gültigkeit des Gemeinschaftsrechtsaktes hat.[940] Eine Anordnung zur Sicherung der Rechte des Antragstellers gegenüber Sekundärrechtsakten kann sich nämlich nur aus der möglichen Ungültigkeit eines solchen Rechtsaktes ergeben.[941] Im Rahmen der Prüfung der Notwendigkeit des Eilrechtsschutzes nach Art. 243 EG[942] entsprechen die erheblichen Zweifel an der Gültigkeit einer Beurteilung der Erfolgsaussichten der Hauptsache[943], ohne die eine einstweilige Anordnung nicht gerechtfertigt wäre. Obschon das Gericht von der Ungültigkeit des Rechtsaktes nicht zweifelsfrei überzeugt sein muss, müssen die Faktoren, die für seine Ungültigkeit sprechen, überwiegen. Dabei ist der Ermessensspielraum des Rechtssetzungsorgans zu beachten.[944]

---

[937] Dazu: Kaessner S. 98.
[938] Siehe zu dieser 1. Teil 1. Kapitel C. II. 6. (2).
[939] Wobei diese Anforderung nun auch in bezug auf Vollzugsaussetzungen gelten dürfte. Zum Einen sind die Voraussetzungen des Erlasses der Eilmaßnahme grundsätzlich identisch, zum Anderen handelt es sich bei der Beachtungspflicht aufgrund des Art. 10 EG eigentlich um eine Selbstverständlichkeit (so auch Burmeister/Miersch EuZW 1995, 840, 841).
[940] EuGH, Rs. C-465/93, Atlanta, Slg. 1995, I-3761, 3797; OVG NW NJW 1996, 3291.
[941] Zu der Parallelproblematik hinsichtlich der konkreten Normenkontrolle im deutschen Recht nach Art. 100 Abs. I GG: BVerfGE 1, 184, 189; 16, 188, 189; 22, 373, 378.
[942] Entsprechend Art. 83 § 2, 2. HS VerfOEuGH, Art. 104 § 2, 2. HS VerfO EuGI.
[943] Krück in: GTE Art. 186 Rn. 27.
[944] EuGH, Rs. C-465/93, Atlanta, Slg. 1995, I-3761, 3792.

Weil die Rechtslehre und das positive Recht ebenso wie die nationalen Rechtsordnungen[945] als Voraussetzung für den Erlass einer einstweiligen Anordnung den Anschein verlangen, dass die Rechtsposition des Antragstellers im Hauptverfahren als begründet angesehen werden wird, ist diese Voraussetzung auch im dezentralen Vollzug unproblematisch. Fraglich ist allerdings, wie der Gerichtshof als Maßstab für die Hauptsacheprognose zum Erfordernis der *Erheblichkeit der Zweifel* kommt. Diesbezüglich enthält weder Art. 83 § 2 VerfOEuGH einen ausdrücklichen Maßstab, noch ist die Rechtsprechung des Gerichtshofes einheitlich.[946] Auch ist in den Mitgliedstaaten keine Einheitlichkeit der Anforderungen an den Grad der *Zweifel* gegeben.[947]

Haibach[948] weist zu Recht darauf hin, dass der Gerichtshof mit dieser relativ strikten Formulierung wohl der Gefahr entgegenwirken wollte, dass die nationalen Gerichte allzu schnell vorläufige Maßnahmen gewähren und dadurch die angestrebte Einheitlichkeit der Anwendung des Gemeinschaftsrechts beeinträchtigt werden könnte. In Anbetracht des sichernden Charakters des Eilrechtsschutzes und der Schwere des Eingriffs in die vertikale Kompetenzverteilung ist dies sicherlich gerechtfertigt. Andererseits müsste dieser Maßstab relativiert werden, wenn das Unterlassen einer richterlichen Anordnung erhebliche negative Folgen für die Gemeinschaftsrechte des Antragstellers hat und diese überwiegen. Damit richtet sich der Maßstab der Hauptsacheprognose aber nach einer Interessenabwägung. Eine solche Interessenabwägung ist jedoch im Rahmen der Hauptsacheprognose unnötig, wenn nicht gar unzulässig. Die Berücksichtigung der Interessen der Gemeinschaft wurde vom Gerichtshof als eigenständiger Bestandteil der Begründetheitsprüfung postuliert. Auch im Rahmen der Art. 242, 243 EG ist sie ein fester Bestandteil der Dringlichkeitsprüfung.[949] Außerdem relativiert eine solche Interessenabwägung die vom nationalen Gericht anzuwendenden Entscheidungskriterien für eine Beurteilung der *materiellen Rechtslage* unzulässig und sinnwidrig. Diese Vorgabe des Gerichtshofes hinsichtlich des Grades der Zweifel ist daher nicht nur dogmatisch fragwürdig, sondern im Hinblick auf die Vorläufigkeit der Maßnahme und die Letztentscheidungsbe-

[945] GA Tesauro, EuGH, Rs. 213/89, Factortame, Slg. 1990, 2433, 2464.
[946] Grabitz in: Grabitz/Hilf Art. 186 Rn. 16 in Verbindung mit Art. 185 Rn. 27 f.; Die Rechtsprechung des Gerichtshofes reicht von der Forderung der offensichtlichen Begründetheit der Klage in der Hauptsache - EuGH, Rs. 65/63 R, Prakash, Slg. 1965, 770, 772 - über die starke Vermutung der Begründetheit - EuGH, Rs. 346/82 R, Favre, Slg. 1983, 199, 210 - bzw. deren allgemeiner Glaubhaftmachung - EuGH, Rs. 173/82 R, Castille, Slg. 1982, 4047, 4051 - bis zu bloßen Zweifeln an der Rechtmäßigkeit des streitbefangenen Rechtsaktes - EuGH, Rs. 232/81 R; Olio, Slg. 1981, 2193, 2199.
[947] Haibach S. 83.
[948] Haibach S. 26.
[949] Siehe dazu Kaessner S. 190 ff.

fugnis des Gerichtshofes auch überflüssig. Grundlage des Anordnungsanspruchs ist demzufolge eine Hauptsacheprognose.

2. *Vorläufigkeit*

Abweichend von rein nationalen Sachverhalten ist die Beurteilung der Rechtslage allein noch nicht ausreichend für die Bejahung eines Anordnungsanspruchs.

Der Erlass einer einstweiligen Anordnung kommt ferner nur dann in Betracht, wenn der Anordnungsinhalt *vorläufig* bleibt. Mit der einstweiligen Anordnung darf somit kein endgültiger Rechtszustand herbeigeführt werden. So hat der Gerichtshof jüngst festgestellt, dass „der vorläufige Rechtsschutz, wie ihn die nationalen Gerichte den Einzelnen nach der Rechtsprechung des Gerichtshofes gewähren können, nicht zur Schaffung eines endgültigen Sachverhalts führen kann, der später nicht mehr in Frage gestellt werden könnte".[950]

Im Zweifel ist eine Vorlage an den Gerichtshof nach Art. 234 EG zu richten, um eine Rechtsfrage zu klären und dadurch die Vorläufigkeit der Maßnahme zu gewährleisten.[951] Weil die Durchführung eines Vorlageverfahrens im einstweiligen Anordnungsverfahren dessen Eilcharakter unangemessen ist, kommt nur ein Vorlageverfahren parallel zum Erlass der Eilmaßnahme in Betracht. Diese kann mit einer Bedingung oder Befristung versehen werden, die die Wirksamkeit der Vorabentscheidung sichert. Außerdem kann das Gericht auch außerhalb eines Rechtsbehelfsverfahrens seine Anordnungsentscheidung jederzeit wegen veränderter Umstände aufheben oder abändern. Auch die Voraussetzung der Vorläufigkeit ist sowohl im EG-Vertrag als auch in den nationalen Rechtsordnungen zu finden und entspricht dem sichernden Charakter des vorläufigen Rechtsschutzes. Als solches ist es geradezu ein Wesensmerkmal desselben.[952] Daher überzeugt auch diese Voraussetzung und ist notwendiger Bestandteil der gemeinschaftsrechtlichen Anforderungen an den Erlass einstweiliger Anordnungen im dezentralen Vollzug.

---

950 EuGH, Urteil vom 6.3.2003, Rs. C-213/01 P, T. Port, Rn. 21, veröffentlicht unter: www.curia.eu.int.

951 Zur Parallelproblematik der Vollzugsaussetzung: Ukrow S. 261; Eckart/Haratsch DÖV 1994, 133, 140; Schlemmer-Schulte S. 308.

952 1. Teil 3. Kapitel A. IV. 2.

3. *Dringlichkeit*

Die Anordnungsentscheidung des Gerichtes muss außerdem *dringlich* sein.[953] Dies ist nur dann der Fall, wenn die Anordnung vor der Entscheidung zur Hauptsache erlassen wird und wirksam werden muss, damit der Antragsteller keinen schweren und nicht wiedergutzumachenden Schaden erleidet.[954] Auch hier greift der Gerichtshof mit der „hinreichenden Gefahr des Schadenseintritts" eine sowohl in seiner eigenen Rechtsprechung[955] als auch der Rechtsordnungen fast sämtlicher Mitgliedstaaten[956] eigene Voraussetzung auf.

Ein *schwerer und nicht wiedergutzumachender Schaden* droht, wenn ein irreversibler materieller oder immaterieller Nachteil an den rechtlich geschützten Gütern und Vermögenswerten des Antragstellers zu besorgen ist. Einbußen gelten nur dann als nicht wiedergutzumachen, wenn sie auch im Falle des Obsiegens des Antragstellers im Hauptsacheverfahren nicht vollständig ersetzt werden können.[957] Dies ist nicht der Fall, wenn ein Ersatz in Geld den Geschädigten in die Lage vor Eintritt des Schadens versetzen kann. Ein reiner Geldschaden ist daher grundsätzlich als wiedergutzumachender Schaden anzusehen.[958] Auch insoweit bildet die Rechtsprechung des Gerichtshofes zu den Art. 242, 243 EG das Leitbild für die Begründetheit einstweiliger Anordnungen im dezentralen Gemeinschaftsrechtsvollzug.

Anders als im Gemeinschaftsrecht hat in Deutschland der Primärrechtsschutz Vorrang. Diesbezüglich besteht eine Divergenz zwischen der gemeinschaftsrechtlichen und nationalen Begründetheitsvoraussetzung, die eine Einschränkung des Anwendungsbereichs der einstweiligen Anordnung im dezentralen Vollzug und damit eine Verkürzung der Rechtsschutzmöglichkeiten bewirkt. Diese Entscheidung zu Gunsten des sekundären Rechtsschutzes korreliert aber nicht nur mit den Regelungen der übrigen Mitgliedstaaten, sondern wird dem Charakter des Gemeinschaftsrechts als *Bewirkungsrecht* gerecht. Indem der Schadensersatz als funktionales Äquivalent zur einstweiligen Anordnung Fehlentscheidungen dem Schadensersatzverfahren über-

---

953 EuGH, Rs. C-465/93, Atlanta, Slg. 1995, I-3761, 3792.

954 EuGH, verbd. Rs. 43-45/59, Lachmüller, Slg. 1960, 1019, 1023; Rs. 4/78, Salerno, Slg. 1978, 1, 3; EuGH, verbd. Rs. 60 u. 190/81, IBM, Slg. 1981, 1857, 1862.

955 Krück in: GTE Art. 186 Rn.21; Grabitz in: Grabitz/Hilf Art. 186 Rn. 11 ff. und die entspr. Rechtsprechung bezüglich der Vollzugsaussetzung: EuGH, verbd. Rs. 43-45/59, Lachmüller, Slg. 1960, 1019, 1023; Rs. 25/62, Plaumann, Slg. 1963, 271, 276; verbd. Rs. 60 u. 190/81, IBM, Slg. 1981, 1857, 1862.

956 Vgl. dazu Haibach S. 83.

957 Vgl. z.B. EuGI, Rs. T-2/95 R, Industries des poudres sphériques, Slg. 1995, II- 485, 497 f., Rn. 28; EuGI, Rs. 45/90 R, Speybrouk, Slg. 1990, II-705, 711, Rn. 23.

958 EuGH, Rs. C-465/93, Atlanta, Slg. 1995, I-3761, 3792.

lässt[959], sichert er die sofortige Bewirkung der materiell-rechtlichen Vorgaben des Gemeinschaftsrechts. Allerdings hält auch der Gerichtshof in besonderen Gefährdungslagen einen sekundären Rechtsschutz für nicht ausreichend, so vor allem, wenn die Gemeinschaftsgrundrechte bedroht sind.[960] Insoweit besteht auch im Gemeinschaftsrecht, ebenso wie im deutschen Recht, unter Umständen ein Anspruch auf Primärrechtsschutz. Dies ist insbesondere dann der Fall, wenn zu erwartende Schäden für den Antragsteller zu einer Existenzgefährdung führen.[961] Eine schwerwiegende Abweichung von den nationalen Standards, insbesondere den grundrechtlich verbürgten, ist aus diesem Grunde nicht gegeben.

4. Berücksichtigung der Interessen der Gemeinschaft

Das nationale Gericht darf nur dann einstweilige Anordnungen erlassen, wenn es dabei die *Interessen der Gemeinschaft* angemessen berücksichtigt. Das nationale Gericht hat im Lichte des Erfordernisses der vollen Wirksamkeit des Gemeinschaftsrechts insbesondere sicherzustellen, dass das Gemeinschaftsrecht nicht vorschnell durch den Erlass einer einstweiligen Anordnung umgangen wird. Zu beachten sind sowohl die negative Auswirkung auf die praktische Wirksamkeit im Falle des Erlasses einstweiliger Anordnungen durch eine Vielzahl von Gerichten als auch die Besonderheit der Situation des Antragstellers. Insofern ist hier eine klassische Interessenabwägung vorzunehmen, wie sie neben dem EG-Vertrag auch die mitgliedstaatlichen Rechtsordnungen kennen. Im deutschen Recht ist die Interessenabwägung bezüglich des § 123 Abs. I VwGO allerdings umstritten.[962] Nach herrschender Ansicht ist sie aber eine Voraussetzung für den Erlass einer einstweiligen Anordnung nach § 123 Abs. I VwGO, so dass insoweit keine besonderen Divergenzen bestehen.

Eine Beeinträchtigung der vollen Wirksamkeit des Gemeinschaftsrechts wäre insbesondere dann zu befürchten, wenn eine Verordnung aufgrund mitgliedstaatlicher einstweiliger Anordnungen vorschnell außer Anwendung gelassen würde. Falls die Interessenabwägung ein Überwiegen der Gemeinschaftsinteressen am Vollzug der Verordnung ergibt, kann eine einstweilige Anordnung selbst bei erheblichen Zweifeln an der Gültigkeit der Verordnung unzulässig sein.[963] Jedenfalls muss das nationale Gericht dann, wenn der Er-

---

[959] Lehr S. 512 f.

[960] Siehe 1. Teil 3. Kapitel B. I. 3. (1); Lasok S. 167.

[961] Siehe dazu 1. Teil 3. Kapitel B. I. 3. (1); Dauses in: Handbuch des EU-Wirtschaftsrechts, 2. Bd., P. IV., Rn. 43.

[962] Siehe dazu Schoch, Risikoverteilung, S. 1570 ff.; Finkelnburg/Jank Rn. 158 ff.

[963] Ukrow S.263.

lass einer Eilmaßnahme ein finanzielles Risiko für die Gemeinschaft darstellt, von dem Antragsteller hinreichende Sicherheiten, etwa eine Kaution oder eine Hinterlegung, verlangen.[964]

Die nationalen Gerichte sind nicht verpflichtet, dem Gemeinschaftsorgan das den Rechtsakt erlassen hat Gelegenheit zur Stellungnahme zu geben, um das Interesse der Gemeinschaft angemessen zu berücksichtigen. Es ist Sache des nationalen Gerichts, nach seinen nationalen Verfahrensregeln zu entscheiden, auf welchem Wege alle sachdienlichen Informationen über den betreffenden Gemeinschaftsrechtsakt am besten eingeholt werden können.[965] Eine dahingehende Ausdehnung der gemeinschaftsrechtlichen Voraussetzungen zum Erlass einstweiliger Maßnahmen hat der Gerichtshof in seiner Entscheidung in der Rechtssache „Krüger“ abgelehnt. Dies leuchtet in diesem Fall auch ein, weil auch ohne eine solche Stellungnahme konkret keine schwerwiegende Diversifizierung zwischen den einzelnen Rechtsordnungen zu befürchten war. Zudem ist die Einholung einer Stellungnahme ebenso wie die Durchführung eines Vorabentscheidungsverfahrens im Lichte des Eilcharakters des Verfahrens nicht angebracht. Daher hat der Gerichtshof Zurückhaltung geübt und die nationale Verfahrensautonomie mangels schwerwiegender Konflikte gewahrt. Obschon dies ausdrücklich nur für die Vollzugsaussetzung ausgesprochen wurde, gilt dieser Grundsatz aus den genannten Gründen auch für den Erlass einstweiliger Anordnungen.

5. *Vorlagepflicht*

(1) *Die Vorlagepflicht als Voraussetzung für den Erlass einstweiliger Anordnungen*

Im Anschluss an seine Rechtsprechung zur Vollzugsaussetzung[966] begründet der Gerichtshof auch im Hinblick auf den Erlass einstweiliger Anordnungen eine Vorlagepflicht bei Fragen der Gültigkeit einer Verordnung als Voraussetzung für die Gewährung vorläufigen Rechtsschutzes durch das nationale Gericht.[967] Dieses muss, will es im Rahmen einer Gültigkeitsfrage eine einstweilige Anordnung erlassen, gleichzeitig[968] mit der Eilentscheidung ein

---

[964] EuGH, Rs.C-465/93, Atlanta, Slg. 1995, I-3761, 3794, Rn. 45.

[965] EuGH, Rs. C-334/95, Krüger, Slg. 1997, I-4517, 4553 f., Rn. 46 f.

[966] EuGH, verbd. Rs. C-143/88 u. 92/88, Süderdithmarschen, Slg. 1991, I-415, 544; siehe dazu: Schlemmer-Schulte EuZW 1991, 307, 309; Gornig JZ 1992, 36, 40; Wagner, Der einstweilige Rechtsschutz gegen Mitgliedstaaten, S. 107 f.

[967] EuGH, Rs. C-465/93, Atlanta, Slg. 1995, I-3761, 3795.

[968] So klarstellend: Schlemmer-Schulte EuZW 1991, 307, 309 (Fn. 20); Schmitt, Richtervorlagen, S. 380.

Vorabentscheidungsersuchen an den Gerichtshof richten. Durch diese Anordnungsvoraussetzung kompensiert der Gerichtshof die Ausnahmeregelung, dass nationale Gerichte in Eilverfahren entgegen dem durch Art. 234 EG begründeten Kompetenzsystem zumindest zeitweilig Gemeinschaftsrecht außer Anwendung lassen dürfen.[969] Außerdem ist diese Voraussetzung im Zusammenhang mit den Aspekten der Zweifel an der Gültigkeit und der Vorläufigkeit der Maßnahme zu sehen. Letztlich kann das vorläufigen Rechtsschutz gewährende nationale Gericht den vorläufigen Charakter seiner Entscheidung nur dann wahren, wenn eine Beurteilung der Gültigkeitsfrage durch den Gerichtshof gewährleistet ist.[970] Daher kann diese Voraussetzung auch nur für den Fall gelten, dass der Gerichtshof noch nicht mit der Frage der Gültigkeit der Verordnung in einem anderen Verfahren befasst ist. Das die einstweilige Anordnung gewährende Gericht ist daher nicht in jedem Fall zur Vorlage an den Gerichtshof verpflichtet.[971] Liegt die Gültigkeitsfrage dem Gerichtshof noch nicht zur Entscheidung vor oder hat er noch nicht über die Gültigkeit der Verordnung entschieden, führt die Rechtsprechung des Gerichtshofes zu einer Vorlagepflicht aller nationalen Gerichte[972], die vor dem Hintergrund einer Ungültigkeitsfrage vorläufigen Rechtsschutz, also auch einstweilige Anordnungen, erlassen wollen.

Mit der Begründung dieser Voraussetzung konkretisiert der Gerichtshof seine ursprüngliche Rechtsprechung, nach der nationale Gerichte jedenfalls dann innerhalb des Eilverfahrens nicht zur Anrufung des Gerichtshofes nach Art. 234 EG verpflichtet sind, wenn nur die Möglichkeit besteht, dass in einem späteren Hauptverfahren die Gültigkeitsfrage Gegenstand eines Haupt-

---

[969] Siehe oben 2. Teil 1. Kapitel B. II.

[970] Dieses Problem wird insbesondere dann aktuell, wenn überhaupt kein Hauptverfahren mehr durch geführt wird und deshalb eine Anrufung des EuGH nach Art 234 EG nicht möglich erscheint. So folgt in Griechenland dem Eilverfahren oftmals kein Hauptverfahren, weil der Richter des Eilverfahrens aus eigenem Ermessen bestimmen kann, ob er eine Frist zur Klageerhebung setzt (Skouris EuR 1980, 22, 34). In einigen Mitgliedstaaten scheint sich zudem das Verfahren der einstweiligen Anordnung dermaßen zu verselbständigen, dass die Parteien von Anfang an nicht die Absicht haben, ein Hauptverfahren durchzuführen. Dies ist vor allem auch in den Niederlanden der Fall (Everling, Das Vorabentscheidungsverfahren, S. 45; Dorbeck-Jung/Helder DÖV 1994, 142).

[971] So ist wohl die Formulierung des Gerichtshofes zu verstehen, dass in den Fällen nach Art. 234 EG vorzulegen ist, in denen der Gerichtshof noch nicht mit der Frage der Gültigkeit der streitgegenständlichen Verordnung befasst ist. EuGH, verbd. Rs. C-143/88 u. 92/88, Süderdithmarschen, Slg. 1991, I-415, 542; EuGH, Rs. C-465/93, Atlanta, Slg. 1995, I-3761, 3791, Rn. 32; a.A. Klein/Haratsch DÖV 1994, 133, 140 und Schlemmer-Schulte S. 308.

[972] Dies gilt sowohl für die letztinstanzlichen Gerichte im Sinne der herrschenden konkreten Theorie (zu dieser vgl. nur: Krück in: GTE Art. 177 EGV Rn. 64 ff.; Wohlfahrt in: Grabitz/Hilf Art. 177 Rn. 49), die schon vom Wortlaut des Art. 234 Abs. III EG erfasst sind, als auch für alle vorläufigen Rechtsschutz gewährenden unterinstanzlichen Gerichte.

verfahrens sein könne.[973] Ein entsprechendes Problembewußtsein offenbarte der Gerichtshof schon mit seiner Entscheidung zur Rechtssache „Foto-Frost", in der er feststellte, dass ihm allein die Kompetenz zur Nichtigerklärung der Handlungen der Gemeinschaftsorgane zustehe.[974] Nationale Gerichte sind folglich nicht befugt, selbst die Ungültigkeit von Gemeinschaftshandlungen festzustellen.[975] Hinsichtlich der Vorlagepflicht bei Gültigkeitsfragen darf daher nicht mehr differenziert werden, ob das jeweilige Gericht letztinstanzlich oder unterinstanzlich entscheidet. Diese Feststellung war wichtig, weil die unterinstanzliche Außerkraftsetzung eines Gemeinschaftsrechtsaktes im Eilverfahren ohne ein Vorabentscheidungsersuchen zumindest potenziell zu einer endgültigen Nichtanwendung des Gemeinschaftsrechts führen kann. Dies ist vor allem dann der Fall, wenn keine Rechtsmittel bis zur letzten Instanz eingelegt werden und somit keine Vorlagepflicht nach Art. 234 Abs. III EG eintritt. Der Gerichtshof entschied nunmehr, dass das Eilrechtsschutz gewährende Gericht das Gemeinschaftsrecht nicht von sich aus ohne Einschaltung des Gerichtshofes mittels Vorlage unangewandt lassen dürfe.[976]

Zu beachten ist an dieser Stelle, dass die Sachverhaltsaufklärung und – bewertung nach wie vor allein Sache der nationalen Gerichte ist[977], so dass insoweit keine Verpflichtung zur Vorlage mit Erlass der Eilentscheidung besteht.[978] Es ist die sich aus dem Vertrag ergebene Aufgabe der nationalen Gerichte, als „ordentliche" Gemeinschaftsgerichte[979], Sachfragen zu klären und das Gemeinschaftsrecht anzuwenden. Weil es sich lediglich um Sachfragen handelt, besteht keine Gefahr für die einheitliche Anwendung des materiellen Gemeinschaftsrechts oder der Durchbrechung des gemeinschaftsrechtlichen Kompetenzsystems.

---

[973] EuGH, Rs. 107/76, Hoffman-La Roche/Centrafarm, Slg. 1977, 957, 972; siehe dazu auch Ukrow S. 264 ff; Gehrmann S. 153 ff.. Insoweit begründete der Gerichtshof eine abstrakte Theorie; entsprechend ist auch eine einstweilige Anordnung des Gerichtshofes während des Vorabentscheidungsverfahrens ausgeschlossen: Dauses in: Handbuch des EU-Wirtschaftsrechts, 2. Bd. P. IV. Rn. 47.

[974] Siehe dazu jetzt auch den Vorschlag zur Neufassung des Art. 234 EG durch die Reflexionsgruppe über die Zukunft des Gerichtssystems der Gemeinschaften, NJW 2000 Anhang, Art. 234 Abs. V, der eine Vorlagepflicht für jedes Gerichtes vorsieht, das einen Gemeinschaftsrechtsakt wegen vermuteter Ungültigkeit nicht anwenden will, Rabe EuR 2000, 811, 815 f.

[975] EuGH, Rs. 314/85, Foto-Frost, Slg. 1987, 4199, 4230 ff; dazu: Bebr CMLR 1988, 667, 672 ff.

[976] EuGH, Rs. C-465/93, Atlanta, Slg. 1995, I-3761, 3795.

[977] Siehe dazu Everling, Das Vorabentscheidungsverfahren, S. 31 f., 57 f.; EuGH, Rs. 262/81, Coditel II, Slg. 1982, 3381, 3402; EuGH, Rs. 27/80, Fietje, Slg. 1980, 3839, 3854.

[978] So ist eine Vorlagefrage unzulässig, wenn nicht die Frage der Gültigkeit oder Auslegung des Gemeinschaftsrechts entscheidungserheblich ist, EuGH, Rs. C-83/91, Meilicke, Slg. 1992, I-4871, 4873.

[979] So Dauses, Vorabentscheidungsverfahren, S. 44.

(2) Bewertung

Im Ergebnis ist der Rechtsprechung des Gerichtshofes zuzustimmen, weil das Außerachtlassen des Gemeinschaftsrechts in Eilverfahren faktisch zumindest einer zeitweiligen Ungültigkeitsfeststellung – mit unmittelbarer materieller Wirkung - gleichkäme.[980] Weil der Gerichtshof nicht an der Beurteilung von Rechtsfragen beteiligt würde, bestünde die Gefahr faktischer Fehl- und Divergenzentwicklungen in den Mitgliedstaaten. Nach den Prämissen der „Foto-Frost" - Rechtsprechung ermöglicht gerade erst die Vorlagepflicht eben jenen Eilrechtsschutz, der ansonsten gegen die Grundsätze des Gemeinschaftsrechts verstoßen würde, weil der Geltungsanspruch des Gemeinschaftsrechts grundlegend und unter Umständen andauernd missachtet würde. Aus diesem Grund greift auch die Kritik, dass eine entsprechende Vorlagepflicht mit dem Wortlaut des Art. 234 EG nicht mehr vereinbar sei[981], nicht.

Richtig ist, dass Art. 234 Abs. II EG die Vorlage nicht letztinstanzlicher Gerichte in deren eigenes Ermessen legt. Die Vorlagepflicht bei Gültigkeitsfragen im Eilverfahren dient aber ebenso wie Art. 234 Abs. III EG der Wahrung der Funktion des Art. 234 Abs. I EG und der darin vorgenommenen Kompetenzzuweisung. Mit diesem wollte der Gemeinschaftsgesetzgeber eine Nichtanwendung des sekundären Gemeinschaftsrechts aufgrund mitgliedstaatlicher Urteile durch eine faktische Verwerfungskompetenz der mitgliedstaatlichen Gerichte vermeiden. Ebenso wie bei letztinstanzlichen Urteilen droht eine solche Situation aber auch bei unterinstanzlichen Gerichten, wenn der Rechtsweg nicht weiter bestritten, bzw. wenn vorläufiger Rechtsschutz gewährt wird. Abhilfe vermag hier auch nicht der gegenüber einer Vorlagepflicht mildere Weg zur Anordnung der Klageerhebung nach § 123 Abs. III VwGO in Verbindung mit § 926 ZPO zu schaffen. Dies würde zwar den Mangel der Akzessorität zum Hauptverfahren im deutschen Prozessrecht beheben, nicht aber die zumindest zeitweilige Verwerfung und damit Nichtdurchsetzung des Gemeinschaftsrechts. Zudem setzt § 926 Abs. I ZPO einen Antrag des Antragsgegners voraus. Insoweit wirkt die Dispositionsmaxime in den Verwaltungsprozess hinein. Zu beachten ist auch, dass ein Antrag auf Anordnung der Erhebung der Hauptsacheklage ohnehin dann unzulässig ist, wenn die zu erhebende Klage wegen Fortfalls des Rechtsschutzinteresses offensichtlich unzulässig wäre.[982] Daher bleibt die Vorlagepflicht das mildeste

---

980 So schon Gehrmann S. 156; dies verkennt Dänzer-Vanotti BB 1991, 1015, 1017, wenn er von einer jedenfalls nur temporärer Nichtanwendung spricht und daher die funktionsmindernde Wirkung der Nichtanwendung bezweifelt.

981 So Schlemmer-Schulte EuZW 1991, 307, 309; Gornig JZ 1992, 39, 40, beide zu der entsprechenden Voraussetzung der Vollzugsaussetzung.

982 OVGE MüLü 29. 316 1. Ls.

geeignete Mittel zu einem angemessenen Interessensausgleich. Durch eine Vorlagepflicht im Eilverfahren bleiben sowohl die Rechtsschutzinteressen des Antragstellers als auch das Verwerfungsmonopol des Gerichtshofes und die Rechtsanwendungspflicht des nationalen Gerichtes gewahrt. So wird nicht nur Rechtssicherheit durch den gesetzlichen Richter geschaffen, sondern dem Bürger bleibt zu einer verbindlichen Klärung der Gültigkeitsfrage der Weg der Nichtigkeitsklage nach Art. 230, gegebenenfalls in Verbindung mit Art. 242/243 EG erspart. Außerdem kollidiert die Vorlagepflicht nicht mit den Voraussetzungen des § 123 VwGO, weil diese sich vom System her allein aus dem Gemeinschaftsrecht ergibt.[983] Letztlich konkretisiert der Gerichtshof die gemeinschaftsrechtlichen Anforderungen an die pflichtgemäße Ermessensausübung im Rahmen der Entscheidung nach Art. 234 Abs. II EG, wenn er von einer Vorlagepflicht ausgeht.

Durch die Vorlagepflicht wird die „Anomalie"[984] des Wortlauts des EG-Vertrages auch für den Fall vorläufigen Rechtsschutzes bereinigt, der dem EuGH zwar das Entscheidungsmonopol über die Wirksamkeit des Gemeinschaftsrechts einräumt, den unterinstanzlichen nationalen Gerichten aber eine Nichtanwendung des Gemeinschaftsrechts ohne eine Vorlage nach Art. 234 EG gestattet.[985] Die Vorlagepflicht als Voraussetzung für den Erlass einer einstweiligen Anordnung gewährleistet so die rechtsverbindliche Klärung der dem Rechtsstreit zugrundeliegenden Gültigkeitsfrage.

(a) Beurteilung hinsichtlich des Charakters des Vorabentscheidungsverfahrens als Zwischenverfahren

Wenn aus der Ausübung pflichtgemäßen Ermessens im Rahmen des Art. 234 Abs. II und III EG eine Vorlagepflicht nationaler Gerichte im Rahmen einer gemeinschaftsrechtlich bestimmten Eilentscheidung folgt, erscheint dies in Anbetracht des Charakters des Vorabentscheidungsverfahrens als prozessuales Zwischenverfahren problematisch. Das Vorlageverfahren ist ein Zwischenstreit[986], der den nationalen Gerichten Vorgaben für ihre konkrete Entscheidung an die geben Hand soll. Ergeht das Vorabentscheidungsersuchen aber nicht innerhalb des Eilverfahrens, sondern gleichzeitig mit der vorläufigen Entscheidung, dient es offensichtlich nicht mehr der Entscheidungsfin-

---

[983] Koch NJW 1995, 2332.
[984] Schlemmer-Schulte EuZW 1991, 307, 308.
[985] Siehe zur umfassenderen Regelung des mittlerweile ausgelaufenen EGKS-Vertrags dessen Art. 41. Danach mussten sämtliche Gerichte Gültigkeitsfragen vorlegen. Siehe dazu auch den Vorschlag der Reflexionsgruppe über die Zukunft des Gerichtssystems der Gemeinschaften zur Neufassung des Art. 234 EG, NJW 2000 Anhang S. 7.
[986] Wohlfahrt in: Grabitz/Hilf Art. 177 Rn. 2.

dung im Hinblick auf die Eilmaßnahme. Die Entscheidung des Gerichtshofes über die Gültigkeit oder die Auslegung eines Gemeinschaftsrechtsaktes wäre für die konkrete Fallentscheidung des nationalen Gerichtes scheinbar irrelevant. Eine solche Relevanz aber fordert Art. 234 EG[987] - abstrakte Fragen nationaler Gerichte sind nicht vorlagefähig. Unklar ist vor diesem Hintergrund, ob die Vorabentscheidung des Gerichtshofes eine faktische Bedeutung haben soll, die über die deklaratorische Funktion einer „Rechtskundmachung" hinausgeht. Insoweit ist der Rechtsprechung des Gerichtshofes nichts zu entnehmen.

Dennoch ist die Vorabentscheidung des Gerichtshofes nicht ohne Relevanz.[988] So besteht die Möglichkeit, dass die Eilmaßnahme selbst auf Grundlage der Vorabentscheidung rechtlich angegriffen wird oder dass doch noch ein Hauptverfahren durchgeführt wird. Die Vorlagepflicht als Erlassvoraussetzung ermöglicht eine Beschwerde gegen die Eilentscheidung oder eine spätere Klage, ohne dass die gemeinschaftsrechtlich beeinflusste Rechtsfrage durch ein nationales Gericht präjudiziert ist.[989] Die alleinige Entscheidungskompetenz des Gerichtshofes dient vor allem auch dazu, in den Mitgliedstaaten nicht eine Rechtsprechung herauszubilden, die dem Gemeinschaftsrecht entgegenläuft und eine Hemmung der Rechtsentwicklung insgesamt bewirkt. Diese finale Funktion des Art. 234 EG überlagert noch den Charakter als Zwischenverfahren. Wird eine Vorlage zur Wahrung der Kompetenzen des Gerichtshofes als Erlassvoraussetzung verlangt, optimiert dies diese Funktion des Art. 234 EG[990] mit den Erfordernissen des Eilverfahrens, die ein Zwischenverfahren zur Beurteilung von Rechtsfragen nicht zulassen. Sinnvoll erscheint daher eine Verbindung der Vorlagepflicht mit der Maßgabe an die nationalen Gerichte, ihre Eilentscheidungen im Hinblick auf die zu erwartende „Vorabentscheidung" des Gerichtshofes einer Bedingung oder Befristung zu unterwerfen. Dies würde sowohl dem Gemeinschaftsinteresse an der Effektivität der Entscheidung des Gerichtshofes, als auch den Rechtsschutzinteressen der Beteiligten gerecht. Zumindest besteht kein berechtigtes Interesse an der Aufrechterhaltung der Eilmaßnahme, wenn der Gerichtshof die Bedenken gegen die Gültigkeit des Gemeinschaftsrechtsaktes verwirft.

Das Gericht, das die einstweilige Maßnahme erlassen hat, kann außerdem trotz fehlender Verweisung in § 123 Abs. III VwGO nach allgemeiner

---

[987] EuGH, Rs. 338/85, Pardini, Slg. 1988, 2041; Krück in: GTE Art. 177 Rn. 56 ff.

[988] So aber Krumbacher S. 58.

[989] Ein späteres Hauptverfahren würde zudem beschleunigt, weil die erforderliche Vorabentscheidung unter Umständen bereits vorläge und das Verfahren nicht oder wenigstens kürzer ausgesetzt werden müsste.

[990] Dem nicht nur eine objektive Rechtsschutzfunktion, sondern auch eine individualschützende Funktion zukommt, v. Danwitz NJW 1993, 1108, 1110 f.

Auffassung[991] entsprechend dem in § 927 ZPO und § 80 Abs. VII VwGO enthaltenen allgemeinen Rechtsgedanken auch außerhalb eines Rechtsbehelfsverfahrens auf Antrag oder von Amts wegen jederzeit seine Entscheidung abändern oder aufheben. Dies kommt insbesondere im Hinblick auf eine Vorabentscheidung des Gerichtshofes in Betracht, die gegenüber dem Zeitpunkt des Erlasses der Eilmaßnahme veränderte Umstände bewirkt.

(b) Beurteilung der Rechtsfortbildung

Die Forderung einer Vorlageverpflichtung durch den Gerichtshof findet keine ausdrückliche Entsprechung im kodifizierten Gemeinschaftsrecht. Grundsätzlich obliegt die Rechtssetzung aber auch im Gemeinschaftsrecht den dazu berufenen Organen. Deren Untätigkeit hinsichtlich einer konkreten Regelungsbedürftigkeit schafft noch keine Regelungskompetenz des Gerichtshofes. Vielmehr hat dieser sich an die Grundsätze der zulässigen richterlichen Rechtsfortbildung zu halten.[992] Dazu bedarf es vor allem einer planwidrigen Lücke im Gemeinschaftsrechtssystem. Diese Lücke besteht hier darin, dass nationale Gerichte nach der Wertung des Art. 234 Abs. III EG Gemeinschaftsrecht ohne Einschaltung des Gerichtshofes eigentlich durch vorläufige Maßnahmen nicht unangewendet lassen oder ersetzen dürfen und so eine Rechtsschutzlücke entsteht. Dennoch lässt der Gerichtshof den Erlass einstweiliger Anordnungen zu. Dies bringt es mit sich, dass durch die nationalen Gerichte zumindest zeitweise in den ausschließlichen Kompetenzbereich des Gerichtshofes eingegriffen wird. Unterinstanzliche Gerichte hätten somit weitergehende Befugnisse als letztinstanzliche Gerichte.[993] Daher postuliert der Gerichtshof eine zeitgleiche Vorlagepflicht bei Eilentscheidungen, um den Funktionalitätsverlust des Art. 234 EG zu kompensieren. Insoweit greift er den Telos des Art. 234 Abs. III EG auf, so dass die Lücke auch richtig ausgefüllt wurde. Zu beachten ist, dass die Entscheidung, ob eine einstweilige Anordnung erlassen wird und es somit zu einer Vorlage kommt, nach wie vor ebenso wie die Entscheidung über die Vorlage nach Art. 234 Abs. II EG bei den nationalen Gerichten liegt. Weil eine Vorlagepflicht für letztinstanzliche Gerichte nicht bestritten wird und die Rechtsposition des Antragstellers während des Vorlageverfahrens durch die einstweilige Anordnung gerade gewahrt bleibt, liegt auch in keiner Weise eine mit der Effektivität des Rechtsschutzes kollidierende Ausweitung der Erlassvoraussetzungen vor. Vielmehr wird den anderen wesentlichen Funktionen des Eilverfah-

---

991 OVG Münster DVBl. 1987, 699; DÖV 1990, 795; OVG Koblenz DÖV 1991, 388; Kopp/Schenke § 123 Rn. 39 m.w.N.; Redeker/v. Oertzen § 123 Rn. 29.
992 Siehe dazu 1. Teil 2. Kapitel B. II. 3.
993 Bebr CDE 1975, 379, 384 f.

rens, nämlich der Wahrung der objektiven Rechtsordnung und der Sicherung des Hauptverfahrens, genüge getan.

Die Rechtsprechung des Gerichtshofes ist auch noch aus einem weiteren Grund richtig, der im deutschen Verfassungsrecht begründet liegt. So würde den Verfahrensbeteiligten ohne die Vorlage an den Gerichtshof unter Umständen *die Vorenthaltung des gesetzlichen Richters* gemäß Art. 101 Abs. I Satz 2 GG drohen.[994] Das BVerfG hat den Gerichtshof im Solange II - Beschluss ausdrücklich als gesetzlichen Richter i.S.d. Art. 101 Abs. I Satz 2 GG anerkannt.[995] Zwar sei der Gerichtshof kein Organ der Bundesrepublik, aber mit der Gerichtsbarkeit der Mitgliedstaaten funktionell verschränkt. Das Gemeinschaftsrecht, ob Primär- oder Sekundärrecht, sei Teil der innerstaatlichen Rechtsordnung der Bundesrepublik und daher von den Gerichten sowohl anzuwenden als auch auszulegen. Im Rahmen des auf Grundlage des Art. 24 Abs. I GG ergangenen Zustimmungsgesetzes wurden dem Gerichtshof unter anderem auch durch Art. 234 EG Rechtsprechungsfunktionen übertragen, die ihnen ausschließliche Kompetenzen gegenüber den vorlegenden Gerichten einräumen. Daher sei der EuGH als „gesetzlicher Richter" i.S.d. Art. 101 Abs. I Satz 2 GG zu qualifizieren. Weil nach der Kompetenzordnung des EG-Vertrages allein dem Gerichtshof die Verwerfungskompetenz zukommt, bedarf es demnach auch nach der Wertung des Art. 101 Abs. I Satz 2 GG einer Vorlagepflicht für Gerichte, die einstweilige Anordnungen erlassen wollen.

6. *Begründungspflicht*

Als eine weitere Voraussetzung für den Erlass einstweiliger Anordnungen hat der Gerichtshof eine *Begründungspflicht*[996] festgestellt. Das vorlegende Gericht ist bei den Vorlagen im Zusammenhang mit der Gewährung von Eilrechtsschutz verpflichtet, die Gründe für die Zweifel an der Gültigkeit des Gemeinschaftsrechtsaktes darzulegen.[997] Ebenso wie die Pflicht zur Berücksichtigung der Gemeinschaftsinteressen und der Beachtungspflicht dient auch diese Voraussetzung wohl nicht zuletzt dazu, dass der nationale Richter das Gemeinschaftsrecht nur in „begründeten" Fällen außer Anwendung lässt.

---

[994] Siehe zu diesem Problem ausführlich: Möller, Der Europäische Gerichtshof als gesetzlicher Richter i.S.d. Art. 101 Abs. 1 GG.

[995] BVerfGE 73, 339, 366 ff.

[996] Diese Begründungspflicht findet seine Entsprechung in der Verpflichtung deutscher Gerichte im Rahmen der konkreten Normenkontrolle gemäß Begründung zu entspr. Pflicht im Rahmen von Art. 100 Abs. I GG in Verbindung mit §§ 13 Nr. 11, 80 ff. BVerfGG , vgl. Schermers CMLR 1992, 133, 139.

[997] EuGH, Rs.C-465/93, Atlanta, 1995, I-3761, 3791, Rn. 36.

Außerdem ist die Begründungspflicht in Zusammenhang mit dem Dialog von mitgliedstaatlichem Gericht und Gemeinschaftsgericht in Rahmen des Art. 234 EG zu sehen.[998]

7. *Beachtungspflicht*

Über die bereits in seinem Urteil zur Rechtssache „Süderdithmarschen" festgestellten Voraussetzungen zum Erlass vorläufigen Rechtsschutzes hinaus hat der Gerichtshof in seinem Urteil zur Rechtssache „Atlanta" das Erfordernis der *besonderen Beachtung* der bereits ergangenen Rechtsprechung des EuGH und des EuGI verdeutlicht.[999] Danach darf das nationale Gericht keine einstweiligen Anordnungen erlassen, wenn der Gerichtshof eine Nichtigkeitsklage gegen den fraglichen Rechtsakt hinsichtlich einer konkreten Rechtsfrage als unbegründet abgewiesen hat oder in einem Vorabentscheidungsverfahren zu einem entsprechenden Ergebnis gekommen ist. Der Gerichtshof leitet diese „Beachtungspflicht" aus Art. 10 EG ab. Diese Pflicht bezieht sich auch auf die konkrete Ausgestaltung der Anordnungsvoraussetzungen. So kann das nationale Gericht nur dann „erhebliche Zweifel" an der Gültigkeit eines Gemeinschaftsrechtsaktes haben, wenn die geltend gemachten Rechtswidrigkeitsgründe in vorangegangenen Verfahren vom Gerichtshof nicht zurückgewiesen wurden. Bei der Bewertung des Drohens eines „nicht wiedergutzumachenden Schadens" haben die mitgliedstaatlichen Gerichte die einschlägige Rechtsprechung des Gerichtshofes zu den Art. 242, 243 EG zu beachten. Von den dort gefundenen Erkenntnissen darf der nationale Richter im Einzelfall nur dann abweichen, wenn der Antragsteller sich in einer noch nicht von der Rechtsprechung des Gerichtshofes berücksichtigten Ausnahmesituation befindet.[1000] Dies dürfte dem Antragsteller in Anbetracht der Vielzahl möglicher Fallkonstellationen allerdings kaum schwer fallen, so dass sich hinsichtlich der Rechtsschutzeffektivität keine wesentlichen Bedenken ergeben.

Diese Rechtsprechung führt neben einer Angleichung der sonstigen Erlassvoraussetzungen nun auch zu einer Vereinheitlichung der Spruchpraxis am Leitbild der Rechtsprechung des Gerichtshofes. So bringt es wenig Nutzen für die einheitliche Anwendung des Gemeinschaftsrechts, wenn die Voraussetzungen formal zwar angeglichen sind, sich deren Auslegung in den

---

[998] Zuleeg JZ 1994, 1 ff.

[999] EuGH, Rs.C-465/93, Atlanta, Slg. 1995, I-3761, 3794, Rn. 46; weil im Fall „Atlanta" der Rechtsschutz durch einstweilige Anordnungen dem Rechtsschutz durch die Vollzugsaussetzung entspricht, gilt die „Beachtungspflicht" auch für die Vollzugsaussetzung (so auch: Burmeister/Miersch, EuZW 1995, 840, 841).

[1000] EuGH, Rs.C-465/93, Atlanta, Slg. 1995, I-3761, 3794, Rn. 49.

einzelnen Mitgliedstaaten aber unter Umständen erheblich unterscheidet. Ein anschauliches Beispiel hierfür bietet die Frage des „schweren und nicht wiedergutzumachenden Schadens", bei dem der Antragsteller im Gemeinschaftsrecht entgegen der rein deutschen Rechtslage bei Geldschäden auf den Sekundärrechtsschutz verwiesen werden kann. Die Gewährung einstweiliger Anordnungen hinge, gäbe es keinerlei Beachtungspflicht, wiederum von den verschiedenartigen nationalen Regelungen der einzelnen Voraussetzungen ab. Andererseits folgt daraus, dass der Spielraum des mitgliedstaatlichen Richters zusätzlich eingeengt wird.

II. Voraussetzungen einstweiliger Anordnungen bei Auslegungsfragen

Gemeinschaftsrechtlich beeinflusste Rechtsstreitigkeiten können neben Rechtsfragen der Gültigkeit auch solche der richtigen Auslegung des Gemeinschaftsrechts zugrundeliegen. Die Pflicht der nationalen Gerichte zur Anwendung des Gemeinschaftsrechts beinhaltet zwingend auch die Beurteilung solcher Rechtsfragen, um im konkreten Fall eine rechtskonforme Entscheidung treffen zu können. Obschon hier die Gefahr der unzutreffenden Auslegung besteht, sind die nationalen Gerichte nach Art. 234 EG in ihrer Rolle als funktionelle Gemeinschaftsgerichte zur Anwendung des Gemeinschaftsrechts berufen. Schwierigkeiten bereitet hier die Frage, ob auch bei *Unklarheiten über die richtige Auslegung des Gemeinschaftsrechts* die vom Gerichtshof mit der Rechtssache „Atlanta" aufgestellten Voraussetzungen für den Erlass einstweiliger Anordnungen zu beachten sind.[1001] Recht unproblematisch dürfte hier sein, dass die nationalen Gerichte einstweilige Anordnungen nur unter der Prämisse der Vorläufigkeit, bei Dringlichkeit, unter Berücksichtigung der Interessen der Gemeinschaft und der Rechtsprechung des Gerichtshofes erlassen dürfen und ihre Maßnahmen zu begründen haben. Diese Voraussetzungen sind bereits im nationalen Recht begründet oder folgen aus dem Grundsatz der Gemeinschaftstreue. Problematisch bleibt damit, inwieweit das Gemeinschaftsrecht in die einzelnen Voraussetzungen einwirkt, und ob auch bei Auslegungsfragen eine Pflicht zur Vorlage an den Gerichtshof besteht.

[1001] Laurent Gaz. Pal. 1992, Nr. 78-79, 28 nimmt auch eine Vereinheitlichung in „Auslegungskonstellationen" an. Dagegen ohne Begründung: Kaessner S. 51 Fn. 2.

1. Zweifel an der Auslegung des Gemeinschaftsrechts und Möglichkeit der Auslegung zu Gunsten des Antragstellers

Ebenso wie bei Fragen der Gültigkeit von Gemeinschaftsrecht kann eine einstweilige Anordnung unter Umständen nur dann gerechtfertigt sein, wenn Zweifel an der richtigen Auslegung des Gemeinschaftsrechts bestehen und zumindest die Möglichkeit der Auslegung zu Gunsten des Antragstellers gegeben ist. Bestünde die Möglichkeit nicht, dass die materielle Rechtslage zu Gunsten des Antragstellers zu entscheiden ist, wäre vorläufiger Rechtsschutz nicht notwendig und es bestünden keine Erfolgsaussichten in der Hauptsache. Nur die unrechtmäßige Gefährdung der Rechte des Antragstellers oder die unrechtmäßige Verweigerung der Einräumung einer Rechtsposition durch eine falsche Auslegung kann den Erlass einer einstweiligen Anordnung rechtfertigen. Wenn unter Berücksichtigung der materiellen Rechtslage ein Anspruch des Antragstellers von vornherein nicht gegeben ist, besteht auch nicht die Notwendigkeit, die Hauptsacheentscheidung zu seinen Gunsten offenzuhalten. Ein strenger Maßstab ist auch hier notwendig, um einer vorschnellen Anordnung oder Verweigerung von Eilmaßnahmen durch die nationalen Gerichte entgegenzuwirken.

Eine „Notwendigkeit“ ist jedenfalls dann nicht gegeben, wenn unter *Beachtung* der bereits vorliegenden Rechtsprechung des EuGH und des EuGI[1002] eine verbindliche den Anspruch ausschließende Auslegung bereits erfolgt ist oder wenn nach der „acte-claire“ – Doktrin[1003] nur eine anspruchausschließende Auslegung möglich ist.

2. Vorläufigkeit, Dringlichkeit, Berücksichtigung der Interessen der Gemeinschaft und Beachtungspflicht

Hinsichtlich der Erfordernisse der Vorläufigkeit, der Dringlichkeit, der Berücksichtigung der Interessen der Gemeinschaft und der Pflicht zur Beachtung bereits ergangener Rechtsprechung der Gemeinschaftsgerichte ergeben sich keine Besonderheiten gegenüber den Voraussetzungen des Erlasses einstweiliger Anordnungen im Zusammenhang mit Gültigkeitsfragen.

[1002] Vgl. dazu die vom EuGH für Gültigkeitsfragen postulierte „Beachtungspflicht“: EuGH, Rs.C-465/93, Atlanta, 1995, I-3761, 3794, Rn. 46.
[1003] EuGH, Rs. 283/81,C.L.F.I.T., Slg. 1982, 3415, 3429, 3430.

3. *Vorlagepflicht*

Ungeklärt ist in diesem Zusammenhang die Frage der Vorlagepflicht des nationalen Gerichtes als Voraussetzung für die Gewährung einstweiliger Anordnungen bei *zweifelbehafteten Auslegungsfragen, die einer Beantwortung im laufenden Verfahren bedürfen um zu einer gerichtlichen Entscheidung kommen zu können und die nicht so klar zu entscheiden sind, dass sich für ihre Beantwortung keine vernünftigen Zweifel ergeben oder die bereits von den Gemeinschaftsgerichten entschieden wurden oder wenn das nationale Gericht von einer Entscheidung des EuGH oder des EuGI abweichen will.* Einfache Fragen des Gemeinschaftsrechts haben die nationalen Gerichte nach dem Kompetenzsystem des Art. 234 EG selbst zu entscheiden. In diesen Fällen haben die nationalen Gerichte unproblematisch ihre Rechtsprechungsaufgabe unter Beachtung der bereits ergangenen Rechtsprechung des Gerichtshofes zu erfüllen und sind in diesem Rahmen selbst zur Entscheidung über Fragen des Gemeinschaftsrechts zuständig.[1004] Zu beachten ist letztlich die Bedeutung der Frage für das Gemeinschaftsrecht.[1005]

Die Vorlagepflicht nationaler Gerichte bei zweifelhaften Rechtsfragen wird von der Frage der Auslegungsprärogative des Gerichtshofes bestimmt. Nur wenn Art. 234 EG den nationalen Gerichten eine uneingeschränkt autonome Beurteilung solcher Fragen auch im Eilverfahren gestattet, besteht insoweit keine Einschränkung des Vorlageermessens aus Art. 234 Abs. II EG bis hin zu einer Vorlagepflicht. Dies betrifft neben vorlagepflichtigen auch „*vorlagebedürftige*" Fälle.[1006] Zumindest sollen solche Rechtsfragen grundsätzlich vom Gerichtshof entschieden werden, die wegen ihrer Bedeutung und Komplexität auf Gemeinschaftsebene entschieden werden müssen.[1007] Im Hauptverfahren greift hier die in Art. 234 EG kodifizierte Auslegungsprärogative des Gerichtshofes, ein letztinstanzliches Gericht des Hauptverfahrens wäre zur Vorlage verpflichtet. Eine ausdrückliche Beschränkung dieses Grundsatzes auf das Hauptverfahren enthält Art. 234 Abs. III EG nicht. Auch zur Eilentscheidung berufene unterinstanzliche Gerichte könnten so zweifelhafte Auslegungsfragen des Gemeinschaftsrechts ent-

---

[1004] Bericht der Reflexionsgruppe über die Zukunft des Gerichtssystems der Gemeinschaften, NJW 2000 Anhang S. 7.

[1005] In Anlehnung an EuGH, Rs. 283/81, C.L.F.I.T., Slg. 1982, 3415 und den Grundsatz „de minimis non curat praetor", Bericht der Reflexionsgruppe über die Zukunft des Gerichtssystems der Gemeinschaften, NJW 2000 Anhang S. 7. Alle anderen Fälle stellen eine unproblematische Rechtsanwendung durch die nationalen Gerichte dar.

[1006] Siehe zu Fällen gemeinschaftsrechtlichen Auslegungsbedürfnisses: Groh EuZW 2002, 460, 462 f.

[1007] Siehe hierzu zuletzt die Pressemitteilung des Präsidenten des Gerichtshofes Rodríguez Iglesias zu Überlegungen zur Zukunft des Gerichtssystems der EU, TB Nr. 17/99 S. 35, 37.

scheiden. Fraglich ist aber, ob dies bei der Anwendung von sekundärem Gemeinschaftsrecht im Eilverfahren nicht der Funktion des Art. 234 EG und der Auslegungsprärogative zuwiderläuft, die sich der Gerichtshof[1008] in umfassender Weise für sämtliche Rechtsfragen eingeräumt hat, die Raum für vernünftige Zweifel oder unterschiedliche Bewertungen der mitgliedstaatlichen Gerichte lassen.[1009] Konkret besteht durch eine unzutreffende Auslegung von primärem und sekundärem Gemeinschaftsrecht im Eilverfahren durch nationale Gerichte im Gegensatz zum unterinstanzlichen Hauptverfahren die Gefahr einer dauerhaft falschen und divergierenden Rechtsanwendung, wenn das Eilverfahren nicht in ein Hauptverfahren übergeleitet wird, in dem spätestens durch das letztinstanzliche Gericht eine Vorabentscheidung erwirkt werden kann. Gerade dies soll das von Art. 234 EG geschaffene Rechtsschutzsystem aber gewährleisten.

Die Auslegungsprärogative des Gerichtshofes hat die Funktion, die ordnungsgemäße Anwendung und die einheitliche Auslegung des Gemeinschaftsrechts in allen Mitgliedstaaten sicherzustellen. Die Vorlagepflicht des Artikel 234 Abs. III EG soll in diesem Rahmen verhindern, dass es innerhalb der Gemeinschaft zu voneinander abweichenden Gerichtsentscheidungen und Rechtsentwicklungen über Fragen des Gemeinschaftsrechts kommt.[1010] Der Gerichtshof soll deshalb vor einer das jeweilige Verfahren abschließenden Entscheidung Gelegenheit zu einer Vorabentscheidung in der Sache haben, um die einheitliche Anwendung des Gemeinschaftsrechts zu gewährleisten.[1011] Dies bewirkt im Regelfall die Wahrung der Auslegungsprärogative des Gerichtshofes vor materieller Rechtskraft und Vollstreckbarkeit einer Entscheidung mitgliedstaatlicher Gerichte. Die Frage, ob das Rechtsschutzsystem des EG-Vertrages auch bei unklaren Auslegungsfragen im Eilverfahren eine Alleinentscheidungskompetenz des Gerichtshofes fordert, muss anhand dieser Ziele nach Maßgabe der jeweiligen Befugnisse der innerstaatlichen Gerichte und des Gerichtshofes beurteilt werden.

Wenn nationale Gerichte Gemeinschaftsrecht anwenden, droht immer auch die Gefahr, dass sie dieses Recht falsch interpretieren, denn die Anwendung des Gemeinschaftsrechts beinhaltet zumeist auch dessen Auslegung. Andererseits beinhaltet die Auslegung einer Vorschrift immer auch die Absicht sie anzuwenden.[1012] Diese Anwendung ist notwendige Voraussetzung des gemeinschaftsrechtlichen Wirkungsanspruchs und des rechtlichen Zu-

---

[1008] EuGH, Rs. 283/81, C.L.F.I.T., Slg. 1982, 3415, 3431.
[1009] So auch: BVerfGE 82, 159, 193, 196 = NVwZ 1990, 53; v. Danwitz NJW 1993, 1108, 1110.
[1010] GA Capotorti, Schlussanträge, EuGH, Rs. 283/81; CILFIT, Slg. 1982, 3415, 3433 ff.
[1011] Beckmann, Probleme des Vorabentscheidungsverfahrens, S. 71; Koch, Einwirkungen des Gemeinschaftsrechts, S. 85.
[1012] GA Mancini, Rs. 314/85, Foto-Frost, Slg. 1987, 4199, 4219 f.

sammenhaltes der Gemeinschaftsrechtsordnung. Letztlich sind Effektivitätseinbußen strukturell durch die Zuweisung des Rechtsschutzes an die nationalen Gerichte bedingt und können im Rahmen des Art. 234 Abs. II EG grundsätzlich auch hingenommen werden.[1013] Dies spräche dafür, dass das Rechtsschutzsystem des EG-Vertrages keine ausschließliche Zuständigkeit des Gerichtshofes zur Auslegung des Gemeinschaftsrechts im Eilverfahren verlangt. So hat der Gerichtshof in seinen Urteilen in den Rechtssachen „Hoffmann-LaRoche"[1014] und „Morson"[1015] keine Vorlagepflicht bei Auslegungsfragen und damit eine Entscheidungsbefugnis unterinstanzlicher Gerichte auch ohne vorherige Vorabentscheidung des Gerichtshofes im einstweiligen Anordnungsverfahren angenommen, soweit eine erneute gerichtliche Prüfung in einem Hauptverfahren möglich bleibt. Dem Erfordernis der einheitlichen Auslegung und Anwendung des Gemeinschaftsrechts in sämtlichen Mitgliedstaaten, so argumentierte er, sei durch die Vorlagemöglichkeiten im Rahmen der Hauptsache ausreichend Rechnung getragen. Zu beachten ist, dass der Gerichtshof mit aktuellen Entscheidungen[1016] seine Rechtsprechung zu Gültigkeitsfragen mittlerweile aktualisiert hat[1017] und dies hinsichtlich einer Vorlagepflicht auch bei Auslegungsfragen notwendig sein kann.

Gegen eine Anwendung dieser neueren Rechtsprechung des Gerichtshofes auch auf unklare Auslegungsfragen könnte eingewandt werden, dass sich die Frage der Auslegungskompetenz qualitativ von der Frage der Verwerfungskompetenz unterscheide. Vor allem geht es im Kern nicht um Rechtsschutz gegen einen, beispielsweise für ungültig gehaltenen, Gemeinschaftsrechtsakt[1018] sondern direkt um ein Rechtsverhältnis zwischen dem Antragsteller und der nationalen Behörde und damit um den das Gemeinschaftsrecht konkretisierenden und somit anwendenden Rechtsschutz. Das nationale

---

[1013] Dies ist aber zumindest insoweit nicht richtig, als dass Art. 234 Abs. II EG nicht die Befugnis des nationalen Gerichtes beinhaltet, das Gemeinschaftsrecht falsch anzuwenden, wodurch Effektivitätseinbußen auftreten, die bei „richtiger" Anwendung erst gar nicht auftreten würden. Wenn aber Zweifel an der Gültigkeit oder Auslegung des Gemeinschaftsrechts bestehen, ist das nationale Gericht schon aufgrund des Art. 10 EG verpflichtet, das Gemeinschaftsrecht nicht falsch anzuwenden. Insoweit bedeutet Art. 234 EG keine gemeinschaftsrechtliche Ermächtigung zu einer Einschränkung des einheitlichen und effektiven Vollzugs des Gemeinschaftsrechts durch die mitgliedstaatlichen Gerichte.

[1014] EuGH, Rs. 107/76, Hoffmann-LaRoche, Slg. 1977, 957 ff.

[1015] EuGH, Rs. 35 u. 36/82, Morson, Slg. 1982, 3723 ff.

[1016] EuGH, verbd. Rs. C-143/88 u. 92/88, Süderdithmarschen, Slg. 1991, I-415 ff.; EuGH, Rs. C-465/93, Atlanta, Slg. 1995, I-3761 ff.

[1017] Koch NJW 1995, 2331, 2332; „Hoffmann-LaRoche" hätte in den MS, in denen kein dem Gemeinschaftsrecht vergleichbarer Rechtsschutz besteht, zu einer Rechtsverweigerung geführt.

[1018] Also nicht um vorläufigen Rechtsschutz gegen Gemeinschaftsrecht (siehe dazu Zuck/Lenz, NJW 1997, 1193 ff.).

Recht des vorläufigen Rechtsschutzes wird in diesen Fällen nicht gegen die innerstaatliche Durchsetzung des Gemeinschaftsrechts instrumentalisiert, sondern nimmt die klassische Mittlerfunktion mitgliedstaatlichen Verfahrensrechts zur Durchsetzung des materiellen Gemeinschaftsrechts ein. Ein Gericht, das selbständig das Gemeinschaftsrecht auslegt und dabei zu abwegigen Ergebnissen kommt, beeinträchtigt zwar die Gemeinschaftsinteressen, doch gerät es nicht in Widerspruch zum Wesensgehalt des Art. 234 EG. Es gefährdet daher nicht per se den rechtlichen Zusammenhalt des Gemeinschaftsrechts. Die Anerkennung der Befugnis zur Auslegung des Gemeinschaftsrechts durch nationale Gerichte beinhaltet gerade keinen Widerspruch im System, sondern ist Teil und Stütze des kohärenten Rechtsschutzsystems, wie es der Vertrag geschaffen hat. Art. 234 Abs. III EG soll verhindern, dass sich in einem Mitgliedstaat eine Rechtsprechung dauerhaft herausbildet, die mit den Normen des Gemeinschaftsrechts nicht in Einklang steht. Anders als das Verwerfungsrecht ist die Auslegung des Gemeinschaftsrechts nach dem gemeinschaftlichen Rechtsschutzsystem nicht exklusiv dem Gerichtshof zugewiesen, sondern auch Sache der mitgliedstaatlichen Gerichte, denn die Rechtsanwendung beinhaltet zwingend auch die Rechtsauslegung. Während dies zumindest für die Auslegung des Gemeinschaftsrechts im mitgliedstaatlichen Hauptverfahren gilt, kann aber gerade die Funktion des Art. 234 EG eine andere Beurteilung für das Eilverfahren erzwingen, sofern die Auslegung in erheblichem Maße zweifelhaft ist.

Generalanwalt Lenz[1019] begründet die seiner Ansicht nach bestehende Notwendigkeit einer gemeinschaftsrechtlichen Einflussnahme auch bei zweifelhaften Auslegungsfragen damit, dass einer Norm neben der Verwerfung auch durch eine bestimmte Auslegung ihre Wirksamkeit entzogen werden könne. Praktisch mache es keinen Unterschied, ob ein mitgliedstaatliches Gericht eine Norm wegen vermuteter Ungültigkeit unangewendet lasse oder ihr eine Auslegung gebe, die sie im konkreten Fall unanwendbar mache.[1020] Daher kann die Gemeinschaftsrechtsordnung durch eine unterschiedliche Auslegung des Gemeinschaftsrechts ebenso beeinträchtigt werden wie bei Zweifeln an der Gültigkeit.[1021] Zudem besteht die Gefahr, dass dieses Ergebnis durch die Vollendung bestimmter Tatsachen im Hauptverfahren nicht mehr korrigiert werden kann. Daraus schließt Ehlers[1022], dass Konflikte nur

[1019] GA Lenz, Rs. C-143/88, Süderdithmarschen, Slg. 1990, I-415, 488 ff, Rn. 61 ff.
[1020] So auch: Brown/Jacobs, The Court of Justice of the European Communities, S. 174.
[1021] Haibach S. 21; dies meinte wohl auch der Einwand der spanischen und der italienischen Regierung in ihren Stellungnahmen zu der Rechtssache „Atlanta“. Dort gehen sie, offensichtlich die potenzielle Beeinträchtigung des Gemeinschaftsrechts durch einstweilige Anordnungen über den konkreten Fall hinaus sehend, von stärkeren möglichen Beeinträchtigungen aus.
[1022] Ehlers in: Schoch/Schmidt-Aßmann/Pietzner Anh. § 40 Art. 177 Rn. 43.

dann auftauchen, wenn die einstweilige Anordnung die Entscheidung in der Hauptsache vorwegnehme. Das zur verbindlichen Auslegung berufene Organ, der Gerichtshof, würde dann nicht beteiligt.

Zu bedenken ist, dass die Eilverfahren in den Mitgliedstaaten teilweise eigenständige und damit von der Hauptsache „abgekoppelte" Verfahren sind.[1023] Für die objektive Rechtswahrungs- und Rechtsbildungsfunktion der Auslegungsprärogative des Gerichtshofes ist es daher praktisch unerheblich, ob den Parteien abstrakt noch ein weiterer Rechtsweg offen steht. Wird die Rechtsfrage de facto nicht weiter verfolgt, ist jedenfalls die objektive Funktion der Auslegungsprärogative nicht gewahrt. Durch eine praktische Endgültigkeit der Eilentscheidung werden die sich stellenden Auslegungsfragen einer Beurteilung der Revisionsgerichte und damit dem Vorabentscheidungsverfahren und dem Gerichtshof als einzig zur letztverbindlichen Entscheidung zuständigen Organ gemäß Art. 234 Abs. III EG entzogen.[1024] Ebenso wie bei Gültigkeitsfragen kommt in diesen Fällen auch bei zweifelhaften Auslegungsfragen den unterinstanzlichen Gerichten faktisch eine Befugnis zu, die nach Art. 234 Abs. III EG nicht einmal letztinstanzlichen Gerichten im Hauptverfahren zukommt, nämlich die faktisch verbindliche Auslegung des Gemeinschaftsrechts. Weil der verbindlichen Auslegung eines Gemeinschaftsrechtsaktes durch den Gerichtshof ein quasi-normativer Charakter zukommt[1025] würde die gemeinschaftliche Funktionenteilung gestört. Das Eilgericht soll schwierige, bislang nicht hinreichend geklärte Rechtsfragen nicht selbst klären, sondern dem Gerichtshof die Klärung zugänglich machen. Komplexe gemeinschaftliche Rechtsfragen würden andernfalls in einem summarischen Verfahren potenziell abschließend beurteilt, ohne dass das entscheidende Gericht zur Klärung der Rechtsfrage berufen oder das Verfahren zur Klärung solcher Rechtsfragen geeignet wäre.

[1023] Oftmals wird überhaupt kein Hauptverfahren mehr durch geführt. So folgt in Griechenland dem Eilverfahren oftmals kein Hauptverfahren, weil der Richter des Eilverfahrens aus eigenem Ermessen bestimmen kann, ob er eine Frist zur Klageerhebung setzt (Skouris EuR 1980, 22, 34). In einigen Mitgliedstaaten scheint sich zudem das Verfahren der einstweiligen Anordnung dermaßen zu verselbständigen, dass die Parteien von Anfang an nicht die Absicht haben, ein Hauptverfahren durchzuführen. Dies ist vor allem in den Niederlanden der Fall (Everling, Das Vorabentscheidungsverfahren, S. 45). GA Lenz weist auch auf Streitigkeiten nach dem UWG hin, die oftmals im Wege der einstweiligen Verfügung endgültig entschieden werden (Schlussanträge EuGH, verbd. Rs. C-143/88 u. 92/88, Süderdithmarschen, Slg. 1991, I-415, 488). Auch in Deutschland ist das einstweilige Anordnungsverfahren ein selbständiges gerichtliches Verfahren, das unabhängig vom Hauptverfahren durchgeführt wird (vgl. nur BVerfGE 59, 63, 82; BVerfGE 53, 30, 52; Kopp/Schenke § 123 Rn. 19; Finkelnburg/Jank Rn. 268).

[1024] Dies gilt nicht, wenn die Durchführung eines Hauptverfahrens angeordnet wird.

[1025] Braakmann/Schröter in: Die Anwendung der Art. 85 und 86 EG-Vertrag, S. 7.

Auf das Hauptverfahren kann es daher wegen der Eigenständigkeit des Eilverfahrens und der Unsicherheit über dessen tatsächliche Durchführung nicht ankommen. Das Ergebnis der richterlichen Auslegung kann später unter Umständen mangels Hauptverfahren nicht mehr korrigiert werden. Für den Individualrechtsschutz ist es möglicherweise unerheblich, ob ein Hauptverfahren durchgeführt wird, wenn der Antragsteller schon im Eilverfahren die begehrte Entscheidung erlangt hat. Für die objektive Rechtskontrolle bedeutet die Wirksamkeit der einstweiligen Anordnung ohne Durchführung eines Hauptverfahrens aber, dass das Gemeinschaftsrecht - gegebenenfalls dauerhaft - falsch ausgelegt Rechtswirksamkeit entfaltet[1026] und gegebenenfalls Rechtsfragen von grundsätzlicher Bedeutung ungeklärt bleiben.[1027] Dies würde insbesondere für das Gemeinschaftsrecht die Gefahr mit sich bringen, dass die Rechtsfortbildung und damit die Gestaltungsaufgabe des Gerichtshofes gehemmt wird. Die Rolle des dynamischen Integrationsfaktors, der dem Gerichtshof auch in Anbetracht der Lückenhaftigkeit des Gemeinschaftsrechts durch den Vertrag zugedacht ist, wäre so zumindest partiell gefährdet. Wenn nationale Gerichte trotzdem auch zweifelhafte Auslegungsfragen im einstweiligen Anordnungsverfahren beurteilen dürfen, ist dies im Lichte der Funktionenzuweisung des Art. 234 EG nur dann gerechtfertigt, wenn die Rechtsfrage nicht endgültig der Beurteilung des Gerichtshofes entzogen ist. Diese „Vorläufigkeit“ ist mangels Akzessorität des einstweiligen Anordnungsverfahrens[1028] im nationalen Recht nur dann gewährleistet, wenn eine Vorlage zwingende Voraussetzung für den Erlass einer einstweiligen Anordnung ist.[1029] So erscheint denn auch eine Einschränkung des Vorlageermessens des nationalen Gerichts hin zu einer Vorlagepflicht gegenüber der denkbaren Alternative zwingender Akzessorität im nationalen Eilverfahren als das mildere Mittel einer gemeinschaftsrechtlichen Einflussnahme.

Im Gegensatz zum Urteil unterinstanzlicher Gerichte im Hauptverfahren kommt der Anordnung eine *eingeschränkte*[1030] *Rechtskraft*[1031] zu. Eine falsche Auslegung beeinträchtigt das Gemeinschaftsrecht – und den durch die

---

[1026] Zur Abänderbarkeit siehe: Schmitt, Richtervorlagen, S. 311 f.

[1027] Zum Parallelproblem im deutschen Verwaltungsprozessrecht: Sendler DVBl. 1982, 812, 819.

[1028] Weil ansonsten ein Vorabentscheidungsersuchen wenigstens im Hauptverfahren gewährleistet wäre.

[1029] Auch hier scheitert eine Einbindung des § 123 Abs. III VwGO in Verbindung mit § 926 ZPO zumeist an der Dispositionsmaxime.

[1030] Die Rechtskraft ist lediglich beschränkt, weil ihr im Hinblick auf die Hauptsacheentscheidung keine Bindungswirkung zukommt. Sie wirkt nur im Hinblick auf andere einstweilige Maßnahmen. Siehe dazu Baur S. 86 ff.

[1031] Eine materielle Rechtskraft kann nur durch Urteil gemäß § 107 VwGO herbeigeführt werden (§ 121 VwGO). Über eine einstweilige Anordnung wird dagegen in Form des Beschlusses entschieden (§ 123 Abs. IV VwGO).

Eilentscheidung Betroffenen – unmittelbarer als eine falsche Auslegung unterinstanzlicher Gerichte im Hauptverfahren. Dies ist durch die mit der Anordnung verbundene Titelfunktion nach § 168 Abs. I Nr. 2 VwGO[1032] und der daraus resultierenden sofortigen Vollstreckbarkeit der einstweiligen Anordnung bedingt. Diese Titelfunktion kommt der Anordnung im Übrigen sogar unabhängig davon zu, ob sie rechtskräftig geworden ist.[1033] Daher überzeugt das Argument, es handele sich nur um vorläufige Entscheidungen, die folglich keine erheblichen Auswirkungen auf die Einheitlichkeit der Auslegung und der Anwendung des Gemeinschaftsrechts haben[1034], nicht. Das Eilverfahren dient vielmehr gerade dazu, eine Rechtsposition zu sichern oder vorläufig durchzusetzen, bedarf also sui generis einer faktischen Wirkung. Gerade diese praktische Wirksamkeit ist der Grund für die Existenz des Eilverfahrens. Die Auswirkungen der fehlerhaften Auslegung gefährden somit ungleich stärker als im unterinstanzlichen Hauptverfahren das Gemeinschaftsrecht. Im Hauptverfahren findet eine Durchsetzung des Urteils nicht statt, solange das Urteil nicht vollstreckbar ist, so dass nach der Grundkonzeption des Art. 234 Abs. III EG die materielle Rechtskraft und Vollstreckbarkeit nicht ohne eine Vorabentscheidung des Gerichtshofes eintritt solange der Rechtsweg ausgeschöpft wird.[1035] Dies verdeutlicht auch die ganz herrschende *konkrete Theorie*[1036] zur Bestimmung der vorlagepflichtigen Gerichte. Entscheidend ist danach für eine Vorlagepflicht allein, ob im konkreten Fall eine faktische Rechtskraft und damit eine unmittelbare Vollstreckbarkeit eintritt oder ob noch weitere Rechtsschutzmöglichkeiten bestehen, die einer faktischen Wirksamkeit der Entscheidung des Gerichtes entgegenstehen

[1032] Finkelnburg/Jank Rn. 561.
[1033] Vgl. § 168 Abs. I Nr. 2 VwGO; Brühl JuS 1995, 916, 920.
[1034] So die Begründung in: EuGH, Rs. 35 u. 36/82, Morson, Slg. 1982, 3723, 3734; vgl. auch Guggemoos, Vorlagepflichten, S. 63; Schmitt, Richtervorlagen, S. 383.
[1035] Dies gilt jedenfalls idealtypisch, wenn die nationalen Gerichte ihrer Vorlagebefugnis und -pflicht nachkommen und die Rechtsfrage einer „korrekten" Beurteilung zugeführt wird. Dies verlangt allerdings eine entsprechendes Verhalten der Prozessparteien. Unabhängig davon, wann die Vorlagepflicht greift, dient der Art. 234 EG der Findung „richtigen" und einheitlichen Rechts. Daher ist selbst im Falle mangelnder Vorlagepflicht ein rechtskräftiges aber falsches Urteil als der Funktion des Art. 234 EG entgegenlaufend anzusehen. So ist ein falsches Urteil gemeinschaftsrechtlich nicht deshalb weniger bedenklich, weil keine Vorlagepflicht bestand. Vor diesem Hintergrund zeigt sich die Schwäche des Art. 234 Abs. III EG, dass unterinstanzliche Gerichte seinem Wortlaut nach mehr Entscheidungsbefugnisse zustehen als den Obergerichten. Diese Rechtsprechung des Gerichtshofes lässt sich möglicherweise auch durch die strenge Akzessorität des Eilverfahrens im Gemeinschaftsrecht erklären. Dort wirkt die beschränkte Rechtskraft tatsächlich bis zum Hauptsacheurteil, dass auch auf jeden Fall ergeht. Ist die einstweilige Anordnung aber wie im deutschen Prozessrecht von einem Hauptsacheurteil unabhängig, kann die beschränkte materielle Rechtskraft der Eilentscheidung unter Umständen dauerhaft bestehen. Dies widerspricht aber der Grundkonzeption des Art. 234 Abs. III EG.
[1036] Siehe dazu: Krück in: GTE Art. 177 Rn. 38.

können. Andernfalls könnte eine Entscheidung des Gerichtshofes in zweifelhaften Auslegungsfragen durch eine extensive Ausgestaltung des Rechtsweges umgangen werden.[1037]

Aufgrund der beschränkten materiellen Rechtskraft von Eilentscheidungen gewähren beispielsweise luxemburgische Gerichte grundsätzlich keinen vorläufigen Rechtsschutz im Vorgriff auf Entscheidungen des EuGH nach § 234 EG, weil dies dessen Entscheidungen in ihrer Wirksamkeit beeinträchtigen könnte.[1038] Ein entsprechender Anordnungsantrag ist unzulässig. Die durch diese Norm berufene Entscheidungsinstanz würde nicht beteiligt.[1039] Aus diesem Grunde besteht im einstweiligen Anordnungsverfahren eine Pflicht zur Beachtung der Auslegungsprärogative des Gerichtshofes zumindest aus der Reduzierung des in Art. 234 Abs. II EG eingeräumten Ermessens[1040] bei Nichtakzessorität, d.h. theoretischer oder faktischer Eigenständigkeit des einstweiligen Anordnungsverfahrens.[1041] Ist das nationale einstweilige Anordnungsverfahren dagegen entsprechend der Regelung im EG-Vertrag zum Hauptverfahren akzessorisch, können die erläuterten Verwerfungen nicht auftreten, so dass keine vom gemeinschaftlichen Rechtsschutzsystem nicht tolerierten Vollzugsdefizite in diesem Sinne zu besorgen sind.[1042]

Vor dem Hintergrund der Eigenständigkeit des einstweiligen Anordnungsverfahrens im deutschen Prozessrecht und der faktischen Wirkung des Anordnungsbeschlusses ist damit nicht ersichtlich, so dass einstweilige Anordnungen in Gültigkeitsfragen die praktische Wirksamkeit des Gemeinschaftsrechts in einer Weise mehr bedrohen als Fragen der Auslegung, dass eine Ungleichbehandlung gerechtfertigt wäre.[1043] Eine potenziell endgültige Auslegungsbefugnis *im einstweiligen Anordnungsverfahren* verstößt daher grundsätzlich gegen die Auslegungsprärogative des Gerichtshofes und kollidiert mit der Kompetenzzuweisung des Art. 234 EG. Nur eine strikte Ein-

---

[1037] Siehe dazu in diesem Zusammenhang die Bemühungen in der Bundesrepublik um eine Straffung des Rechtsweges: Redeker NJW 1998, 2790; Meyer-Teschendorf/Hofmann ZRP 1998, 132.

[1038] Loesch/Wolter in: Die Anwendung der Art. 85 und 86 EG-Vertrag S. 363.

[1039] Exemplarisch ist hier die von Braakmann in: Die Anwendung der Art. 85 und 86 EG-Vertrag, S. 391 in Fn. 43 zitierte Entscheidung eines niederländischen Richters, der in einem „Kort Geding" – Verfahren die Einleitung eines Hauptverfahrens anordnete, damit dort um eine Vorlageentscheidung des EuGH ersucht werden solle, weil er die entscheidende Rechtsfrage nicht selbst entscheiden wollte.

[1040] Vgl. Ehlers/Pünder EuR 1997, 74, 80.

[1041] Denkbar wäre auch eine Lösung nach dänischem Vorbild, wo das Eilverfahren nicht akzessorisch ist, aber gemäß § 642 Retsplejeloven auf das Eilverfahren ein Hauptverfahren folgen muss.

[1042] Aus dieser Tatsache erhellt sich im Übrigen auch das geringe Problembewußtsein des Gerichtshofes in seine Urteilen „Hoffmann-LaRoche" und „Morson".

[1043] Zumal Auslegungsfragen eine erheblich höhere praktische Relevanz aufweisen. So machen Gültigkeitsfragen nur rund 15 % aller Vorabentscheidungsersuchen aus: Gündisch/Lenz S. 99.

haltung des Kompetenzsystems zwischen den Gemeinschaftsorganen und den Mitgliedstaaten kann aber dafür Sorge tragen, dass die als Rechtsgemeinschaft konstituierte Gemeinschaft nicht ihrer Daseinsberechtigung beraubt wird.[1044]

Art. 234 EG sieht somit keine Eilentscheidungsbefugnis nationaler Gerichte bei gemeinschaftsrechtlich bestimmten, besonders problematischen und insgesamt *vorlagebedürftigen* Rechtsfragen vor, ohne dass die Auslegungsprärogative des Gerichtshofes im Wege der Durchführung eines Vorabentscheidungsverfahrens gesichert bleibt. Auch bei Auslegungsfragen bedarf es trotz der Auslegungsprärogative des Gerichtshofes eines einstweiligen Anordnungsverfahrens. Daher muss im Lichte der Gemeinschaftsgrundsätze und der Kohärenz des Rechtsschutzsystems auch der Erlass einstweiliger Anordnungen bei gemeinschaftsrechtlich determinierten Auslegungsfragen zulässig sein. Den nationalen Gerichten kommt somit auch bei Auslegungsfragen ein Zuständigkeitszuwachs zugute. Ein Ausgleich dieses Konfliktes findet durch die Sicherung der Auslegungsprärogative mit Hilfe einer Vorlageverpflichtung des nationalen Gerichtes statt, die aus der Ausübung des pflichtgemäßen Ermessens im Rahmen des Art 234 Abs. II EG folgt. Diese Vorlageverpflichtung schränkt den nationalen Richter letztlich nicht in seiner Handlungsfreiheit und -pflicht ein, begrenzt aber die nachteiligen Auswirkungen für die Gemeinschaftsrechtsordnung.[1045] Die nationalen Gerichte trifft allerdings auch bei Auslegungsfragen keine Vorlagepflicht, wenn entsprechend der dem französischen Recht entliehenen „acte-claire" – Doktrin die gemeinschaftsrechtliche Norm so klar ist, dass vernünftigerweise nur eine Auslegung möglich ist.[1046] Das gleiche gilt für bereits von den Gemeinschaftsgerichten entschiedene oder bei diesen anhängige Auslegungsfragen. Die Einschränkung des Vorlageermessens betrifft daher nur besonders problematische und ungeklärte und dadurch vorlagebedürftige Fragen der Auslegung des materiellen Gemeinschaftsrechts.

III. Gesamtbewertung der Erlassvoraussetzungen

1. Die Begrenzung und Sicherung der nationalen Verfahrensautonomie

Trotz der grundsätzlichen Anerkenntnis der nationalen Verfahrensautonomie begrenzt der Gerichtshof diese Regelungskompetenz im Anschluss an seine

[1044] So zutreffend v. Danwitz DVBl. 1998, 421, 429, der mit diesem Argument allerdings gerade die modifizierende Einflussnahme des Gerichtshofes kritisiert.

[1045] Vgl. GA Lenz, Schlussanträge EuGH, verbd. Rs. C-143/88 u. 92/88, Süderdithmarschen, Slg. 1991, I-415, 489.

[1046] Erichsen/Weiß Jura 1990, 586, 591.

Rechtsprechung zur Vollzugsaussetzung[1047] auch hinsichtlich des Erlasses einstweiliger Anordnungen[1048]. Dies ist aufgrund der Identität der Voraussetzungen des Art. 243 EG und der Vollzugsaussetzung nach Art. 242 EG in Verbindung mit Art. 83 § 2 VerfOEuGH, die der Gerichtshof als Maßstab auch für den Vollzug des Gemeinschaftsrechts durch nationale Gerichte heranzieht, konsequent und bewirkt eine Kohärenz der Rechtsprechung des Gerichtshofes hinsichtlich der Gewährung vorläufigen Rechtsschutzes beim dezentralen Vollzug des Gemeinschaftsrechts. Die Folge dieser Rechtsprechung ist, dass sich die nationale Verfahrensautonomie im konkreten Fall letztlich im wesentlichen nur noch auf die Ausgestaltung der Antragstellung und der Sachverhaltsfeststellung bezieht.[1049]

An dieser Stelle sei noch mal darauf hingewiesen, dass ein Eingriff in die nationale Verfahrensautonomie nur bei Gefahren für die einheitliche Anwendung und Wirkung des materiellen Gemeinschaftsrechts sowie für die Kompetenzordnung statthaft ist. Durch einen solchen Eingriff wird nicht das „gemeinschaftliche Verfahrensrecht" geschützt, denn grundsätzlich ist nach wie vor von der nationalen Verfahrensautonomie auszugehen. Das Kohärenzargument sowie das Argument der Einheitlichkeit der Gemeinschaftsrechtsordnung greift nur bei strukturbedingten Vollzugsdefiziten, die allein durch eine modifizierende Einwirkung in das nationale Verfahrensrecht bereinigt werden können. Solche Vollzugsdefizite sind immer dann möglich, wenn die gemeinschaftsrechtliche Kompetenzordnung, der gemeinschaftliche Rechtsschutzstandard oder die einheitliche und effektive Anwendung des Gemeinschaftsrechts durch nationale Eilmaßnahmen verletzt werden. Dieser Gefahr versucht der Gerichtshof durch eine Begrenzung der nationalen Verfahrensautonomie zu begegnen. Einerseits stärkt er die Stellung nationaler Eingangsgerichte als funktionale Gemeinschaftsgerichte durch die zumindest zeitweilige Verwerfungs- und Auslegungsbefugnis, andererseits werden sie konsequent[1050] durch einheitliche Voraussetzungen der Rechtsschutzgewährung in das gemeinschaftsrechtliche Rechtsschutzsystem eingebunden. Letztlich bedeutet dies keine Abkehr von dem Grundsatz, dass Divergenzen der Rechtsordnungen der einzelnen Mitgliedstaaten vor einer Harmonisierung durch den Gemeinschaftsgesetzgeber hingenommen werden müssen.[1051] Das Ziel der Rechtsprechung des Gerichtshofes ist nicht die Harmonisierung der mitgliedstaatlichen Verfahrensordnungen zur Erreichung einer Konvergenz. Vielmehr bemüht er sich um die Wahrung der Einheitlichkeit und der Effek-

---

[1047] EuGH, verbd. Rs. C-143/88 u. 92/88, Süderdithmarschen, Slg. 1991, I-415.
[1048] EuGH, Rs. C-465/93, Atlanta, Slg. 1995, I-3761, 3795.
[1049] So schon hinsichtlich der Vollzugsaussetzung Ukrow S. 260.
[1050] So auch Brinker NJW 1996, 2851, 2852; Sandner DVBl. 1998, 262, 266.
[1051] So EuGH, Rs. 33/76, Rewe, Slg. 1976, 1989, 1999.

tivität der Gemeinschaftsrechtsanwendung, der Kompetenzen der Gemeinschaft und um die Wahrung der Rechtsschutzinteressen der Unionsbürger. Im Gegensatz zur Harmonisierung durch den Gemeinschaftsgesetzgeber handelt es sich dabei nicht um eine politische Frage, sondern um ein Problem der Unvollständigkeit des Gemeinschaftsrechts. Ein bloßer Verweis auf die Regelungen des nationalen Prozessrechts käme daher einer Rechtsverweigerung gleich und würde der Funktion des Gerichtshofes als *Gemeinschafts*gericht nicht gerecht. Insoweit ist einer begrenzten Durchbrechung der nationalen Verfahrensautonomie zuzustimmen. Dies gilt aber nur in dem Maße, in dem die Grenzen zulässiger Rechtsfortbildung eingehalten bleiben, denn ein Regelungsbedürfnis schafft noch keine Regelungskompetenz.

2. *Der rechtsfortbildende Gehalt der Modifizierung des nationalen Verfahrensrechts*

Einerseits ermöglicht die Rechtsprechung des Gerichtshofes erst den Erlass einstweiliger Anordnungen im dezentralen Vollzug , weil eine faktische Außerkraftsetzung materiellen Gemeinschaftsrechts durch ein nationales Gericht nach der „Foto-Frost" - Entscheidung eigentlich nicht zulässig ist. Andererseits bewirkt das Urteil eine Harmonisierung der mitgliedstaatlichen Regelungen über den Erlass einer einstweiligen Anordnung des Gemeinschaftsrechts nach Art. 242/243 und Art. 86 § 4 VerfO.

(1) Die Regelungslücke

Teilweise wurde bestritten, dass es hinsichtlich des Erlasses vorläufiger Rechtsschutzmaßnahmen eine ausfüllungsbedürftige Lücke gibt, weil das nationale Recht zumindest in Deutschland über ein ausdifferenziertes Regelungssystem verfüge und durch eine Rückverweisung auf nationales Recht stets eine Lösung zu finden sei.[1052] Diese Auffassung ist vor dem Hintergrund des Verwerfungsmonopols und der Auslegungsprärogative des Gerichtshofes so nicht haltbar. Konflikte und Vollzugsdefizite im dezentralen Vollzug entstehen gerade erst durch die Anwendung nationalen Rechts. Ein Rückgriff auf dessen Regelungen macht daher keinen Sinn. Ein solcher Rückverweis ist auch deshalb nicht sinnvoll, weil die unterschiedliche Ausgestaltung in den einzelnen Mitgliedstaaten erhebliche Kontroll- und Vollzugsunterschiede bei der gerichtlichen Anwendung des Gemeinschaftsrechts im Eilverfahren bewirkt. Dadurch aber werden die Strukturprinzipien des Gemeinschaftsrechts wie der Vorrang und die Einheitlichkeit des Vollzugs ebenso wie die Geltung

---

[1052] Dänzer-Vanotti BB 1991, 1015, 1017; Stein, Richterliche Rechtsfortbildung, S. 619 ff, 635 ff.

möglichst einheitlicher Rechtsschutzgrundsätze[1053] gefährdet. Andererseits besteht grundsätzlich ein gemeinschaftsrechtlich begründetes Bedürfnis zur Gewährung von Eilmaßnahmen. Daher muss auch vor den nationalen Gerichten der Erlass derartiger Eilmaßnahmen zulässig sein, wenn diese in ihrer Eigenschaft als funktionelle Gemeinschaftsgerichte tätig werden.[1054] Dies verlangt schon die Kohärenz des Rechtsschutzsystems des EG-Vertrages, teilweise aber auch das sekundäre Gemeinschaftsrecht[1055]. Dieser Fall wird aber von den Regelungen des nationalen Verfahrensrechts ebenso wenig erfasst wie durch das kodifizierte Prozessrecht des EG-Vertrages. Ein gemeinschaftsrechtlichen Erfordernissen genügendes einstweiliges Anordnungsverfahren für den dezentralen Vollzug des Gemeinschaftsrechts ist somit nicht explizit geregelt. Die Lücke liegt folglich im Fehlen einer kohärenten Regelung der Voraussetzung des Erlasses einstweiliger Anordnungen im dezentralen Vollzug.[1056]

Gegen eine Vereinheitlichung der Erlassvoraussetzungen wurde eingewandt, dies sei nicht notwendig, um einer Gefährdung der Funktionsfähigkeit der Gemeinschaft oder der Rechtsschutzinteressen des Einzelnen zu begegnen. Es handele sich jeweils nur um vorläufige Regelungen, bis der Gerichtshof im Hauptsacheverfahren entschieden habe.[1057] Dem ist nicht zuzustimmen. Vor allem ist es angesichts der bereits erläuterten Unwägbarkeiten rein hypothetisch, dass die durch das nationale Gericht im Eilverfahren gefundene Regelung vorläufig bleibt. Zum anderen besteht angesichts der zum Teil erheblichen Dauer der Hauptverfahren die konkrete Gefahr, dass während dieses Zeitraumes das sekundäre Gemeinschaftsrecht in den einzelnen Mitgliedstaaten unterschiedlich angewandt wird und unter Umständen gänzlich ins Leere läuft. Dies lässt sich naturgemäß nicht völlig ausschließen, doch rechtfertigt dieser Umstand spezifische gemeinschaftsrechtliche Anforderungen an die Entscheidungsfindung. Außerdem ist unklar, wie in Fällen des Fehlens eines entsprechenden nationalen Eilrechtsschutzes die Voraussetzungen für deren Erlass ausgestaltet sein sollten.

(2) Die Planwidrigkeit der Regelungslücke

Aus dem Fehlen einer kodifizierten Regelung für die Gewährung vorläufigen Rechtsschutzes im mitgliedstaatlichen Vollzug ist nicht unbedingt zu schließen, dass der Gemeinschaftsgesetzgeber bewusst zu Gunsten des nationalen Prozessrechts auf eine gemeinschaftsrechtliche Regelung verzichtet hat. An-

---

[1053] Vgl. dazu Barav CMLR 1989, 369, 389.
[1054] Siehe 2. Teil 1. Kapitel B. I.
[1055] Siehe z.B. Art. 4 Abs. II RL 84/450/EWG.
[1056] Voss RIW 1996, 417, 419.
[1057] Dänzer-Vanotti BB 1991, 1015, 1017.

haltspunkte für ein bewusstes Unterlassen, z.B. aus Gründen der Zweckmäßigkeit, sind nicht erkennbar.[1058] Angesichts der Lückenhaftigkeit der gemeinschaftlichen Rechtsordnung gegenüber den ausdifferenzierten mitgliedstaatlichen Rechtsordnungen ist eine bewusste Nichtregelung nicht notwendig aus einem Unterlassen zu folgern.[1059] Eine solche Sichtweise würde grundlegend die Funktions- und Entscheidungsbedingungen im Gemeinschaftssystem verkennen, in dem die Entscheidungslast häufiger als im nationalen Recht vom Gesetzgeber auf den Gerichtshof, also auf die richterliche Gewalt, verlagert ist.[1060] Dieses Richterrecht bleibt solange relevant, bis es durch eine legislative Regelung ersetzt wird.[1061] Allerdings steht auch die richterliche Rechtsfortbildung stets unter dem Vorbehalt der Wahrung der richterlichen Kompetenzen.

Trotz der damals bereits bekannten Rechtsprechung des Gerichtshofes zum Eilrechtsschutz im dezentralen Vollzug haben die beiden großen Revisionen der Gemeinschaftsverträge, die Verträge von Maastricht und Amsterdam[1062], keinerlei Regelung hinsichtlich der hier erörterten Fragen gebracht. Dieses Unterlassen jeglicher Aktivitäten, die zu einer legislativen Korrektur der Rechtsprechung des Gerichtshofes geführt hätten, zeugt von einem stillschweigenden Einverständnis des Gemeinschaftsgesetzgebers mit der vom Gerichtshof gefundenen Fortbildung des Rechts. Zu beachten ist auch, dass der Gemeinschaftsgesetzgeber in Art. 244 des Zollkodex Regelungen getroffen hat, die sich an der „Süderdithmarschen“ - Rechtsprechung des Gerichtshofes orientieren. Nicht zuletzt erschiene es auch planwidrig, wenn vor dem letztentscheidungsbefugten Gericht, nämlich dem Gerichtshof, strengere Voraussetzungen für den Erlass einstweiliger Anordnungen gelten sollen als bei den ihnen in Rechtsfragen „untergeordneten“ nationalen Gerichten.[1063]

(3) Die Rechtmäßige Ausfüllung der Lücke und Beachtung der Grenzen der Rechtsfortbildung

Die Reichweite der durch die Zulässigkeit und die Voraussetzungen der einstweiligen Anordnungen im dezentralen Vollzug des Gemeinschaftsrechts erfolgten Rechtsfortbildung ist vor dem Hintergrund einer im EG-Vertrag angelegten und somit dem gemeinsamen Willen der Mitgliedstaaten entspre-

---

[1058] Ukrow S. 268.
[1059] So aber offenbar Dänzer-Vanotti RIW 1992, 733, 739.
[1060] Schwarze, Die Befugnis zur Abstraktion im europäischen Gemeinschaftsrecht, S. 110 f.; Schweitzer/Hummer Rn. 444.
[1061] Schwarze in: FS Börner S. 400.
[1062] Siehe dazu die Einleitung.
[1063] Siehe zu der nationalen Parallelproblematik: Voss RIW 1996, 417, 418 f.

chenden Wertentscheidung zu sehen, die es in dieser Art im nationalen Recht nicht gibt[1064], nämlich der Funktionsfähigkeit der Gemeinschaft. Weil das Gemeinschaftsrecht in aller Regel durch die Mitgliedstaaten umgesetzt wird, liegt die tatsächliche Wirksamkeit des Gemeinschaftsrechts in deren Händen. Die Versuchung mag nahe liegen, zu Gunsten nationaler Interessen oder schlicht zu Gunsten der nationalen Rechtsordnung die Durchsetzung des Gemeinschaftsrechts zu vernachlässigen. Dies verstößt allerdings gegen den in Art. 10 EG formulierten Grundsatz der Gemeinschaftstreue, der die Funktionsfähigkeit des Gemeinschaftsrechts sicherstellen soll. Die Gemeinschaft kann nur funktionieren, wenn die Gemeinschaftsrechtsakte mit hoher Wahrscheinlichkeit in den Mitgliedstaaten durchgeführt werden und gegebenenfalls ein Rechtsschutz besteht, der diese Durchsetzung gewährleistet. Diese Treuepflicht und die Funktionsfähigkeit der Gemeinschaft aber darf der Gerichtshof als grundlegende Wertentscheidung des Vertrages konkretisieren.[1065] Das Gleiche muss vor diesem Hintergrund auch für die Funktionsfähigkeit des vom Vertrag geschaffenen Rechtsschutzsystems gelten. Allerdings konstituiert Art. 10 EG auch eine Pflicht der Gemeinschaft gegenüber den Mitgliedstaaten, deren berechtigte Interessen zu beachten.[1066] Daraus könnte sich eine Pflicht zur Wahrung der Integrität nationalen Verfahrensrechts ergeben. So zentralisiert der Gerichtshof den vorläufigen Rechtsschutz nicht, wie dies der Gemeinschaftsgesetzgeber in Art. 256 EG getan hat, sondern belässt den nationalen Richtern die Entscheidung nach nationalen Normen. Die Modifizierung der Entscheidungsmaßstäbe ist dabei der Preis für die Zuständigkeit des nationalen Gerichts. Ein unverhältnismäßiger Eingriff in die Interessen eines Mitgliedstaates ist hier jedenfalls nicht zu erkennen, so dass der Gerichtshof damit seine Pflichten aus Art. 10 EG gewahrt hat.

Zu beachten ist aber, dass die Regelung der Voraussetzungen des vorläufigen Rechtsschutzes einen Eingriff in die Kompetenzen des Rates zur Rechtsangleichung bedeuten würden, wenn die Rechtsprechung des Gerichtshofes der Schaffung von Rechtsnormen gleichkommt, was nach dem gemeinschaftsrechtlichen Kompetenzsystem allein dem Rat obliegt.[1067] Der Gerichtshof hat jedoch keine generelle Kodifizierung eines europäischen Verwaltungsrechts vorgenommen, sondern punktuell konkret auftretende und

---

[1064] Allerdings stützt sich auch das BVerfG in seinen Entscheidungen teilweise auf die Funktionsfähigkeit einzelner in der Verfassung angelegter Grundsätze, wie der Funktionsfähigkeit des parlamentarischen Systems, siehe z.B. BVerfGE 95, 408.

[1065] Möller EuR 1998, 20, 33.

[1066] EuGH, Rs. C-213/89 und C-39/89, Luxemburg/Parlament, Slg. 1991, I-5643, 5699; EuGH, Rs. C-63/90 und C-67/90, Fangquoten, Slg. 1992, I-5073, 5156.

[1067] Oppermann Rn. 1208 ff. m.w.N.

in dem jeweiligen Verfahren zu bereinigende Divergenzen gelöst.[1068] Dies begreift er entsprechend französischer Rechtstradition[1069] weniger als Rechtsfortbildung denn als Interpretation des Rechts. Allerdings können auch solche punktuellen Schritte der Rechtsfortbildung quasi als Reflex ein Gesamtsystem ergeben. Dies ist weder generell unzulässig noch rechtsgeschichtlich ungewöhnlich. So ist zu bedenken, dass auch in den meisten europäischen Mitgliedstaaten das Verwaltungsrecht erst spät kodifiziert wurde und diese Kodifizierungen die Entwicklungen der Rechtsprechung aufnahmen.[1070] Eine solche Entwicklung ist auch legitim, solange sie mittels einer dogmatisch zulässigen *Methodik der Rechtsfindung* erfolgt.

Unter dem Aspekt der Kohärenz des Rechtsschutzsystems ist es im Lichte des notwendigen einheitlichen Selbstverständnisses einer jeden Rechtsordnung jedenfalls gerechtfertigt, als Maßstab für die Gewinnung der Voraussetzungen die Art. 242, 243 EG und Art. 83 VerfOEuGH heranzuziehen.[1071] Dagegen spricht auch nicht, dass die Verfahrensordnung nicht primärrechtlich verankert ist, weil gemäß Art. 245 Abs. I EG die Satzung einstimmig vom Rat genehmigt werden muss und so vom Gemeinschaftsgesetzgeber in dessen gemeinsamen Willen aufgenommen wurde.[1072] Wenn teilweise behauptet wird, das Postulat der Einheitlichkeit und der Kohärenz des Rechtsschutzsystems eigne sich dazu, im Ergebnis sämtliche im staatlichen Verwaltungsrecht angelegten Unterschiede zu nivellieren[1073], so trifft dies nicht zu. Schon mangels einer Kompetenz zur generellen Angleichung[1074] betrifft die Modifizierung immer nur die Fälle, die sich nach Gemeinschaftsrecht beurteilen und in denen die nationalen Gerichte die Funktion von Gemeinschaftsgerichten erfüllen. Rein nationale Sachverhalte sind nach wie vor selbstverständlich nicht direkt von diesen gemeinschaftsrechtlichen Einwirkungen betroffen. Dem könnte entgegengehalten werden, dass gerade beim Rechtsschutzsuchenden erhebliche Unsicherheiten hinsichtlich des anwendbaren Rechts verursacht werden. Tatsächlich wird die Rechtsanwendung durch die modifizierende Einwirkung unter Heranziehung gemeinschaftsrechtlicher Maßstäbe gegenüber der Anwendung rein innerstaatlichen Rechts verkompliziert. Dies gilt schon deshalb, weil selbst dem geschulten Rechts-

---

[1068] So auch Schwarze in: FS Börner S. 401.

[1069] Zuleeg VVDStRL 1994, 154, 165; Schweitzer/Hummer Rn. 451.

[1070] Siehe 1. Teil 3. Kapitel A.

[1071] Eine Analogie zu Art. 186, Art. 83 VerfO EuGH hat auch schon das FG Hamburg FG Hamburg (EFG 1989, 125) vorgeschlagen.

[1072] Zudem entspricht die Regelung des Art. 83 VerfO EuGH den anerkannten Grundsätzen des vorläufigen Rechtsschutzes.

[1073] v. Danwitz, Verwaltungsgerichtliches System, S. 302.

[1074] Siehe 1. Teil 2. Kapitel B. II. 3. (1).

anwender im Zweifel die nationalen Rechtsgrundsätze und Rechtsnormen bekannter sein werden als die des Gemeinschaftsrechts.[1075] Allerdings bringt die innerstaatliche Geltung supranationalen Rechts nahezu zwangsläufig die parallele Existenz von Rechtsnormen und Rechtsgrundsätzen mit sich, die auf den gleichen Sachverhalt anzuwenden sind. Der Auflösung solcher Kollisionen dient der Anwendungsvorrang. Ferner bewirkt die begrenzte Einzelermächtigung des Gemeinschaftsrechts und das System der Art. 94, 95 EG gerade im Verfahrensrecht sektoriell beschränkte Regelungen, die nur für begrenzte Sachverhalte anwendbar sind.

Schließlich wird die Rechtsanwendung auch durch die oftmals verspätete Umsetzung von Richtlinien verkompliziert, weil in diesen Fällen die maßgeblichen Rechtsgrundlagen aufgrund der Parallelität von nationalen und gemeinschaftlichen Rechtsnormen unklar sind.[1076] Diese Beispiele zeigen, dass die begrenzte Anwendbarkeit von Rechtsnormen und die damit einhergehende Rechtsanwendungsunsicherheit im Rahmen der Anwendung des Gemeinschaftsrechts in den Mitgliedstaaten auch abgesehen vom Prinzip der modifizierenden und partiellen Einwirkung systembedingt ist. Eine einheitliche Anwendung des Rechts auch auf rein innerstaatliche Sachverhalte würde tatsächlich die Nivellierung des gesamten nationalen Rechts voraussetzen. Die nationalen Rechtsordnungen sollen jedoch nicht abgeschafft oder ersetzt werden.[1077] So wirkt die modifizierenden Einwirkung lediglich im konkreten Fall, sofern Verwerfungen innerhalb des gemeinschaftlichen Rechtsschutzsystems zu befürchten sind. Die Herausbildung einer Konvergenz im Vollzugsrecht[1078] ist jedenfalls nur eine mittelbare Folge der Rechtsprechung des Gerichtshofes. Von einer Nivellierung mitgliedstaatlichen Verwaltungsrechts kann daher keine Rede sein. Vielmehr handelt es sich um eine Vervollständigung des gemeinschaftlichen Rechtsschutzsystems unter Einbeziehung des nationalen Verfahrensrechts in seiner Eigenschaft als funktionelles Gemeinschaftsrecht.[1079] Gleichzeitig bedeutet die Zulässigkeit einstweiliger Anordnungen einen beachtlichen Zuständigkeitszuwachs der nationalen Gerichte.

Es ist ferner zu bedenken, dass der Gerichtshof mit seiner Rechtsprechung ebenso wie seine Verfahrensordnung im Grundsatz auf die allgemeinen positivrechtlichen Grundsätze des einstweiligen Rechtsschutzes zurück-

---

[1075] Was zu einem gewissen Strukturkonservatismus führen mag ....

[1076] So insbesondere auch im Umweltrecht: Stüer/Rude DVBl. 1999, 154.

[1077] Rodríguez Iglesias NJW 1999, 1, 8.

[1078] Siehe zur Konvergenz im Verwaltungsrecht der EU-Mitgliedstaaten: Schwarze, DVBl. 1996, 881 ff.; beachte auch die bereits erwähnte freiwillige Rezeption durch einzelne Mitgliedstaaten, insbesondere in Reaktion auf die Rechtssache „Factortame".

[1079] Insoweit ist eine Anwendungsdisparität zulässig: 1. Teil 1. Kapitel C. II. 7.

greift.[1080] Insofern besteht, zumindest im Grundsätzlichen, eine weitgehende Übereinstimmung mit den mitgliedstaatlichen Voraussetzungen. Daher liegt eine Verschärfung der Voraussetzungen, abgesehen von der Vorlagepflicht, nur in Form der Ausgestaltung der einzelnen Voraussetzungen durch die Rechtsprechung des Gerichtes vor. Letztlich bedient sich der EuGH mit seiner Rechtsfindung des gleichen Mittels wie die deutschen Gerichte[1081], wenn sie Lücken im nationalen Rechtsschutzsystem mit einer Gesetzesanalogie zu § 123 VwGO schließen.

Weil der Gerichtshof die Tätigkeit der nationalen Gerichte als Teil des vom Vertrag geschaffenen Rechtsschutzsystems ansieht, ist es folgerichtig, die Voraussetzungen für den Erlass einstweiliger Anordnungen durch autonome Auslegung des Gemeinschaftsrechts im Rahmen der teleologisch-systematischen Auslegung[1082] zu gewinnen. Andererseits käme aber auch eine Rechtsfortbildung anhand wertender Rechtsvergleichung in Betracht.[1083] Gegen eine solche Methodik kann jedenfalls nicht eingewandt werden[1084], dass keine hinreichenden Gemeinsamkeiten hinsichtlich des Erlasses einstweiliger Anordnungen in den Mitgliedstaaten existierten. So reicht es aus, wenn entsprechende Grundsätze in mindestens einem Mitgliedsstaat vorhanden sind.[1085] Allerdings ist fraglich, ob der Gerichtshof angesichts der im wesentlichen übereinstimmenden Grundsätze des einstweiligen Anordnungsverfahrens[1086] grundsätzlich andere Ergebnisse erzielt hätte. Auch im deutschen Recht bemessen sich die Voraussetzungen der Gewährung einstweiliger Anordnungen nach den „fumus boni juris“ und der „periculum in mora“, so dass im wesentlichen nur Rechtsanwendungsunterschiede vorliegen. Die anderen Voraussetzungen sind lediglich Ausprägungen der ohnehin von jedem nationalen Gericht zu beachtenden Grundsätze der Gemeinschaftstreue und der gemeinschaftsrechtlichen Kompetenzverteilung, wie sie in Art. 234 EG zum Ausdruck kommt. Aus diesen Gründen ist nicht nur dem Ergebnis sondern auch der Form der Rechtsfindung des Gerichtshofes zuzustimmen.

[1080] Siehe 1. Teil 3. Kapitel.
[1081] BVerwGE 33, 43; siehe auch BVerfGE 46, 179.
[1082] Dauses, Vorabentscheidungsverfahren, S. 78.
[1083] Dazu Schwarze in: Der Europäische Gerichtshof, S. 24; so Dänzer-Vanotti BB 1991, 1015, 1018; Schlemmer-Schulte EuZW 1991, 307, 310.
[1084] So aber Schoch SGb 1992, 118, 121.
[1085] 1. Teil 2. Kapitel B. II. 2.
[1086] Siehe dazu 1. Teil 3. Kapitel D.

E. Zulässiger Inhalt einstweiliger Anordnungen im dezentralen Vollzug

Die vorhergehenden Überlegungen legen den Gedanken nahe, dass auch der Inhalt der im dezentralen Vollzug ergehenden einstweiligen Anordnung gemeinschaftsrechtlichen Anforderungen genügen muss. Bemisst sich die Zulässigkeit und die Begründetheit der einstweiligen Anordnung nach gemeinschaftsrechtlichen Grundsätzen, liegt es nahe, auch den zulässigen Inhalt der Eilmaßnahme gemeinschaftsrechtlich zu bestimmen. Die Entscheidung des Gerichtshofes im einstweiligen Anordnungsverfahren beinhaltet entweder eine Zurückweisung des Antrages als unzulässig oder unbegründet oder aber den Erlass der beantragten Maßnahme entweder ganz oder zum Teil und gegebenenfalls unter Bedingungen.[1087] Deutsche Verwaltungsgerichte entscheiden nach § 123 Abs. III VwGO in Verbindung mit § 938 Abs. I ZPO nach freiem Ermessen, welche Maßnahmen erforderlich sind, um das Rechtsschutzziel der einstweiligen Anordnung zu erreichen. Auch Art. 243 EG bestimmt, dass der Gerichtshof „die erforderlichen einstweiligen Anordnungen treffen" kann und verschafft damit auch dem Gemeinschaftsrichter ein Ermessen über den Inhalt der Eilmaßnahme.[1088] Das Anordnungsermessen der Gerichte gilt aber nicht unbegrenzt. Klärungsbedürftig ist daher, wo die Schranken der Maßnahmen einstweiliger Anordnungen im dezentralen Vollzug des Gemeinschaftsrechts liegen.

I. Anordnungskompetenz

Wie bereits an anderer Stelle festgestellt[1089], sind die nationalen Gerichte nicht befugt einstweilige Maßnahmen zu treffen, wenn diese Maßnahmen Gemeinschaftsorganen obliegen. So ist nicht einmal der Gerichtshof befugt, eigene Beurteilungen an die Stelle der Ermessensausübung der Gemeinschaftsorgane zu setzen[1090]. Das Gericht verpflichtet sowohl nach deutschem[1091] als auch nach dem Gemeinschaftsrecht[1092] den Antragsgegner im Rahmen seines freien Ermessens zu einem bestimmten Handeln, Dulden oder Unterlassen, ohne an dessen Stelle tätig werden zu dürfen. Inwieweit das nationale Gericht in die Ermessensentscheidung der nationalen Behörde beim Vollzug des Gemeinschaftsrechts eingreifen darf, richtet sich mangels dro-

---

[1087] Kaessner S. 244.
[1088] Rideau/Charrier S. 219; Usher S. 271.
[1089] 2. Teil 1. Kapitel C. I. 4.
[1090] Krück in: GTE Art. 186 Rn. 39.
[1091] Finkelnburg/Jank Rn. 248.
[1092] Siehe dazu 1. Teil 3. Kapitel B. I. 4.

hender Kollisionen mit gemeinschaftsrechtlichen Anforderungen nach den Bestimmungen des nationalen Rechts. Grundsätzlich dürfen sie sich aber wie im direkten Vollzug[1093] mit ihren Urteilen und Eilentscheidungen nicht an die Stelle der Verwaltung setzen. Die Gerichte werden sich so vor allem bei einem Ermessensspielraum der Verwaltung mit Verpflichtungsanordnungen zurückhalten und nur im Falle einer Ermessensreduzierung die der Behörde eingeräumte Ermessensentscheidung vorwegnehmen.[1094] Es ist allerdings nicht ersichtlich, dass eine diesem Grundsatz entgegenstehende nationale Regelung oder Praxis gemeinschaftsrechtlich bedenklich ist, soweit sie die Durchsetzung des Gemeinschaftsrechts gewährleistet.

II. Vorläufiger Charakter der Maßnahme

Während die Wahrung des gemeinschaftsrechtlich begründeten Kompetenzgefüges bereits die Zulässigkeit der einstweiligen Anordnung berührt, wird die Begründetheit der Eilmaßnahme wesentlich von deren vorläufigem Charakter bestimmt. Auch der mögliche Anordnungsinhalt und damit das Anordnungsermessen des nationalen Gerichtes wird durch das Verbot einer Präjudizierung der Hauptsache beschränkt. Dies entspricht nicht nur dem wesentlichen Strukturmerkmal des vorläufigen Rechtsschutzes, sondern findet seinen Grund auch in den Besonderheiten des gemeinschaftsrechtlich begründeten Rechtsschutzsystems. Wenn der nationale Richter im Wege einer einstweiligen Anordnung die Entscheidung der Hauptsache vorwegnimmt, bedeutet dies gleichzeitig einen Eingriff in das Auslegungs- und Verwerfungsmonopol des Gerichtshofes. Die Vorlage des Hauptsachegerichtes wäre im Ergebnis gegenstandslos, weil der Entscheidung des Gerichtshofes durch die Schaffung unwiderruflicher Tatsachen jegliche praktische Wirksamkeit genommen würde und auch die endgültige Entscheidung von Rechts- und Sachfragen das Kompetenzsystem des gemeinschaftlichen Rechtsschutzes durchbrechen würde. Daher hat das nationale Gericht seine Entscheidung entsprechend den Bestimmungen des Gemeinschaftsrechts in Art. 243 EG in Verbindung mit Art. 86 § 4 VerfOEuGH, Art. 107 § 4 VerfO EuGI[1095] so zu gestalten, dass weder unwiderrufliche Tatsachen geschaffen, noch gemeinschaftsrechtlich determinierte Rechts- oder Sachfragen präjudiziert werden.

Grundsätzlich deckt sich das Vorwegnahmeverbot auch mit der Rechtslage der VwGO, wenn diese bestimmt, dass § 123 Abs. I S. 2 VwGO der „Regelung eines vorläufigen Zustandes“ dient. Für die Sicherungsanordnung

---

[1093] EuGH, Rs.C-412/92, Meskens, Slg. 1994, I-3757, 3775 f.

[1094] Siehe zum Prüfungsumfang nationaler Gerichte im dezentralen Vollzug: EuGH, Rs. C-120/97, Upjohn, Slg. 1999, I-223, 251.

[1095] Grabitz in: Grabitz/Hilf Art. 186 Rn. 22; de Wilmars SEW 1986, 47.

ergibt sich dies jedenfalls aus dem vorläufigen Charakter des Eilrechtsschutzes.[1096] Allerdings gilt im nationalen Recht das Verbot der Vorwegnahme der Hauptsache im Interesse der Effektivität des Rechtsschutzes nicht uneingeschränkt.[1097] So hat das nationale Gericht eine einstweilige Anordnung unter Vorwegnahme der Hauptsache dann zu erlassen, wenn dies erforderlich ist, um den Bürger vor schweren und unzumutbaren, anders nicht abwendbaren Nachteilen zu bewahren.[1098] Dies kommt insbesondere bei einer ernstlichen Gefährdung der Existenzgrundlage[1099] oder anderen besonders schwerwiegenden Nachteilen in Betracht. Auch die Rechtsprechung des Gerichtshofes lässt, allerdings in engen Grenzen, die vorläufige Befriedigung des Antragstellers zu, wenn dies zur Gewährung des auch gemeinschaftsrechtlich verbürgten effektiven Rechtsschutzes notwendig ist und die dem Antragsteller andernfalls drohenden Nachteile unzumutbar wären.[1100] Diese Rechtsprechung ist bisher auf die Gewährung von Geldmitteln beschränkt, ohne die eine ernstliche Existenzgefährdung droht. Zur Verhinderung der Präjudizierung der Hauptsache kommt aber darüber hinaus eine Sicherung der Vorläufigkeit der Maßnahme durch bestimmte Bedingungen oder Sicherheitsleistungen in Betracht, die die Rückgängigmachung der Maßnahme im Falle des Unterliegens in der Hauptsache ermöglichen. Solange die Anordnung nur zeitweiligen Charakter hat und rückgängig gemacht werden kann, ist keine endgültige Vorwegnahme zu befürchten, die den Grundsätzen des einstweiligen Anordnungsverfahrens und den Gemeinschaftsinteressen entgegensteht.[1101] Solche Bedingungen und Befristungen können insbesondere im Hinblick auf die praktische Wirksamkeit der Vorabentscheidung vor dem Hintergrund einer Vorlagepflicht notwendig sein. In Betracht kommt darüber hinaus die spätere Aufhebung oder Abänderung der Anordnung von Amts wegen durch das anordnende Gericht.[1102] Auch bezüglich der Vorläufigkeit der Maßnahme ist letztlich zumeist keine einschneidende Gefährdung der Effektivität des Rechtsschutzes zu besorgen, selbst wenn das nationale Gericht den strengen Anforderungen des Gemeinschaftsrechts an das Vorwegnahmeverbot folgt. Denn auch Art. 19 IV GG fordert nur, dass der Antragsteller nicht ohne jeglichen praktisch wirkenden Rechtsschutz stehen

---

[1096] Quaritsch S. 347.
[1097] Siehe dazu 1. Teil 3. Kapitel B. I. 5. (3).
[1098] BVerfGE 46, 179.
[1099] Finkelnburg/Jank Rn. 225 m.w.N.
[1100] EuGH, Rs. T-45/90 R, Speybrouk, Slg. 1990, II-705, 715.
[1101] So für das Verfahren vor den Gemeinschaftsgerichten: Pastor/Van Ginderachter RTDE 1989, 568.
[1102] Siehe dazu schon 2. Teil 1. Kapitel C. I. 5. (2) (a).

darf. Auch nach Art. 19 Abs. IV GG kommt dem Eilrechtsschutz keine Erfüllungsfunktion zu.

III. Bezug zur Hauptsache

Im Hauptprozess wird der zulässige Rahmen des Urteilsinhalts neben dem Inhalt des Klageantrags durch die nach materiellem Recht möglichen Rechtsfolgen bestimmt. Beantragt der Kläger den Ausspruch einer Rechtsfolge, die im materiellen Recht nicht vorgesehen ist, so ist die Klage unbegründet.[1103] Erkennt das Gericht auf eine im materiellen Recht nicht legitimierte Rechtsfolge, so ist das Urteil unrichtig. Im Verfahren der einstweiligen Anordnung ist die materielle Rechtsfolge dagegen die obere Grenze des durch die einstweilige Anordnung Zusprechbaren. Innerhalb des Rechtsschutzziels und des im Hauptprozess Erreichbaren ist das Gericht in seiner Entscheidung frei.[1104] In diesem Rahmen steht auch dem Gemeinschaftsrichter die Anordnung von Maßnahmen offen, die er im Hauptverfahren nicht treffen kann.[1105] So darf der Gerichtshof im Rahmen des Eilverfahrens ein vorläufiges Rechtsverhältnis begründen oder einer Partei einstweilig Pflichten oder auch Bedingungen auferlegen.[1106] Im Verhältnis zu dem im Hauptverfahren nach materiellem Recht erreichbaren ist die anzuordnende Maßnahme ein Minus oder ein Aliud.[1107] Im einstweiligen Anordnungsverfahren kann der Antragsteller daher nicht *mehr* erreichen als im Hauptverfahren.[1108] Ein Abweichen von der materiellen Rechtslage des Hauptverfahrens und dem möglichen Urteilsinhalt ist dagegen zumeist sogar erforderlich, um eine Vorwegnahme des Hauptsacheurteils zu vermeiden.

Grundsätzlich gilt für den Richter des Eilverfahrens ebenso wie für den des Hauptverfahrens die Bindung an Recht und Gesetz und damit an den Vorbehalt des Gesetzes. D.h. dass die Eilmaßnahme des Gerichtes nicht entgegen geltendem Recht ergehen darf[1109], selbst wenn es sich bei der Eilmaßnahme um eine prozessuale Zwischenregelung handelt, die seine Grundlage nicht im materiellen sondern ausschließlich im Prozessrecht hat.[1110] Während bei Eilanordnungen im Hinblick auf die vermutete Ungültigkeit eines Ge-

---

[1103] Baur S. 43.
[1104] Baur S. 75; Rohmeyer S. 120-128.
[1105] de Wilmars, SEW 1986, 53; Kaessner S. 69 f.; siehe 1. Teil 3. Kapitel B. I. 4.
[1106] EuGH, Rs. 293/85 R, Kommission/Belgien, Slg. 1985, 3521, 3529; EuGH, Rs. 109/75 R, NCC, Slg. 1975, 1193, 1203.
[1107] Baur S. 60; Kaessner S. 69.
[1108] Siehe dazu: BFH, Beschl. vom 22.8.1995, HFR 1995, 729.
[1109] EuGH, Rs. 42/82, Kommission/Frankreich, Slg. 1982, 841, 857.
[1110] Finkelnburg/Jank Rn. 262 f. m.w.N.

meinschaftsrechtsakts die materielle Rechtsgrundlage im überkommenen Recht zu finden ist, kann bei Regelungsanordnungen nur das streitbefangene Recht als materielle Entscheidungsgrundlage dienen. Gegen das geltende Gemeinschaftsrecht darf der nationale Richter daher keine einstweiligen Anordnungen erlassen. Problematisch wird es, wenn eine Rechtsgrundlage noch nicht existiert und den faktischen Streitgrund darstellt. Um den Erlass des begehrten Verwaltungsaktes anzuordnen, müsste das Gericht zunächst quasi „rechtsschöpfend" tätig werden, um so eine materielle Rechtsfolge zu bestimmen. Die angeordnete Maßnahme wäre dann kein „Minus" zum gegenüber im Hauptverfahren nach geltendem materiellem Recht erreichbaren. Das Gericht würde mehr gewähren, als es ihm im Hauptverfahren möglich wäre. Denn selbst im Hauptverfahren dürfte es keinen Legislativakt vorwegnehmen, wenn ein Exekutivorgan Antragsgegner ist. In diesen Fällen kann sich der Anordnungsinhalt überhaupt nicht im Rahmen des Hauptsacheverfahrens halten. Erlässt das mitgliedstaatliche Gericht Maßnahmen anstelle der Kommission, wie in der Rechtssache „T. Port", läge eine doppelte Kompetenzüberschreitung vor.[1111]

IV. Dauer der angeordneten Maßnahme

Probleme zwischen nationalem Recht und den gemeinschaftsrechtlichen Erfordernissen kann es auch hinsichtlich der Dauer der anzuordnenden Maßnahme ergeben. Während das einstweilige Anordnungsverfahren des Gemeinschaftsrechts akzessorisch und auf die Dauer des Hauptverfahrens beschränkt ist, richtet sich die Geltungsdauer der einstweiligen Anordnung im deutschen Verfahrensrecht nach den Erfordernissen des Einzelfalls. Die Eilmaßnahme kann daher schon vor Rechtshängigkeit der Hauptsache ergehen.[1112] Sowohl im Gemeinschaftsrecht nach Art. 86 § 3 VerfO EuGH, § 107 § 3 VerfO EuGI als auch im nationalen Recht[1113] kann die einstweilige Anordnung befristet werden, endet aber jedenfalls mit dem rechtskräftigen Abschluss des Hauptverfahrens. Dies ist zwingend, weil die einstweilige Anordnung mit der Verkündung des Endurteils seine dieses Urteil sichernde Funktion verliert. Divergenzen bestehen somit lediglich bezüglich des Zeitpunktes des möglichen Erlasses einstweiliger Anordnungen. Ein Problem ergibt sich diesbezüglich möglicherweise hinsichtlich der Rechtsschutzeffektivität, wenn Eilrechtsschutz vor den Gemeinschaftsgerichten anzustreben ist.[1114] Aller-

[1111] Und zwar bezüglich der Kompetenzverteilung zwischen der Kommission und den Mitgliedstaaten, sowie zwischen der Rechtsprechenden und der rechtsetzenden Gewalt.
[1112] Siehe 1. Teil 3. Kapitel C. I. 3.
[1113] Finkelnburg/Jank Rn. 264.
[1114] So z.B. Winterfeld NJW 1988, 1413 zum Hoechst – Fall.

dings ist nicht ersichtlich, inwiefern ein Erlass der Eilmaßnahme vor Rechtshängigkeit der Hauptsache die Kohärenz des Rechtsschutzsystems der Gemeinschaft oder sonstige Interessen der Gemeinschaft beeinträchtigen soll. Daher sind insoweit uneingeschränkt die nationalen Bestimmungen anzuwenden.

V. Bindung an den Antrag

Sowohl das nationale Recht als auch das Gemeinschaftsrecht stellen die Wahl des Inhaltes und des Umfanges der Eilmaßnahme in das Ermessen des Gerichtes. Dieses wird grundsätzlich nur dahingehend beschränkt, dass die gewählte Maßnahme dem Rechtsschutzziel des Antragstellers Rechnung tragen muss.[1115] Innerhalb dieses Rechtsschutzzieles ist es in der Wahl der diesem Ziel am besten dienenden Maßnahme frei. Das Gericht ist daher nicht an den Antrag gebunden, solange sich seine Ermessensausübung im Rahmen des vom Antragsteller bezeichneten Antragszieles hält.

F. Besonderheiten beim Vollzug von Richtlinien

Neben dem Primärrecht und Verordnungen kann die Rechtsposition eines Antragstellers auch durch Richtlinienbestimmungen gemäß Art. 249 Abs. II EG bestimmt werden. Zur Gewährleistung dieser Rechtspositionen im Rahmen des nationalen Eilrechtsschutzes hat der Gerichtshof bisher nicht ausdrücklich Stellung bezogen. Im Gegensatz zum Primärrecht und auch zu Verordnungen sind Richtlinien grundsätzlich nicht unmittelbar anwendbar.[1116] Ohne eine unmittelbare Anwendbarkeit ergibt sich keine mitgliedstaatliche Jurisdiktionsgewalt, so dass insoweit kein dezentraler Vollzug durch nationale Gerichte erfolgt. Weder die Bürger noch die Behörden können sich vor den nationalen Gerichten unmittelbar auf Richtlinienbestimmungen berufen. Weil es für die Wirksamkeit der Richtlinie im Verhältnis zu den Bürgern grundsätzlich eines Umsetzungsaktes durch die Mitgliedstaaten bedarf[1117], werden die Rechtssubjekte erst durch diese Umsetzung in innerstaatliches Recht *berechtigt und verpflichtet*. Eine Gefährdung der Rechtsposition des Einzelnen unmittelbar aufgrund einer Richtlinie ist daher im Gegensatz zum Primärrecht und zu Verordnungen zunächst einmal nicht möglich.

[1115] Vgl. EuGH, Rs. 1/84 R, Ilford, Slg. 1984, 423, 432; Finkelnburg/Jank Rn. 258; Baur S. 71-75.
[1116] Zur Übertragung der Factortame - Rechtsprechung auf Richtlinien als nicht unmittelbar anwendbares Gemeinschaftsrecht: Oliver CMLR 1992, 7, 18 f.; Ukrow S. 251; Smith EuZW 1992, 308, 312; GA Tesauro EuGH, Rs. 213/89, Factortame, Slg. 1990, 2433, 2462.
[1117] Siehe dazu Streinz, Europarecht, Rn. 386 ff.

I. Rechtsstreit richtet sich direkt nach der Richtlinie

Allerdings sind in Ausnahmefällen auch einzelne Bestimmungen einer Richtlinie unter ähnlichen Voraussetzungen wie Bestimmungen des Primärrechts *direkt anwendbar*, ohne dass es einer Umsetzung des Mitgliedstaates bedarf.[1118] Die nationalen Behörden und die Gerichte haben dann die betreffenden Richtlinienbestimmungen von Amts wegen als geltendes Recht zu beachten.[1119] Der Einzelne kann sich unter den vom Gerichtshof festgelegten Voraussetzungen gegenüber allen Trägern hoheitlicher Gewalt direkt auf die Richtlinienbestimmungen berufen, wenn der Mitgliedstaat die Richtlinie nicht fristgemäß oder nur unzulänglich in innerstaatliches Recht umgesetzt hat („vertikale Direktwirkung").[1120] Ihm muss damit auch die Möglichkeit eingeräumt werden, dass sich aus der Richtlinienbestimmung ergebende materielle Recht prozessual vor den nationalen Gerichten durchzusetzen. In diesem Rahmen kommt auch der Antrag auf Erlass einer einstweiligen Anordnung in Betracht. Säumige Mitgliedstaaten können sich allerdings unter keinen Umständen direkt auf Richtlinienbestimmungen berufen. Die Richtlinienbestimmungen binden gegebenenfalls öffentlich-rechtliche Personen, den verwaltungsprivatrechtlich handelnden[1121] und wohl auch den fiskalisch handelnden Staat[1122]. Außerdem werden Einrichtungen verpflichtet, deren Mitglieder vom Staat ernannt werden und sich aus öffentlichen Mitteln finanzieren.[1123] Dem Einzelnen können insoweit keine Lasten auferlegt werden.[1124] Die Rechtsposition des Einzelnen wird daher nicht unmittelbar oder mittelbar

---

[1118] St. Rspr. seit EuGH, Rs. 41/74, Van Duyn/Home Office, Slg. 1974, 1337, 1348; siehe dazu auch EuGH, Rs. 222/84, Johnston, Slg. 1986, 1651, 1691 und BVerfGE 75, 223; Schweitzer/Hummer Rn. 364 ff.. Voraussetzung dafür ist, dass die Umsetzungsfrist abgelaufen ist und der Mitgliedstaat die Richtlinie nicht oder unzulänglich umgesetzt hat, und dass die Richtlinienbestimmungen inhaltlich unbedingt und hinreichend genug sind. Außerdem muss die Richtlinie dem Einzelnen Rechte verleihen, die dann von der Behörde oder dem Gericht entsprechend einer ordnungsgemäßen Umsetzung durch den Mitgliedstaat eingeräumt werden muss (EuGH, Rs. 8/81, Becker, Slg. 1982, 53, 71). Die direkte Anwendbarkeit setzt nach neuerer Rechtsprechung generell aber anscheinend keine Individualbegünstigung voraus (EuGH, Rs. C-431/92, Kommission/Deutschland - „Umweltverträglichkeitsprüfung", Slg. 1995, I-2189, 2224 ff.). Siehe dazu Niedobitek VerwArch 2001, 58, 68 ff.

[1119] EuGH, Rs. 103/88, Fratelli Constanzo, Slg. 1989, 1839, 1870 f.

[1120] EuGH, Rs. 80/86, Kolpinghuis Nijmegen, Slg. 1987, 3969, 3985.

[1121] Jarass, Grundfragen, S. 78.

[1122] ebd.

[1123] EuGH, Rs. C-199/89, Foster/British Gas, Slg. 1990, I-3313, 3348, Rn. 18.

[1124] Streinz HbdStR Bd. VII § 182 Rn. 14.

nachteilig beeinflusst[1125], so dass es insoweit auch keines Eilrechtsschutzes bedarf.

Der Vollzug direkt wirkender Richtlinienbestimmungen durch nationale Behörden kann aber rechtserhebliche Nachteile bei Dritten bewirken, denn Maßnahmen der nationalen Behörden kommt unter Umständen eine Doppelwirkung zu.[1126] Selbst wenn direkt anwendbare Richtlinien grundsätzlich keine Wirkung für die Rechtsbeziehungen zwischen Privaten haben[1127], wird die Rechtsstellung eines Privaten möglicherweise zu Lasten eines anderen Privaten verbessert. Zweifelhaft ist, ob auch bei einer Doppelwirkung eines auf einer Richtlinienbestimmung beruhenden Verwaltungsakts im konkreten Fall eine direkte Wirkung anzunehmen ist und es daher eines wirksamen Eilrechtsschutzes bedarf. Die Frage der direkten Anwendung von Richtlinienbestimmungen in Fällen mit belastender Drittwirkung des Verwaltungshandelns ist in der Literatur sehr umstritten.[1128] Gegen die direkte Anwendbarkeit der Richtlinie in einem solchen Fall spricht vor allem, dass die belastete Privatperson keine Verantwortlichkeit trifft und der Sanktionsgedanke gegen den säumigen Mitgliedstaat letztlich zu Lasten der Privatperson wirkt. Über die Vermittlung des säumigen Mitgliedstaates würden so doch Pflichten zu Lasten des Einzelnen durch die Richtlinienbestimmungen begründet, wodurch die Unterschiede zwischen der Richtlinie und der Verordnung entgegen dem Wortlaut des Art. 249 EG weiter eingeebnet würden. Das Argument der mit der Begünstigung eines Privaten korrespondierenden Belastung eines Dritten greift allerdings nicht, wenn Dritten durch die Begünstigung nicht tatsächlich eigene Rechte aberkannt werden. Dies ist etwa der Fall, wenn Dritte sich auf ausschließlich das öffentliche Interesse schützende Normen berufen. Entfalten Richtlinien eine Direktwirkung, bedarf es jedenfalls eines Eilrechtsschutzes vor nationalen Gerichten zur Gewährleistung der Durchsetzung der sich aus dieser direkten Wirkung ergebenen Rechte. Aufgrund ähnlicher Rechts-

---

1125 Andernfalls würde der Unterschied zu Verordnungen angesichts der ohnehin schon Recht konkreten Vorgaben in den Richtlinien völlig aufgehoben. (EuGH, Rs. C-91/92, Faccini Dori, Slg. 1994, I-3325, 3355 ff.; Schweitzer/Hummer, Rn. 368).

1126 Siehe dazu Gellermann DÖV 1996, 433 ff.

1127 EuGH, Rs. 152/84, Marshall I, Slg. 1986, 723, 749; EuGH, Rs. C-106/89, Marleasing, Slg. 1990, I-4135, 4158; EuGH, Rs. C-91/92, Faccini Dori, Slg. 1994, I-3325, 3355 ff.; siehe dazu auch: Jarass NJW 1991, 2665, 2666 f.; Scherzberg JURA 1993, 225, 228; siehe zur direkten Wirkung zwischen Privaten, wenn ein Unternehmen nur funktional dem Staat zuzurechnen ist: EuGH, Rs. 31/87, Beentjes, Slg. 1988, 4635, 4655; EuGH, Rs. C-188/89, Foster/British Gas, Slg. 1990, I-3313, 3348 f.; Eidemüller EuZW 1995, 632, 634.

1128 Gegen eine direkte Anwendung: Classen EuZW 1993, 83, 85 ff.; Haneklaus DVBl. 1993, 129, 133 f.; Scherzberg JURA 1993, 225, 228; dafür: Fischer NVwZ 1992, 635, 638; Jarass NJW 1991, 2665, 2668; Langenfeld DÖV 1992, 955, 960 f.; siehe dazu auch: Jarass, Grundfragen, S. 83 ff.; Rengeling/Middeke/Gellermann S. 592 f. m.w.N.

wirkungen der so anwendbaren Richtlinienbestimmungen kann hier die für das Primärrecht und die Verordnungen entwickelte Rechtsprechung des Gerichtshofes zu den Rechtssachen „Atlanta“ und „T. Port“ entsprechend angewandt werden.

II. Rechtsstreit richtet sich nach auf einer Richtlinie beruhendem nationalen Recht

Ein gemeinschaftsrechtlicher Einfluss auf nationale gerichtliche Eilanordnungen erscheint aber dann problematisch, wenn sich die Entscheidung des nationalen Gerichts nach auf Richtlinienbestimmungen beruhendem nationalem Recht bemisst. Ist die Gültigkeit der Rechtsgrundlage des Verwaltungshandelns fraglich, steht die Gültigkeit nationalen Rechts in Frage, so dass der im „Foto-Frost“ – Urteil postulierte Verwerfungsvorbehalt des Gerichtshofes nicht greift. Andererseits lässt die Ungültigkeit der Rechtsgrundlage nicht die Rechtsgrundlage für den nationalen Verwaltungsakt entfallen, weil zwischen beiden der nationale Umsetzungsakt steht.[1129] Allerdings ist auch der mittelbare Vollzug des Gemeinschaftsrechts als Gemeinschaftsrechtsvollzug zu qualifizieren, in dem Fragen nach der richtlinienkonformen Auslegung des nationalen Umsetzungsaktes entscheidungserheblich werden können. So hat ein mitgliedstaatliches Gericht bei der Anwendung nationalen Rechts, das auf einer Richtlinie beruht, dieses an Wortlaut und Zweck der Richtlinie auszulegen.[1130] Insoweit obliegt dem Gerichtshof auch nach Umsetzung der Richtlinien die Auslegungsprärogative hinsichtlich dieses Gemeinschaftsrechtsaktes. Stellt sich dem nationalen Gericht eine diesbezügliche Rechtsfrage, hat es die Rechte und Pflichten des Art. 234 EG zu beachten.

In diesem Zusammenhang ist zu beachten, dass im Rahmen gemeinschaftlicher Zielvorgaben den Mitgliedstaaten bei der Ausgestaltung der konkreten Richtlinienbestimmungen möglichst viel Raum für nationale Besonderheiten gelassen werden soll.[1131] Umsetzungs- und Vollzugsunterschiede stellen daher per se noch keine gemeinschaftsrechtswidrigen Vollzugsdefizite dar. Problematisch erscheint es allerdings, wenn der nationale Umsetzungsakt aufgrund einer mutmaßlichen Unvereinbarkeit mit der Richtlinie für nicht anwendbar gehalten wird und das Gericht eine einstweilige Anordnung zur Sicherung der Rechte des Antragstellers gewähren will. Verstößt der Umsetzungsakt gegen die Richtlinie, also gegen – höherrangiges – Gemeinschaftsrecht, ist die Anwendung dieses nationalen Rechts nach dem

---

[1129] Classen S. 109.

[1130] Rodríguez Iglesias NJW 1999, 1, 4.

[1131] Siehe zu den Besonderheiten des Verhältnisses von § 32 BVerfGG zum Vollzug von Richtlinien: Classen S. 114.

Vorrang des Gemeinschaftsrechts und Art. 10 EG unzulässig. Über die Vereinbarkeit des nationalen Rechts mit dem ihm zugrundeliegenden Gemeinschaftsrecht und damit über die Anwendbarkeit des nationalen Rechts haben die Fachgerichte selbst zu entscheiden.[1132] Bedürfen sie zu dieser Entscheidung aber einer Auslegung der Richtlinie handelt es sich um eine Auslegungsfrage. Gültigkeitsfragen sind in diesem Zusammenhang nicht denkbar. Zweifelt das Gericht die Gültigkeit oder die Richtlinienkonformität des Umsetzungsaktes selbst an, kann der nationale Richter unter Umständen direkt auf die Richtlinienbestimmungen zurückgreifen. Stützt sich der Anordnungsantrag auf das Gemeinschaftsrecht und dessen Auslegung, gelten die Erwägungen hinsichtlich der Auslegung von Verordnungen durch nationale Gerichte in einstweiligen Anordnungsverfahren[1133] entsprechend.

G. Schadensersatzpflicht bei ungerechtfertigter einstweiliger Anordnung

Durch den Erlass einstweiliger Anordnungen können dem Antragsgegner Nachteile entstehen, die zumindest im deutschen Verwaltungsprozessrecht nach § 123 Abs. III VwGO in Verbindung mit § 945 ZPO einen Ausgleichsanspruch auslösen, wenn die einstweilige Anordnung von Anfang an unbegründet war.[1134] Gegen die Zulässigkeit eines solchen Schadensersatzanspruch im dezentralen Gemeinschaftsrechtsvollzug kann zum einen die potenzielle Abschreckungswirkung auf Antragsteller[1135], zum anderen das Fehlen eines dem § 945 ZPO entsprechenden Schadensersatzanspruchs des Antragsgegners im Gemeinschaftsrecht sprechen. Andererseits begründet nur die Wahrung der tatsächlichen Rechte des Antragstellers den Erlass einer Eilmaßnahme. Daher ist es auch im Hinblick auf den wirksamen Vollzug des Gemeinschaftsrechts gerechtfertigt, die Folgen zu Unrecht ergangener einstweiliger Anordnungen auszugleichen.

In Betracht kommt auch ein gemeinschaftsrechtlicher Schadensersatzanspruch gegen nationale Vollzugsorgane. Im Anschluss an die Rechtsprechung des Gerichtshofes zur Schadensersatzpflicht der Mitgliedstaaten bei Gemeinschaftsrechtsverstößen[1136] könnte auch hier eine entsprechende Haftung entstehen. So folgt aus Art. 10 EG, dass es zu den gemeinschaftsrechtlichen Pflichten der Mitgliedstaaten gehört, die Folgen ihres gemeinschaftsrechts-

---

[1132] BVerfGE 31, 145, 174 f.; 82, 159, 191.
[1133] Siehe 2. Teil 1. Kapitel C. II.
[1134] Siehe dazu: Redeker/v.Oertzen § 123 Rn. 31 ff.; Finkelnburg/Jank Rn. 573 ff.
[1135] Grunsky JuS 1976, 285; Kaessner S. 266.
[1136] Siehe vor allem die grundlegenden Urteile: EuGH, verbd. Rs. C- 6/90 u.a., Francovich, Slg. 1991, I-5357; EuGH, verbd. Rs. C.46/93 u. C-48/93, Brasserie du Pècheur, Slg. 1996, I-1029.

widrigen Handels zu beheben. Als Anspruchsgegner kommt hier zunächst die Verwaltung in Betracht, gegen deren Verhalten sich die einstweilige Anordnung richtet.[1137] Allerdings verlangt ein gemeinschaftsrechtlicher Schadensersatzanspruch einen unmittelbaren Kausalzusammenhang zwischen dem Gemeinschaftsrechtsverstoß und dem dadurch erlittenen Schaden. Zwar ist das Verhalten der Verwaltung conditio sine qua non für den Schaden, doch ist allein die Anordnung oder deren Unterlassen unmittelbar für den Schaden kausal. Der Schadensersatzanspruch[1138] könnte daher lediglich an die Entscheidung des Gerichtes anknüpfen. Eine Haftung der Mitgliedstaaten für die Handlungen ihrer Gerichte ist nicht undenkbar, weil grundsätzlich alle staatlichen Instanzen das Gemeinschaftsrecht zu beachten haben. Eine Haftung für judikatives Unrecht dürfte aber ebenso wie für entsprechende Fälle vor den Gemeinschaftsgerichten[1139] nur für Straftatbestände und vor dem Hintergrund des § 839 Abs. II BGB bestehen.

H. Resümee

Im Rahmen der Anwendung des Gemeinschaftsrechts durch nationale Verwaltungsgerichte ist mangels einer speziellen gemeinschaftsrechtlichen Kodifizierung eines Eilrechtsschutzes grundsätzlich das für diese Organe geltende nationale Verfahrensrecht, d.h. § 123 VwGO, anzuwenden. Durch dieses Zusammenwirken materiellen Gemeinschaftsrechts und des nationalen Eilrechtsschutzes entstehen struktur- und anwendungsbedingte Verwerfungen innerhalb des gemeinschaftlichen Rechtsschutzsystems. Um diese Defizite auszugleichen, hat der Gerichtshof im Rahmen der Rechtsfortbildung Modifikationen des nationalen einstweiligen Anordnungsverfahrens vorgenommen und das Gemeinschaftsrecht selbst als Leitbild für diese Einwirkung in das nationalen Verfahrensrecht herangezogen. Zudem wurden die Grundsätze der Gemeinschaftstreue und der gemeinschaftsrechtlichen Kompetenzverteilung in speziellen Erlassvoraussetzungen konkretisiert. Insbesondere die Vorlageverpflichtung optimiert die Erfordernisse des Eilverfahrens mit denen des Art. 234 EG sowie dessen Rechtsdurchsetzungs- und Rechtsschutzfunktion.

Die gemeinschaftsrechtlichen Anforderungen an den Rechtsschutz und die Voraussetzungen des Erlasses einstweiliger Anordnungen führen partiell zu einer Veränderung der nationalen Rechtsanwendung. Die nationalen Ge-

---

[1137] So hat der Gerichtshof seine Rechtsprechung zu den Fällen legislativen Unrechts dem Grunde nach offenbar auf Gemeinschaftsrechtsverstöße der mitgliedstaatlichen Verwaltung übertragen: EuGH, Rs. C-5/94, The Queen/Ministry of Agriculture, Fisheries and Food, Slg. 1996, I-2553, 2604.

[1138] EuGH, verbd. Rs. C- 46/93 u. C-48/93, Brasserie du Pècheur, Slg. 1996, I-1029, 1145, Rn. 34.

[1139] Gilsdorf/Oliver in: GTE Art. 215 Rn. 15.

richte unterliegen als „funktionelle Gemeinschaftsorgane“ vielfältigen, vor allem aus Art. 10 EG hergeleiteten Pflichten[1140], die sich konkret als Schranken der richterlichen Anordnungsgewalt darstellen. Gleichzeitig unterliegen sie der nationalen Verfassung und somit auch prinzipiell der Kontrolle des Bundesverfassungsgerichts als „Hüterin der Verfassung.[1141] Aufgrund dieser „Schrankenduplizität“ bewegt sich das vom Vertrag geschaffene Rechtsschutzsystem aus der Sicht der nationalen Rechtsanwender in einem recht engen Korsett. Insofern befindet sich jeglicher Ansatz einer Problemlösung in einer Zwickmühle, die nur im Wege einer flexiblen Optimierung gemeinschaftsrechtlicher und verfassungsrechtlicher Anforderungen zu lösen ist. Dies wird insbesondere im Hinblick auf die Durchbrechung der Auslegungsprärogative und des Verwerfungsmonopols des Gerichtshofs deutlich, die im Lichte der Effektivität des Rechtsschutzes und der Kohärenz des Rechtsschutzsystems des EG-Vertrages im Hinblick auf die Zulässigkeit des Anordnungsantrags zunächst einmal hinzunehmen sind.[1142] Dies ist bei einer Abkehr von restriktiven hin zu einer ergebnisorientierten Auslegung des nationalen Rechts auch möglich. Gerade vor dem Hintergrund gemeinsamer positivrechtlicher Wurzeln des Eilrechtsschutzes und dem auch vom Gerichtshof geforderten Individualrechtsschutz verwundert dies auch nicht. Die modifizierende Einwirkung des Gerichtshofes schützt letztlich die nationale Verfahrensautonomie beim Vollzug des Gemeinschaftsrechts. Indem sie den nationalen Gerichten neue Verwerfungs- und Auslegungsbefugnisse gewährt, deren Preis die Veränderung der Maßstäbe ihrer Eilentscheidung ist, verhindert sie die zwingende Notwendigkeit einer legislativen Harmonisierung des Verfahrensrechts.

[1140] Fischer, Europarecht, S. 110, Jarass, Grundfragen, S. 6 ff. m.w.N.

[1141] Siehe dazu auch Streinz, Bundesverfassungsgerichtlicher Rechtsschutz, S. 83 f.

[1142] Diese zwangsläufigen Einschränkungen der Funktion des Art. 234 EG können später durch spezielle, dem Zuständigkeitszuwachs der nationalen Gerichte Rechnung tragende Verfügungsvoraussetzungen kompensiert werden.

Kapitel 2 Zivilgerichtliche einstweilige Verfügungen

A. Einleitung

Neben dem Verwaltungsrecht ist auch das materielle Zivilrecht weitgehend gemeinschaftsrechtlich beeinflusst.[1143] Soweit das Primärrecht der Gemeinschaft direkt anwendbar ist oder Verordnungen existieren, ist das Gemeinschaftsrecht sogar unmittelbar Teil der innerstaatlichen Zivilrechtsordnung. Dieses materielle Zivilrecht hat ebenso wie das gemeinschaftsrechtlich bestimmte materielle Verwaltungsrecht einen Anspruch auf effektive Durchsetzung durch das nationale Verfahrensrecht.[1144] Es liegt nahe, dass dieser Anspruch Auswirkungen auf den vorläufigen Rechtsschutz des Zivilprozesses haben kann. In der Theorie unstrittig dürfte es sein, dass auch im Verfahren des zivilgerichtlichen Eilrechtsschutzes das materielle Gemeinschaftsrecht uneingeschränkt anzuwenden ist.[1145] Es gibt insgesamt nur wenige sekundärrechtliche Verfahrensregelungen für den dezentralen Vollzug. Diese beschränken sich hinsichtlich des Eilrechtsschutzes im Zivilverfahren darauf, dass die Möglichkeit zur Erlangung vorläufigen Rechtsschutzes durch nationale Gerichte vorausgesetzt wird.[1146] Aus diesem Grunde müssen die nationalen Gerichte auch im Eilverfahren ihr nationales Recht anwenden.

Praktische Relevanz erhält die Anwendung gemeinschaftsrechtlich begründeten Rechts im zivilgerichtlichen Eilverfahren beispielsweise für den gewerblichen Rechtsschutz. Gerade dort werden Streitigkeiten häufig im einstweiligen Rechtsschutzverfahren ausgetragen.[1147] Teilweise wird der Eilrechtsschutz daher schon als Hauptsacheverfahren im Wettbewerbsrecht bezeichnet.[1148] Auch das Potenzial kartellrechtlicher Eilverfahren vor nationalen

---

[1143] Siehe dazu schon 1. Teil 1. Kapitel C. III 1.
[1144] Siehe dazu schon 1. Teil 1. Kapitel C. III 2. bis 5.
[1145] Siehe an deutscher Rechtsprechung nur: KG WRP 1986, 31; LG Hannover EuZW 1997, 638.
[1146] So ergibt sich aus Art. 99 Abs. II Satz 1 Markenverordnung, VO (EG) Nr. 40/94, dass die Art. 31 ff. der VO (EG) Nr. 44/2001 über die gerichtliche Zuständigkeit und die Anerkennung und Vollstreckung von Entscheidungen in Zivil- und Handelssachen, ABl. L 12 vom 16.1.2001, S. 1 auch für einstweilige Maßnahmen gegen die Vollstreckung von Entscheidungen gelten; siehe auch Art. 2 RL 89/665/EWG zur Koordinierung der Rechts- und Verwaltungsvorschriften für die Anwendung der Nachprüfungsverfahren im Rahmen der Vergabe öffentlicher Liefer- und Bauaufträge, ABl. Nr. L 395, S. 33, dazu Schumacher S. 44 f.; Art. 4 Abs. II Satz 2 RL 84/450/EWG zur Angleichung der Rechts- und Verwaltungsvorschriften der Mitgliedstaaten über irreführende Werbung, abgedr. in: Baumbach/Hefermehl, Wettbewerbsrecht, S. 42, 44.
[1147] Emmerich, Unlauterer Wettbewerb, S. 383; Nirk, nach dem etwa 90 % aller Wettbewerbsstreitigkeiten im Eilverfahren ausgetragen werden. Siehe dazu auch Ahrens in: Pastor/Ahrens Kapitel 52, Rn. 4.
[1148] Ahrens in: FS Nakamura S. 4 f.

Gerichten ist bedeutsam. In solchen Rechtsstreitigkeiten wird die richtige Auslegung der Art. 81 und 82 EG oder die Auslegung oder Gültigkeit von Gruppenfreistellungsverordnungen oftmals entscheidungserheblich sein. Zu denken ist hier beispielsweise an Eilanträge im Hinblick auf Durchleitungs- oder Nutzungsansprüche[1150], Lieferverpflichtungen[1151], Beseitigungsansprüche, Unterlassungsansprüche im Ausschließlichkeitsvertrieb oder die Nichtigkeit vertraglicher Vereinbarungen nach Art. 81 Abs. II EG. Nicht zwingend ist, dass sich der Antragsteller auf kartellrechtliche Regelungen beruft. So kann die Nichtigkeit einer Vereinbarung nach Art. 81 Abs. II EG als Einwendung geltend gemacht werden[1152] und einen Verfügungsanspruch ausschließen. Das Potenzial kartellrechtlicher Eilverfahren dürfte mit der ab dem 1.5.2004 geltenden neuen Durchführungsverordnung zu den Art. 81 und 82 EG, der VO 1/2003[1153], noch steigen.[1154] Diese Neufassung bringt eine Dezentralisierung der Durchsetzung des Kartellverbots.[1155] Zukünftig soll für eine Freistellung nach Art. 81 Abs. III EG statt des bisherigen Anmeldesystems ein System der Legalausnahme gelten.[1156] Die nationalen Gerichte haben zukünftig selbst zu beurteilen, ob eine Verhaltensweise oder eine Vereinbarung nach Art. 81 Abs. III EG freigestellt ist oder nicht.[1157] Es kommen zwei Konstellationen in Betracht, in denen nationale Gerichte im kartell-

---

[1149] So ergibt sich aus Art. 99 Abs. II Satz 1 Marken-VO VO (EG) Nr. 40/94, dass die Art. 31 ff. der VO (EG) Nr. 44/2001 über die gerichtliche Zuständigkeit und die Anerkennung und Vollstreckung von Entscheidungen in Zivil- und Handelssachen, ABl. L 12 vom 16.1.2001, S. 1 auch für einstweilige Maßnahmen gegen die Vollstreckung von Entscheidungen gilt; siehe auch Art. 2 RL 89/665/EWG zur Koordinierung der Rechts- und Verwaltungsvorschriften für die Anwendung der Nachprüfungsverfahren im Rahmen der Vergabe öffentlicher Liefer- und Bauaufträge, ABl. Nr. L 395, S. 33, dazu Schumacher S. 44 f.; Art. 4 Abs. II Satz 2 RL 84/450/EWG zur Angleichung der Rechts- und Verwaltungsvorschriften der Mitgliedstaaten über irreführende Werbung, abgedr. in: Baumbach/Hefermehl, Wettbewerbsrecht, S. 42, 44.

[1150] Basierend auf § 1004 BGB analog i.V.m. Art. 82 EG; siehe zu einem innerstaatlichen Fall: OLG Düsseldorf, NetCologne, BB 2002, 592 Ls und dazu m.w.N. Köhler BB 2002, 584.

[1151] Lieferansprüche durch nationale Gerichte: EuGI, Rs. T-24/90, Automec II, Slg. 1992, II-2223, 2267, Rn. 50; siehe zu einem solchen Fall z.B. Cutsforth gegen Mansfield Inns LTD, [1986] 1 CMLR 1.

[1152] Z.B. Einwand gegen behaupteten Verfügungsanspruch, wenn Antragsteller Unterlassung des Unterlaufens einer Vertriebsbindung begehrt, der Antragsgegner und störende Außenseiter aber behauptet, die Vertriebsbindung sei vor dem Hintergrund des Art. 81 EG kartellrechtlich unzulässig. Siehe hierzu: Zuber S. 8 f.

[1153] VO (EG) 1/2003, ABl. Nr. L 1/1.

[1154] Allgemein zur steigenden Bedeutung kartellrechtlicher Zivilprozesse: Weitbrecht EuZW 2003, 69, 72.

[1155] Rocca/Gauer/Dalheimer/Kjolbye/De Smijter, Competition Policy Newsletter 1/2003, S. 3, 6 f.

[1156] Erwägungsgrund Nr. 4 zu VO 1/2003; Gröning WRP 2001, 83; Kamann/Bergmann BB 2003, 1743, 1744.

[1157] Rocca/Gauer/Dalheimer/Kjolbye/De Smijter Competition Policy Newsletter 1/2003, S. 3, 7.

rechtlichen Eilverfahren Gemeinschaftsrecht anzuwenden haben. Zum einen kann für die Beurteilung der Erfolgsaussichten in der Hauptsache die Auslegung der direkt anwendbaren Art. 81 und 82 EG erforderlich sein. Zum anderen muss das nationale Gericht unter Umständen die Gültigkeit oder die richtige Auslegung einer Verordnung zumindest vorläufig beurteilen.

Wie bei verwaltungsgerichtlichen einstweiligen Anordnungen[1158] können auch im zivilgerichtlichen Eilverfahren Fragen der Auslegung von Richtlinien eine entscheidende Rolle bei der Beurteilung der Erfolgsaussichten im Hauptsacheverfahren spielen. Weil das materielle Zivilrecht der Mitgliedstaaten mittlerweile zu einem großen Teil auf Richtlinien beruht und auch stets direkt anwendbare Richtlinien[1159] bestehen können, ist die Anzahl möglicher Fragestellungen unüberschaubar.[1160]

Grundsätzlich ist die Ausgangslage hinsichtlich der Anwendung gemeinschaftsrechtlich begründeten Rechts im verwaltungs- und im zivilgerichtlichen Eilverfahren damit ähnlich. Aus diesem Grunde liegt es nahe, auch für das zivilgerichtliche einstweilige Verfügungsverfahren gegebenenfalls Modifizierungen zu fordern, wenn diese notwendig sind, um Vollzugsdefizite zu vermeiden oder deren Auswirkungen zu begrenzen.[1161] Unklar ist, inwieweit eine Rezeption der Rechtsprechung des Gerichtshofes zum verwaltungsgerichtlichen Eilrechtsschutz in Frage kommt, die die Voraussetzungen für den Erlass einstweiliger Anordnungen für bestimmte Konstellationen modifiziert hat. Jedenfalls besteht auch im Rahmen des zivilgerichtlichen Eilverfahrens das Potenzial für Kompetenzkonflikte zwischen Gemeinschaftsorganen und den nationalen Gerichten. Dies betrifft nicht nur die Kompetenzzuweisung des Art. 234 EG, sondern beispielsweise auch die Kompetenz der Kommission zum Erlass von Untersagungsverfügungen und zur Feststellung der Nichtanwendbarkeit der Art. 81 und 82 EG bzw. zum Erlass von Gruppenfreistellungsverordnungen und zum Entzug der Freistellung.[1162] Fraglich ist hier vor allem, ob der strenge Ausschluss na-

---

[1158] Siehe dazu 2. Teil 1. Kapitel F.

[1159] 2. Teil 1. Kapitel F. I.

[1160] Siehe zu den Besonderheiten beim Vollzug von Richtlinien 2. Teil 2. Kapitel F.

[1161] Anders: Schaub NJW 1994, 81; Schiefer NJW 1995, 160, die allerdings die neuere Entwicklung auf dem Gebiet vorläufigen Verwaltungsrechtsschutzes ausblenden. Ullrich/Konrad: Handbuch des EU-Wirtschaftsrechts, 2. Bd. C. III. Rn. 104 befürworten aufgrund möglicher Vollzugsdefizite sogar ein zentrales Gericht für Warenzeichenangelegenheiten im Anwendungsbereich der Verordnung über die Gemeinschaftsmarke (Verordnung (EG) Nr. 40/94 des Rates vom 20.12.1993 über die Gemeinschaftsmarke (ABl. EG 1994 Nr. L 11/1)); siehe zu einer zentralen EG-Zivilgerichtsbarkeit auch: Stürner in: Grunsky S. 1, 21 f.

[1162] Art. 7 VO 1/2003, zur Freistellung bisher Art. 9 Abs. I VO 17/62, nunmehr deklaratorisch: Art. 10 VO 1/2003. Die Kommission hat nach wie vor die Befugnis zum Erlass von Gruppenfreisteltionaler Eilmaßnahmen im Hinblick auf Kommissionsentscheidungen, den der Gerichtshof in der Rechtssache „T. Port“ für das Verwaltungsprozessrecht festgestellt hat[1163], auch im Kartellrecht Anwendung findet. Zu klären ist auch, ob zukünftig ebenso wie im Verwaltungsprozess im Verfahren nach §§ 935, 940 ZPO in bestimmten Konstellationen eine Vorlagepflicht gem. Art. 234 EG als Voraussetzung für den Erlass vorläufiger Maßnahmen[1164] besteht. Bereits in den Jahren 1977 und 1982 hatte der Gerichtshof über die Bedeutung des Art. 234 EG (damals Art. 177 EGV) im nationalen zivilgerichtlichen Eilverfahren zu entscheiden. Er befand in beiden Fällen, dass den mitgliedstaatlichen Gerichten innerhalb des Eilverfahrens keine Pflicht zur Vorlage obliegt.[1165] Daraus wird in der Literatur noch heute der Schluss gezogen, dass der Erlass einstweiliger Verfügungen keinesfalls gemeinschaftsrechtlichen Voraussetzungen unterliege.[1166] Fraglich ist aber, ob diese Ansicht im Lichte der neueren Rechtsprechung des Gerichtshofes zum Verhältnis von Art. 234 EG und § 123 VwGO aufrecht erhalten werden kann. Zu klären ist auch, ob sich die Rechtsprechung des Gerichtshofes in beiden Fällen überhaupt ausschließt.

Im Folgenden wird dargestellt, inwieweit Eilentscheidungen nationaler Gerichte gemeinschaftsrechtlich zulässig sind, ob eine gemeinschaftsrechtliche Einflussnahme auf das nationale Zivilprozessrecht notwendig und gerechtfertigt ist, und wie eine solche Einflussnahme hinsichtlich der einstweiligen Verfügung des deutschen Zivilverfahrensrechts nach §§ 935, 940 ZPO konkret aussehen müsste.

B. Recht nationaler Zivilgerichte zum Erlass einstweiliger Verfügungen

Grundsätzlich bedarf es im dezentralen Vollzug des Gemeinschaftsrechts - eines zivilprozessualen Eilrechtsschutzes, denn das Gemeinschaftsrecht begründet subjektive Rechte, die vor nationalen Zivilgerichten geltend zu ma-

---

lungsverordnungen: Erwägungsgrund Nr. 10 zu VO 1/2003 und kann nach Art. 29 Abs. I VO 1/2003 den Rechtsvorteil der Freistellung im Einzelfall entziehen.

[1163] 2. Teil 1. Kapitel C. I. 1.

[1164] EuGH, verbd. Rs. C-143/88 u. 92/88, Süderdithmarschen, Slg. 1991, I-415; EuGH, Rs. C-465/93, Atlanta, Slg. 1995, I-3761; EuGH, Rs. C-68/95, T. Port, Slg. 1996, I-6065.

[1165] EuGH, Rs. 107/76, Hoffmann-LaRoche, Slg. 1977, 957, 973; siehe auch EuGH, verbd. Rs. 35 u. 36/82, Morson, Slg. 1982, 3723, 3737.

[1166] Ohne eingehende Begründung: Schiefer NJW 1995, 160, 161, Schaub NJW 1994, 81, 83; Spätgens in: Pastor/Ahrens Kapitel 30, Rn. 26; Schuschke in: Schuschke/Walker, Vorb. zu § 935, Rn. 36.

[1167] 1. Teil 1. Kapitel C. III. 1. und 2.

chen sind.[1168] Eine ausschließliche Zuständigkeit des Gerichtshofes[1169] bei Fällen mit Bezug zum Gemeinschaftsrecht besteht nicht. Vielmehr ist aufgrund des engen dogmatischen Zusammenhangs des Eilrechtsschutzes nach §§ 935, 940 ZPO und § 123 Abs. I VwGO[1170] die Rechtsprechung des Gerichtshofes zur Zulässigkeit einstweiliger Anordnungen nach § 123 Abs. 1 VwGO weitgehend entsprechend anzuwenden.[1171] Sowohl § 123 Abs. I VwGO als auch die §§ 935, 940 ZPO bezwecken die vorläufige Sicherung oder Regelung der materiellen Rechte des Antragstellers. Der für den Eilrechtsschutz vor den Gemeinschaftsgerichten geltende Art. 243 EG ist nicht nur in verwaltungsrechtlichen, sondern auch in zivilrechtlichen Fällen anzuwenden.[1172] Vor diesem Hintergrund gilt auch in Zivilrechtssachen, dass der nationale Rechtsschutz das gemeinschaftsrechtlich gewährte Niveau bei gemeinschaftsrechtlich beeinflussten Fällen gewähren muss.[1173] Das Recht der Bürger, die Rechtmäßigkeit einer Gemeinschaftshandlung, z.B. einer Verordnung, zu bestreiten und das nationale Gericht zu einem Ersuchen um Vorabentscheidung zu veranlassen, wird vom gemeinschaftlichen Rechtsschutz erfasst.[1174] Dieses Recht und damit der Zusammenhalt des Rechtsschutzsystems wäre im Zivilprozess gefährdet, wenn die Rechtsposition des Antragstellers aufgrund des Zeitfaktors oder tatsächlicher Umstände vor einer Entscheidung des Gerichtshofes verloren ginge. Dieses wäre sowohl im Hinblick auf eine objektive Rechtskontrolle und der Gewährleistung einer einheitlichen Rechtsentwicklung problematisch, als auch unter dem Gesichtspunkt der gemeinschaftsrechtlich gewährleisteten Rechtsschutzgarantie. Größere Probleme dürften sich diesbezüglich in den Mitgliedstaaten der Gemeinschaft grundsätzlich nicht ergeben, weil auf dem Gebiet des Zivilrechtsschutzes überall umfangreiche Eilkompetenzen der Gerichte bestehen.[1176] Allerdings kann in einzelnen Bereichen eine Anpassung der Rechtsprechung im

---

[1168] 1. Teil 1. Kapitel C. III. 1. und 2.

[1169] 1. Teil 1. Kapitel C. IV., siehe die Regelung in Art. 256 Abs. IV EG zur Vollstreckungsaussetzung gemeinschaftsrechtlicher Titel.

[1170] 1. Teil 3. Kapitel C. I. 1.

[1171] Für eine Übertragung der Rechtsprechung zum vorläufigen Verwaltungsrechtsschutz auf das einstweilige Verfügungsverfahren des Zivilrechts ohne Begründung und ohne Einschränkung auch: Koch NJW 1995, 2331, 2332

[1172] EuGI Rs. T-543/93 R, Telecinco/Kommission, Slg. 1993, II-1409, 1416 hinsichtlich eines Antrages, das System der Eurovision in einem bestimmten Punkt zu suspendieren, d.h. der Aussetzung einer privaten Vereinbarung.

[1173] Entsprechend der Rechtsprechung des Gerichtshofes in den Rechtssachen EuGH, Rs. 213/89, Factortame, Slg. 1990, 2433; EuGH und Rs. C-465/93, Atlanta, Slg. 1995, I-3761.

[1174] EuGH, Rs. C-465/93, Atlanta, Slg. 1995, I-3761, 3788, Rn. 20; EuGH, verbd. Rs. C-143/88 und C-92/89, Süderdithmarschen, Slg. 1991, I-415, 540, Rn. 16.

[1175] EuGH, Rs. 314/85, Foto-Frost, Slg. 1987, 4199, 4232, Rn. 20.

[1176] Siehe dazu Eilers S. 61 ff.

Hinblick auf die konkrete Ausgestaltung des Rechtsschutzes erforderlich sein.[1177]

Nicht nur aus diesen dogmatischen Erwägungen folgt, dass auch der „nationale Gemeinschaftsrichter" gegebenenfalls Eilrechtsschutz zu gewähren hat. Auch das Sekundärrecht sieht verschiedentlich vor, dass dem Bürger die Möglichkeit zur Erlangung vorläufigen Rechtsschutzes eröffnet werden muss, ohne allerdings die Voraussetzungen eines solchen Rechtsschutzes zu regeln.[1178] Eine dem verwaltungsgerichtlichen Eilrechtsschutz entsprechende Wertung ist nicht zuletzt deshalb konsequent, weil die effektive und einheitliche Anwendung des Gemeinschaftsrechts nicht von der Zuweisung der Rechtssache an einen bestimmten Rechtsweg abhängig sein kann. Dies gilt um so mehr, weil die innerstaatliche Rechtswegzuweisung allein Sache der Mitgliedstaaten ist. Zudem ist nicht ersichtlich, dass der Erlass einstweiliger Verfügungen nach den §§ 935, 940 ZPO generell größere oder geringere Auswirkungen auf das Gemeinschaftsrecht hat als einstweilige Anordnungen nach § 123 Abs. I VwGO. Deshalb ist bei der Beurteilung der Kompetenz zum Erlass von Eilverfügungen nicht an eine formale Rechtswegzuweisung anzuknüpfen. Vielmehr besteht grundsätzlich die Befugnis und Verpflichtung nationaler Zivilgerichte, gegebenenfalls einstweilige Verfügungen zur vorläufigen Sicherung oder Regelung streitiger Rechtspositionen oder -verhältnisse in Zivilprozessen zu treffen. Dies gilt insbesondere auch dann, wenn sich der Rechtsstreit anhand von Gemeinschaftsrecht entscheidet.

Ob im konkreten Fall eine einstweilige Verfügung ergehen kann und wie diese aussieht, richtet sich nach der Zulässigkeit des Verfügungsantrages und danach, ob die Erlassvoraussetzungen vorliegen.

[1177] Beispielsweise in der Frage, inwieweit auch bei besonders komplexen Sachverhalten einstweiliger Rechtsschutz zu gewähren ist: v. Bogdandy NJW 1999, 2088, 2090 m.w.N.

[1178] Z.B. Art. 99 Abs. II Satz 1 Markenverordnung, VO (EG) Nr. 40/94, nach dem die Art. 31 ff. der VO (EG) Nr. 44/2001 über die gerichtliche Zuständigkeit und die Anerkennung und Vollstreckung von Entscheidungen in Zivil- und Handelssachen, ABl. L 12 vom 16.1.2001, S. 1 auch für einstweilige Maßnahmen gegen die Vollstreckung von Entscheidungen gelten; siehe auch Art. 2 RL 89/665/EWG zur Koordinierung der Rechts- und Verwaltungsvorschriften für die Anwendung der Nachprüfungsverfahren im Rahmen der Vergabe öffentlicher Liefer- und Bauaufträge, ABl. Nr. L 395, S. 33, dazu Schumacher S. 44 f.; Art. 4 Abs. II Satz 2 RL 84/450/EWG zur Angleichung der Rechts- und Verwaltungsvorschriften der Mitgliedstaaten über irreführende Werbung, abgedr. in: Baumbach/Hefermehl, Wettbewerbsrecht, S. 42, 44.

C. Zulässigkeit einstweiliger Verfügungen im dezentralen Vollzug

I. Zuständigkeit zum Erlass einstweiliger Verfügungen

Sowohl im Gemeinschaftsrecht[1179], als auch im nationalen Recht[1180], richtet sich die Zuständigkeit der Gerichte zum Erlass einstweiliger Verfügungen nach der Zuweisung der Hauptsache. Ist die Hauptsache durch Gesetz einem anderen Gericht als dem vom Antragsteller angerufenen zugewiesen, fehlt ihm die Zuständigkeit zum Erlass einstweiliger Verfügungen. Ob und in welcher Weise vorläufiger Rechtsschutz zu gewähren ist, hat in diesen Fällen ausschließlich die Gerichtsbarkeit zu entscheiden, die sachlich und instanziell zuständig ist.[1181] Dabei kommen den Gemeinschaftsgerichten nur wenige zivilgerichtliche Aufgaben zu.[1182] Gemeinschaftsrechtlich beeinflusste Zivilrechtsstreitigkeiten werden nach Maßgabe des Art. 234 EG vor allem vor den nationalen Zivilgerichten verhandelt.[1183] Diese dürfen ebenso wenig wie die Verwaltungsgerichte in die Kompetenzen der Gemeinschaftsorgane eingreifen. Im Rahmen der Zivilrechtsprechung wird nur selten eine entsprechende Gefahr bestehen, weil die privatklägerische Durchsetzung des Gemeinschaftsrechts grundsätzlich den nationalen Zivilgerichten obliegt.[1184]

Im Hinblick auf das Nebeneinander von nationalen und gemeinschaftlichen Kompetenzen stellt sich die Frage nach der Zuständigkeit nationaler Zivilgerichte im Eilverfahren jedoch, wenn beispielsweise das Verwerfungs- und Auslegungsmonopol des Gerichtshofes oder die Entscheidungsprärogative der Kommission nach Art. 16 Abs. I VO 1/2003 berührt ist. Wie der Gerichtshof[1185] ausdrücklich festgestellt hat, besteht eine Zuständigkeit nationaler Gerichte auch im Rahmen des Eilrechtsschutzes nicht, wenn eine vorläufige Regelung eines Rechtsverhältnisses bewirkt wird, dessen Regelung in den ausschließlichen Kompetenzbereich eines Gemeinschaftsorgans fällt.

[1179] Grabitz in: Grabitz/Hilf Art. 185 Rn. 10.

[1180] Handbuch des vorläufigen Rechtsschutzes A. Rn. 482 ff.

[1181] Beachte dazu den Sonderfall in Art. 99 Abs. I der Markenverordnung (EG) Nr. 40/94 nach dem einstweilige Maßnahmen in bezug auf eine Gemeinschaftsmarke auch von Gerichten eines Mitgliedstaates erlassen werden können, denen nach der Verordnung die Hauptsache nicht zugewiesen ist.

[1182] Siehe dazu 1. Teil 1. Kapitel C. III. 2.

[1183] 1. Teil 1. Kapitel C. III. 2.; Insoweit begründet Art. 234 EG die Funktion der nationalen Gerichte als Teil des Gemeinschaftsgerichtssystems: Dauses, Das Vorabentscheidungsverfahren, S. 43.

[1184] Siehe 1. Teil 1. Kapitel C. III. 2.; vgl. z.B. die innerstaatliche Kompetenzzuweisung in Deutschland: § 87 GWB.

[1185] EuGH, Rs. C-68/95, T. Port, Slg. 1996, I-6065, 6103 ff.; 2. Teil 1. Kapitel B. I. 1.

Unproblematisch sind die nationalen Gerichte zukünftig nach dem Prinzip der Legalausnahme zur Entscheidung über die Freistellungsfähigkeit von Vereinbarungen vom Kartellverbot befugt. Das Freistellungsmonopol der Kommission nach Art. 9 Abs. I VO 17/62 ist ab dem 1.5.2004 mit der VO 1/2003 aufgehoben. Die Situation, dass die nationalen Gerichte zwar die Nichtigkeit einer Vereinbarung nach Art. 81 Abs. II EG, nicht aber deren Freistellbarkeit feststellen dürften, gilt zukünftig nicht mehr.[1186] Bisherige entsprechende Kompetenzkonflikte entfallen zukünftig dem Grundsatz nach. Allerdings räumt auch das neue Kartellverfahrensrecht der Kommission einige vorrangige Entscheidungsbefugnisse ein, die die Entscheidungskompetenz der nationalen Gerichte beschränken. Dies ist dann der Fall, wenn die Kommission Verfahren im Hinblick auf Untersagungsverfügungen nach Art. 7 VO 1/2003, Feststellungen der Nichtanwendbarkeit nach Art. 10 VO 1/2003, zum Erlass von Gruppenfreistellungsverordnungen oder zum Entzug der Freistellung im Einzelfall nach Art. 29 Abs. I VO 1/2003 eingeleitet hat. Die Frage der Zuständigkeit wird dann im Lichte des Art. 16 Abs. I VO 1/2003 akut. Hier besteht ein Spannungsverhältnis zwischen der dort geregelten Entscheidungsprärogative der Kommission für Sachverhalte, hinsichtlich derer sie ein Verfahren eingeleitet hat, und der direkten Anwendung des Art. 81 Abs. 1 EG durch die nationalen Gerichte. Die VO 1/2003 regelt hier das Spannungsverhältnis zwischen der direkten Anwendbarkeit des Art. 81 Abs. I-III EG und den besonderen Kompetenzen der Kommission zur vorrangigen Entscheidung im Sinne der Masterfoods-Entscheidung des Gerichtshofes.[1187] Im praktischen Fall ist eine solche Konstellation im Rahmen einer zivilrechtlichen Streitigkeit denkbar, in der das nationale Gericht die materielle Rechtslage bis zu einer Entscheidung der Kommission vorläufig beurteilen muss:

> Ein Speiseeishersteller stellt Wiederverkäufern kostenlos Kühltruhen unter der Bedingung zur Verfügung, dass sie ausschließlich für die von ihr hergestellten Speiseeiserzeugnisse benutzt werden (Ausschließlichkeitsklausel). Sodann beginnen zahlreiche Wiederverkäufer, in diesen Kühltruhen Erzeugnisse eines anderen Herstellers aufzubewahren und zu präsentieren. Daraufhin fordert der bereitstellende Hersteller die Wiederverkäufer auf, die Ausschließlichkeitsklausel zu beachten. Zudem erhebt der Hersteller vor dem nationalen Gericht Klage mit dem Antrag, es dem anderen Hersteller im Wege der einstweiligen Verfügung zu verbieten, die Wiederverkäufer zur Nichtbeachtung der Aus-

---

[1186] Siehe zum Konflikt nach bisheriger Rechtslage: Steindorff, EG-Vertrag und Privatrecht, S. 339; EuGH, Rs. C-344/98, Masterfoods, Slg. 2000, I-1369.

[1187] EuGH, Rs. C-344/98, Masterfoods, Slg. 2000, I-1369; Rocca/Gauer/Dalheimer/Kjolbye/De Smijter Competition Policy Newsletter Nr. 1 2003, S. 3, 7; Bornkamm ZWeR 2003, 73, 83 f.

schließlichkeitsklausel zu veranlassen. Der andere Hersteller wird im Verfahren einwenden, die Ausschließlichkeitsklausel sei nach Art. 81 Abs. II EG nichtig. Zeitgleich erhebt er bei der Kommission Beschwerde mit dem Ziel einer Untersagungsverfügung.

Fraglich ist hier, ob eine einstweilige Verfügung zulässig ist, mit der das nationale Gericht einer Entscheidung der Kommission vorgreift. In solchen Fällen haben die mitgliedstaatlichen Gerichte als angerufene Zivilgerichte grundsätzlich über die Anwendung des Art. 81 Abs. I-III EG zu entscheiden. Der Gerichtshof hat hierzu auf Grundlage der alten Rechtslage mit einem Freistellungsmonopol der Kommission festgestellt, dass das nationale Gericht ein Vorabentscheidungsersuchen an den Gerichtshof richten und das Verfahren aussetzen könne, wenn eine Freistellungsentscheidung der Kommission möglich sei. Zudem könne es einstweilige Maßnahmen treffen.[1188] Aus dieser Entscheidung wurde teilweise gefolgert, dass die nationalen Gerichte zur Gewährung vorläufigen Rechtsschutzes verpflichtet sind, solange die Kommission ein Freistellungsverfahren betreibt und das nationale Hauptverfahren ausgesetzt ist.[1189] In unserem Beispielsfall bedeutet dies, dass das nationale Gericht einstweilen über die Fortgeltung der Ausschließlichkeitsklausel entscheiden müsste, auch wenn ggf. eine Untersagungsentscheidung der Kommission bevorsteht. Eine solche Befugnis des nationalen Gerichtes könnte aber im Lichte der neueren Rechtsprechung des Gerichtshofes[1190] abzulehnen sein. Dies kommt dann in Betracht, wenn die Rechtsprechung des Gerichtshofes zur Unzulässigkeit nationaler einstweiliger Anordnungen im Kompetenzbereich der Kommission auf das Zivilverfahren entsprechend anzuwenden ist. Die VO 1/2003 hat diesbezüglich in Anlehnung an die Masterfoods-Entscheidung in Art. 16 Abs. I S. 2 und 3 VO 1/2003 geregelt, dass das nationale Gericht prüfen könne, ob es das anhängige Verfahren aussetzt und die dem Verfahren zugrundeliegende Rechtsfrage dem Gerichtshof vorlegt. Die Frage, ob auch eine der Kommissionsentscheidung vorgreifende, über die reine Aussetzung des Verfahrens hinausgehende Eilentscheidung zulässig ist, wurde nicht entschieden.

Ob eine entsprechende Anwendung der T. Port-Rechtsprechung in den Fällen des Art. 16 Abs. I VO 1/2003 Sinn macht, ist zweifelhaft. Eine einstweilig freistellende Verfügung würde möglicherweise einer zukünftigen und zu erwartenden Entscheidung der Kommission zuwiderlaufen und damit der Entscheidungsprärogative der Kommission nach Art. 16 Abs. I VO 1/2003

[1188] ebd. Rn. 52; so jetzt auch EuGH, Rs. C-344/98, Masterfoods, Slg. 2000, I-1369.
[1189] Steindorff, EG-Vertrag und Privatrecht, S. 339.
[1190] EuGH, Rs. C-68/95, T. Port, Slg. 1996, I-6065, 6103 ff.

entgegenstehen. Grundsätzlich verliert das nationale Gericht jedoch auch dann nicht seine Zuständigkeit, wenn die Kommission ein Verfahren einleitet.[1191] Eine ausschließliche Kompetenz der Gemeinschaftsorgane zur vorläufigen Regelung von Wettbewerbsstreitigkeiten würde vor allem mit der unmittelbaren Anwendbarkeit der Art. 81 und 82 EG[1192] kollidieren und mit der Rechtsprechung des Gerichtshofes im Widerspruch stehen. Dieser nimmt in mittlerweile ständiger Rechtsprechung sogar eine Pflicht der nationalen Zivilgerichte zur Anwendung der Art. 81 und 82 EG an.[1193] Entscheidend aber ist, dass in die Kompetenz der Kommission durch nationale Eilmaßnahmen nicht eingegriffen wird, weil es sich bei dieser nicht um eine Entscheidung im Sinne des Art. 16 Abs. I VO 1/2003 handelt.[1194] Vielmehr entscheidet das nationale Gericht nur über den Verfügungsantrag durch Beurteilung der Erfolgsaussichten in der Hauptsache. Diese Beurteilung hat es selbst vorzunehmen.

Müssten die Antragsteller stets auf die Entscheidung der Kommission warten und sich ggf. mit der Aussetzung des Verfahrens begnügen, würde dies unter Umständen zu einer Rechtsschutzverweigerung führen. Freistellungen können nicht durch direkte Klagen vor den Gemeinschaftsgerichten erzwungen werden, solange keine Kommissionsentscheidung vorliegt. Anders als im Verwaltungsgerichtsverfahren, z.B. bei der Durchsetzung von Marktordnungen, ist das EuGI nicht befugt, im Hinblick auf Entscheidungen der Kommission festzustellen, die Kommission müsse tätig werden. Hinsichtlich des Handelns nach Art. 7 und 10 VO 1/2003 obliegt der Kommission ein Aufgreifermessen.[1195] Ist eine direkte Klage nicht zulässig, kann das

---

[1191] EuGH, Rs. 127/73, BRT/SABAM, Slg. 1974, 51.

[1192] EuGH, Rs. 127/73, BRT/SABAM, Slg. 1974, 51, 62 f.; EuGI, Rs. T- 5/93, Tremblay, Slg. 1995, II-185, 215.

[1193] EuGH, verbd. Rs. C-430/93 und C-431/93, van Schijndel/van Veen, Slg. 1997, I-1711; EuGH, Rs. C-126/97, Eco Swiss, EuZW 1999, 565; Weyer EuR 2000, 145.

[1194] Entsprechend zur Andersartigkeit der Freistellungsentscheidung der Kommission nach Art. 9 VO 17/62: EuGH, Rs. C-234/89, Delimitis, Slg. 1991, I-935, 992; Wiedemann Bd. 1 1989, AT Rn. 100; Esser-Wellié WuW 1995, 457, 462.

[1195] Selbst die Überprüfung der Einzelfreistellungsentscheidungen durch die Gemeinschaftsgerichte ist nach bisheriger Rechtslage auf offensichtliche Beurteilungsfehler beschränkt (EuGH, Rs. 56 und 58/64, Grundig/Consten, Slg. 1966, 321, 396; EuGI Rs. T-17/93, Matra/Hachette, Slg. 1994, II- 595, 631). Dies dürfte zukünftig bei Entscheidungen nach Art. 7 und 10 VO 1/2003 nicht anders sein. Auch bei diesen Entscheidungen handelt es sich um „komplexe Bewertungen wirtschaftlicher Art“ im Einzelfall. Dies ändert sich nicht dadurch, dass Art. 81 Abs. III EG zur Legalausnahme wird. So aber: Weitbrecht EuZW 2003, 69, 70. Dagegen kommt dem Gerichtshof die Befugnis zu uneingeschränkter Nachprüfung von Entscheidungen zu, mit denen die Kommission Geldbußen oder Zwangsgelder festsetzt (Art. 31 VO 1/2003).

EuGI auch keinen Eilrechtsschutz bieten.[1196] Vielmehr ist, will der Antragsteller nicht eine bereits erlassene Entscheidung angreifen, in diesen Fällen allein das nationale Zivilgericht zum Rechtsschutz berufen. Wäre das nationale Gericht mit Hinweis auf die Kompetenzen der Kommission nicht entscheidungsbefugt, würde dem Antragsteller jeglicher effektive Rechtsschutz verwehrt. Die Entscheidung der Kommission hat dann gegebenenfalls keine praktische Bedeutung mehr, wenn die Rechte des Antragstellers bei deren Bekanntmachung bereits verwirkt sind. Daran ändert auch die Befugnis der Kommission zur Gewährung vorläufigen Rechtsschutzes nach Art. 8 VO 1/2003[1197] nichts, wenn sich die Frage der Nichtigkeit einer Vereinbarung nicht innerhalb eines behördlichen Verfahrens stellt, sondern in einem zivilgerichtlichen Streit. Den nationalen Gerichten obliegt allein die zur Kartellrechtsprechung des Gerichtshofes komplementäre Zivilrechtsprechung.[1198] Die Kommission übt in diesem Zusammenhang lediglich den kartellbehördlichen, und damit verwaltungsrechtlichen, Rechtsschutz aus.[1199] Prüfungsmaßstab für einstweilige Maßnahmen der Kommission ist allein die Wirkung einer Vereinbarung oder Verhaltensweise auf den Wettbewerb.[1200] Hier zeigt sich ein struktureller Unterschied zum Verwaltungsvollzug des Gemeinschaftsrechts. Anders als beim Vollzug von Marktordnungen liegt im Zivilprozess der Schwerpunkt der Entscheidung beim nationalen Gericht, denn die mittelbaren Rechtsfolgen jenseits der Nichtigkeitsfolge des Art. 81 Abs. II EG richten sich nach nationalem Recht.[1201] So folgt etwa ein Unterlassungsanspruch nicht aus Art. 81 Abs. II oder Art. 82 EG, sondern im deutschen Recht z.B. aus § 1004 BGB analog. In unserem Beispiel beruft sich der Antragsteller überhaupt nicht auf Gemeinschaftsrecht, sondern auf eine Vertragsklausel. Insoweit sind ausschließlich die nationalen Gerichte rechtsprechungsbefugt. Nur diese bestimmen den Umfang der Rechte des Antragstellers. Ein wirksamer Rechtsschutz ist daher nur gewährleistet, wenn das nationale Gericht befugt ist, das Rechtsverhältnis zwischen Antragsteller und Antragsgegner mittels einer einstweiligen Verfügung vorläufig zu regeln. In un-

[1196] Zum Anwendungsbereich des Art. 243 EG in Wettbewerbssachen siehe: de Bronett WuW 1994, 813, 822 f.
[1197] Zu den Voraussetzungen des Erlasses vorläufigen Rechtsschutzes durch die Kommission siehe: EuGH, Rs. T-44/90, La Cinq, Slg. 1992, II-9, 10.
[1198] Braun S. 49.
[1199] Z.B. in Form der Ahndung von Wettbewerbspraktiken, die einen Verstoß gegen die Wettbewerbsregeln des Vertrages darstellen, siehe nur: EuGH, Rs. 792/79 R, Camera Care, Slg. 1980, 119, 130 f., Rn. 14 und 18; EuGH, verbd. Rs. 228/82 und 229/82 R, Ford/Kommission, Slg. 1982, 3091, 3101, Rn. 13.
[1200] Art. 8 Abs. I VO 1/2003.
[1201] Schröter in: GTE Art. 85 Rn. 192 f; Braun S. 411 f.

serem Beispielsfall wäre der Hersteller somit ggf. ohne Rechtsschutz, könnte das nationale Gericht kein Urteil oder keinen Beschluss fällen.

Auch wenn nationale Gerichte Eilmaßnahmen parallel zum Kommissionsverfahren erlassen dürfen, ist eine Durchbrechung der Kompetenzordnung des EG nicht zu befürchten. So besteht eine besondere Zusammenarbeit zwischen den nationalen Gerichten und der Kommission, die nicht mit den Befugnissen im Rahmen der Marktordnungen vergleichbar ist.[1202] Dies gilt um so mehr, als Art. 81 Abs. I-III EG ein unmittelbar anwendbarer Entscheidungsmaßstab für die nationalen Gerichte ist. Anders als in der Rechtssache „T. Port" geht es hier nicht um konstitutive, sondern bloß um vorrangige Entscheidungskompetenzen der Kommission. Um diese Kompetenzen der Kommission zu wahren und die Gefahr sich widersprechender Entscheidungen nationaler Gerichte und der Kommission abzuwenden, stehen vielfältige Möglichkeiten der Zusammenarbeit offen.[1203] Eine dieser Möglichkeiten ist gerade die *Verpflichtung* des nationalen Gerichts, kein endgültiges Urteil vor der Entscheidung der Kommission zu treffen. Vielmehr soll es gegebenenfalls das Verfahren aussetzen und in Erwartung der Kommissionsentscheidung einstweilige Maßnahmen anordnen.[1204] Angesichts des Eilcharakters des Verfahrens wäre es hier sinnwidrig, die einstweilige Verfügung von einer vorherigen Kommissionsentscheidung abhängig zu machen. Eine bloße Aussetzung des Eilverfahrens zur Wahrung der Entscheidungskompetenzen der Kommission scheidet daher aus.[1205] Für die Wahrung der praktischen Wirksamkeit der Kommissionsentscheidung zu bedenken ist die oftmals ausfallende Durchführung eines Hauptverfahrens gerade in Wettbewerbssachen. Daher überzeugt der Hinweis auf den bloß vorläufigen Charakter der Eilentscheidung nicht unbedingt.[1206] Um die praktische Wirksamkeit der Kommissionsentscheidung zu gewährleisten, sollten entsprechende Bedingungen oder Befristungen der Eilentscheidung oder reaktive Maß-

---

[1202] Zu den Grenzen nationaler Befugnisse im Kartellverfahren siehe: Steindorff ZHR 1998, 290, 314 ff.

[1203] Siehe dazu EuGH, Rs. C-234/89, Delimitis, Slg. 1991, I-935, 992 ff. und Bekanntmachung der Kommission über die Zusammenarbeit zwischen der Kommission und den Gerichten der Mitgliedstaaten bei der Anwendung der Art. 85 und 86 des EG-Vertrages, ABl. 1993 C 39/6, siehe dazu vor allem: Behrens in: FS Everling Bd. I S. 83 ff., Bornkamm in: HKMR S. 549 ff., Goh ECLR 1993, 114 ff., Hall in: Slot/McDonell S. 47 ff., Riley ECLR 1993, 91 ff. und jetzt auch Art. 15 VO 1/2003.

[1204] EuGH, Rs. C-234/89, Delimitis, Slg. 1991, I-935, 993; ähnlich EuGH, Rs. C-344/98, Masterfoods, Slg. 2000, I-1369; Esser-Wellié WuW 1995, 457, 468 f.; Braun S. 419.

[1205] So zur bisherigen Rechtslage schon: Merker S. 384; Zöller-Vollkommer Vorbem. Zu § 916 Rn. 7 und Zöller-Greger § 148 Rn. 4.

[1206] So z.B. aber Merker S. 384; Lässig S. 41.

nahmen in Anschluss an die Kommissionsentscheidung vorgenommen werden.

Schließlich ist auch noch ein anderer Fall denkbar, in dem die Freistellungskompetenz der Kommission berührt sein könnte. Ist in einem Zivilverfahren unklar, ob eine Vereinbarung im Rahmen einer Gruppenfreistellungsverordnung (GVO)[1207] freigestellt ist, liegt eine entscheidungserhebliche Auslegungsfrage hinsichtlich der GVO als Legalausnahme[1208] von Art. 81 Abs. I EG vor. Beispielhaft genannt sei hier eine Ausschließlichkeitsbindung von Handelsvertretern.[1209] Die Gruppenfreistellung selbst obliegt zwar der Kommission, es steht aber nicht fest, ob es im konkreten Fall überhaupt einer Freistellung bedarf, weil Art. 81 Abs. I EG möglicherweise nicht berührt ist. Die Kommission hat diesbezüglich kein Auslegungsmonopol. Auch wenn die Kommission in solchen Fällen der z.B. in Leitlinien[1210] zum Ausdruck kommenden Ansicht ist, dass es einer Freistellung bedarf, weil unter Umständen ein Verstoß gegen Art. 81 Abs. I EG vorliegt, ist das nationale Gericht befugt diesen Fall zu beurteilen.

Zusammenfassend ist festzustellen, dass die nationalen Gerichte grundsätzlich zum Erlass einstweiliger Verfügungen zuständig sind, selbst wenn sie durch ihre Eilentscheidungen möglicherweise Kompetenzen der Kommission berühren. Dies gilt zumindest dann, wenn ein etwaiger Eingriff in die Gemeinschaftskompetenzen nicht dauerhaft bleibt.

II. Antragsbefugnis

Im deutschen einstweiligen Verfügungsverfahren muss der Antragsteller behaupten, dass ihm ein durch die einstweilige Verfügung zu sichernder Anspruch zusteht[1211] und dabei grundsätzlich ein eigenes Recht in eigenem Na-

---

[1207] Art. 81 Abs. III EG erlaubt die Freistellung wettbewerbsbeschränkender Vereinbarungen vom Verbot des Art. 81 Abs. I EG, der gemäß Art. 81 Abs. II EG die zivilrechtliche Nichtigkeit entsprechender Vereinbarungen bewirkt. Ob die Nichtigkeit im deutschen Zivilrecht durch § 134 oder 138 BGB herbeigeführt wird, ist umstritten (Ebenroth/Durach, RIW 1993, Beilage 4 zu Heft 11 S. 10 m.w.N.). Gruppenfreistellungen basieren auf Verordnungen (Schröter in: GTE Art. 87 Rn. 48; G. Wiedemann, Kommentar zu den Gruppenfreistellungsverordnungen des EG-Kartellrechts I, 1989 AT Rn. 36). Ist zu Prüfen, ob der Tatbestand einer GVO erfüllt ist, steht die Anwendbarkeit des Art. 81 Abs. I EG in Frage, weil die GVO als Legalausnahme vom Kartellverbot des Art. 81 Abs. I EG wirkt (Bunte/Sauter Einf. Rn. 40).

[1208] Koch in: Grabitz/Hilf Art. 85 Rn. 192.

[1209] Siehe z.B. EuGH, Rs. C-266/93, Volkswagen AG, Slg. 1995, I-3477.

[1210] Siehe z.B. Mitteilung der Kommission über Leitlinien für vertikale Beschränkungen, ABl. C 291/01 vom 13.10.2000, S. 1.

[1211] Thomas/Putzo § 935 Rn. 1.

men geltend machen.[1212] Unproblematisch zählen zu diesen Rechten auch subjektive Rechte, die aus Gemeinschaftsrecht abgeleitet werden. Im Rahmen der Prüfung der Antragsbefugnis ist zu ergründen, ob sich eine Norm zur Verleihung eines Rechts zu Gunsten einer Partei eignet.[1213] Problematisch ist dies vor allem bei der Frage der Wirkung objektiver Normen des Gemeinschaftsrechts zu Gunsten eines Antragstellers. Ob diese Ansprüche einer Partei begründen können, ist der Beurteilung des Gerichtshofes zu überlassen. Lehnen nationale Gerichte in diesen Fällen schon die Zulässigkeit eines Verfügungsantrages mangels subjektiven Rechtes ab, ist dem Antragsteller möglicherweise die gerichtliche Sicherung von Ansprüchen im Wege des Eilverfahrens abgeschnitten. Aus diesem Umstand ist aber nicht zu schließen, dass es per se nicht mehr einer Prüfung der Antragsbefugnis bedürfe. So gewährt auch das Gemeinschaftsrecht keine Popularklage zur Überprüfung objektiver Rechte.[1214]

Das Gemeinschaftsrecht kann jedoch grundsätzlich die Öffnung des nationalen Zivilrechtsweges verlangen. Im Zweifel über die Wirkung objektiver Normen des Gemeinschaftsrechts ist, um sowohl die Prüfung der Begründetheit des Antragsvorbringens als auch eine objektive Legalitätskontrolle zu gewährleisten, eine Antragsbefugnis anzunehmen, um die Gewährung effektiven Rechtsschutzes nicht an formellen Hürden scheitern zu lassen. Ob das behauptete Recht tatsächlich geeignet ist, ein Recht des Antragstellers zu begründen, kann im Rahmen der Prüfung des Verfügungsanspruchs ermittelt werden.[1215]

III. Statthaftigkeit des Antrages auf Erlass einer einstweiligen Verfügung

Das zivilgerichtliche Eilverfahren unterscheidet mit den §§ 935, 940 ZPO zwischen Sicherungs- und Regelungsverfügungen. Eine einstweilige Verfügungen kann durch das zuständige Gericht erlassen werden, wenn durch die Veränderung eines bestehenden Zustandes die Verwirklichung eines Rechts einer Partei vereitelt oder wesentlich erschwert würde. Außerdem ist eine einstweilige Verfügung zulässig, wenn die Regelung eines bestimmten Rechtsverhältnisses zur Abwendung wesentlicher Nachteile oder zur Vereitelung drohender Gewalt oder aus anderen Gründen notwendig erscheint. In

[1212] Thomas/Putzo § 51 Rn. 21, eine Ausnahme bilden hier die Fälle der gesetzlichen Prozessstandschaft, wie z.B. § 13 Abs. I UWG und § 13 Abs. II AGBG.

[1213] Ob das subjektive Recht tatsächlich besteht, ist dagegen eine Frage des Verfügungsanspruchs.

[1214] 2. Teil 1. Kapitel C. II.; siehe zum Verbandsklagerecht im deutschen Verfahrensrecht nach dem Schuldrechtsmodernisierungsgesetz: Schmidt-Räntsch, DB 2002, 1595.

[1215] Siehe zu den Anforderungen an die Antragsbefugnis im Einzelnen: 1. Teil 3. Kapitel I. 3.

der Praxis findet eine Unterscheidung zwischen Sicherungs- und Regelungsverfügungen kaum mehr statt.[1216]

Einstweilige Verfügungen sind vor allem in Konstellationen denkbar, in denen das Gemeinschaftsrecht eine den Antragsteller unmittelbar begünstigende Rechtsposition gewährt und diese durch das Verhalten des Antragsgegners gefährdet wird oder wenn das unmittelbar anwendbare Gemeinschaftsrecht einen eigenen Anspruch auf Einräumung einer neuen Rechtsposition gewährt. Diese Rechte können sowohl dem primären Gemeinschaftsrecht, etwa den Art. 81, 82 EG, aber auch sekundärem Gemeinschaftsrecht oder Gemeinschaftsgrundrechten entspringen. In Betracht kommen hier beispielsweise einstweilige Verfügungen zum Schutz des Arbeitsplatzes hinsichtlich diskriminierender Entlassungen vor dem Hintergrund des Art. 7 VO (EWG) 1612/68 oder zum Schutz eigener Rechte vor einem Missbrauch einer marktbeherrschenden Stellung i.S.d. Art. 82 Abs. I EG i.V.m. §§ 134, 823 Abs. II, 1004, 249 BGB sowie zum Schutz von Rechten aus Bezugs- und Vertriebsbindungen.[1217] Denkbar sind auch eine Vielzahl von Anträgen im Zusammenhang mit Rechtsstreitigkeiten im Gesellschaftsrecht[1218], wie die Aussetzung der Vollziehung mangelhafter Gesellschafterbeschlüsse, zu deren rechtlicher Beurteilung gemeinschaftsrechtliche Rechtsfragen zu klären sind.[1219]

Die spezifische Problematik der Zulässigkeit von Regelungsanordnungen mit unmittelbar verpflichtender Wirkung, vor dem Hintergrund des Dogmas der Akzessorität zu einem Hauptsacheverfahren[1220], tritt im Zivilverfahren nicht auf. Eine inhaltliche Bindung der Verfügungsanträge an die auch mit den Hauptsacheklagen des EG-Vertrages zu erreichenden Entscheidungen des Gerichtshofes macht keinen Sinn. Zwar ist Art. 243 EG auch bei Zivilverfahren vor dem Gerichtshof anzuwenden[1221], doch sind die Klagearten des EG-Vertrages nicht spezifisch für Streitigkeiten unter Privaten konzipiert. Vielmehr sind sie ganz überwiegend auf die Entscheidung öffentlich-rechtli-

---

[1216] Siehe zur Unterscheidung beider Arten einstweiliger Verfügungen ausführlich 1. Teil 3. Kapitel II. 2.

[1217] Siehe dazu Schmidt NJW 1990, 2109, 2110 f.

[1218] Siehe dazu die Fallgruppen bei Littbarski S. 3 und den jeweiligen gemeinschaftsrechtlichen Regelungshintergrund bei Behrens in: Handbuch des EU-Wirtschaftsrechts, 1. Bd., E. III.

[1219] Siehe zu möglichen Konstellationen: Littbarski S. 56 f. in Verbindung mit Behrens in: Handbuch des EU-Wirtschaftsrechts, 1. Bd., E. III.; siehe zu möglichen Konstellationen: Littbarski in Verbindung mit den gemeinschaftsrechtlichen Grundlagen des Gesellschaftsrechts in Behrens in: Handbuch des EU-Wirtschaftsrechts,1. Bd., E. III. und Lutter, Europäisches Unternehmensrecht. Siehe zu möglichen Konstellationen auch bereits früher in diesem Kapitel.

[1220] Siehe dazu ausführlich: 2. Teil 1. Kapitel C. III.

[1221] Z.B. in arbeitsrechtlichen Streitigkeiten, Krück in: GTE § 179 Rn. 4.

cher Konflikte zugeschnitten.[1222] Aus diesem Grund kommt eine strenge Anlehnung an die Klagearten des EG-Vertrages im Zivilverfahren nicht in Betracht. Auch die Frage der Gewaltenteilung und damit der Wahrung der Kompetenzen der jeweiligen Hoheitsträger bei der Entscheidung im konkreten Fall wird nicht aktuell, wenn das Zivilgericht lediglich Private und nicht Exekutivorgane zu einem bestimmten Handeln oder Unterlassen verpflichtet. Ferner hat der Gerichtshof in einer das EuGVÜ betreffenden Entscheidung sogar festgestellt, dass auch die Anordnung der vorläufigen Erbringung einer vertraglichen Hauptleistung im Rahmen des Art. 5 EuGVÜ, und damit der Antrag auf Erlass einer Leistungsverfügung durch nationale Gerichte, möglich ist.[1223]

IV. Zusammenfassung

Grundsätzlich sind Anträge auf einstweilige Verfügungen nach §§ 935, 940 ZPO auch im dezentralen Vollzug durch Zivilgerichte zulässig. Dogmatisch ergeben sich Probleme hinsichtlich der Kompetenzzuweisung der Kartellverfahrensordnung VO 1/2003 und Art. 234 EG, wenn nationale Gerichte vorläufig zweifelhafte Rechtsfragen beantworten. Der zeitweilige Kompetenzzuwachs der nationalen Zivilgerichte ist insoweit gemeinschaftsrechtlich hinzunehmen, wenn die praktische Wirksamkeit einer späteren Entscheidung des zuständigen Gemeinschaftsorgans sichergestellt ist. Auf diese Weise wird ein umfassender Eilrechtsschutz für den Antragsteller gewährleistet, so dass ein effektiver Rechtsschutz auch im dezentralen Vollzug gewahrt bleibt. Zudem bleibt das im EG-Vertrag angelegte Zusammenspiel der nationalen Zivilgerichte mit den Gemeinschaftsgerichten gewährleistet. Insbesondere im Kartellrecht kommt den nationalen Zivilgerichten eine größere integrative Bedeutung innerhalb des gemeinschaftlichen Wettbewerbssystems und damit umfangreichere Befugnisse zu, als den nationalen Verwaltungsgerichten beim Vollzug gemeinschaftsrechtlichen Verwaltungsrechts. Diese Bedeutung steigt mit der Reform der Durchführungsverordnung zu Art. 81, 82 EG noch, die eine Dezentralisierung der Kartellrechtsanwendung bewirkt und nach der Art. 81 Abs. III EG zur direkt anwendbaren Legalausnahme wird und damit statt einer monopolisierten Freistellung durch die Kommission eine direkte Anwendung der Freistellungsvorschrift durch die mitgliedstaatlichen Gerichte erfolgt.

[1222] Münzberg S. 70.

[1223] EuGH, Rs. C-C-391/95, Van Uden Maritime BV, RIW 1999, 776 mit Kommentar von Pörnbacher. Siehe dazu auch Dedek EWS 2000, 246, 247. Zu den Konturen vorläufigen Rechtsschutzes nach dem EuGVÜ/EuGVO siehe Wolf, EWS 2000, 11 ff. und Wolf/Lange RIW 2003, 55 ff.

Um wirksamen Rechtsschutz zu gewährleisten, sind nicht zu strenge Anforderungen an die Antragsbefugnis zu stellen. So ist eine Antragsbefugnis dann anzunehmen, wenn die Rechtsnorm, auf die der Antragsteller sich beruft, eine Pflicht des Antragsgegners normiert, zumindest auch dem Schutz des einzelnen Marktbürgers dient und der Antragsteller gerade das Interesse geltend machen kann, welches durch die Gemeinschaftsnormen gewährt wird.[1224] Schließlich sind sowohl Sicherungs-, als auch Regelungsverfügungen und sogar Leistungsverfügungen im dezentralen Vollzug grundsätzlich zulässig.

D. Voraussetzungen des Erlasses einstweiliger Verfügungen im dezentralen Vollzug

Die Voraussetzungen für den Erlass einstweiliger Verfügungen sind mangels gemeinschaftsrechtlichem, kodifiziertem Rechts grundsätzlich dem nationalen Recht zu entnehmen. Zweifelhaft ist ob dies auch dann gilt, wenn die unbeschränkte Anwendung des nationalen Prozessrechts zu Vollzugsdefiziten und zur Durchbrechung der gemeinschaftsrechtlichen Kompetenzordnung führt.[1225] Ebenso wie für die entsprechenden Fälle des Verwaltungsprozessrechts wurde auch für die zivilgerichtlichen Interimsmaßnahmen bestritten, dass beim mitgliedstaatlichen Vollzug des Gemeinschaftsrechts eine ausfüllungsbedürftige Lücke entstehen kann, die eine modifizierenden Einwirkung des Gemeinschaftsrechts auf das nationale Prozessrecht rechtfertigt. Diese Ansicht wurde insbesondere damit begründet, dass die prozessuale Ausgestaltung der Eilmaßnahmen ausschließlich Sache der Mitgliedstaaten sei.[1226] Dieser Grundsatz gilt aber auch im Verwaltungsrecht. Dies hat den Gerichtshof aber nicht davon abgehalten, den Erlass einstweiliger Anordnungen an bestimmte Voraussetzungen zu knüpfen, wenn die Interessen der Gemeinschaft berührt sind. Es ist daher Zweifelhaft, ob im Lichte dieser Rechtssprechung der nationale Eilrechtsschutz gänzlich von gemeinschaftsrechtlichen Einflüssen unberührt bleiben kann.

In Anlehnung an die Rechtsprechung des Gerichtshofes zu den Rechtssachen „Süderdithmarschen", „Atlanta" und „T. Port" stellt sich die Frage nach der Notwendigkeit einheitlicher Voraussetzungen für den Erlass einstweiliger Verfügungen. Dies gilt zumindest immer dann, wenn die Anwendung nationalen Verfahrensrechts zu Kollisionen mit dem Anspruch gemeinschaftsrechtlicher Normen auf einen effektiven Vollzug führt. Zu be-

---

[1224] 2. Teil 1. Kapitel C. III.
[1225] Dies bejahend: Lässig S. 41.
[1226] ebd.

achten ist, dass Art. 234 EG nicht zwischen verwaltungs- und zivilprozessualen Entscheidungen nationaler Gerichte differenziert. Ebenso wie im Verwaltungsprozess muss im Zivilprozesses daher der Grundsatz gelten, dass eine auch nur zeitweilige Verwerfung oder eine de facto dauerhaft wirkende zweifelhafte Auslegung des Gemeinschaftsrechts durch die nationalen Gerichte im Eilverfahren nur dann erfolgen darf, wenn gewisse kompensatorische gemeinschaftsrechtliche Anforderungen berücksichtigt werden. Andererseits besteht auch im Zivilprozess grundsätzlich ein gemeinschaftsrechtlich begründetes Bedürfnis zur Gewährung von Eilmaßnahmen. Aus diesem Grunde ist ein Anwendungsvorrang des materiellen Gemeinschaftsrechts unter Verdrängung des nationalen Verfahrensrechts nicht hilfreich. Dem Rechtsschutzsuchenden würde so zu Gunsten der Anwendung materiellen Gemeinschaftsrechts der auch gemeinschaftsrechtlich garantierte Rechtsschutzstandard beschnitten. Daher muss es einer Partei vor den nationalen Zivilgerichten möglich sein, eine einstweilige Verfügung zu erwirken, wenn die Gerichte in ihrer Eigenschaft als funktionelle Gemeinschaftsgerichte tätig werden.

In dem Spannungsfeld zwischen dem Erfordernis einer effektiven Gewährung vorläufigen Rechtsschutzes und der Vermeidung von Kollisionen des nationalen Verfahrensrecht mit dem durch die Gemeinschaft begründeten Recht, bedarf es letztlich gegebenenfalls einer Rechtsfortbildung[1227] hinsichtlich der Voraussetzungen der Gewährung einstweiliger Verfügungen im dezentralen Vollzug für die Fälle, in denen das Fehlen einer ausdrücklichen gemeinschaftsrechtlichen Regelung zu systematisch offensichtlich nicht gewollten Verwerfungen führt.

Die Kompetenz der Gemeinschaft zur Rechtsfortbildung im Bereich des Verfahrensrechts hängt auch im Privatrecht maßgeblich davon ab, ob der Gemeinschaft überhaupt Zuständigkeiten zur Regelung der jeweiligen Rechtsmaterie zustehen.[1228] Eine Zuständigkeit der Gemeinschaft zur Ausfüllung von Lücken im Privatrechtsvollzug ergibt sich schon daraus, dass ihr in den Art. 94, 95 EG ein kodifiziertes Annexrecht zur Regelung des Verfahrensrechts eingeräumt ist. Dieses umfasst auch privatrechtliche Regelungsbereiche. Regelungslücken durch einen Rückgriff auf die Regelungen der nationalen Rechtsordnungen auszufüllen macht keinen Sinn. Deren unterschiedliche Ausgestaltung würde zu erheblichen Kontroll- und Vollzugsunterschieden in den Eilverfahren führen. Dies würde wiederum die Strukturprinzipien des Gemeinschaftsrechts wie den Vorrang und die Einheitlichkeit des Voll-

---

[1227] Wie sie auch den nationalen Gerichten gemäß § 137 GVG obliegt.

[1228] So zum Verbraucherrecht: Krämer, EWG-Verbraucherrecht, S. 404.

zugs sowie die Geltung möglichst einheitlicher Rechtsschutzgrundsätze[1229] gefährden. Wenn im konkreten Fall eine Modifizierung des nationalen Vollzugsrechts erforderlich ist, ist allein eine Anlehnung der spezifischen Voraussetzungen an die Regelungen des Gemeinschaftsrechts in Art. 243 EG sowie eine entsprechende Anwendung des Art. 234 Abs. III EG sinnvoll. Durch die einheitlichen Erlassvoraussetzungen im Falle indirekter Kollisionen wird einerseits eine Stärkung der nationalen Gerichte als funktionelle Gemeinschaftsgerichte bewirkt, weil Ihnen im Lichte des Art. 234 EG eine vorläufige Entscheidungskompetenz verbleibt, andererseits werden sie durch einheitliche Voraussetzungen der Rechtsschutzgewährung in das gemeinschaftsrechtliche Rechtsschutzsystem eingebunden.

Wendet man aufgrund dieser Erkenntnisse die vom Gerichtshof in der Rechtssache „Atlanta“ entwickelten Voraussetzungen für die Gewährung von Interimsmaßnahmen entsprechend im Zivilprozess an, darf das nationale Gericht einstweilige Verfügungen erlassen, wenn

- erhebliche Zweifel an der Gültigkeit oder Auslegung der Handlung der Gemeinschaft bestehen und die Möglichkeit der Auslegung des Gemeinschaftsrechts zu Gunsten des Antragstellers besteht,
- es die diesbezügliche Frage zeitgleich mit der Eilentscheidung dem Gerichtshof vorlegt,
- die Entscheidung dringlich in dem Sinne ist, dass die einstweiligen Verfügungen erforderlich sind, um zu vermeiden, dass diese beantragende Partei einen schweren und nicht wiedergutzumachenden Schaden erleidet,
- es das Interesse der Gemeinschaft angemessen berücksichtigt und
- es die Entscheidungen des Gerichtshofes beachtet.

I. Erhebliche Zweifel an der Gültigkeit oder der Auslegung von Gemeinschaftsrecht

Die Notwendigkeit einer einstweiligen Verfügung in tatsächlicher und rechtlicher Hinsicht[1230] gründet sich auf erhebliche Zweifel des verfügenden Richters an der Gültigkeit eines Gemeinschaftsrechtsaktes oder auf der Möglichkeit der Auslegung streitbefangenen Gemeinschaftsrechts zu Gunsten des Antragstellers.

Eine den ausdrücklichen Regelungen eines Gemeinschaftsrechtsaktes widersprechende gerichtliche Verfügung zur Sicherung der Rechte des Antragstellers kann sich nur aus der Möglichkeit der Ungültigkeit eines an-

[1229] Vgl. dazu Barav CMLR 1989, 369, 389.
[1230] Vgl. Art. 83 § 2, 2. HS VerfOEuGH und Art. 104 § 2, 2. HS VerfOEuGI.

spruchsregelnden oder sonst die Rechte, bzw. Rechtsverhältnisse der Parteien regelnden sekundären Rechtsaktes, insbesondere einer unmittelbar wirkenden und anwendbaren Verordnung, ergeben. Obschon das Gericht von der Ungültigkeit der Verordnung oder einzelner Verordnungsbestimmungen nicht zweifelsfrei überzeugt sein muss, müssen die Faktoren, die für die Ungültigkeit sprechen, überwiegen. Außerdem kann eine einstweilige Verfügung gerechtfertigt sein, wenn eine bestimmte Auslegung des Gemeinschaftsrechts die Möglichkeit eines Erfolges in der Hauptsache nahe legt. Steht von vornherein fest, dass die Rechtsposition nicht existiert oder kein Anrecht auf Gewährung einer begehrten Rechtsposition besteht, ist auch keine einstweilige Verfügung zur vorläufigen Sicherung oder Gewährung einer solchen Rechtsposition notwendig, der Verfügungsantrag ist unbegründet. Die Möglichkeit zur Auslegung zu Gunsten des Antragstellers ist jedenfalls dann nicht gegeben, wenn eine entgegenstehende verbindliche Auslegung bereits erfolgt ist[1231], oder wenn nach der „acte-claire" – Doktrin[1232] nur eine Auslegung möglich ist, die den Anspruch ausschließt. Folglich haben die nationalen Gerichte auch im einstweiligen Verfügungsverfahren die einschlägige Rechtsprechung des Gerichtshofes zu beachten. Die substantiierte Behauptung, dass die konkrete Auslegungsfrage von der Rechtsprechung des Gerichtshofes noch nicht geklärt wurde, wird dem Antragsteller in Anbetracht der Vielzahl möglicher Auslegungsfragen im Zivilrecht kaum schwer fallen. In jedem Fall sind sowohl die rechtlichen als auch die anspruchsbegründenden Tatsachen gemäß §§ 936, 920 Abs. II ZPO glaubhaft zu machen.

II. Vorläufigkeit und Dringlichkeit

Der Erlass einer einstweiligen Verfügung kommt ferner nur dann in Betracht, wenn deren Inhalt *vorläufig* bleibt und die Verfügungsentscheidung des Gerichtes *dringlich* ist. Insoweit kann weitestgehend auf die Ausführungen zum Verwaltungsprozess[1233] verwiesen werden. Insbesondere kann, zur Sicherung der Vorläufigkeit nach § 936 ZPO in Verbindung mit § 927 ZPO, auch außerhalb eines Rechtsbehelfsverfahrens bei Änderungen der rechtlichen oder tatsächlichen Umstände auf Antrag eine Aufhebung oder Änderung der Verfügung durch das Gericht erfolgen.[1234]

[1231] EuGH, Rs. 283/81,C.L.F.I.T.,Slg. 1982, 3415, 3429.

[1232] ebd. S. 3429 f.

[1233] 2. Teil 1. Kapitel D. I. 2. und 3.

[1234] Siehe zum Anpassungsbedarf des deutschen Rechts an die automatische Aufhebung der einstweiligen Maßnahme nach Fristablauf gemäß Art. 50 Abs. VI TRIPS: v. Bogdandy NJW 1999, 2088, 2089 f. m.w.N.

Hinsichtlich der Dringlichkeit der Maßnahme ist ebenso wie im Verwaltungsprozess jedenfalls dann Primärrechtsschutz erforderlich, wenn Gemeinschaftsgrundrechte bedroht sind[1235] und wenn der zu erwartende Schaden für den Antragsteller zu einer Existenzgefährdung führt.[1236]

III. Berücksichtigung der Interessen der Gemeinschaft

Die nationalen Gerichte müssen beim Erlass einstweiliger Verfügungen in angemessener Weise die *Interessen der Gemeinschaft* beachten. Das nationale Gericht hat im Lichte des Erfordernisses der vollen Wirksamkeit des Gemeinschaftsrechts insbesondere sicherzustellen, dass das Gemeinschaftsrecht nicht vorschnell durch den Erlass einer Eilverfügung umgangen wird. Insofern ist eine klassische Interessenabwägung vorzunehmen, wie sie neben dem EG-Vertrag auch die mitgliedstaatlichen Rechtsordnungen kennen. Allerdings werden hier nicht nur die Interessen der Parteien des Rechtsstreits miteinander abgewogen, sondern es werden zusätzlich die Gemeinschaftsinteressen berücksichtigt. Falls die Interessenabwägung ein Überwiegen der Gemeinschaftsinteressen in einer bestimmten Richtung erkennen lässt, kann eine einstweilige Verfügung unzulässig sein.

Auch eine Beeinflussung des Inhalts einer einstweiligen Verfügung durch die Berücksichtigung von Gemeinschaftsinteressen ist denkbar. Vor allem kann das Gericht Stellungnahmen der Gemeinschaftsorgane, namentlich der Kommission, berücksichtigen.[1237] Das nationale Gericht ist aber nicht verpflichtet, Gemeinschaftsorganen Gelegenheit zur Stellungnahme zu geben, um das Interesse der Gemeinschaft angemessen zu berücksichtigen.[1238] Es ist Sache des nationalen Gerichts, nach seinen nationalen Verfahrensregeln zu entscheiden, auf welchem Wege alle sachdienlichen Informationen über den betreffenden Gemeinschaftsrechtsakt am besten eingeholt werden

---

[1235] Siehe 1. Teil 3. Kapitel B. I. 3. (1); Lasok S. 167.

[1236] 1. Teil 3. Kapitel B. I. 3. (1); Dauses in: Handbuch des EU-Wirtschaftsrechts, 2. Bd., P. IV., Rn.43. Auch in England und Nordirland muss Schadensersatz ein angemessener Rechtsbehelf sein. Dies ist jedenfalls bei Existenzgefährdungen nicht der Fall. Ansonsten ist eine e.V. begründet: Hall/Flynn in: Die Anwendung der Artikel 85 und 86 des EG-Vertrages S. 447.

[1237] Siehe dazu im Einzelnen: Zuber S. 104 ff.

[1238] Z.B. im Wege der von der Kommission in ihrer Bekanntmachung über die Zusammenarbeit zwischen der Kommission und den Gerichten der Mitgliedstaaten bei der Anwendung der Art. 85 und 86 des EG-Vertrages, ABl. 1993 C 39/6 in Rn. 33 ff. angebotenen Amtshilfe. Dort offeriert sie ihre Beratung in Rechtsfragen und bietet vorläufige Stellungnahmen an. Siehe dazu Lässig S. 37 f.; Zuber S. 110 ff. sowie EuGH, Rs. C-2/88, Zwartveld, Slg. 1990, I-3367, 3373; EuGH, Rs. C-234, Delimitis, Slg. 1991, I-935, 994. Siehe jetzt auch das Konsultationsverfahren nach Art. 15 Abs. I VO 1/2003.

können.[1239] Dem Interessenausgleich dient es auch, wenn die Zivilgerichte die Gewährung von Eilverfügungen solange zurückstellen, bis ein Gemeinschaftsorgan, z.B. die Kommission, eine unmittelbar bevorstehende Entscheidung erlassen hat.[1240] Ein solches Abwarten kommt aber nur dann in Betracht, wenn die um Rechtsschutz ersuchende Partei durch diese Verzögerung nicht übermäßig geschädigt wird. Oftmals wird eine Konsultation der Kommission daran scheitern, dass deren Antwort nicht rechtzeitig zu erwarten ist. Die Beachtung der Formen – informeller – Zusammenarbeit mit der Kommission ist somit wohl wünschenswert, für das nationale Gericht im einstweiligen Verfügungsverfahren aber nicht zwingend. Wegen des Eilcharakters der angestrebten Maßnahme wird ein Konsultationsverfahren im Hinblick auf die Eilbedürftigkeit zudem wohl regelmäßig unzweckmäßig sein.

IV. Vorlagepflicht

Der Gerichtshof hatte bereits in den Jahren 1977 und 1982 über die Bedeutung des Art. 234 EG (damals Art. 177 EGV) im nationalen zivilgerichtlichen Eilverfahren zu entscheiden. Er befand in beiden Fällen, dass den mitgliedstaatlichen Gerichten innerhalb des einstweiligen Verfügungsverfahrens keine Pflicht zur Vorlage obliegt, wenn noch ein Hauptverfahren durchgeführt werden kann.[1241] Es bestehe lediglich ein Recht zur Vorlage.[1242] Daraus wird in Literatur und Rechtsprechung noch heute der Schluss gezogen, dass der Erlass einstweiliger Verfügungen in gemeinschaftsrechtlich determinierten Fällen keinen gemeinschaftsrechtlichen Kautelen unterliege.[1243] Fraglich ist aber, ob diese Ansicht im Lichte der neueren Rechtsprechung des Gerichtshofes zum Verhältnis von Art. 234 EG und § 123 VwGO[1244] aufrechterhalten werden kann, bzw. ob sich die Rechtsprechung des Gerichtshofes in beiden Fällen überhaupt ausschließt. Die Entscheidung, dass ein Eilverfahren

---

[1239] EuGH, Rs.C-334/95, Krüger GmbH & Co., EuZW 1997, 629, 632, Rn. 46 f.

[1240] So bisher die Praxis in Irland: Collins/Fitzgerald in: Die Anwendung der Artikel 85 und 86 des EG-Vertrages S. 305.

[1241] EuGH, Rs. 107/76, Hoffmann-LaRoche, Slg. 1977, 957, 973; siehe auch EuGH, verbd. Rs. 35 u. 36/82, Morson, Slg. 1982, 3723, 3737; Heß ZZP 108 (1995), 59, 78.

[1242] EuGH, Rs. 107/76, Hoffmann-LaRoche, Slg. 1977, 957, 972; LG München I, IPRax 1992, 321; OLG HH EuZW 1993, 264.

[1243] Schiefer NJW 1995, 160, 161, Schaub NJW 1994, 81, 83; Spätgens in: Pastor/Ahrens Kapitel 30, Rn. 26; LG FfM. ZiP 2000, 2080 m.w.N.; Schwedischer Oberster Gerichtshof GRUR Int. 1997, 1013, 1014; Mankowski JR 1993, 402, 403 bietet Nachweise der uneinheitlichen Rechtsprechung nationaler Gerichte.

[1244] EuGH, verbd. Rs. C-143/88 u. 92/88, Süderdithmarschen, Slg. 1991, I-415; EuGH, Rs. C-465/93, Atlanta, Slg. 1995, I-3761; EuGH, Rs. C-68/95, T. Port, Slg. 1996, I-6065.

nicht zur Einholung einer Vorabentscheidung ausgesetzt werden muss, ist nämlich nicht weiter verwunderlich. Eine solche Verpflichtung wäre mit dem Charakter des einstweiligen Verfügungsverfahrens als Eilverfahren und der regelmäßigen Dringlichkeit der Entscheidung nur schwerlich zu vereinbaren.[1245] Angesichts der erheblichen Dauer der Vorlageverfahren, so betrug die durchschnittliche Verfahrensdauer im Jahre 2002 24,1 Monate[1246], würde andernfalls der Sinn des Eilverfahrens verfehlt. Der effektive Schutz gemeinschaftsrechtlich begründeter Rechte im Wege des Eilverfahrens wäre unter Umständen gefährdet.[1247]

Auch der Gerichtshof hat mit seiner Rechtsprechung in der Rechtssache „Atlanta“ für das Verfahren nach § 123 VwGO keine Pflicht begründet, das Eilverfahren auszusetzen und eine Vorabentscheidung abzuwarten.[1248] Vielmehr fordert der Gerichtshof, dass *zeitgleich* mit der Eilentscheidung ein Vorabentscheidungsersuchen an den Gerichtshof gerichtet wird. Vor diesem Hintergrund wird ersichtlich, dass der Gerichtshof in den Rechtssachen „Hoffmann-LaRoche“ und „Morson“ eine mögliche Vorlagepflicht im Verfahren nach §§ 935, 940 ZPO eben nicht generell abgelehnt hat. Vielmehr sagen diese Entscheidungen nichts über eine parallele Vorlagepflicht als Erlassvoraussetzung.[1249] Mit den Voraussetzungen des Erlasses einstweiliger Verfügungen im dezentralen Vollzug des Gemeinschaftsrechts hatte sich der Gerichtshof überhaupt nicht auseinander zusetzen. Die Rechtsprechung des Gerichtshofes in der Rechtssache „Hoffmann-LaRoche“ beruhte auf dem konkreten Fall der Vorlage *innerhalb* des Eilverfahrens. Daher schließt sich die Rechtsprechung des Gerichtshofes in den Rechtssachen „Hoffmann-LaRoche“ und „Atlanta“ schon sachlich nicht aus. Vielmehr wird die Rechtsprechung in Sachen „Hoffmann-LaRoche“ durch die neuere Rechtsprechung zu den Erlassvoraussetzungen erweitert. Der bloße Hinweis auf die Eilbedürftigkeit und das Hauptverfahren zur Ablehnung einer zeitgleichen Vorlagepflicht[1250] greift vor allem vor dem Hintergrund der zunehmenden und das

---

[1245] LG FfM. ZiP 2000, 2080 m.w.N. Wenngleich der Gerichtshof für Recht erkannt hat, dass diese Beurteilung dem vorlegenden Gericht obliegt: EuGH, Rs. 107/76, Hoffmann-LaRoche, Slg. 1977, 957, 972.

[1246] Der Jahresbericht 2002 ist mit Statistiken des Gerichtshofes und des Gerichtes erster Instanz auf der Internetseite des Gerichtshofes www.curia.eu.int veröffentlicht.

[1247] Ähnlich: Schoch SGb 1992, 118, 120.

[1248] 2. Teil 1. Kapitel D. I. 5. (1).

[1249] Für eine generelle Vorlagepflicht plädierten sogar: OLG Hamburg 8.10.1970, WuW/E 1134, 1135 (Schallplatten); OLG Hamburg 28.8.1975, WuW/E 1641, 1642 (Triple-Sec-Likör); einschränkend dagegen OLG Karlsruhe 7.10.1976, GRUR Int. 1977, 32, 35 (Hoffmann-LaRoche/Centrafarm) – alle zu Auslegungsfragen; für ein Recht zur Verwerfung von Gemeinschaftsrecht plädierte dagegen: OLG Frankfurt 28.3.1985, NJW 1985, 2901, 2903.

[1250] So LG FfM. ZiP 2000, 2080 m.w.N.

Hauptverfahren weitgehend ersetzenden Bedeutung des vorläufigen Rechtsschutzes nicht.[1251] Ebenso wie im Verwaltungsprozess verwirklicht sich auch im Zivilverfahren neben der subjektiven auch die objektive gemeinschaftsweite Ordnungsfunktion des Rechts. Die Verweisung auf ein ungewisses Hauptverfahren wird dem Erfordernis der Verwirklichung dieses Rechts nicht gerecht.

Wenn das nationale Gericht eine Eilmaßnahme anordnen darf, sofern es die vorlagepflichtige Rechtsfrage zeitgleich dem Gerichtshof vorlegt, hemmt dieses nicht das einstweilige Verfügungsverfahren selbst. Die Kompetenz des nationalen Gerichtes, das Gemeinschaftsrecht anzuwenden und in eigener Verantwortung auszulegen[1252], wird nicht eingeschränkt. Vielmehr hat das nationale Gericht das voraussichtliche Auslegungsergebnis des Gerichtshofes vorwegzunehmen.[1253] Dies führt zwar dazu, dass unter Umständen eine dem Gemeinschaftsrecht zuwiderlaufende Eilentscheidung ergeht, doch werden letztlich die Erfordernisse des Eilverfahrens mit der Funktion des Art. 234 EG optimiert. Insofern beinhaltet die neuere Rechtsprechung des Gerichtshofes zu § 123 VwGO und das hier gefundene Ergebnis eine konsequente Fortführung der Rechtsprechung des Gerichtshofes in der Rechtssache „Hoffmann-LaRoche“. Danach muss eine Vorlage an den Gerichtshof „gleichzeitig“ mit der vorläufigen Rechtsschutzentscheidung erfolgen, nicht aber „vor“ deren Erlass.[1254] Die Vorlagepflicht geht also nicht mit einem Verbot einer vorläufigen Entscheidung einher.[1255]

Nicht zu leugnen ist, dass dem Gerichtshof in der Rechtssache „Hoffmann-LaRoche“ offenbar das Problembewusstsein für die Wirkung vorläufigen Rechtsschutzes auf die einheitliche und effektive Anwendung des Gemeinschaftsrechts gefehlt hat. Der Gerichtshof hat dort die materielle Wirkung der einstweiligen Verfügung zu Gunsten der Befugnisse nationaler Gerichte eher vernachlässigt, während er nunmehr strengere Maßstäbe ansetzt.[1256] Er folgt damit der Erkenntnis, dass das vorläufigen Rechtsschutz gewährende nationale Gericht den vorläufigen Charakter seiner Maßnahme letztlich nur dann wahren kann, wenn eine Beurteilung der Rechtsfrage durch den Gerichtshof gewährleistet ist.[1257] Nach §§ 936 in Verbindung mit 927

[1251] So auch Heß ZZP 108 (1995), 59, 95.

[1252] Auf die Spätgens abstellt; ebenso KG GRUR 1986, 471; OLG Köln WRP 1976, 714; Baumbach/Hefermehl § 25 Rz. 5a.

[1253] Heß ZZP 108 (1995), 59, 95.

[1254] Vgl. die Klarstellung in Schmitt, Richtervorlagen, S. 380, Schlemmer-Schulte EuZW 1991.

[1255] Daraus schließt GA Lenz, dass sich die Vorlagepflicht und die Eilbedürftigkeit keineswegs ausschließen, EuGH, verbd. Rs. C-143/88 u. 92/88, Süderdithmarschen, Slg. 1991, I-415, 486.

[1256] Mögele BayVBl. 1993, 129, 140.

[1257] Dies gilt insbesondere dann, wenn überhaupt kein Hauptverfahren mehr durch geführt wird. In einigen Mitgliedstaaten scheint sich das Verfahren der einstweiligen Verfügung dermaßen zu

ZPO kann auch außerhalb eines Rechtsbehelfsverfahrens auf Antrag bei Änderungen der rechtlichen oder tatsächlichen Umstände durch die folgende Vorabentscheidung des Gerichtshofes eine *Aufhebung oder Änderung der Verfügung* durch das Gericht erfolgen.[1258] Außerdem kann das Gericht zur Gewährleistung der Vorläufigkeit eine Sicherheitsleistung nach § 921 Abs. II ZPO anordnen.

Die Vorlagepflicht gilt natürlich nur für den Fall, dass der Gerichtshof noch nicht mit der Rechtsfrage in einem anderen Verfahren befasst wurde oder wird. Eine Vorlagepflicht besteht nach bisheriger Rechtslage auch dann nicht, wenn es im Rahmen des einstweiligen Verfügungsverfahrens nicht um eine Rechtsfrage geht, die der Gerichtshof unmittelbar oder mittelbar zu entscheiden hat, sondern wenn es noch einer konstitutiven *Entscheidung der Kommission* bedarf, etwa einer Freistellungsentscheidung nach Art. 83 Abs. III EG i.V.m. Art. 9 Abs. 1 VO 17/62. Eine Vorlagepflicht des mitgliedstaatlichen Gerichtes würde hier keinen Sinn machen, weil der Gerichtshof zu keiner Entscheidung befugt wäre[1259], solange es sich bei der Freistellungsentscheidung um eine Verwaltungsentscheidung handelt und Art. 81 Abs. III EG nicht unmittelbar anwendbar ist. Eine Vorlagepflicht an die Kommission besteht trotz vielfältiger Möglichkeiten der Zusammenarbeit[1260] nicht. Dies ist aber auch nicht notwendig, weil eine einstweilige Verfügung bisher ohnehin nur in Betracht kommt, wenn der Antragsteller bereits eine Einzelfreistellung beantragt hat. Andernfalls ist eine gegen Art. 81 Abs. I EG verstoßende Vereinbarung nicht nur schwebend, sondern endgültig nichtig.[1261] Eine Entscheidung des zuständigen Gemeinschaftsorgans steht somit ohnehin an. Ist eine

---

verselbständigen, dass die Parteien von Anfang an nicht die Absicht haben, ein Hauptverfahren durchzuführen. Dies ist vor allem in den Niederlanden im Rahmen des „Kort Geding" der Fall (Everling, Das Vorabentscheidungsverfahren, S. 45; Braakmann in: Die Anwendung der Art. 85 und 86 EG-Vertrag, S. 390; zu diesem Rechtsschutzinstitut: Dorsch-Jung/Helder DÖV 1994, 142) Auch in Frankreich nehmen die Anordnungen im Référé-Verfahren zu, denen kein Hauptverfahren folgt (Blankenberg/Leipold/Wollschläger S. 117; Weber, Die Verdrängung, S. 119).

[1258] So hat offenbar auch die Arrondissementsrechtbank Amsterdam in ihrem Vorabentscheidungsersuchen zur Rs. C-53/96, Hermès International/FHT Marketing Choice BV, Slg. 1998, I-3603, eine einstweilige Maßnahme erlassen und zugleich bestimmte Rechtsfragen an den Gerichtshof gerichtet. Diesbezüglich kann dann später Angesichts der Vorabentscheidung des Gerichtshofes gegebenenfalls eine Aufhebung oder Abänderung der Maßnahme erfolgen.

[1259] Dem Gerichtshof obliegt keine Freistellung nach Art. 81 Abs. III EG. Selbst die Überprüfung einer entsprechenden Kommissionsentscheidung ist auf offensichtliche Beurteilungsfehler beschränkt (EuGH, Rs. 56 und 58/64, Grundig/Consten, Slg. 1966, 321, 396; EuGI Rs. T-17/93, Matra/Hachette, Slg. 1994, II- 595, 631).

[1260] Siehe dazu: EuGH, Rs. C-234/89, Delimitis, Slg. 1991, I-935; Bekanntmachung der Kommission über die Zusammenarbeit zwischen der Kommission und den Gerichten der Mitgliedstaaten bei der Anwendung der Art. 85 und 86 des EG-Vertrages, ABl. 1993 C 39/6; Steindorff ZHR 1998, 290, 312.

[1261] Siehe dazu 2. Teil 2. Kapitel C. I.

Freistellung bereits beantragt, kann die Eilmaßnahme nach einer entsprechenden Entscheidung der Kommission gemäß §§ 936 in Verbindung mit 927 ZPO aufgehoben oder abgeändert werden.

1. Gültigkeitsfragen

Aus den vorgenannnten Überlegungen folgt, dass im zivilgerichtlichen einstweiligen Verfügungsverfahren von einer Vorlagepflicht bei Fragen der Gültigkeit von Gemeinschaftsrecht auszugehen ist. Beruft sich der Rechtsschutzsuchende im Rahmen einer gemeinschaftsrechtlichen Vorfrage auf die Ungültigkeit eines Gemeinschaftsrechtsaktes, z.B. einer Freistellungsentscheidung der Kommission oder Regelungen einer Ratsverordnung, und begehrt die Sicherung eines Rechts bis zur Feststellung über deren Gültigkeit, muss das nationale Gericht im Rahmen der Beurteilung der Begründetheit des Verfügungsantrages neben dem Sachverhalt auch die gemeinschaftsrechtliche Rechtsfrage vorläufig bewerten.[1262] In diesen Fällen ist eine Vorlagepflicht vor allem mit Rücksicht auf die Kompetenzordnung des Gemeinschaftsvertrages, wie sie im Urteil der Rechtssache „Foto-Frost" zum Ausdruck kommt, erforderlich.[1263] Letztlich wird durch die Vorlagepflicht im konkreten Fall die „Anomalie"[1264] des vom EG-Vertrag geschaffenen Rechtsschutzsystems bereinigt, das dem EuGH zwar das Entscheidungsmonopol über die Wirksamkeit des Gemeinschaftsrechts einräumt, den unterinstanzlichen nationalen Gerichten innerhalb des Eilverfahrens aber dem Wortlaut nach eine Nichtanwendung des Gemeinschaftsrechts ohne eine Vorlage nach Art. 234 gestattet.[1265] Diese Lösung dient außerdem den Rechtsschutzinteressen des Antragstellers. Durch die Einbindung des Gerichtshofes wird letztlich nicht nur Rechtssicherheit durch den gesetzlichen Richter geschaffen, sondern dem Bürger bleibt bei der verbindlichen Klärung der Gültigkeitsfrage der Weg der Nichtigkeitsklage nach Art. 230, gegebenenfalls in Verbindung mit Art. 242/243 EG, erspart.

[1262] Vgl. vor diesem Hintergrund auch die Erwägungen zu einem neuen Patentschutzsystem in der EU: KOM (97) 314 vom 24.6.1997 und Tilmann GRUR 1998, 325 ff. m.w.N., insbesondere S. 325, 326.

[1263] Beachte nun aber die Abweichungen von der Vorlagepflicht des Art. 234 EG vor dem Hintergrund des Art. 68 EG, dazu Zechler/Knapp ZEuP 2001, 116, 118.

[1264] Schlemmer-Schulte EuZW 1991, 307, 308.

[1265] Siehe zur umfassenderen Regelung des nunmehr ausgelaufenen EGKS-Vertrags dessen Art. 41. Danach mussten sämtliche Gerichte Gültigkeitsfragen vorlegen.

Grundsätzlich obliegt den nationalen Zivilgerichten die Anwendung des unmittelbar anwendbaren Gemeinschaftsrechts. Dies gilt sowohl für Regelungen des primären Gemeinschaftsrechts, wie den Art. 81, 82 EG, als auch für Verordnungen. Die Anwendung eines Rechts beinhaltet immer auch dessen Auslegung. Insoweit ist der nationale Richter auch zur Auslegung von Gemeinschaftsrecht berufen. Dies gilt grundsätzlich auch im Eilverfahren. Es stellt sich jedoch die Frage einer Einschränkung des Vorlageermessens nationaler Gerichte im Eilverfahren, wenn *ungeklärte und grundsätzlich bedeutende* Rechtsfragen als Voraussetzung für die Gewährung einstweiliger Verfügungen zu beurteilen sind. Die Lösung dieser Frage hängt maßgeblich mit der *Auslegungsprärogative* des Gerichtshofes zusammen.

In der Regel ist die Auslegung des Gemeinschaftsrechts durch nationale Gerichte unproblematisch zulässig und sogar erforderlich, weil diese zur Anwendung des Gemeinschaftsrechts berufen und nur letztinstanzliche Gerichte nach Art. 234 Abs. III EG zur Vorlage von Auslegungsfragen verpflichtet sind. Problematisch sind jedoch die Fälle, in denen Unklarheiten über die richtige Auslegung des Gemeinschaftsrechts bestehen und letztinstanzliche Gerichte des Hauptverfahrens zur Vorlage verpflichtet wären. Zu beachten ist, ebenso wie im verwaltungsgerichtlichen Eilverfahren, die faktische Rechtskraft[1266] und die unmittelbare Vollstreckbarkeit[1267] richterlicher Eilentscheidungen. Im Gegensatz zum Hauptverfahren wirkt die materielle Relevanz der gerichtlichen Eilentscheidung in spezifischer Weise und verursacht unter Umständen ganz konkret wirkende Anwendungsunterschiede in den einzelnen Mitgliedstaaten.[1268] Dies aber würde der Auslegungsprärogative zuwiderlaufen, die sich der Gerichtshof in umfassender Weise für sämtliche Rechtsfragen eingeräumt hat[1269], die Raum für vernünftige Zweifel oder un-

---

[1266] Baur S. 91 ff.; Rechtskraft erlangt auch im Zivilprozess gemäß § 322 Abs. I ZPO nur ein Urteil, d.h. es ist eine Klage im Hauptverfahren notwendig: die Verfügungsentscheidung betrifft nur den Verfügungsanspruch, nicht den Hauptanspruch, Hartmann in: Baumbach/Lauterbach, Grundz. § 916 Rn. 11. Zu beachten ist aber, dass das Rechtsschutzinteresse bezüglich der Hauptsacheklage durch die Eilentscheidung untergehen kann. Angesichts des oftmals faktisch abschließenden Charakters des Eilverfahrens wird sogar gefordert, Möglichkeiten der prozessualen Bestandssicherung von Eilentscheidungen einzuführen (Ahrens in: FS Nakamura S. 15).

[1267] Zöller/Vollkommer § 929 ZPO Rn. 1; Brox/Walker Rn. 1653, 1661.

[1268] Dies wiederum im Gegensatz zum Hauptverfahren, in dem die materielle Rechtskraft und damit die unbedingte Vollstreckbarkeit erst mit der Rechtskräftigkeit des letztinstanzlichen Urteils bewirkt wird.

[1269] EuGH, Rs. 283/81,C.L.F.I.T.,Slg. 1982, 3415, 3431; beachte auch insoweit die Abweichungen von der Vorlagepflicht des Art. 234 EG vor dem Hintergrund des Art. 68 EG, dazu Zechler/Knapp ZEuP 2001, 116, 118.

terschiedliche Bewertungen der mitgliedstaatlichen Gerichte lassen. Zumindest sollen solche Rechtsfragen vom Gerichtshof entschieden werden, die wegen ihrer Bedeutung und Komplexität auf Gemeinschaftsebene entschieden werden müssen.[1270] Was im Hauptverfahren durch die Möglichkeiten der Verhinderung der materiellen Wirkung bis zu einer letztverbindlichen Auslegung des Gerichtshofes zu akzeptieren ist, würde im Eilverfahren die praktische und einheitliche Wirksamkeit des Gemeinschaftsrechts unter Umständen unmittelbar behindern. Daher bewirkt eine praktisch verbindliche Auslegung der mitgliedstaatlichen Gerichte im einstweiligen Verfügungsverfahren eine Kollision mit der Funktion des Art 234 EG, die nicht in jedem Fall in einem späteren Hauptverfahren wieder bereinigt wird. Wenn trotzdem auch *vorlagebedürftige* Auslegungsfragen[1271] durch das nationale Gericht im Eilverfahren beurteilt werden dürfen, ist dies im Lichte der Funktionenzuweisung des Art. 234 EG nur dann gerechtfertigt, wenn die Rechtsfrage dadurch nicht endgültig der Beurteilung des Gerichtshofes entzogen ist. Es muss sich letztlich formal immer um eine vorläufige Auslegung handeln, die einer Beurteilung des Gerichtshofes zugänglich ist.

Eine solche „Vorläufigkeit" ist mangels Akzessorität des einstweiligen Verfügungsverfahrens[1272] nur dann gewährleistet, wenn eine Vorlage zwingende Voraussetzung für den Erlass einer einstweiligen Verfügung ist. Die Erwägung, im Hauptverfahren sei noch die Durchführung eines Vorlageverfahrens möglich, läuft gerade im Privatrecht in aller Regel ins Leere. Das einstweilige Verfügungsverfahren ersetzt hier oftmals gänzlich das Hauptverfahren. So werden beispielsweise in Deutschland etwa 90 % aller Wettbewerbsstreitigkeiten im Eilverfahren entschieden. Das Eilverfahren nimmt insoweit die Position des „Hauptverfahrens in Wettbewerbssachen"[1273] ein. In den Niederlanden werden die Entscheidungen der Gerichte in Eilverfahren im allgemeinen durch die Parteien als endgültig behandelt.[1274] Durch diese praktische Endgültigkeit der Eilentscheidungen im Privatrecht sind die sich

[1270] Siehe hierzu zuletzt die Pressemitteilung des Präsidenten des Gerichtshofes Rodríguez Iglesias zu Überlegungen zur Zukunft des Gerichtssystems der EU, TB Nr. 17/99, S. 35, 37. Eine zunehmende Bedeutung des Vorabentscheidungsverfahrens ist vor allem im Zuge der weiteren Dezentralisierung, insbesondere im Wettbewerbsrecht (siehe dazu VO 1/2003, Bartosch EuZW 2001, 101, 105, 107, der im Interesse einer kohärenten Anwendung der Wettbewerbsregeln des EGV im bei einer Dezentralisierung stärkere Überprüfungsbefugnisse der Gemeinschaftsgerichte fordert) zu erwarten, weil nur so eine Rechtszersplitterung vermieden werden kann.

[1271] Siehe dazu Groh EuZW 2002, 460, 462 f.

[1272] Im Falle der Akzessorität wäre die Möglichkeit eines Vorabentscheidungsersuchens jedenfalls im Hauptverfahren gewährleistet.

[1273] Siehe dazu 2. Teil 2. Kapitel A.

[1274] Siehe dazu die Vorlagefrage der Arrondissementsrechtbank Amsterdam in der Rs. C-53/96, EuGH, Hermès International/FHT Marketing Choice BV, Slg. 1998, I-3603, 3645.

ansonsten in diesen Verfahren stellenden Rechtsfragen de facto dem Vorabentscheidungsverfahren und damit der Beurteilung durch das dazu berufene Organ entzogen.[1275] Der faktischen Funktion des Eilverfahrens als Ersatz für ein oftmals langwieriges Hauptverfahren ist daher auch bei der Beurteilung einer Vorlagepflicht Rechnung zu tragen. Gerade bei der Anwendung des Gemeinschaftsrechts im zivilgerichtlichen Kartellverfahren[1276] drohen mangels hinreichender Durchdringung der rechtlichen Tatbestände Vollzugsdefizite.[1277] Dieses Problem dürfte sich nach der Reform der Durchführungsverordnung zu Art. 81, 82 EG noch verschärfen. Die nationalen Gerichte werden bei der dann notwendigen unmittelbaren Anwendung des Art. 81 Abs. III EG Neuland betreten müssen.[1278] Wenn schon die Justiziabilität der Norm in Frage gestellt wird[1279] dürfte den nationalen Gerichten eine eindeutige Auslegung dieser Norm schwer fallen.[1280] Insbesondere die fehlende Aussetzungsmöglichkeit zur Vorabentscheidung[1281] und die eingeschränkte Möglichkeit der Kooperation mit der Kommission können zu einer mangelhaften Anwendung gemeinschaftsrechtlicher Bestimmungen führen.[1282]

Die dezentrale Anwendung der kartellrechtlichen Regeln des Gemeinschaftsrechts birgt zudem die Gefahr eines offenen Widerspruchs von Entscheidungen der nationalen und der Gerichte der Gemeinschaft in sich. So kann eine in Vertriebsvereinbarungen enthaltene Ausschließlichkeitsklausel nach der vorläufigen Bewertung eines nationalen Gerichtes rechtmäßig sein, während diese Auffassung im offenem Widerspruch zu einem Rechtsakt der Kommission steht.[1283] Wird dieser Rechtsakt der Kommission vor dem Gericht erster Instanz angegriffen und als rechtmäßig beurteilt, steht die Ent-

---

[1275] So treffend zum Wettbewerbs- und Kartellrecht: Stadler WuW 1994, 824, 826 (Fn. 22). Deutlich wird die auch im Rahmen der Entscheidung des schwedischen Obersten Gerichtshofes (GRUR Int. 1997, 1013) in einer Entscheidung bzgl. der Vorlagepflicht hinsichtlich der Konzeption der Verwechslungsgefahr der Markenrichtlinie, die mit Hinweis auf die Hoffmann-LaRoche Entscheidung verneint wurde. Angesichts der Unklarheit der Verwechslungskonzeption blieb die gemeinsame europäische Rechtsentwicklung dem Zufall überlassen. Dazu: Wessman GRUR Int. 1997, 1014.

[1276] Braun S. 591 spricht von einem Anteil in Höhe von 1/5 der einstweiligen Verfahren an allen zivilgerichtlichen Kartellstreitigkeiten.

[1277] Siehe aber auch zum Problem der Auslegungsbedürftigkeit von Richtlinien und Vorlagepflicht: Roth JZ 1999, 529, 535 ff.

[1278] Jaeger WuW 2000, 1062, 1071.

[1279] ebd. m.w.N.

[1280] Auch Kamann/Horstkotte sehen hier die „nachhaltige Gefahr“ einer unterschiedlichen Auslegung und damit eines „horizontalen Anwendungskonflikts, WuW 2001, 458, 467. Siehe auch Casper S. 249 ff.

[1281] Siehe dazu schon 2. Teil 1. Kapitel C. V.

[1282] Braun S. 591, 600.

[1283] Fall in Anlehnung an EuGI, T-65/98 R, van de Bergh Foods Ltd., Slg. 1998, II-2641.

scheidung des nationalen Gerichtes im Dissens zur Entscheidung des Gemeinschaftsgerichtes. Ohne eine Vorlage des nationalen Gerichtes wird die Entscheidung nicht korrigiert werden, wenn dem Eilverfahren kein Hauptverfahren folgt. Ähnliches kann bei anderen bisher ungeklärten und auslegungsbedürftigen Fragen passieren, so beispielsweise bei der genauen Definition des Begriffs der „Spürbarkeit" einer Wettbewerbsbeschränkung, der genauen Auslegung des Handelsvertreterbegriffs oder der Qualifikation von Schadenteilungsabkommen der Versicherungswirtschaft als nicht wettbewerbsbeschränkend oder freistellungsfähig.

Abgesehen von solchen praktischen Problemen sprechen auch dogmatische Erwägungen für eine Vorlagepflicht bei ungeklärten und wegen ihrer grundsätzlichen Bedeutung vorlagebedürftiger Auslegungsfragen. So würde die Fortentwicklung des Rechts durch die Gerichte gefährdet, wenn vorlagebedürftige Fragen aufgrund struktureller Lücken der Vorlagepflicht nicht mehr vor den Gerichtshof gelangen würden.[1284] Dies ist insbesondere deshalb problematisch, weil zivilrechtliche Ansprüche nahezu ausschließlich vor nationalen Gerichten entschieden werden.[1285] Vergleicht man zudem die Frage der Vorlagepflicht vorlagebedürftiger Auslegungsfragen mit der Vorlagepflicht von Gültigkeitsfragen ist nicht ersichtlich, dass einstweilige Verfügungen vor dem Hintergrund von Gültigkeitsfragen die praktische Wirksamkeit des Gemeinschaftsrechts in einer Weise mehr bedrohen, die eine Ungleichbehandlung rechtfertigen.[1286] Die Vorlagepflicht von Gültigkeitsfragen und die von vorlagebedürftigen Auslegungsfragen sollte daher gleich behandelt werden. Zudem erscheint eine Vorlagepflicht als das mildere Mittel einer gemeinschaftsrechtlichen Modifikation des nationalen Verfahrensrechts gegenüber der denkbaren Alternative einer zwingenden Akzessorität des Eilverfahrens zu einem Hauptverfahren. Vor dem Hintergrund solcher Erwägungen

---

[1284] Siehe dazu ausführlich: 2. Teil 1. Kapitel D. II. 3. Sind die Bestrebungen der Kommission erfolgreich, das kartellrechtliche Verbotsprinzip des Art. 81 EG zu Gunsten einer faktischen Missbrauchsaufsicht abzulösen, ergäbe sich sogar eine neue Gewichtung der örtlichen Gerichte. Dies hätte wohl erhebliche Folgen für die einheitliche Rechtspraxis in der Gemeinschaft, wenn der Gerichtshof nicht mehr in die Rechtsfindung eingeschaltet werden würde. Eine ohnehin zu befürchtende divergierende Rechtspraxis würde noch verstärkt, wenn die nationalen Gerichte in Eilverfahren grundsätzlich nicht zur Vorlage verpflichtet wären.

[1285] Vgl. zur Problematik divergierender Auslegung internationalen Privatrechts mangels vereinheitlichender Rechtsprechungsorgane im Rahmen des EPÜ: Brändle GRUR 1998, 854 ff. und Grabinski GRUR 1998, 857 ff.

[1286] Zumal Auslegungsfragen eine erheblich höhere praktische Relevanz aufweisen. So machen Gültigkeitsfragen nur rund 15 % aller Vorabentscheidungsersuchen aus: Gündisch/Lenz S. 99.

haben auch deutsche Oberlandesgerichte eine Vorlagepflicht im Verfahren nach §§ 935, 940 ZPO nicht ausgeschlossen.[1287]

Das Vorlageermessen der nationalen Gerichte im Eilverfahren wird jedenfalls nicht eingeschränkt, wenn eine Rechtsfrage nicht „zweifelhaft“ sein kann. Das nationale Gericht hat dann das Gemeinschaftsrecht auszulegen. Dies ist immer dann der Fall, wenn die erhebliche Rechtsfrage bereits Gegenstand einer Auslegungsentscheidung des Gerichtshofes war oder die zutreffende Auslegung des Gemeinschaftsrechts entsprechend der „acte-claire“ – Doktrin derart offenkundig ist, dass für einen vernünftigen Zweifel kein Raum bleibt.[1288] Eine Vorlagepflicht besteht auch dann nicht, wenn die Rechtsfrage bereits in einem anderen Verfahren vor dem Gerichtshof behandelt wird. Auch im Zivilprozess schränkt die Vorlagepflicht bei Auslegungsfragen den nationalen Richter nicht in seiner Handlungsfreiheit ein, begrenzt aber die nachteiligen Auswirkungen für die Gemeinschaftsrechtsordnung.[1289] Zudem gewährleistet sie die Vorläufigkeit der Eilentscheidung und die Hinzuziehung des gesetzlichen Richters.

V. Beachtungspflicht

Aus dem Vorstehenden ergibt sich bereits zwingend, dass die nationalen Gerichte auch im Eilverfahren die Rechtsprechung der Gemeinschaftsgerichte, Kommissionsentscheidungen, Freistellungsverordnungen, bzw. die Freistellungspraxis und anderen Quellen, welche die Interessen der Gemeinschaft im konkreten Fall verdeutlichen, bei ihrer Entscheidungsfindung berücksichtigen müssen. Eine Eilentscheidung wird dann unrechtmäßig sein, wenn sie einer vom Gerichtshof bereits entschiedenen Gültigkeitsfrage oder Auslegung des Gemeinschaftsrechts widerspricht.

E. Zulässiger Inhalt einstweiliger Verfügungen im dezentralen Vollzug

Welche Verfügungen im konkreten Fall erforderlich sind, um das Rechtsschutzziel des Antragstellers zu erreichen, entscheidet das Gericht sowohl nach § 938 Abs. I ZPO[1290], als auch nach Art. 243 EG nach freiem Ermes-

---

[1287] Canenbley/Klingbeil in: Die Anwendung der Artikel 85 und 86 des EG-Vertrags S. 213 mit Rechtsprechungsnachweisen.

[1288] Erichsen/Weiß Jura 1990, 586, 591; Geiger Art. 234 Rn. 16; Krück in: GTE Art. 177 Rn. 51-53 und 64-66.

[1289] Vgl. GA Lenz, Schlussanträge EuGH, verbd. Rs. C-143/88 u. 92/88, Süderdithmarschen, Slg. 1991, I-415, 489.

[1290] Baur S. 75; Rohmeyer S. 120-128.

sen.[1291] Dem Gemeinschaftsrichter steht im Eilverfahren die Verfügung einer Vielzahl von Maßnahmen innerhalb des Rechtsschutzziels offen.[1292] Insoweit ist auch das nationale Gericht in der Wahl der Maßnahme frei. Das Gericht ist nicht an den Antrag gebunden, solange sich seine Ermessensausübung im Rahmen des vom Antragsteller bezeichneten Antrags hält. Vor dem Hintergrund der bisherigen Feststellungen kommt eine unbeschränkte Verfügungskompetenz aber nicht in Betracht. So sind die nationalen Gerichte vor allem nicht befugt, anstelle eines Gemeinschaftsorgans einstweilige Maßnahmen zu treffen.

Das Verfügungsermessen der nationalen Gerichte wird außerdem durch das Verbot einer Präjudizierung der Hauptsache beschränkt. Das nationale Gericht hat seine Entscheidung entsprechend den Bestimmungen des Gemeinschaftsrechts in Art. 243 EG in Verbindung mit Art. 86 § 4 VerfOEuGH, Art. 107 § 4 VerfO EuGI[1293] so zu gestalten, dass weder unwiderrufliche Tatsachen geschaffen, noch gemeinschaftsrechtlich bestimmte Rechts- oder Sachfragen präjudiziert werden.[1294] Grundsätzlich ergibt sich diese Voraussetzung schon aus dem *vorläufigen Charakter des Eilrechtsschutzes*.[1295] Zur Verhinderung der Präjudizierung der Hauptsache kommen insbesondere Bedingungen oder Sicherheitsleistungen in Betracht, die die Rückgängigmachung der Maßnahme im Falle des Unterliegens in der Hauptsache ermöglichen. Außerdem ist eine Aufhebung oder Änderung der Verfügung durch das Gericht nach §§ 936 in Verbindung mit 927 ZPO auch außerhalb eines Rechtsbehelfsverfahrens auf Antrag möglich. Solange die Verfügung nur zeitweiligen Charakter hat und rückgängig gemacht werden kann, ist keine endgültige Vorwegnahme zu befürchten, die den Grundsätzen des einstweiligen Verfügungsverfahrens und den Gemeinschaftsinteressen entgegensteht.[1298] Solche Einschränkungen der Rechtsgewährung sind dem Antragsteller auch zumutbar, weil dem Eilrechtsschutz keine Erfüllungsfunktion zukommt.

Die Bedingung der Erhebung der Hauptsacheklage, Befristungen der Eilmaßnahme und das Instrument der Aufhebung oder Veränderung der Maßnahme sind in prozeduraler Hinsicht auch wichtig, um im Falle einer

---

1291 Rideau/Charrier S. 219; Usher S. 271.
1292 Siehe dazu ausführlich: 1. Teil 3. Kapitel B. I. 4.
1293 Grabitz in: Grabitz/Hilf Art. 186 Rn. 22; de Wilmars SEW 1986, 47.
1294 Siehe dazu ausführlich: 2. Teil 1. Kapitel E.
1295 Quaritsch S. 347.
1296 BVerfGE 46, 179.
1297 EuGH, Rs. T-45/90 R, Speybrouk, Slg. 1990, II-705, 715.
1298 So für das Verfahren vor den Gemeinschaftsgerichten: Pastor/Van Ginderachter RTDE 1989, 568.

Vorlagepflicht der Vorlageentscheidung eine *praktische Relevanz* zu verschaffen. Wurde ein Vorabentscheidungsverfahren parallel zum einstweiligen Verfügungsverfahren durchgeführt, kann das nationale Gericht aufgrund der Entscheidung des Gerichtshofes etwa seine Eilmaßnahme nach §§ 936, 927 ZPO aufheben, wenn seine Auslegung des maßgeblichen Rechts mit der des Gerichtshofes nicht übereinstimmte.

Friktionen zwischen nationalem und Gemeinschaftsrecht sind hinsichtlich der *Dauer der anzuordnenden Maßnahme* denkbar. Während das einstweilige Verfügungsverfahren des Gemeinschaftsrechts akzessorisch und damit auch zeitgleich mit dem Hauptverfahren stattfindet und die Maßnahme auf die Dauer des Hauptverfahrens beschränkt ist[1299], richtet sich im deutschen Zivilverfahrensrecht die Dauer der einstweiligen Verfügung nach den Erfordernissen des Einzelfalls und kann auch schon vor Rechtshängigkeit der Hauptsache ergehen. Sowohl im Gemeinschaftsrecht nach Art. 86 § 3 VerfO EuGH, § 107 § 3 VerfO EuGI als auch im nationalen Recht kann die einstweilige Verfügung befristet werden, endet aber jedenfalls mit dem rechtskräftigen Abschluss des Hauptverfahrens. Dies ist zwingend, weil die einstweilige Verfügung mit der Verkündung des Endurteils seine sichernde Funktion verliert. Divergenzen bestehen somit lediglich bezüglich des Zeitpunktes des möglichen Erlasses einstweiliger Verfügungen. Dies setzt aber voraus, dass das Gemeinschaftsrecht auch im nationalen Vollzug eine zeitliche Bindung an das Hauptverfahren erfordert. Eine solche zeitliche Einschränkung wirft unter Umständen Probleme hinsichtlich der Rechtsschutzeffektivität auf.[1300] Allerdings ist nicht ersichtlich, inwiefern ein Erlass der Eilmaßnahme vor Rechtshängigkeit der Hauptsache durch mitgliedstaatliche Zivilgerichte gemeinschaftsrechtliche Erfordernisse beeinträchtigen sollte, so dass dem Verfügungsermessen der nationalen Gerichte insoweit keine Schranken gesetzt sind.

F. Besonderheiten beim Vollzug von Richtlinien

Richtlinien kommt auf dem Gebiet der Privatrechtsharmonisierung eine überragende Bedeutung zu. Hinsichtlich der Besonderheiten bei der Berücksichtigung direkt anzuwendender Richtlinien und der richtlinienkonformen Auslegung nationalen Rechts im Eilverfahren vor nationalen Gerichten kann hier weitgehend auf die Ausführungen zum Verwaltungsprozess verwiesen werden.[1301]

[1299] Siehe 1. Teil 3. Kapitel B. I. 2. (1).
[1300] So im Gemeinschaftsrecht: Winterfeld NJW 1988, 1413 zum Hoechst – Fall.
[1301] 2. Teil 1. Kapitel F.

In zivilgerichtlichen Eilverfahren ist vor allem das Gesuch nach Schutz erst erstrebter Rechtspositionen aufgrund einer direkt anzuwendenden Richtlinienbestimmung denkbar.[1302] Weil jedoch direkt anzuwendende Richtlinienbestimmungen grundsätzlich keine horizontale Wirkung für die Rechtsbeziehungen zwischen Privaten haben[1303], sind Rechtsfragen bezüglich der Auslegung direkt anzuwendender Richtlinienbestimmungen regelmäßig nicht Gegenstand eines zivilgerichtlichen Verfahrens. Allerdings hat der Gerichtshof mittlerweile die direkte Wirkung einer nicht rechtzeitig umgesetzten Richtlinie zwischen Privaten hinsichtlich der Erfüllung vertraglicher Verpflichtungen zugelassen. Allerdings stand in dem Fall dem Antragsgegner kein eigenes, dem Anspruch entgegenstehendes, Recht zu.[1304]

Rechtserheblichkeit erhalten Richtlinien im Zivilverfahren vor allem, weil die nationalen Gerichte die Richtlinienbestimmungen gegebenenfalls zur richtlinienkonformen Auslegung[1305] des konkret anwendbaren nationalen Rechts heranziehen müssen.[1306] In diesem Rahmen kann eine richtlinienkonforme Auslegung naturgemäß auch zu Lasten Privater gegen.[1307] Dadurch können Richtlinienbestimmungen selbst ohne direkte Anwendbarkeit erheblichen Einfluss auf die Rechtsbeziehungen Privater erhalten.[1308] Die richtlinienkonforme Auslegung nationalen Rechts ist eine dem Art. 234 EG unterfallende Rechtsfrage und somit sowohl vor, als auch nach der Umsetzung der Richtlinie erforderlich.[1309] Insoweit können sich bei Erlass einstweiliger Verfügungen ähnliche Probleme ergeben wie in den Fällen, in denen primäres Gemeinschaftsrecht oder eine Verordnung für die Beurteilung des Verfügungsanspruches erheblich ist.

Neben der Begründetheit kann sich auch die Zulässigkeit einer Eilverfügung aus Richtlinien ergeben. So hatte das LG Hannover[1310] über die Zulás-

---

[1302] Z.B. in Konkurrentenverhältnissen, siehe dazu: Novak, Konkurrentenschutz in der EG.

[1303] st. Rspr.: EuGH, Rs. 152/84, Marshall I, Slg. 1986, 723, 749; EuGH, Rs. C-106/89, Marleasing, Slg. 1990, I-4135, 4158; siehe dazu auch: Jarass NJW 1991, 2665, 2666 f.; Scherzberg JURA 1993, 225, 228; Gundel EuZW 2001, 143, 144.

[1304] EuGH, Rs. C-443/98, Unilever Italia, EuZW 2001, 153: die der RL entgegenstehende mitgliedstaatliche Bestimmung diente dem öffentlichen Interesse; Gundel EuZW 2001, 143, 144.

[1305] Vgl. zu § 3 UWG Ullmann JZ 1994, 928, 932; weitere Beispiele der Einwirkung bei Kilian Rn. 336 f.

[1306] EuGH, Rs. 79/83, Harz, Slg. 1984, 1921, 1942.

[1307] EuGH, Rs. 80/86, Kolpinghuis, Slg. 1987, 3969, 3986; Bach JZ 1990, 1113; Gellermann, Beeinflussung des bundesdeutschen Rechts durch Richtlinien der EG, S. 111.

[1308] Ein Beispiel hierfür ist die Frage der Anwendbarkeit des deutschen Verbraucherkreditgesetzes, dass auf der RL 87/102/EWG beruht, auf Bürgschaftsverträge. Siehe dazu EuGH, ZIP 2000, 574 ff. Zu den Grenzen richtlinienkonformer Auslegung: EuGH, Rs. C-168/95, Luciano Arcaro, Slg. 1996, I-4705, Gundel EuZW 2001, 143, 144.

[1309] Siehe dazu: Everling ZGR 1992, 376, 383.

[1310] LG Hannover, Urteil vom 17.4.1997, Az. 21 O 38/97 (Kart); EuZW 1997, 638).

sigkeit einer einstweiligen Verfügung im laufenden Ausschreibungsverfahren zu befinden, mit der sich die Antragstellerin ein subjektives Gemeinschaftsrecht aufgrund materieller Vergaberichtlinien sichern wollte, um sich an einer öffentlichen Ausschreibung als Bieter beteiligen zu können und eine bereits erlassene einstweilige Verfügung aufrechtzuerhalten. Es entschied, die Rechtsmittel-Richtlinie[1311] zu den Vergaberichtlinien 71/305/EWG und 77/72/EWG sei durch die Bundesrepublik mit den §§ 57 a, 57 b und c HGrG nur unzureichend umgesetzt worden, weil kein *gerichtlicher*[1312] Eilrechtsschutz gemäß Art. 2 VIII vorgesehen werde, sondern lediglich eine Überprüfung durch den Vergabeüberwachungsausschuss.[1313] Zur Vermeidung eines Rechtsverlustes hat das LG daher entsprechend dem Anspruch der Richtlinie Eilrechtsschutz gewährt.[1314] Der Antrag richtete sich hier auf die Einräumung eines Rechts direkt aus der Richtlinie. Besonders interessant ist diese Konstellation, weil sich das subjektive Verfahrensrecht auf Eilrechtsschutz hier nicht nur allgemein dem Gemeinschaftsrecht entnehmen lässt, sondern direkt der Richtlinie. Auch die Rechtswegzuweisung zu den Zivilgerichten ist nicht zu beanstanden, weil sie generell der mitgliedstaatlichen Beurteilung obliegt.[1315]

Zu beachten ist, dass kein Verfügungsgrund vorliegt, wenn der Antragsteller sich auf die Ungültigkeit des dem nationalen Recht zugrundeliegenden Rechtsaktes beruft, weil das nationale Recht auch bei Ungültigkeit der Richtlinie ohne weiteres gültig bleibt. Ist dagegen die Frage der Vereinbarkeit des nationalen Umsetzungsaktes mit der zugrundeliegenden Richtlinie problematisch, handelt es sich um eine Auslegungsfrage. Verstößt der Umsetzungsakt gegen die Richtlinie, also gegen – höherrangiges – Gemeinschaftsrecht, ist die Anwendung dieses nationalen Rechts nach dem Vorrang des Gemeinschaftsrechts und nach Art. 10 EG unzulässig. Über die Vereinbarkeit des nationalen Rechts mit dem ihm zugrundeliegenden Gemeinschaftsrecht und damit über die Anwendbarkeit des nationalen Rechts haben die Fachgerichte selbst zu entscheiden.[1316] Bedürfen sie zu dieser Entschei-

---

1311 89/665/EWG, ABl. Nr. L 395, S. 33.

1312 Im Sinne des Art. 234 EG.

1313 Mittlerweile hat der Gerichtshof Vergabeüberwachungsausschüsse als vorlageberechtigte Gerichte im Sinne des Art. 234 EG anerkannt (EuGH, Rs. C-54/96, Dorsch Consult, Slg. 1997, I-4961, 4996), a.A. ist Noch WiB 1997, 944. Vgl. zum neuen Vergaberecht: Byok NJW 1998, 2774 ff.

1314 Siehe dazu: Boesen EuZW 1996, 583 m.w.N.

1315 Wie auch generell das „Prinzip der institutionellen Eigenständigkeit" gilt, nach dem die Mitgliedstaaten in ihren Rechtsordnungen autonom festlegen, welche staatlichen Stellen das Gemeinschaftsrecht jeweils zu vollziehen haben. Vgl. allgemein: Weber, Rechtsfragen, S. 10 f.; Kössinger S. 17 , beide mit weiteren Nachweisen.

1316 BVerfGE 31, 145, 174 f.; 82, 159, 191.

dung einer Auslegung der Richtlinie, handelt es sich um eine Auslegungsfrage.[1317] Auch hier kann gegebenenfalls eine Beachtung der im vorherigen Abschnitt erläuterten gemeinschaftsrechtlichen Anforderungen an den nationalen Eilrechtsschutz erforderlich sein.

G. Schadensersatzpflicht bei ungerechtfertigter einstweiliger Verfügung

Durch den Erlass einstweiliger Verfügungen können dem Antragsgegner Nachteile entstehen, die zumindest im deutschen Zivilprozessrecht unter Umständen einen Ausgleichsanspruch nach § 945 ZPO auslösen. Trotz der potenziellen Abschreckung von Antragstellern von der Geltendmachung gemeinschaftsrechtlich begründeter Rechte und des Fehlens eines dem § 945 ZPO entsprechenden Schadensersatzanspruchs im EG-Vertrag, ist auch im Zivilprozessrecht vor dem Hintergrund der Konzeption einstweiliger Verfügungen eine entsprechende Ausgleichsmöglichkeit sinnvoll. Weil Interimsmaßnahmen jeweils nur zur Sicherung oder vorläufigen Regelung der Gemeinschaftsrechte des Antragstellers ergehen, ist es auch im Hinblick auf den wirksamen Vollzug des Gemeinschaftsrechts gerechtfertigt, die Folgen zu Unrecht ergangener einstweiliger Verfügungen auszugleichen.

Eine Haftung der Mitgliedstaaten für judikatives Unrecht dürfte ebenso wie für entsprechende Fälle vor den Gemeinschaftsgerichten[1318] nur für Straftatbestände und vor dem Hintergrund des § 839 Abs. II BGB bestehen.

H. Resümee

Der vorläufige Rechtsschutz ist im dezentralen Vollzug des Privatrechts unter bestimmten Voraussetzungen einer modifizierenden Einwirkung des Gemeinschaftsrechts ausgesetzt. Grundsätzlich ist das nationale Verfahrensrecht beim Erlass einstweiliger Verfügungen anzuwenden. Die nationalen Gerichte sind auch dann zum Erlass von Eilmaßnahmen befugt und gegebenenfalls verpflichtet, wenn sie gemeinschaftsrechtlich begründetes Recht anwenden. Kompetenzkonflikte und mögliche Vollzugsdefizite bewirken jedoch im Ein-

[1317] Der Gerichtshof entscheidet dann allerdings nicht über die Vereinbarkeit nationalen Rechts mit den Regelungen des Gemeinschaftsrechts, EuGH, Rs. 4/64, Costa/ENEL, Slg. 1964, 1253, 1268 (so die fälschliche Annahme z.B. in den Urteilen: KG, EuZW 1991, 127 – Meng - und LG Koblenz EuZW 1991, 605 – Gebrüder Reiff), sondern gibt den nationalen Gerichten Hinweise, die diesen eine Beurteilung der Vereinbarkeit des nationalen Rechts mit dem Gemeinschaftsrecht erlauben (EuGH, Rs. 2/91, Meng, WuW/EWG/MUV 959, Ziff. 10; EuGH, Rs. 185/91, Gebrüder Reiff, WUW/EWG/MUV 955, Ziff. 11).

[1318] Gilsdorf/Oliver in: GTE Art. 215 Rn. 15.

zelfall die Notwendigkeit einer Optimierung des nationalen Verfahrensrechts. Insbesondere erfordert die Titelfunktion der Eilentscheidung gegenüber dem Hauptverfahren verstärkte gemeinschaftsrechtliche Modifikationen, weil das Kooperationssystem des Art. 234 EG, welches auf das Hauptverfahren zugeschnitten ist, andernfalls teilweise ausgehebelt würde. Hervorzuheben ist hier die mögliche Vorlageverpflichtung zeitgleich zum Erlass der Eilmaßnahme. Eine solche Vorlagepflicht ist nur dann denkbar, wenn die Gültigkeit von Gemeinschaftsrecht zu beurteilen oder dessen Auslegung von grundsätzlicher Bedeutung und besonders zweifelhaft ist. Dies setzt voraus, dass die Rechtsfrage weder bereits vom Gerichtshof oder dem EuGI entscheiden wurde, noch dass nach der „acte-claire“ – Doktrin die richtige Anwendung des Rechts eindeutig ist. Außerdem dürfte dem nationalen Gericht ein weites Vorlageermessen zukommen, wenn absehbar ist, dass dem Eilverfahren ein Hauptverfahren folgen wird. Ansonsten ist ein zur Eilmaßnahme paralleles Verfahren nach Art. 234 EG durchzuführen. Nach erfolgter Vorabentscheidung des Gerichtshofes kann die Eilentscheidung unter Berücksichtigung der Entscheidung des Gerichtshofes durch das nationale Gericht gemäß §§ 936, 927 ZPO aufgehoben, beibehalten oder abgeändert werden.

Eine Vorlage zeitgleich zur Eilentscheidung ist auch deshalb sinnvoll, weil ein eventuell nachfolgendes Hauptverfahren im Hinblick auf die lange Verfahrensdauer vor dem Gerichtshof verkürzt würde. Andererseits kann eine etwaige Vorlagepflicht nicht dazu dienen, den Erlass einer einstweiligen Verfügung zu verhindern, wenn deren Erlass dringlich ist. Andernfalls würde der Eilcharakter des Verfahrens ad absurdum geführt. Sinnvoll ist die Anordnung einer Sicherheitsleistung, um die praktische Wirksamkeit der Vorabentscheidung zu sichern. Auch wenn dem Gericht *keine* Vorlagepflicht obliegt, hat es diese zu prüfen[1319] und bei der Auslegung die anderen gemeinschaftsrechtlichen Voraussetzungen, insbesondere die Beachtungspflicht, die Berücksichtigung der Interessen der Gemeinschaft und auch die allgemeinen Grundsätze wie das Diskriminierungsverbot und den effect-utile-Grundsatz, zu beachten. Dies folgt schon aus der sich für die Mitgliedstaaten aus Art. 10 EG ergebenden Verpflichtung, alle zur Erfüllung der gemeinschaftsrechtlichen Verpflichtungen geeigneten Maßnahmen allgemeiner oder besonderer Art zu treffen und von solchen Maßnahmen abzusehen die geeignet sind, die Verwirklichung der Ziele des Vertrages zu gefährden. Als Träger öffentlicher Gewalt der Mitgliedstaaten trifft diese Verpflichtung auch die nationalen Gerichte.[1320]

[1319] So allgemein für letztinstanzliche Gerichte jüngst das BVerfG NJW 2001, 1267, 1268.
[1320] St. Rspr., vgl. nur EuGH, Rs. C. 344/98, Masterfoods Ltd., NJW 2001, 1265, 1266.

Teil 3 Schlussbetrachtungen

Die vorliegende Untersuchung hat gezeigt, dass das nationale Prozessrecht und insbesondere der nationale vorläufige Rechtsschutz ganz erheblich unter europäischen Einfluss geraten ist. Der Gerichtshof hat im Wege richterlicher Rechtsfortbildung europäische Standards geschaffen, die über den Einzelfall und über die Grenzen der Rechtsgebiete hinaus Bedeutung haben. Er hat dadurch eine Europäisierung des vorläufigen Rechtsschutzes bewirkt, die eine Vorreiterrolle bei der Entwicklung allgemeiner Grundsätze des dezentralen Vollzugs spielt.[1321] Dies geschieht durch eine modifizierende Einwirkung, welche die nationale Verfahrensautonomie und somit die nationalen verfahrensmäßigen Besonderheiten beim Vollzug des Gemeinschaftsrechts grundsätzlich respektiert. Defizite des dezentralen Vollzugs werden nicht durch eine Verdrängung, sondern im Wege der Modifizierung des nationalen Vollzugsrechts in seiner Eigenschaft als funktionelles Gemeinschaftsrecht ausgeglichen, so dass das nationale Vollzugsrecht seinen Geltungsanspruch grundsätzlich verwirklichen kann. Das Ergebnis ist ein über die reine Rechtsvergleichung hinausgehendes praktisches Zusammenwirken nationaler und gemeinschaftsrechtlicher Erfordernisse und Voraussetzungen unter dem Primat des Gemeinschaftsrechts. Auf Grundlage der Rechtsprechung des Gerichtshofes liegt ein inhärentes und handhabbares Schema zur Gewährung einstweiliger Anordnungen durch den nationalen Rechtsanwender vor. Dieses genügt nicht nur gemeinschaftsrechtlichen und nationalen rechtlichen Anforderungen, sondern schafft auch in einem hohen Maße Rechtssicherheit, die eine verstärkte Nutzung dieser Rechtsschutzmöglichkeit in allen Mitgliedstaaten der Gemeinschaft ermöglicht. Die Anforderungen des gemeinschaftsrechtlichen Rechtsdurchsetzungs- und Rechtsschutzsystems, sowie die des nationalen Verfassungsrechts, kommen jeweils angemessen zur Geltung. Dies gilt insbesondere für das beiden Rechtssystemen entspringende Erfordernis effektiven Rechtsschutzes. Gerade an diesem Grundrecht wird deutlich, dass aufgrund der einheitlichen Zielsetzung, nämlich der Verwirklichung des objektiven und subjektiven materiellen Rechts, zentrale und dezentrale Rechtsschutzmöglichkeiten nicht voneinander isoliert werden dürfen. Vielmehr sind sie zwecks Gewährleistung eines effektiven Rechtsschutzes zur Durchsetzung des materiellen Rechts aufeinander abzustimmen.[1322]

Dies geschieht in der Rechtsprechung des Gerichtshofes durch eine Optimierung der jeweiligen Systemerfordernisse jenseits eines strengen Dua-

[1321] Siehe dazu Schwarze DVBl. 1996, 881.

[1322] Vgl. zu den divergierenden Ansichten zur Lösung indirekter Kollisionen - zu Gunsten des nationalen Rechts oder unter dem Aspekt des Zusammenwirkens - Niedobitek VerwArch 2001, 58, 59 m.w.N.

lismus der Rechtsschutzsysteme. Weil weder die ausschließliche Anwendung der Regelungen des EG-Vertrages, noch eine strenge nationale Verfahrensautonomie der Mitgliedstaaten den Vollzugsanforderungen genügt, schafft die modifizierende Einwirkung einen interregulativen Weg. Sie bietet so einen Beitrag zur Wirksamkeit des dezentralen Gemeinschaftsrechtsschutzes. Gleichzeitig wird die modifizierende Einwirkung, soweit sie dogmatisch begründet ist, den Erfordernissen der Kohärenz der Gemeinschaftsrechtsordnung gerecht. Diese Kohärenz des Rechtsschutzsystems ist eine notwendige Bezugnahme auf die Rationalität des Rechts. Dies gilt insbesondere für eine Gemeinschaft, die sich im wesentlichen als „Rechtsgemeinschaft“[1323] versteht. Allerdings erschwert es der Stil des Gerichtshofes, nämlich seine Entscheidungen mehr zu verlautbaren denn eingehend dogmatisch zu begründen, die Entscheidungen nachzuvollziehen und zu akzeptieren.[1324] Dies gilt gerade im Hinblick auf das von ihm postulierte Gebot der Kohärenz. Dabei wird die Chance vertan, die Entscheidungsgründe gegenüber dem kritischen nationalen Rechtsanwender als Mittel der Akzeptanzvermittlung zu nutzen.

Die europäischen Rahmenbedingungen für den nationalen Eilrechtsschutz wirken jedoch nicht direkt in rein nationale Sachverhalte ein. Die Tatsache, dass bei der Anwendung rein nationalen Rechts und dem Vollzug des Gemeinschaftsrechts in den Mitgliedstaaten jeweils unterschiedliche Maßstäbe angewandt werden müssen, ist unter dem Aspekt der Rechtssicherheit und der Gleichheit der Bürger beim Vollzug des Rechts zwar problematisch[1325], stellt aber keine Besonderheit der vorläufigen Rechtsschutzverfahren dar.[1326] Vielmehr ist dies eine Folge mangelnder Rechtsharmonisierung und des Anwendungsvorrangs des Gemeinschaftsrechts, der den nationalen Normen bei rein innerstaatlichen Angelegenheiten ihre Gültigkeit belässt.[1327] Insgesamt verfassungsrechtlich und gemeinschaftsrechtlich problematischer wäre jedenfalls eine Ungleichbehandlung der Bürger im Rahmen der Anwendung des Gemeinschaftsrechts, weil insoweit ein vergleichbarer, aber unterschiedlich behandelter Sachverhalt vorläge. Eine Reaktion gegen entsprechende Ungleichbehandlungen müsste aufgrund der Höherrangigkeit des

---

[1323] Steinberg ZRP 1999, 365, 366; Dreher JZ 1999, 105, 106; Hirsch NVwZ 1998, 907; Rittner JZ 1995, 849 f.; siehe auch: EuGH, Rs. 155/79, AM & S, Slg. 1982, 1575, 1610, Rn. 18, EuGH, Rs. 294/83, Les Verts, Slg. 1986, 1339, 1365, Rn. 23; Zuleeg NJW 1994, 545 ff.; Ulmer JZ 1992, 1; Klein VVDSTR 50 (1991), 56, 57; Kutscher EuR 1991, 392 ff.

[1324] In anderem Zusammenhang: Wolf EWS 2000, 11 m.w.N. Zu den Ursachen der Knappheit der Urteilsbegründungen, insbesondere der französischen Rechtstradition und den unterschiedlichen Abwägungsschritten der Gemeinschaftsrichter sowie zu der bedeutenden Rolle der Schlussanträge in diesem Zusammenhang: Sander S. 25.

[1325] Schoch SGb 1992, 118, 121 f.

[1326] Schmitt, Richtervorlagen, S. 394.

[1327] Siehe dazu oben 2. Teil 1. Kapitel D. III. 2. (3).

Gemeinschaftsrechts auf Seiten der Mitgliedstaaten erfolgen. Wird die Rechtsunsicherheit und Uneinheitlichkeit innerhalb der innerstaatlichen Rechtsanwendung gerügt, ist die richtige Reaktion darauf die Angleichung der nationalen Prozessregeln an die gemeinschaftsrechtlichen Erfordernisse.[1328] Interessant ist vor diesem Hintergrund die Entwicklung auf dem Gebiet des deutschen materiellen Kartellrechts, dass sich mit der Einführung des neuen § 7 im Rahmen der 6. GWB-Novelle inhaltlichen gemeinschaftsrechtlichen Einflüssen geöffnet hat. Dies geschieht durch die Einführung eines Kombinationsmodells, nach dem vor dem Hintergrund der deutschen Gesetzessystematik mittelfristig eine Angleichung der Freistellungsvoraussetzungen vom Kartellverbot erreicht werden kann.[1329]

Es ist grundsätzlich sinnvoll, wenn der Gerichtshof die von ihm entwickelten Grundsätze, sofern sie gemeinschaftlichen und auch verfassungsrechtlichen Erfordernissen entsprechen, beibehält und entsprechend den hier gefundenen Ergebnissen weiterentwickelt. Dies dient nicht nur der Rechtssicherheit und damit der Rechtsschutzeffektivität des Einzelnen, sondern auch der einheitlichen Anwendung des Gemeinschaftsrechts. Ferner dient das der Vertiefung der Gemeinschaften. Ob eine solche Vertiefung erreicht wird, liegt aufgrund der Integrationsoffenheit des Grundgesetzes und anderer europäischer Verfassungen[1330] maßgeblich am praktischen Integrationswillen der Mitgliedstaaten.[1331] Die weitgehende Rechtsfortbildung des Gerichtshofes insbesondere auf dem grundrechtsrelevanten Gebiet des Eilrechtsschutzes birgt aber auch die Gefahr der antiintegrativen Gegenreaktion in den Mitgliedstaaten in sich. Diese Gefahr wird virulent, wenn sich die Rechtsfortbildung des Gerichtshofes zu weit von dem politischen Willensbildungsprozess in den Mitgliedstaaten entfernt. Gerade die Modifizierung nationalen Eilrechtsschutzes macht dies durch die vielfältigen kritischen Beiträge der Literatur deutlich. Insoweit wäre es wünschenswert, wenn die Integrationsaufgabe konsequenter von den legislativen Entscheidungsträgern wahrgenom-

---

1328 Wie dies in GB als Reaktion auf das Urteil in der Rechtssache Factortame offensichtlich geschehen ist. Sie dazu: House of Lords [1993] 3 All ER 537 (HL); Jowell/Birkinshaw, English Report, Schwarze S. 273, 303 f. Eine solche freiwillige Angleichung wird auch für spezielle Tätigkeitsbereiche der Gemeinschaft befürwortet. Siehe beispielsweise zum Kartellrecht: Behrens, FiW-Schriftenreihe 167, S. 1 ff.

1329 Bunte in: Frankfurter Kommentar (FK), § 7 GWB 1999, Tz. 5 – die für das Jahr 2004 geplante 7. GWB-Novelle wird eine umfassende Angleichung des Rechts der horizontalen und vertikalen Wettbewerbsbeschränkungen an die entsprechenden gemeinschaftsrechtlichen Regelungen bringen.

1330 BVerfGE 89, 155 (Maastricht-Entscheidung); Conseil Constitutionel, Entscheidung Nr. 97-394 DC vom 31.12.1997; Hojesteret Entscheidung I 361/1997 vom 6.4.1998; siehe zu letzterer: Ring/Olsen-Ring EuZW 1998, 589.

1331 Siehe zu den Facetten des Integrationsprozesses: Sander S. 26 ff.

men würde. Dass die Besonderheit des vorläufigen Rechtsschutzes vom Gemeinschaftsgesetzgeber bereits frühzeitig erkannt wurde, veranschaulicht die Regelung des Art. 256 EG.[1332] Andererseits scheint das Unterlassen entsprechender Vertragsänderungen zu bedeuten, dass die Mitgliedstaaten die Rechtsfortbildung des Gerichtshofes akzeptieren. Jedenfalls ist die modifizierende Einwirkung des Gemeinschaftsrechts auf das nationale Prozessrecht, gerade in Form der richterlichen Interimsbefugnisse, aufgrund der grenzüberschreitenden Fragestellungen notwendig und aus kompetenzrechtlichen Gründen unvermeidbar. So stellt die gemeinschaftsrechtliche Einflussnahme in das nationale Rechtssystem eine Herausforderung an dieses dar, an dem es seine Fähigkeit zur Flexibilität und zeitgemäßen Fortentwicklung in Form der Rezeption der gemeinschaftsrechtlichen Anforderungen auch für rein innerstaatliche Streitfälle unter Beweis stellen kann.

[1332] Siehe dazu 1. Teil 1. Kapitel C. IV.

Teil 4 Zusammenfassung

Die europäische Integration schreitet in den letzten Jahren nicht nur durch eine Neuordnung des Normenbestandes im EG-Vertrag und den Erlass von Sekundärrechtsakten voran, sondern auch im Wege der Integration durch richterliche Rechtsfortbildung. Die Rechtsentwicklung hat dabei insbesondere im Hinblick auf die rechtlichen Aspekte des Vollzugs von Gemeinschaftsrecht durch Organe der Mitgliedstaaten eine besondere Dynamik entwickelt. Dies betrifft vor allem gemeinschaftsrechtlich bedingte Neuerungen beim Erlass richterlicher Eilmaßnahmen durch nationale Gerichte, wenn diese materielles Gemeinschaftsrecht anwenden.[1333]

Vor dem Hintergrund der Ausweitung der Rechtssetzungsbefugnisse der Gemeinschaft im letzten Jahrzehnt, insbesondere durch den Vertrag von Maastricht[1334], muss das Rechtsschutzsystem der Gemeinschaft den Folgen einer zunehmenden Betroffenheit der Bürger durch das Gemeinschaftsrecht gerecht werden.[1335] Das materielle Verwaltungsrecht ist ebenso wie das materielle Zivilrecht in erheblichem Umfang gemeinschaftsrechtlich gesetzt. Soweit das Primärrecht der Gemeinschaft direkt anwendbar ist oder Verordnungen existieren, können Bürger sich vor den nationalen Gerichten auf diese Regelungen berufen. Die nationalen Gerichte haben dieses Recht, auch im einstweiligen Anordnungs- oder Verfügungsverfahren, anzuwenden. Die nationalen Gerichte werden selbst Teil des gemeinschaftlichen Rechtsschutzsystems. Im Rahmen der Anwendung des Gemeinschaftsrechts durch die nationalen Gerichte haben diese ggf. bestimmte Regelungen auszulegen oder zumindest vorläufig ihre Gültigkeit zu beurteilen, um die Erfolgsaussichten in der Hauptsache beurteilen zu können. Dabei ist nicht zwingend, dass sich der Antragsteller im Eilverfahren auf Regelungen des Gemeinschaftsrechts beruft. Gemeinschaftsrechtliche Regelungen können auch Einwendungen gegen einen behaupteten Anordnungs- oder Verfügungsanspruch begründen.

Bei der Anwendung des materiellen Gemeinschaftsrechts haben sich die nationalen Gerichte, die insoweit funktionell zu Gemeinschaftsgerichten werden, grundsätzlich des eigenen, „nationalen" Verfahrensrechts zu bedienen.

[1333] EuGH, Rs. 213/89, Factortame, Slg. 1990, 2433; EuGH, verbd. Rs. C-143/88 u. 92/88, Süderdithmarschen, Slg. 1991, I-415; EuGH, Rs. C-465/93, Atlanta, Slg. 1995, I-3761; EuGH, Rs. C-68/95, T. Port, Slg. 1996, I-6065.

[1334] Siehe dazu Bleckmann DVBl. 1992, 335, 337 ff.

[1335] ... so wird geschätzt, dass etwa 80 % aller deutschen Neuregelungen des Wirtschaftsrechts durch das Gemeinschaftsrecht und nahezu 50% aller innerstaatlich geltenden Regelungen durch das Gemeinschaftsrecht direkt oder indirekt festgelegt ist (Hirsch NVwZ 1998, 907, 910; Schwarze JZ 1998, 1077, 1079, Timme ZRP 2000, 301, 302).

Insoweit gilt der „Grundsatz der nationalen Verfahrenautonomie“[1336] beim Vollzug materiellen Gemeinschaftsrechts. Zwar gilt auch hinsichtlich des Verfahrensrechts der Anwendungsvorrang[1337] des Gemeinschaftsrechts, doch gibt es insgesamt nur wenige sekundärrechtliche Verfahrensregelungen für den dezentralen Vollzug. Diese beschränken sich hinsichtlich des Eilrechtsschutzes darauf, dass die Möglichkeit zur Erlangung vorläufigen Rechtsschutzes durch nationale Gerichte vorausgesetzt wird.[1338] Aus diesem Grunde müssen die nationalen Gerichte auch im Eilverfahren ihr nationales Recht anwenden. Zu beachten ist hierbei, dass dem Verfahrensrecht eine der Verwirklichung des materiellen Rechts dienende Funktion zukommt. Das gemeinschaftsrechtlich begründete materielle Recht hat einen Anspruch auf effektive Durchsetzung durch das nationale Verfahrensrecht. Dies entspricht seinem Vorrang- und Verwirklichungsanspruch[1339] gegenüber den Mitgliedstaaten.

In der Vergangenheit hat der Gerichtshof verschiedentlich festgestellt, dass das nationale Verfahrensrecht diesem Verwirklichungsanspruch in einzelnen Fällen nicht hinreichend nachgekommen ist. So ist das Zusammenspiel von gemeinschaftlichem materiellen Recht und nationalem Verfahrensrecht teilweise geeignet, den einheitlichen und effektiven Vollzug des Gemeinschaftsrechts zu behindern. Dies ist z.B. der Fall, wenn eine nationale Verfahrensregelung verhindert, dass ein gemeinschaftsrechtlich begründetes Recht gerichtlich durchsetzbar ist.[1340] In diesen Fällen liegt keine direkte Kollision zweier sich widersprechender materiell-rechtlicher Regelungen vor, sondern eine sogenannte indirekte Kollision[1341]. Zwar widersprechen sich die gemeinschaftliche und die nationale Regelung nicht, aber das eigentlich der Verwirklichung des materiellen Rechts dienende Verfahrensrecht verhindert dennoch die Anwendung des Gemeinschaftsrechts. Anders als bei direkten Kollisionen ist dieses Problem nicht mit dem Anwendungsvorrang zu lösen, weil nationale verfahrensrechtliche Regelungen mangels gemeinschaftsrechtlicher Verfahrensregelungen benötigt werden. Der Gerichtshof hat sich daher entschlossen, wegen fehlender kodifizierter Harmonisierungen im Wege der

---

[1336] EuGH, verbd. Rs. 205-215/82, Deutsche Milchkontor, Slg. 1983, 2633, 2665.

[1337] EuGH, Rs.C-184/89, Nimz/Freie und Hansestadt Hamburg, Slg. 1991, I-297, 321.

[1338] z.B. Art. 99 Abs. II Satz 1 Markenverordnung, VO (EG) Nr. 40/94; Art. 2 RL 89/665/EWG zur Koordinierung der Rechts- und Verwaltungsvorschriften für die Anwendung der Nachprüfungsverfahren im Rahmen der Vergabe öffentlicher Liefer- und Bauaufträge, ABl. Nr. L 395, S. 33.

[1339] EuGH, Rs. 6/64, Costa/ENEL, Slg. 1964, 1251 ff.

[1340] EuGH, Rs. 213/89, Factortame, Slg. 1990, 2433.

[1341] Komendera, Normenkonflikte zwischen EWG- und BRD-Recht, S. 141.

Rechtsfortbildung auf die Strukturen des nationalen Verfahrensrechts einzuwirken.

Insbesondere richterliche Interimsmaßnahmen sind geeignet, indirekte Kollisionen zu bewirken. So kann eine Eilmaßnahme zur Nichtanwendung von Gemeinschaftsrecht führen[1342] oder dessen Wirkung behindern. Dies führt zu einem Konflikt mit dem Vollzugsanspruch des Gemeinschaftsrechts gegenüber dem nationalen Recht und der alleinigen Verwerfungs- sowie der alleinverbindlichen Auslegungskompetenz[1343], die nach dem vom Vertrag geschaffenen Rechtsschutzsystem allein dem Gerichtshof zukommt.[1344] So hat der Gerichtshof entschieden, dass er allein zur Verwerfung gemeinschaftsrechtlicher Regelungen zuständig ist, selbst wenn diese Verwerfung zeitlich begrenzt ist.[1345] Deshalb sind einstweilige Anordnungen, die eine zeitweilige Nichtanwendung von Gemeinschaftsrecht wegen deren von einem nationalen Gericht vermuteten Ungültigkeit beinhalten nur zulässig, wenn das Gericht parallel zu seiner Entscheidung die Gültigkeitsfrage dem Gerichtshof gem. Art. 234 EG-Vertrag vorlegt.[1346] Ferner hat der Gerichtshof festgestellt, dass die nationalen Rechtsordnungen einen Eilrechtsschutz zu bieten haben, um gemeinschaftsrechtlich begründete Rechte durchzusetzen[1347], und dass die nationalen Gerichte dann nicht zur Gewährung von Eilrechtsschutz befugt sind, wenn allein Organe der Gemeinschaft, z.B. die Kommission, im konkreten Fall für eine Entscheidung zuständig sind[1348]. Insoweit beschränkt der Gerichtshof die verfahrensrechtliche Autonomie der Mitgliedstaaten und wirkt selbst modifizierend in nationale Verfahrensordnungen ein. Modifizierend ist diese Einflussnahme, weil die nationalen Regelungen nicht vollends verdrängt, sondern deren Voraussetzungen nach gemeinschaftsrechtlichen Anforderungen geändert werden. Angesichts der Festigung dieser Rechtsprechung zu verschiedenen Verfahrensfragen kann insoweit von einem „Prinzip der modifizierenden Einwirkung" gesprochen werden.

Gerechtfertigt wird diese Einwirkung mit den gemeinschaftsrechtlichen Kautelen, denen das nationale Verfahrensrecht als funktionelles Gemein-

---

1342 So in der Rechtssache C-465/93, Atlanta, Slg. 1995, I-3761.

1343 EuGH, Rs. 283/81, C.L.F.I.T., Slg. 1982, 3415, 3431.

1344 Art. 234 EG-Vertrag regelt das Vorlageermessen und die Vorlagepflicht bei Gültigkeits- und Auslegungsfragen und damit die Kompetenzverteilung zwischen mitgliedstaatlichen Gerichten und dem EuGH.

1345 EuGH, Rs. 314/85, Foto-Frost, Slg. 1987, 4199, 4230 f.; EuGH, verbd. Rs. C-143/88 u. 92/88, Süderdithmarschen, Slg. 1991, I-415.

1346 EuGH, verbd. Rs. C-143/88 u. 92/88, Süderdithmarschen, Slg. 1991, I-415; EuGH, Rs. C-465/93, Atlanta, Slg. 1995, I-3761.

1347 EuGH, Rs. 213/89, Factortame, Slg. 1990, 2433.

1348 EuGH, Rs. C-68/95, T. Port, Slg. 1996, I-6065.

schaftsrecht unterliegt. Dies sind der Grundsatz der Einheitlichkeit der Gemeinschaftsrechtsanwendung und dessen Effektivität, die Gemeinschaftsgrundrechte mitsamt dem Recht auf effektiven Rechtsschutz, die Kohärenz der Gemeinschaftsrechtsordnung sowie die Wahrung der Kompetenzverteilung des EG-Vertrages. Gefährdungen dieser zwingenden Erfordernisse des Gemeinschaftsrechts offenbaren Lücken innerhalb des gemeinschaftsrechtlichen Vollzugssystems, die durch eine maßvolle Modifizierung des nationalen Verfahrensrechts geschlossen werden können. Dem Gerichtshof steht hierbei das Mittel der Rechtsfortbildung zur Verfügung. Dem Vorrang des Gemeinschaftsrechts vor nationalem Recht entsprechend orientiert sich der Maßstab, nach dem vorläufiger Rechtsschutz durch die nationalen Gerichte beim Vollzug des Gemeinschaftsrechts zu gewähren ist, nach Ansicht des Gerichtshofes grundsätzlich an den entsprechenden Voraussetzungen der Art. 242, 243 EG-Vertrag, deren dogmatische Grundlagen mit denen des deutschen Rechts vergleichbar sind. Beide basieren deutlich auf positivrechtlichen Grundsätzen, die sich in europäischer Rechtstradition herausgebildet haben. Sowohl die gemeinschaftsrechtlichen als auch die nationalen Eilverfahren dienen der Sicherung der Durchsetzbarkeit des Urteils im allgemeinen Erkenntnisverfahren und sind gekennzeichnet vom Verbot der Präjudizierung eines etwaigen Hauptverfahrens. Zudem stellen die Regelungen des EG-Vertrages letztlich durch die Mitgliedstaaten selbst geschaffene und ratifizierte Grundsätze und somit eine Art gemeinsamen Willen[1349] dar.

Die vorstehenden Erwägungen haben in der Vergangenheit dazu geführt, dass der Gerichtshof den nationalen Verwaltungsgerichten konkret vorgeschrieben hat, wie sie § 123 VwGO anzuwenden haben. Zudem wurden die Grundsätze der Gemeinschaftstreue und der gemeinschaftsrechtlichen Kompetenzverteilung in speziellen Erlassvoraussetzungen konkretisiert. Das Ergebnis ist ein über die reine Rechtsvergleichung hinausgehendes praktisches Zusammenwirken nationaler und gemeinschaftsrechtlicher Erfordernisse und Voraussetzungen unter dem Primat des Gemeinschaftsrechts. Danach dürfen nationale Gerichte eine einstweilige Anordnung bei der Anwendung materiellen Gemeinschaftsrechts erlassen, wenn

- im Lichte der gemeinschaftsrechtlichen Kompetenzzuweisung der mitgliedstaatliche Rechtsweg eröffnet ist;
- sie erhebliche Zweifel an der Gültigkeit der Handlung der Gemeinschaft haben und diese Gültigkeitsfrage, sofern der Gerichtshof mit ihr noch nicht befasst ist, diesem selbst vorlegen;

[1349] Koch, Einwirkungen des Gemeinschaftsrechts auf das nationale Verfahrensrecht im Falle richterlicher Vertragsverletzungen im Zivilprozess, S. 60.

- die Entscheidung dringlich in dem Sinne ist, dass die einstweilige Anordnung erforderlich ist, um zu vermeiden, dass der Antragsteller einen schweren und nicht wiedergutzumachenden Schaden erleidet;
- sie die Interessen der Gemeinschaft angemessen berücksichtigen;
- die einschlägige Rechtsprechung des EuGI und des EuGH beim Erlass der vorläufigen Maßnahmen beachtet wird.[1350]

Ein umfassendes und stimmiges System für die Gewährung vorläufigen Rechtsschutzes im dezentralen Vollzug des Gemeinschaftsrechts liegt damit noch nicht vor: So hat der Gerichtshof bisher nicht entschieden, ob eine Vorlagepflicht des im Eilverfahren entscheidenden Gerichts auch in Fällen bestehen kann, in denen die Auslegung des entscheidungserheblichen Gemeinschaftsrechts besonders problematisch ist. Außerdem steht eine Klärung der Frage aus, ob die für das verwaltungsgerichtliche Verfahren entwickelten Grundsätze auch auf den zivilgerichtlichen Eilrechtsschutz anzuwenden sind. Ferner kann die Kompetenzabgrenzung zwischen den Entscheidungsbefugnissen der nationalen Gerichte und Gemeinschaftsorganen im Einzelfall problematisch sein. Ungeklärt ist zudem, welche praktische Relevanz den Vorabentscheidungen zukommt, die erst erhebliche Zeit nach Erlass der Eilentscheidung ergehen.

Eine Vorlagepflicht auch bei Auslegungsfragen ist im Zuge des Eilverfahrens jedenfalls nur dann denkbar, wenn ein gemeinschaftsrechtliches Bedürfnis nach einer Auslegung durch den Gerichtshof besteht. Dies ist der Fall bei *zweifelbehafteten Auslegungsfragen, die einer Beantwortung im laufenden Verfahren bedürfen um zu einer gerichtlichen Entscheidung kommen zu können und die weder so klar zu entscheiden sind, dass sich für ihre Beantwortung - entsprechend der „acte-claire" – Doktrin - keine vernünftigen Zweifel ergeben, noch bereits von den Gemeinschaftsgerichten entschieden wurden oder wenn das nationale Gericht von einer Entscheidung des EuGH oder des EuGI abweichen will.* Einfache Fragen des Gemeinschaftsrechts haben die nationalen Gerichte nach dem Kompetenzsystem des Art. 234 EG-Vertrag selbst zu entscheiden. In diesen Fällen haben die nationalen Gerichte unproblematisch ihre Rechtsprechungsaufgabe unter Beachtung der bereits ergangenen Rechtsprechung des Gerichtshofes zu erfüllen und sind in diesem Rahmen selbst zur Entscheidung über Fragen des Gemeinschaftsrechts zuständig.[1351] Zu beachten ist letztlich die Bedeutung der Frage für das Gemein-

---

[1350] EuGH, Rs. C-465/93, Atlanta, Slg. 1995, I-3761; EuGH, Rs. C-68/95, T. Port, Slg. 1996, I-6065.

[1351] Bericht der Reflexionsgruppe über die Zukunft des Gerichtssystems der Gemeinschaften, NJW 2000 Anhang S. 7.

schaftsrecht.[1352] Zumindest sollen solche Rechtsfragen grundsätzlich vom Gerichtshof entschieden werden, die wegen ihrer Bedeutung und Komplexität auf Gemeinschaftsebene entschieden werden müssen.[1353] In diesen Fällen dürfte das Vorlageermessen der nationalen Gerichte in Richtung einer Verpflichtung zur Vorlage eingeschränkt sein. Auch im Hauptverfahren haben die nationalen Gerichte, auch die unterinstanzlichen, eine Auslegungsfrage vorzulegen, wenn sie Schwierigkeiten mit der richtigen Auslegung des Rechts haben.

Während im Hauptverfahren im Zweifel bis zum letztinstanzlichen Urteil und damit bis zum nach Art. 234 Abs. III EG-Vertrag vorlageverpflichteten Gericht keine Rechtskraft erlangt wird, erfordert die Titelfunktion der Eilentscheidung gegenüber dem Hauptverfahren verstärkte gemeinschaftsrechtliche Modifikationen. Das Kooperationssystem des Art. 234 EG-Vertrag ist auf das Hauptverfahren zugeschnitten und würde andernfalls teilweise ausgehebelt, weil das Eilverfahren immer öfter das Hauptverfahren ersetzt und den Rechtsstreit und damit auch die Rechtsfrage faktisch endgültig entscheidet. Eine Vorlage zeitgleich zum Erlass der Eilmaßnahme soll in diesem Rahmen verhindern, dass es innerhalb der Gemeinschaft zu voneinander abweichenden Gerichtsentscheidungen und Rechtsentwicklungen über Fragen des Gemeinschaftsrechts kommt und die Rechtsentwicklung gehindert wird.[1354] Den nationalen Gerichten dürfte ein weites Vorlageermessen zukommen, wenn absehbar ist, dass dem Eilverfahren ein Hauptverfahren folgen wird. Ansonsten ist ein zur Eilmaßnahme paralleles Verfahren nach Art. 234 EG-Vertrag durchzuführen. Die Eilbedürftigkeit der Entscheidung erfordert derweil eine eigene Auslegung des Gerichtes. Diese hat jedoch, entsprechend der Eigenart des Eilverfahrens, vorläufig zu bleiben und darf ein etwaiges Hauptverfahren nicht präjudizieren. Nach erfolgter Vorabentscheidung des Gerichtshofes kann die Eilentscheidung unter Berücksichtigung der Entscheidung des Gerichtshofes durch das nationale Gericht nach den Regelungen des nationalen Verfahrensrechts aufgehoben, beibehalten oder abgeändert werden. Auf diese Weise erhält die Vorabentscheidung des Gerichtshofes ihre praktische Relevanz. Eine Vorlage zeitgleich zur Eilentscheidung ist auch deshalb sinnvoll, weil ein eventuell nachfolgendes Hauptverfahren im Hinblick auf die lange Verfahrensdauer vor dem Gerichtshof verkürzt würde. Andererseits kann eine etwaige Vorlagepflicht nicht dazu dienen, den Erlass einer einstweiligen Verfügung zu verhindern, wenn deren

---

[1352] In Anlehnung an EuGH, Rs. 283/81, C.L.F.I.T., Slg. 1982, 3415; Bericht der Reflexionsgruppe über die Zukunft des Gerichtssystems der Gemeinschaften, NJW 2000 Anhang S. 7.

[1353] Siehe hierzu zuletzt die Pressemitteilung des Präsidenten des Gerichtshofes Rodríguez Iglesias zu Überlegungen zur Zukunft des Gerichtssystems der EU, TB Nr. 17/99 S. 35, 37.

[1354] GA Capotorti, Schlussanträge, EuGH, Rs. 283/81; CILFIT, Slg. 1982, 3415, 3433 ff.

Erlass dringlich ist. Andernfalls würde der Eilcharakter des Verfahrens ad absurdum geführt. Sinnvoll ist die Anordnung einer Sicherheitsleistung, um die praktische Wirksamkeit der Vorabentscheidung zu sichern.

Grundsätzlich sind Anträge auf einstweilige Verfügungen nach §§ 935, 940 ZPO auch im dezentralen Vollzug durch Zivilgerichte zulässig. Dogmatisch ergeben sich nach den Regelungen der VO 1/2003 Probleme hinsichtlich der Kompetenzzuweisung des europäischen Kartellrechts in Art. 16 Abs. I der VO 1/2003, wenn nationale Gerichte vorläufig zweifelhafte Rechtsfragen beantworten, zu denen eine Entscheidung der Kommission ansteht. Hier wird letztlich die Entscheidungsprärogative der Kommission nicht verletzt, wenn eine Eilentscheidung lediglich den Zeitraum bis zu einer Entscheidung der Kommission überbrückt. Zudem würde dem Antragsteller andernfalls eine Rechtsschutzverweigerung drohen, weil die nationalen Zivilgerichte, im Gegensatz zu den nationalen Verwaltungsgerichten, regelmäßig alleinige Eingangsgerichte in zivilrechtlichen Streitigkeiten mit gemeinschaftsrechtlichen Hintergrund sind.[1355] Deshalb kommen den nationalen Zivilgerichten umfangreichere Befugnisse zu, als den nationalen Verwaltungsgerichten beim Vollzug gemeinschaftsrechtlichen Verwaltungsrechts.

Allerdings stellt sich auch im Zivilprozessrecht die Frage nach der Notwendigkeit einheitlicher Voraussetzungen für den Erlass einstweiliger Verfügungen durch die Gerichte der Mitgliedstaaten immer dann, wenn die Anwendung nationalen Verfahrensrechts zu Kollisionen mit dem Anspruch gemeinschaftsrechtlicher Normen auf einen effektiven Vollzug führt. Zu beachten ist, dass Art. 234 EG-Vertrag nicht zwischen verwaltungs- und zivilprozessualen Entscheidungen nationaler Gerichte differenziert. Grundsätzlich ist nicht ersichtlich, dass hinsichtlich einer modifizierenden Einwirkung in das nationale Verfahrensrecht eine unterschiedliche Bewertung gerechtfertigt wäre. Im Lichte der vom Gerichtshof postulierten und im Rahmen der vorliegenden Arbeit weiterentwickelten Voraussetzungen für den Erlass von Interimsentscheidungen nationaler Gerichte bei Fällen mit Gemeinschaftsrechtsbezug darf das nationale Gericht eine einstweilige Verfügung erlassen, wenn

- unter Beachtung der gemeinschaftsrechtlichen Kompetenzzuweisung der mitgliedstaatliche Rechtsweg eröffnet ist;
- es erhebliche Zweifel an der Gültigkeit oder Auslegung der Handlung der Gemeinschaft hat und die Möglichkeit der Auslegung des Gemeinschaftsrechts zu Gunsten des Antragstellers besteht;

[1355] Schneider/Burgard EuZW 1993, 617 (Editorial).

- es die diesbezügliche Frage zeitgleich mit seiner Eilentscheidung dem Gerichtshof dem Gerichtshof vorlegt;
- die Entscheidung dringlich in dem Sinne ist, dass die einstweilige Verfügung erforderlich ist, um zu vermeiden, dass diese beantragende Partei einen schweren und nicht wiedergutzumachenden Schaden erleidet;
- es das Interesse der Gemeinschaft angemessen berücksichtigt und
- es die Entscheidungen des Gerichtshofes oder des Gerichtes erster Instanz beachtet.

Auf Grundlage der Rechtsprechung des Gerichtshofes liegt damit ein inhärentes und handhabbares Schema zur Gewährung einstweiliger Anordnungen und Verfügungen durch den nationalen Rechtsanwender vor. Dieses genügt nicht nur gemeinschaftsrechtlichen und nationalen rechtlichen Anforderungen, sondern schafft auch in einem hohen Maße Rechtssicherheit. Die gemeinschaftsrechtlichen Anforderungen an den Rechtsschutz und die Voraussetzungen des Erlasses einstweiliger Anordnungen führen partiell zu einer Veränderung der nationalen Rechtsanwendung. Die nationalen Gerichte unterliegen als „funktionelle Gemeinschaftsorgane“ vielfältigen, vor allem aus Art. 10 EG hergeleiteten Pflichten[1356], die sich konkret als Schranken der richterlichen Anordnungsgewalt darstellen. Gleichzeitig unterliegen sie der nationalen Verfassung und somit auch prinzipiell der Kontrolle des Bundesverfassungsgerichts als „Hüterin der Verfassung“.[1357] Dieser „Schrankenduplizität“ kann nur eine flexible Optimierung gemeinschaftsrechtlicher und verfassungsrechtlicher Anforderungen gerecht werden.[1358] Dies wird insbesondere im Hinblick auf die Durchbrechung des Verwerfungsmonopols des Gerichtshofs deutlich, die im Lichte der Effektivität des Rechtsschutzes zunächst einmal hinzunehmen ist aber durch spezielle Verfügungsvoraussetzungen kompensiert wird. Indem den nationalen Gerichten Befugnisse gewährt werden, deren Preis die Veränderung der Maßstäbe ihrer Eilentscheidung ist, wird die Notwendigkeit einer legislativen Harmonisierung des Verfahrensrechts verhindert. Die modifizierende Einwirkung schafft vor dem Hintergrund gemeinsamer Rechtstraditionen und einem gemeinsamen Willen entsprungener Regelungen einen interregulativen Weg. Sie bietet so einen Beitrag zur Wirksamkeit des dezentralen Gemeinschaftsrechtsschutzes. Gleichzeitig wird die modifizierende Einwirkung, soweit sie dogmatisch begründet ist, den Erfordernissen der Kohärenz der Gemeinschaftsrechtsord-

---

[1356] Fischer, Europarecht, S. 110.

[1357] Siehe dazu auch Streinz, Bundesverfassungsgerichtlicher Rechtsschutz, S. 83 f.

[1358] Vgl. zu den divergierenden Ansichten zur Lösung indirekter Kollisionen – zu Gunsten des nationalen Rechts oder unter dem Aspekt des Zusammenwirkens - Niedobitek VerwArch 2001, 58, 59 m.w.N.

nung gerecht. Diese Kohärenz des Rechtsschutzsystems ist eine notwendige Bezugnahme auf die Rationalität des Rechts einer Gemeinschaft, die sich im wesentlichen als „Rechtsgemeinschaft"[1359] versteht.

[1359] Steinberg ZRP 1999, 365, 366; Dreher JZ 1999, 105, 106; Hirsch NVwZ 1998, 907; Rittner JZ 1995, 849 f.; siehe auch: EuGH, Rs. 155/79, AM & S, Slg. 1982, 1575, 1610, Rn. 18, EuGH, Rs. 294/83, Les Verts, Slg. 1986, 1339, 1365, Rn. 23.

Literaturverzeichnis

Ahrens, Hans-Jürgen, Wettbewerbsverfahrensrecht: zum vorbeugenden Rechtsschutz durch einstweiligen Rechtsschutz, Köln u.a. 1983

Ahrens, Hans-Jürgen, Einstweiliger Rechtsschutz als Hauptsacheverfahren im Wettbewerbsrecht: Rechtspolitische Überlegungen zum summarischen Rechtsschutz, in: Heldrich, Andreas / Uchida, Takeyoshi (Hrsg.), FS Hideo Nakamura, Tokyo 1996

Alexy, Robert, Theorie der Grundrechte, Baden-Baden 1985

Alexy, Robert, Juristische Begründung , System und Kohärenz, in: Rechtsdogmatik und juristische Vernunft, FS Franz Wieacker, S. 95, Göttingen 1990

Alexy, Robert, Begriff und Geltung des Rechts, Freiburg i. Br. / München 1992

Allkemper, Ludwig, Der Rechtsschutz des Einzelnen nach dem EG-Vertrag, Baden-Baden 1995

Anweiler, Jochen, Die Auslegungsmethoden des Gerichtshofes der Europäischen Gemeinschaften, Frankfurt am Main 1997

Bach, Albrecht, Direkte Wirkungen von EG-Richtlinien, JZ 1990, 1108

Barav, Ami, Enforcement of Community Rights in the National Courts: The Case for Jurisdiction to Grant Interim Relief, CMLR 1989, 369

Bartosch, Andreas, Von der Freistellung zur Legalausnahme: Der Vorschlag der EG-Kommission für eine „neue Verordnung Nr. 17", EuZW 2001, 101

Baumbach, Adolf / Lauterbach, Wolfgang / Albers, Jan / Hartmann, Peter, Zivilprozeßordnung mit Gerichtsverfassungsgesetz und anderen Nebengesetzen, Kommentar, 61. Auflage, München 2002

Baumbach, Adolf / Hefermehl, Wolfgang, Wettbewerbsrecht, 22. Auflage, München 2001

Baur, Fritz, Studien zum einstweiligen Rechtsschutz, Tübingen 1967

Bayer, Hieronymus von, Theorie der summarischen Processe, 6. Auflage, München 1846

Bebr, Gerhard, Examen en validité au titre de l´Art. 177 du Traité CEE et cohésion juridique de la Communauté, CDE 1975, 379

Bebr, Gerhard, The Reinforcement of the Constitutional Review of Community Acts under Art. 177 EEC Treaty CMLR 25 (1988), 667

Becker, Peter, Der Einfluss des Französischen Verwaltungsrechts auf den Rechtsschutz in den Europäischen Gemeinschaften, Hamburg 1963

Beckmann, Detlef Rüdiger, Probleme des Vorabentscheidungsverfahrens nach Art. 177 EWG-Vertrag, Münster 1988

Behrens, Peter, Die Konvergenz der wirtschaftlichen Freiheiten im europäischen Gemeinschaftsrecht, EuR 1992, 145

Behrens, Peter, Gemeinschaftsrecht und juristische Methodenlehre, EuZW 1994, 289

Behrens, Peter, Probleme der zentralen und dezentralen Anwendung der Wettbewerbsregeln der Gemeinschaft, S. 83 ff. in Due, Ole/Lutter, Marcus/Schwarze, Jürgen (Hrsg.), FS für Ulrich Everling, Bd. I, Baden-Baden 1995

Behrens, Peter, Haben sich die §§ 2-8 GWB im Vergleich zu Art. 85 Abs. 3 EGV bewährt?, FiW-Schriftenreihe Heft 167, S. 1, Köln u.a. 1996

Beisse, Heinrich, Rechtsfortbildung durch den Europäischen Gerichtshof, StVj 1992, 42

Bender, Bernd, Die einstweilige Anordnung (§ 123 VwGO) in: Erichsen / Hoppe/ v. Mutius (Hrsg.), System des verwaltungsgerichtlichen Rechtsschutzes, FS für Christian-Friedrich Menger, S. 657, Köln 1985

Bergerès, Maurice-Christian, Contentieux communitaire, Paris 1989

Bernhardt, Wilfried, Verfassungsprinzipien – Verfassungsgerichtsfunktionen – Verfassungsprozeßrecht im EWG-Vertrag, zur Auslegung des Gemeinschaftsrechts, insbesondere der Bestimmungen über Zuständigkeit, Zugang und Entscheidungswirkungen am Maßstab des Art. 164 EWGV, Berlin *1987*

Bieber, Roland / Ress, Georg (Hrsg.), Die Dynamik des Europäischen Gemeinschaftsrechts - Die Auslegung des Europäischen Gemeinschaftsrechts im Lichte nachfolgender Praxis der Mitgliedstaaten und der EG-Organe, Baden-Baden 1987 (Zit.: Bearbeiter in: Die Dynamik des Europäischen Gemeinschaftsrechts)

Blankenberg, Gerhard / Leupold, Dieter / Wollschläger, Christian (Hrsg.), Neue Methoden im Zivilverfahren, summarischer Rechtsschutz und Bagatellverfahren. Beiträge zur Strukturanalyse der Rechtspflege, Bonn 1991

Bleckmann, Albert, Zu den Auslegungsmethoden des Europäischen Gerichtshofs, NJW 1982, 1177

Bleckmann, Albert, Der Vertrag über die Europäische Union - Eine Einführung, DVBl 1992, 335

Bleckmann, Albert, Methoden der Bildung europäischen Verwaltungsrechts, DÖV 1993, 837

Bleckmann, Albert, Europarecht, 6. Auflage, Köln 1997

Bleckmann, Albert, Staatsrecht II - Die Grundrechte, 4. Aufl., Köln 1997

Boesen, Arnold, Die Gerichtsqualität der Vergabeüberwachungsausschüsse i.S. des Art. 177 EGV, EuZW 1996, 583

Bogdandy von, Armin, Die Überlagerung der ZPO durch WTO-Recht, NJW 1999, 2088
Bogdandy von, Armin, „Grundrechtsgemeinschaft als Integrationsziel?“ Grundrechte und das Wesen der Europäischen Union, JZ 2001, 157
Boos, Hubert, Die einstweilige Anordnung im Verwaltungsprozeß, München 1969
Bornkamm, Joachim, Anwendung der Art. 85, 86 EWG-Vertrag im Zivilprozeß. Bemerkungen zu einer Bekanntmachung der EG-Kommission, S. 549 in: Henssler, Martin /Kolbeck Thomas M. / Moritz, Hans-Werner / Rehm, Hannes (Hrsg.), Europäische Integration und globaler Wettbewerb, Heidelberg 1993 (zit.: Bornkamm in: HKMR)
Bornkamm, Joachim, Die Masterfoods-Entscheidung des EuGH, ZWeR 2003, 73
Borries, Reimers v., Verwaltungskompetenzen der Europäischen Gemeinschaft, in Due, Ole / Lutter, Marcus / Schwarze, Jürgen (Hrsg.), FS für Ulrich Everling, S. 127, Baden-Baden 1995
Boucourechliev, Jeanne, Die Harmonisierung des Gesellschaftsrechts in der Europäischen Union: Erreichtes und Perspektiven, RIW 1999, 1
Brandt, Kerstin, Der Europäische Gerichtshof (EuGH) und das Europäische Gericht erster Instanz (EuGI) - Aufbau, Funktionen und Befugnisse, JuS 1994, 300
Brändle, Dieter, Kann und darf Auslegung und Ermittlung des Schutzbereichs eines europäischen Patents in verschiedenen Ländern zu unterschiedlichen Ergebnissen führen, GRUR 1998, 854
Brenner, Michael, Allgemeine Prinzipien des verwaltungsgerichtlichen Rechtsschutzes in Europa, Die Verwaltung 1998, 1
Brenner, Michael/Huber, Peter M., Europarecht und Europäisierung im Jahr 1997, DVBl. 1999, 764
Brenner, Michael/Huber, Peter M., Europarecht und Europäisierung in den Jahren 1998/1999, DVBl. 1999, 1559
Breuer, Rüdiger, Die Sackgasse des neuen Europaartikels (Art 23 GG), NVwZ 1994, 417
Brinker, Ingo, Vorläufiger Rechtsschutz in nationalen Gerichtsverfahren und Europarecht, NJW 1996, 2851
Brödermann, Eckhart, Europäisches Gemeinschaftsrecht versus IPR- Einflüsse und Konformitätsgebot, MDR 1992, 89
Bronett, Georg-Klaus de, Die einstweilige Anordnung des EuGH und EuGI in Wettbewerbssachen, WuW 1994, 813
Brown, L. Neville / Jacobs, Francis G., The Court of Justice of the European Communities, 3rd ed., London 1989

Brox, Hans/ Walker, Wolf-Dieter, Zwangsvollstreckungsrecht, 6. Auflage, Köln 1999

Brühl, Raimund, Vorläufiger Rechtsschutz im Verwaltungsstreitverfahren, JuS 1995, 916

Brugger, Winfried, Konkretisierung des Rechts und Auslegung der Gesetze, AöR 119 (1994), 1

Bruns, Carl Georg, Das Recht des Besitzes im Mittelalter und in der Gegenwart, Tübingen 1848

Bülck, Hartwig, Dogmengeschichte des europäischen Verwaltungsrechts, in: Recht im Dienst der Menschenwürde, FS für Herbert Kraus, S. 29, Würzburg 1964

Bünten, Wilfried, Staatsgewalt und Gemeinschaftshoheit bei der innerstaatlichen Durchführung des Rechts der Europäischen Gemeinschaft durch die Mitgliedstaaten, Berlin 1977

Bunte, Hermann-Josef (Hrsg.), Langen/Bunte, Kommentar zum deutschen und europäischen Kartellrecht, Band 1, 9. Aufl., Neuwied u.a. 2001 (Zit.: Bearbeiter in: Langen/Bunte)

Bunte, Hermann J. / Sauter, Herbert, EG-Gruppenfreistellungs-Verordnungen, Kommentar, München 1988

Burmeister, Frank / Miersch, Gerald, Anmerkung zum Urteil in der Rechtssache 465/93 „Atlanta", EuZW 95, 840

Burgi, Martin, Deutsche Gerichte als Gemeinschaftsgerichte, DVBl. 1995, 772

Burgi, Martin, Verwaltungsprozeß und Europarecht, München 1996

Byok, Jan, Das neue Vergaberecht, NJW 1998, 2774

Calliess, Christian, Kohärenz und Konvergenz beim europäischen Individualrechtsschutz, NJW 2002, 3577

Casper, Ute, Wettbewerbliche Gesamtwürdigung von Vereinbarungen im Rahmen von Art. 81 Abs. 1 EGV, Köln u.a. 2001

Cascante, José / Sander, Gerald G., Der Streit um die EG-Bananenmarktordnung, Berlin 1999

Chwolik-Lanfermann, Ellen, Grundrechtsschutz in der Europäischen Union. Bestand, Tendenzen und Entwicklungen, Frankfurt am Main 1994

Classen, Claus Dieter, Zur Bedeutung von EWG-Richtlinien für Privatpersonen, EuZW 1993, 83

Classen, Claus Dieter, Strukturunterschiede zwischen deutschem und europäischem Verwaltungsrecht, NJW 1995, 2457

Classen, Claus Dieter, Die Europäisierung der Verwaltungsgerichtsbarkeit, Tübingen 1996

Coester-Waltjen, Dagmar, Europäisierung des Privatrechts, Jura 1998, 320

Commentaire Megret, Le Droit de la CE, Volume 10, La Cour de Justice - Les Actes des Institutions, Deuxième édition, Bruxelles 1993 (Zit.: Bearbeiter in: Commentaire Megret)

Commichau, Michael Friedrich, Nationales Verfassungsrecht und europäische Gemeinschaftsverfassung, Baden-Baden 1995

Curtin, Deirdre, Directives: The Effectness of Judicial Protection of Individual Rights, CMLR 1990, 709

Czermak, Fritz, Grenzen der Rechtsprechung im Verwaltungsrecht?, BayVBl 1984, 233

Daig, Hans-Wolfram, Zu Rechtsvergleichung und Methodenlehre im Europäischen Gemeinschaftsrecht, in: Festschrift für Konrad Zweigert zum 70. Geburtstag, S. 395, Tübingen 1981

Danwitz, Thomas v., Die Garantie effektiven Rechtsschutzes im Recht der Europäischen Gemeinschaft, NJW 1993, 1108

Danwitz, Thomas v., Die Eigenverantwortung der Mitgliedsstaaten für die Durchführung von Gemeinschaftsrecht - Zu den europarechtlichen Vorgaben für das nationale Verwaltungs- und Gerichtsverfahrensrecht, DVBl 1998, 421

Danwitz, Thomas v., Verwaltungsrechtliches System und Europäische Integration, Tübingen 1996

Danwitz, Thomas v., Zur Grundlegung einer Theorie der subjektiv-öffentlichen Gemeinschaftsrechte, DÖV 49 (1996), 481

Dänzer-Vanotti, Wolfgang, Der Gerichtshof der Europäischen Gemeinschaften beschränkt vorläufigen Rechtsschutz, BB 1991, 1015

Dänzer-Vanotti, Wolfgang, Unzulässige Rechtsfortbildung des Europäischen Gerichtshofes, RIW 1992, 733

Dänzer-Vanotti, Wolfgang, Der Europäische Gerichtshof zwischen Rechtsprechung und Rechtssetzung, in Due, Ole / Lutter, Marcus / Schwarze, Jürgen (Hrsg.), FS für Ulrich Everling, S. 205, Baden-Baden 1995

Dauses, Manfred A., Empfiehlt es sich, das System des Rechtsschutzes und der Gerichtsbarkeit in der Europäischen Gemeinschaft, insbesondere die Aufgaben der Gemeinschaftsgerichte und der nationalen Gerichte, weiterzuentwickeln?, Gutachten D für den 60. Deutschen Juristentag, München 1994

Dauses, Manfred A., Das Vorabentscheidungsverfahren nach Art. 177 EG-Vertrag, 2. Aufl., München 1995

Dauses, Manfred A., Handbuch des EG-Wirtschaftsrechts, Loseblatt, München, 9. Auflage, Stand: Mai 2000 (Zit.: Bearbeiter in: Handbuch des EG-Wirtschaftsrechts, Band)

Dawn, Oliver, Fishing on the incoming Tide, The Modern Law Review 54 (1991) S. 442

Debbasch, Charles, Procédure Administrative Contentieuse et Procédure Civile, Étude de droit comparé interne, Deuxième partie: la solution de línstance dans le cadre de la loi, línstance en tant que remède, Aix-en-Provence 1960

Dedek, Helge, Art. 24 EuGVÜ und prozessuale Anordnungen zur Leistungserbringung, EWS 2000, 246

Deringer, Arved, Pyrrhussieg der Länder - Anmerkung zum Urteil des Bundesverfassungsgerichts vom 22- März 1995 in der Rechtssache 2 BvG 1/89 in dem Verfahren Fernsehrichtlinie, ZUM 1995, 316

Die Anwendung der Artikel 85 und 86 des EG-Vertrags durch die Gerichte der Mitgliedstaaten: hrsg. von der Europäischen Kommission, Luxemburg 1997 (Zit.: Bearbeiter in: Die Anwendung der Artikel 85 und 86 des EG-Vertrags)

Dietze, Philipp v., Verfahrensbeteiligung und Klagebefugnis im EG-Recht, Frankfurt/Main 1995

Dorsch-Jung, Bärbel / Helder, Eric, Kodifizierung des niederländischen Verwaltungsrechts, DÖV 47 (1994), 142

Dreher, Meinrad, Wettbewerb oder Vereinheitlichung der Rechtsordnungen in Europa, JZ 1999, 105

Drettmann, Fritz, Die Zulässigkeit der Wiederaufnahmeklage im Verfahren auf Erlaß einer einstweiligen Anordnung, DVBl 1985, 884

Ebenroth, Carsten Thomas / Birk, Rolf, Die Rechtsfolgen des Art. 85 EG-Vertrag und ihre Anwendung durch die nationalen Gerichte, Beilage 2 zu EWS 11/96 S.

Ebenroth, Carsten Thomas / Durach, Wolfgang, Vertriebswegegestaltung und Beendigung von Absatzmittlungsverhältnissen aus britischer Sicht, RIW 1993, Beilage 4 zu Heft 11, S. 1

Eckert, Joachim, Die einstweilige Anordnung im Verfahren der verwaltungsgerichtlichen Normenkontrolle nach § 47 VwGO, München 1971

Ehle, Dietrich, Die einstweilige Anordnung nach dem EWG-Vertrag, AWD 1964, 39

Ehle, Dietrich, Anmerkung zu VG Saarlouis, Urteil vom 29.3.1974, DVBl. 1974, 731

Ehlermann, Claus-Dieter, Die Europäische Gemeinschaft und das Recht, in: Bodo Börner u.a.(Hrsg.): Einigkeit und Recht und Freiheit, FS für Karl Carstens zum 70. Geburtstag am 14. Dezember 1984, Band 1, Europarecht, Völkerrecht, S. 81, Köln u.a. 1984

Ehlers, Dirk, Die Einwirkungen des Rechts der Europäischen Gemeinschaften auf das Verwaltungsrecht, DVBl. 1991, 969

Ehlers, Dirk / Pünder, Hermann, Vorläufiger Rechtsschutz im Geltungsbereich des Zollkodex, EuR 1997, 74

Eidemüller, Horst, Einstweiliger Rechtsschutz und Europa, EuZW 1995, 632-634

Eilers, Anke, Maßnahmen des einstweiligen Rechtsschutzes im europäischen Zivilrechtsverkehr, Bielefeld 1991

Emmerich, Volker, Unlauterer Wettbewerb, 6. Auflage, München 2002

Emmert, Frank, Europarecht, München 1996

Engel, Christoph, Die Einwirkungen des Europäischen Gemeinschaftsrechts auf das deutsche Verwaltungsrecht, Die Verwaltung 1992, 437

Erichsen, Hans-Uwe / Ehlers, Dirk (Hrsg.): Allgemeines Verwaltungsrecht, 12. Auflage, Berlin u.a. 2002

Erichsen, Hans-Uwe / Weiß, Richard, System des europäischen Rechtsschutzes, Jura 1990, 586

Esser-Wellié, Michael, Die Anwendung der Artikel 85 und 86 EG-Vertrag durch nationale Gerichte, WuW 1995, 457

Everling, Ulrich, Europäisches Gemeinschaftsrecht und nationales Recht in der praktischen Rechtsanwendung, NJW 1967, 465

Everling, Ulrich, Zur förderalen Struktur der Europäischen Gemeinschaft, in: Kay Heilbronner, Georg Ress, Torsten Stein (Hrsg.), Staat und Völkerrechtsordnung FS für Karl Doehring, S. 179, Berlin u.a. 1980

Everling, Ulrich, Das Vorabentscheidungsverfahren vor dem Gerichtshof der Europäischen Gemeinschaften: Praxis und Rechtsprechung, Baden-Baden 1986

Everling, Ulrich, Rechtsvereinheitlichung durch Richterrecht in der europäischen Gemeinschaft, RabelZ 1986, 193

Everling, Ulrich, Gestaltungsbedarf des Europäischen Rechts, EuR 1987, 214

Everling, Ulrich, Zur Auslegung des durch EG-Richtlinien angeglichenen nationalen Rechts, ZGR 1992, 376

Everling, Ulrich, Justiz im Europa von morgen, DRiZ 1993, 5

Everling, Ulrich, Zur Stellung der Mitgliedstaaten der Europäischen Union als „Herren der Verträge“, in: U. Beyerlin / M. Bothe / E.U. Petersmann (Hrsg.), Recht zwischen Umbruch und Bewahrung, FS für Rudolf Bernhardt, S. 1161, Berlin u.a. 1995

Everling, Ulrich, Richterliche Rechtsfortbildung in der Europäischen Gemeinschaft, JZ 2000, 217

Eyermann, Erich, Verwaltungsgerichtsordnung, 11. Auflage, München 2000

Fabio, Udo Di, Der neue Art. 23 und das Grundgesetz, Der Staat 32 (1993), 191
Fenyves, Attila, Zum Stand der Vertragsrechtsharmonisierung in der Europäischen Union, VR 2002, 207
Fikentscher, Wolfgang, Methoden des Rechts in vergleichender Darstellung, Band I, Tübingen 1975
Finkelnburg, Klaus / Jank, Klaus Peter, Vorläufiger Rechtsschutz im Verwaltungsstreitverfahren, 4. Auflage, München 1998
Fischer, Hans Georg, Zur unmittelbaren Anwendung von EG-Richtlinien in der öffentlichen Verwaltung, NvWZ 1992, 635
Fischer, Hans Georg, Europarecht in der öffentlichen Verwaltung. Eine Einführung in das Europäische Gemeinschaftsrecht für Angehörige der öffentlichen Verwaltung, München 1994 (zit.: Fischer, Europarecht)
Forgó, Nikolaus, Differenzierte Integration, IEF Working Paper Nr. 23, S. 1, November 1996
Forsthoff, Ernst, Lehrbuch des Verwaltungsrechts I. Band, 8. Auflage, München und Berlin 1961
Fragstein, Udo von, Die Einwirkungen des EG-Rechts auf den vorläufigen Rechtsschutz nach deutschem Verwaltungsrecht, Baden-Baden 1997
Frankfurter Kommentar zum Kartellrecht. Mit Kommentierung des GWB, des EG-Kartellrechts und einer Darstellung ausländischer Kartellrechtsordnungen / hrsg. Helmut Glassen u.a., Bd. 1, Lfg. 46, Köln 2000 (Zit.: Verfasser in: Frankfurter Kommentar (FK))
Fromont, Michel, Rechtsschutz gegenüber der Verwaltung in Deutschland, Frankreich und den Europäischen Gemeinschaften, Köln 1967
Frowein, Jochen Abr., Die Herausbildung europäischer Verfassungsprinzipien, in: Kaufmann, Arthur (Hrsg.): Rechtsstaat und Menschenwürde, FS für Werner Maihofer, S. 149, Frankfurt a.M. 1988
Fuß, Ernst-Werner, Rechtsschutz gegen deutsche Hoheitsakte zur Ausführung des Europäischen Gemeinschaftsrechts, NJW 1966, 1782

Geiger, Rudolf, EG-Vertrag, Kommentar zu dem Vertrag zur Gründung der Europäischen Gemeinschaft, 3. Aufl., München 2000
Gellermann, Martin, Beeinflussung des bundesdeutschen Rechts durch Richtlinien der EG , dargestellt am Beispiel des europäischen Umweltrechts, Köln u.a. 1994
Gellermann, Martin, Auflösung von Normwidersprüchen zwischen europäischem und nationalem Recht - Zu den Folgen der Gemeinschaftswidrigkeit der Übergangsvorschrift des § 22 UVPG, DÖV 1996, 433
Gilsdorf, Peter, Die Rolle der Kommission bei der gemeinschaftlichen Rechtssetzung, in: Der Beitrag des Rechts zum europäischen Eini-

gungsprozeß, mit Beiträgen von Carl Carstens u.a., hrsg. von Günther Rüther u.a., S. 91 ff., Melle 1984

Gönner, Nicolaus Thadd., Handbuch des deutschen gemeinen Processes, Band IV, 2. Auflage, Erlangen 1805

Götz, Volkmar, Probleme des Verwaltungsrechts auf dem Gebiet des gemeinsamen Agrarmarktes, EuR 21 (1986), 29

Götz, Volkmar, Auf dem Weg zur Rechtseinheit in Europa? - Drei Thesen zur europäischen Rechtsordnung, JZ 1994, 265

Goh, Jeffrey, Enforcing EC Competition Law in Member States ECLR 1993, 114

Gornig, Gilbert, Zur Frage der Befugnis nationaler Gerichte zur Aussetzung der Vollziehung eines auf einer EG-Verordnung beruhenden nationalen Verwaltungsakts, JZ 1992, 39

Gornig, Gilbert / Trüe, Christiane, Die Rechtsprechung des EuGH und des EuG zum Europäischen Verwaltungsrecht – Teil 1, JZ 2000, 395

Grabenwarter, Christoph, Die Charta der Grundrechte für die Europäische Union, DVBl. 2001, 1

Grabinski, Klaus, Kann und darf Auslegung und Ermittlung des Schutzbereichs eines europäischen Patents in verschiedenen Ländern zu unterschiedlichen Ergebnissen führen, GRUR 1998, 857

Grabitz, Eberhard, Gemeinschaftsrecht bricht nationales Recht, Hamburg 1966

Grabitz, Eberhard, Europäisches Verwaltungsrecht - Gemeinschaftsrechtliche Grundsätze des Verwaltungsverfahrens, NJW 1989, 1776

Grabitz, Eberhard / Hilf, Meinhard (Hrsg.), Kommentar zur europäischen Union - Vertrag über die Europäische Union/Vertrag zur Gründung der Europäischen Gemeinschaft, Loseblatt, 2 Bände, München, Stand Juli 1998

Grimm, Dieter, Europäischer Gerichtshof und nationale Arbeitsgerichte aus verfassungsrechtlicher Sicht, RdA 1996, 66

Groeben, Hans von der / Thiesing, Jochen / Ehlermann, Claus-Dieter (Hrsg.): Kommentar zum EU-/EG-Vertrag, 5. Auflage, Baden-Baden 1999 (Zit.: Bearbeiter in: GTE)

Gröning, Jochem, Die dezentrale Anwendung des EG-Kartellrechts gemäß dem Vorschlag der Kommission zur Ersetzung der VO 17/62, WRP 2001, 83

Groh, Thomas, Auslegung des Gemeinschaftsrechts und Vorlagepflicht nach Art. 234 EG, EuZW 2002, 460

Grundmann, Stefan, Europäisches Schuldvertragsrecht, Das europäische Recht der Unternehmensgeschäfte (nebst Text und Materielien zur Rechtsangleichung), Berlin 1999

Grundmann, Stefan, Europäisches Schuldvertragsrecht - Struktur und Bestand, NJW 2000, 14

Grunsky, Wolfgang, Grundlagen des einstweiligen Rechtsschutzes, JuS 1976, 277

Grunsky, Wolfgang, Der einstweilige Rechtsschutz im öffentlichen Recht, JuS 1977, 217

Gsill, Beate, Kaufrechtsrichtlinie und Schuldrechtsharmonisierung, JZ 2001, 65

Gundel, Jörg, Die Einordnung des Gemeinschaftsrechts in die französische Rechtsordnung, Berlin 1997

Gundel, Jörg, Neue Grenzlinien für die Direktwirkung nicht umgesetzter EG-Richtlinien unter Privaten, EuZW 2001, 143

Gündisch, Jürgen / Lenz, Carl O., Rechtsschutz in der Europäischen Gemeinschaft - Ein Leitfaden für die Praxis, Stuttgart 1994

Guggemoos, Alfred, Die Vorlagepflichten deutscher Gerichte das Bundesverfassungsgericht und an den Gerichtshof der Europäischen Gemeinschaften, Regensburg 1971

Habersack, Mathias, Europäisches Gesellschaftsrecht, München 1999

Habscheid, Walter J., Der deutsche Richter und der europäische Gerichtshof, in: Heinrich Kipp u.a. (Hrsg.) Recht und Freiheit, S. 205, FS Friedrich August Freiherr von der Heydte Berlin 1977

Hahn, Michael J. / Schuster, Gunnar, Zum Verstoß von gemeinschaftlichem Sekundärrecht gegen das GATT - Die gemeinsame Marktorganisation für Bananen vor dem EuGH -, EuR 1993, 261

Haibach, Georg, Gemeinschaftsrecht und vorläufiger Rechtsschutz durch mitgliedstaatliche Gerichte, München 1995

Haibach, Georg, Vorläufiger Rechtsschutz im Spannungsfeld von Gemeinschaftsrecht und Grundgesetz, DÖV 1996, 60

Hailbronner, Kay, Die deutschen Bundesländer in der EG, JZ 1990, 149

Hall, D.F., Enforcement of E.C. Competition Law by National Courts, S. 41 ff. in: Slot, Piet Jan / McDonell, Alison (Hrsg.), Procedure and Enforcement in E.C. and U.S. Competition Law; Proceedings of the Leiden Europa Instituut Seminar on User-friendly Competition Law, London 1993

Hallstein, Walter, Die echten Probleme der europäischen Integration, Kieler Vorträge, N.F. 37, Kiel 1965

Hallstein, Walter, Der unvollendete Bundesstaat, Düsseldorf 1969

Hallstein, Walter, Intervention du professeur Walter Hallstein dans le débat juridique sur le rapport de Dehousse, RTDE 1965, 247

Hamann, Andreas, Zur Zurückverweisung im Verfahren des vorläufigen Verwaltungsrechtsschutzes bei unvollständiger Sachprüfung des Verwaltungsgerichts, DVBl 1984, 1204

Handbuch des Staatsrechts der Bundesrepublik Deutschland, Isensee, Josef / Kirchhof, Paul (Hrsg.), Band VII, Heidelberg 1987 (Zit.: Bearbeiter in: HStR Bd. VII)

Handbuch des vorläufigen Rechtsschutzes, Dunkl, Hans / Moeller, Dieter / Baur, Hansjörg / Feldmeier, Georg / Wetekamp, Axel, 3. Auflage, München 1999

Haneklaus, Winfried, Direktwirkung von EG-Richtlinien zu Lasten einzelner?, DVBl 1993, 129

Hatje, Armin, Die gemeinschaftliche Steuerung der Wirtschaftsverwaltung: Grundlagen, Erscheinungsformen, verfassungsrechtliche Grenzen am Beispiel der Bundesrepublik Deutschland, Baden-Baden 1998

Henkel, Heinrich, Einführung in die Rechtsphilosophie, Grundlagen des Rechts, 2. Auflage, München 1977

Herzog, Roman, Stichwort „Gleichheitssatz", in: Kunst, Hermann / Grundmann, Siegfried / Schneemelcher, Wilhelm / Roman, Herzog (Hrsg.) Evangelisches Staatslexikon, S. 696, Stuttgart/Berlin 1966

Heß, Burckhard, Die Einwirkungen des Vorabentscheidungsverfahrens nach Art. 177 EGV auf das deutsche Zivilprozessrecht, ZZP 108 (1995), 59

Heß, Burkhard, Die „Europäisierung" des internationalen Zivilprozessrechts durch den Amsterdamer Vertrag - Chancen und Gefahren, NJW 2000, 23

Heß, Burkhard, Die Zustellung von Schriftstücken im europäischen Justizraum, NJW 2001, 15

Hilf, Meinhard, Die Organisationsstruktur der europäischen Gemeinschaften, Berlin 1982

Hilf, Meinhard, Möglichkeiten und Grenzen des Rückgriffs auf nationale verwaltungsrechtliche Regeln bei der Durchführung von Gemeinschaftsrecht, in: Jürgen Schwarze (Hrsg.) Europäisches Verwaltungsrecht im Werden, S 67, Baden-Baden 1983

Hilf, Meinhard, Die Charta der Grundrechte der Europäischen Union, NJW Beilage zu Heft 49/2000

Hilf, Meinhard / Hörmann, Saskia, Der Grundrechtsschutz von Unternehmen im europäischen Verfassungsverbund, NJW 2003, 1

Hilf, Meinhard / Pache, Eckhard, Der Vertrag von Amsterdam, NJW 1998, 705

Hillgruber, Christian, Das Verhältnis der Europäischen Gemeinschaften und der Europäischen Union zu ihren Mitgliedstaaten, AVR 1996, 347

Hirsch, Günter, Kompetenzverteilung zwischen EuGH und nationaler Gerichtsbarkeit, NVwZ 1998, 907

Hirsch, Günter, Der EuGH im Spannungsverhältnis zwischen Gemeinschaftsrecht und nationalem Recht, NJW 2000, 1817

Hoerster, Norbert, Die rechtsphilosophische Lehre vom Rechtsbegriff, JuS 1987, 181

Hofmann, Rainer, Rechtsstaatsprinzip und Europäisches Gemeinschaftsrecht, in: Hofmann, Rainer / Marko, Josef / Merli, Franz / Wiederin, Ewald (Hrsg.), Rechtsstaatlichkeit in Europa, S. 321, Heidelberg 1996

Hollerbach, Alexander, Die Garantie der Friedensordnung durch den Staat, AöR 123 (1998), 122

Huthmacher, Karl Eugen, Der Vorrang des Gemeinschaftsrechts bei indirekten Kollisionen, Köln 1985

Illing-Kautz, Georg, Handbuch für Verwaltung und Wirtschaft im Reich und in Preußen, Band I, 11. Auflage, Berlin 1931

Ipsen, Hans-Peter, Das Verhältnis des Rechts der Europäischen Gemeinschaften zum nationalen Recht, *Bernsheimer Referat v. 16.7.1964, ZHR Beiheft 29 (1965), 1*

Ipsen, Hans-Peter, Europäisches Gemeinschaftsrecht, Tübingen, 1972

Ipsen, Hans Peter, Die Rolle des Prozeßrichters in der Vorrang-Frage - Zur Bedeutung des 2. Simmenthal-Urteils (Rs. 106/77) des EuGH, EuR 1979, 223

Ipsen, Jörn, Richterrecht und Verfassung, Berlin 1975

Issac, G., Droit communitaire général, 2ème édition, Paris, Milan u.a. 1989

Jacobs, Francis G., Interim Measures in the Law and Practise of the Court of Justice of the European Communities, in: Bernhardt, Rudolf (Ed.), Interim Measures Indicated by International Courts, Berlin, Heidelberg, N.Y 1994

Jaeger, Wolfgang, Die möglichen Auswirkungen einer Reform des EG-Wettbewerbsrechts für die nationalen Gerichte, WuW 2000, 1062

Jakobs, Otto-Wilhelm, Der vorläufige Rechtsschutz im Prüfungsrecht, VBlBW 1984, 129

Jannasch, Alexander, Vorläufiger Rechtsschutz und Europarecht, VBlBW 1997, 361

Jannasch, Alexander, Einwirkungen des Gemeinschaftsrechts auf den vorläufigen Rechtsschutz, NVwZ 1999, 495

Jarass, Hans D., Folgen der innerstaatlichen Wirkung von EG-Richtlinien, NJW 1991, 2665

Jarass, Hans D., Grundfragen der innerstaatlichen Bedeutung des EG-Rechts, Köln u.a. 1994

Jauernig, Othmar, Der zulässige Inhalt einstweiliger Verfügungen, ZZP 79 (1966), 321

Joliet, René, Protection juridictionelle provisiore et droit communitaire, RDE 1992, 253

Kadelbach, Stefan, Allgemeines Verwaltungsrecht unter europäischem Einfluß, Tübingen 1999

Kaessner, Ralph, Der einstweilige Rechtsschutz im Europarecht, München 1996

Kakouris, C.N., Do member states possess judicial procedural „autonomy"?, CMLR 34 (1997), 1389

Kamann, Hans-Georg / Bergmann, Ellen, Die neue Kartellverfahrensordnung – Auswirkungen auf die unternehmerische Vertragspraxis, BB 2003, 1743

Kamann, Hans-Georg / Horstkotte, Christian, Kommission versus nationale Gerichte – Kooperation oder Konfrontation im Kartellverfahren, WuW 2001, 458

Kegel, Gerhard, Internationales Privatrecht, Ein Studienbuch, 8. Auflage, München 2000

Kenntner, Markus, Das Subsidiaritätsprotokoll des Amsterdamer Vertrages - Anmerkungen zum Begrenzungscharakter des gemeinschaftsrechtlichen Subsidiaritätsprinzips, NJW 1998, 2871

Keßler, Hans-Georg, Zum zulässigen Inhalt einstweiliger Anordnungen im Verwaltungsprozeß, Wiesbaden 1972

Kilian, Wolfgang, Europäisches Wirtschaftsrecht, München 1996

Kirchhof, Paul, Die Gewaltenbalance zwischen staatlichen und europäischen Organen, JZ 1998, 965

Kirchner, Christian / Haas, Joachim, Rechtliche Grenzen für Kompetenzübertragungen auf die Europäische Gemeinschaft, JZ 1993, 760

Klein, Eckhard, Der Verfassungsstaat als Glied einer europäischen Gemeinschaft, VVDSTR 50 (1991), 56

Klein, Eckard, Vereinheitlichung des Verwaltungsrechts im europäischen Integrationsprozeß, in: Starck, Christian (Hrsg.), Rechtsvereinheitlichung durch Gesetze, Bedingungen, Ziele, Methoden, S. 117, Göttingen 1992

Klein, Eckart / Haratsch, Andreas, Neuere Entwicklungen des Rechts der Europäischen Gemeinschaften, 2. Teil, DÖV 47 (1994), 133

Klinke, Ulrich, Der Gerichtshof der Europäischen Gemeinschaften. Aufbau und Arbeitsweise, Baden-Baden 1989

Klocker, Peter, Die Befugnisse des BKartA im europäischen Recht, WuW 1990, 109

Klösters, Anton, Kompetenzen der EG-Kommission im innerstaatlichen Vollzug von Gemeinschaftsrecht, Köln, Berlin u.a. 1994

Knapp, Andreas, Die Garantie des effektiven Rechtsschutzes durch den EuGH im „Raum der Freiheit, der Sicherheit und des Rechts“, DÖV 2001, 12

Koch, Robert, Einwirkungen des Gemeinschaftsrechts auf das nationale Verfahrensrecht im Falle richterlicher Vertragsverletzungen im Zivilprozeß, Frankfurt a.M. 1994

Koch, Robert, Zur Vorlagepflicht nationaler Gerichte an den EuGH in Verfahren des vorläufigen Rechtsschutzes, NJW 1995, 2331

Koch, Johannes, Verwaltungsrechtsschutz in Frankreich - Eine rechtsvergleichende Untersuchung zu den verwaltungsinternen und verwaltungsgerichtlichen Rechtsbehelfen des Bürgers gegenüber der Verwaltung, Berlin 1998

Koenig, Christian, Gemeinschaftsrechtliche Unzulässigkeit einstweiliger Regelungsanordnungen gem. § 123 I VwGO im mitgliedstaatlichen Vollzug einer Gemeinsamen Marktorganisation?, EuZW 1997, 206

Koenig, Christian / Sander, Claude, Einführung in das EG-Prozessrecht, Tübingen 1997

Koenig, Christian / Zeiss, Christopher, Anmk. zum Urteil des Gerichtshofes in der Rs. T. Port, JZ 1997, 461

Köhler, Helmut, Durchsetzung des kartellrechtlichen Durchleitungsanspruchs im Wege der einstweiligen Verfügung, BB 2002, 584

Kössinger, Winfried, Die Durchführung des Europäischen Gemeinschaftsrechts im Bundesstaat. Bund/Länder-Verhältnis und Europäisches Gemeinschaftsrecht, Berlin 1989

Kokott, Juliane, Der Grundrechtsschutz im europäischen Gemeinschaftsrecht, AöR 121 (1996), 559

Komendera, Wolfram, Normenkonflikte zwischen EWG- und BRD-Recht - insbesondere indirekte Kollisionen, Heidelberg 1974

Kopp, Ferdinand O. / Schenke, Wolf-Rüdiger, Verwaltungsgerichtsordnung, Kommentar, 13. Auflage, München 2003

Krämer, Ludwig, EWG-Verbraucherrecht, Baden-Baden 1985

Kraus, Herbert, Betrachtungen über die rechtliche Struktur der EGKS in: Rechtsprobleme in Staat und Kirche, FS Rudolf Smend S. 189; Göttingen 1952

Krumbacher, Florian N., Vorläufiger Rechtsschutz vor nationalen Gerichten in Fällen mit Gemeinschaftsrechtsbezug, FfM. u.a. 1998

Kutscher, Hans, Thesen zu den Methoden der Auslegung des Gemeinschaftsrechts aus der Sicht des Richters, Luxembourg 1976

Kutscher, Hans, Über den Gerichtshof der Europäischen Gemeinschaft, EuR 1991, 392

Lando, Ole, Does the European Union need a Civil Code?, RIW 2003, 1

Lässig, Peter, Dezentrale Anwendung des europäischen Kartellrechts, Köln 1996

Langenfeld, Christine, Zur Direktwirkung von EG-Richtlinien, DÖV 1992, 955

Langish, Sally, The Treaty of Amsterdam, Selected Highlights, ELR 23 (1998), 3

Larenz, Karl / Canaris, Claus-Wilhelm, Methodenlehre der Rechtswissenschaft, 4. Auflage, Berlin 2000

Lasok D. / Bridge, J.W., Law and institutions of the European Communities, 5th ed., London 1991.

Laurent, Philippe, La fonction communautaire du judge judiciaire francais des référés, Gazette du Palais 1984, 544

Lecheler, Helmut, Die Fortentwicklung des Rechts der EU durch den Amsterdamer Vertrag, JuS 1998, 392

Lehr, Stefan, Einstweiliger Rechtsschutz und Europäische Union, Berlin 1997

Leipold, Dieter, Grundlagen des einstweiligen Rechtsschutzes im zivil-, verfassungs- und verwaltungsgerichtlichen Verfahren, München 1971

Leipold, Dieter, Strukturfragen des einstweiligen Rechtsschutzes, ZZP 90 (1977), 258

Lenaerts, Koen, L'égalité de traitément en droit communautaire, CDE 1991, 3

Lenz, Carl Otto, Rechtsschutz im Binnenmarkt, EuZW 1993, 10

Lenz, Carl Otto, Der europäische Grundrechtsstandard in der Rechtsprechung des Europäischen Gerichtshofes, EuGRZ 1993, 585

Lenz, Carl Otto (Hrsg.), EG-Vertrag – Kommentar zu dem Vertrag zur Gründung der Europäischen Gemeinschaften, 2. Auflage, Luxemburg 1999

Lenz, Carl Otto, Ein undeutlicher Ton, NJW 1994, 1633

Leupold, Heike, Keine Letztentscheidungskompetenz aus EuGH im Verfahren des einstweiligen Rechtsschutzes, NVwZ 1995, 553

Lieber, Dagmar, Über die Vorlagepflicht des Artikel 177 EWG-Vertrag und deren *Mißachtung, München 1986*

Littbarski, Sigurd, Einstweiliger Rechtsschutz im Gesellschaftsrecht, München 1996

Lorenz, Dieter, Der Rechtsschutz des Bürgers und die Rechtswegegarantie, München 1973

Lübbe-Wolff, Gertrude, Die Bedeutung des EG-Rechts für den Grundwasserschutz, in: Umweltschutz in der Europäischen Gemeinschaft : Spannungsfelder zwischen nationalem Recht und europäischem Gemeinschaftsrecht / Hrsg. Peter Behrens, Hans-Joachim Koch, S. 127, Baden-Baden 1991

Lutter, Marcus, Europäisches Unternehmensrecht, 4. Aufl., Berlin 1996

Magiera, Siegfried, Die Durchsetzung des Gemeinschaftsrechts im europäischen Integrationsprozeß, DÖV 1998, 173

Manervisi, Silvia, Die gemeinsame Marktorganisation für Bananen, EuZW 1994, 209

Mankowski, Peter, Einstweiliger Rechtsschutz und Vorlagepflicht nach Art. 177 Abs. 3 EWG-Vertrag, JR 1993, 402

Masson, Christoph, Verwaltungsakt durch einstweilige Anordnung?, BayVBl. 1966, 376

Maul, Silja, Vorschläge der Expertengruppe zur Reform des EU-Gesellschaftsrechts, DB 2003, 27

Maunz, Theodor / Dürig, Günther / u.a., Kommentar zum Grundgesetz, Loseblatt, 37. Auflage, München, Stand August 2000,(Zit.: Bearbeiter in: MD)

Maurer, Hartmut, Der Verwaltungsvorbehalt, VVDStRL 43 (1985),150

Mayer, Otto, Theorie des französischen Verwaltungsrechts, Straßburg 1886

Mayntz, R., Soziologie der öffentlichen Verwaltung, 3. Auflage, Heidelberg 1985

Meier, Gert, Nationale Rechtskontrolle der Unionskompetenzen – gemeinschaftskonforme vertikale Gewaltenkontrolle?, EuZW 1998, 193 (Editorial)

Merker, Nils, Subsidiarität und Delegation: Anwendung der Artikel 85 EGV und 86 EGV durch die nationalen Kartellbehörden, Problematik des Artikels 85 III EGV und der „comfort letters", Berlin 1997

Mertens de Wilmars, J.P., Het Kort Geding voor het Hof van Justitie van de Europese Gemeenschappen, SEW 1986, 32

Meyer-Ladewig, Jens, Sozialgerichtsgesetz, 7. Auflage, München 2002

Meyer-Teschendorf, Klaus G. / Hofmann, Hans, Eine neue Balance zwischen rechtsstaatlicher Sicherheit und Optimierung der Justiz; Vorschläge des Sachverständigenrates „Schlanker Staat" zur Modernisierung und Entlastung der Justiz, ZRP 1998, 132

Michlitz, Hans-W., Perspektiven des Europäischen Privatrechts, ZEuP 1998, 253

Mögele, Rudolf, Deutsches und europäisches Verwaltungsrecht - wechselseitige Einwirkungen, BayVBl. 1993, 552

Möller, Klaus, Der Europäische Gerichtshof als gesetzlicher Richter im Sinne des Art. 101 I 2 im Vorlageverfahren gemäß Art. 177 III EWGV unter besonderer Berücksichtigung der Vorlagepflichtverletzungen durch deutsche Gerichte, Osnabrück 1987

Möller, Thomas, Doppelte Rechtsfortbildung contra legem?, EuR 1998, 20

Möller, Christoph, Durchführung des Gemeinschaftsrechts – Vertragliche Dogmatik und theoretische Implikationen, EuR 2002, 483

Mosiek-Urbahn, Marlies, Rechtsvereinheitlichung durch europäisches Privatrecht - eine Herausforderung für die Mitgliedstaaten der Europäischen Union, ZRP 2000, 297

Müller, Alexia Petra, Der Europäische Gerichtshof im Spannungsfeld von Subsidiarität und Integration, Bamberg 1996

Müller-Graff, Peter-Christian, Privatrecht und Europäisches Gemeinschaftsrecht, Baden-Baden 1991

Müller-Graff, Peter-Christian, Europäisches Gemeinschaftsrecht und Privatrecht, NJW 1993, 13

Münzberg, Wolfgang, Das Verfahren des EuGH im Vergleich zum deutschen Zivilprozeß: Ansätze zu einem europäischen Prozeß? in: Wolfgang Grunsky (Hrsg.), Wege zu einem europäischen Zivilprozessrecht, Tübingen 1992

Muther, Theodor, Sequestation und Arrest im Römischen Recht, Leibzig 1856

Nessler, Volker, Richterrecht wandelt EG-Richtlinien, RIW 1993, 206

Nettesheim, Martin, Auslegung und Fortbildung nationalen Rechts im Lichte des Gemeinschaftsrechts AöR 119 (1994), 261

Nettesheim, Martin, Der Grundsatz der einheitlichen Wirksamkeit des Gemeinschaftsrechts, in: Albrecht Randelzhofer u.a.(Hrsg.), Gedächtnisschrift für Gerhard Grabitz, S. 447, München 1995

Nettesheim, Martin, Art. 23 GG, nationale Grundrechte und EU-Recht, NJW 1995, 2083

Nicolaysen, Gert / Nowak, Carsten, Teilrückzug des BVerfG aus der Kontrolle der Rechtmäßigkeit gemeinschaftlicher Rechtsakte: neuere Entwicklungen und Perspektiven, NJW 2001, 1233

Niedobitek, Matthias, Kollisionen zwischen EG-Recht und nationalem Recht, VerwArch 2001, 58

Nirk, Rudolf, Gewerblicher Rechtsschutz, Stuttgart 1981

Noch, Rainer, LG Hannover - Aussetzung eines Vergabeverfahrens per einstweiliger Verfügung, WiB 1997, 944

Notthoff, Martin, Grundrechte in der Europäischen Gemeinschaft, RIW 1995, 511

Nowak, Carsten, Konkurrentenschutz in der Europäischen Gemeinschaft, Baden-Baden 1997

Nowak, Carsten, Das Verhältnis zwischen zentralem und dezentralem Individualrechtsschutz im Europäischen Gemeinschaftsrecht, EuR 2000, 724, 725

Oellers-Frahm, Karin, Die einstweilige Anordnung in der internationalen Gerichtsbarkeit, Berlin u.a. 1975

Olbertz, Frank Florian, Auslegungsgrundsätze des Europäischen Gerichtshofes StVj 1992, 37

Oliver, Peter, Interim Measures: Some Recent Developments, CMLR 92, 7

Oppermann, Thomas, Europarecht, 2. Auflage, München 1999

Oppermann, Thomas, Die Dritte Gewalt in der Europäischen Union, DVBl 1994, 901

Pache, Eckhard, Das Ende der Bananenmarktordnung? EuR 1995, 95

Paehlke-Gärtner, Cornelia, Gerichtlicher Grundrechtsschutz, VBlBW 2000, 13

Pagenkopf, Martin, Zum Einfluß des Gemeinschaftsrecht auf nationales Wirtschaftsverwaltungsrecht - Versuch einer praktischen Einführung, NVwZ 1993, 216

Pastor, Blanca / Van Ginderachter, Erich, La procedure en référé, RTDE 1989, 561

Pastor, Wilhelm L. / Ahrens, Hans-Jürgen, Der Wettbewerbsprozeß, 4. Auflage, Köln u.a. 1999

Pernice, Ingolf, Gemeinschaftsverfassung und Grundrechtsschutz - Grundlagen, Bestand und Perspektiven, NJW 1990, 2409

Pernice, Ingolf, Grundrechtsschutz im Bananenstreit: die Wende?, EuZW 1997, 545

Pescatore, Pierre, La carence du législateur communautaire et le devoir du juge, in: Rechtsvergleichung, Europarecht und Staatenintegration. Gedächtnisschrift für Léontin-Jean Constantinesco, Hrsg. von Gerhard Lüke, Wilhelm Ress, Michael R. Will, S. 559, Köln u.a. 1983

Pescatore, Pierre, Les mésures conservatoires et les réferés, in: La Juridiction Internationale Permanente, Paris 1987, 315

Pescatore, Pierre, Das Vorabentscheidungsverfahren nach Art.177 EWG-Vertrag und die Zusammenarbeit zwischen dem Gerichtshof und den nationalen Gerichten, BayVBl. 1987, 33 ff und 68 ff.

Pescatore, Pierre, Diskussionsbeitrag S. 121 f. in: Rudolf Bernhardt (Ed.), Interim Measures Indicated by International Courts, Berlin u.a. 1994

Petite, Michel, The Treaty of Amsterdam, Harvard Jean Monnet Working Papers No. 2/98

Pörnbacher, Karl, RIW-Kommentar zum Urteil des EuGH vom 17.11.1998 „Van uden Maritime BV", RIW 1999, 780

Pühs, Wolfgang, Der Vollzug von Gemeinschaftsrecht, Berlin 1997

Quaritsch, Helmut, Die einstweilige Anordnung im Verwaltungsprozeß, VerwArch Band 51 (1960) S. 210 ff. und S. 342 ff.

Rabe, Hans-Jürgen, Zur Reform des Gerichtssystems der Europäischen Gemeinschaften, EuR 2000, 811

Ramsauer, Ulrich, Die Assessorprüfung im öffentlichen Recht, 4. Auflage, München 1997

Redeker, Konrad, Strukturänderungen in der Verwaltungsgerichtsbarkeit?, NVwZ 1992, 713

Redeker, Konrad, Wenn der Rechtsweg „verschlankt" werden soll, NJW 1998, 2790

Redeker, Konrad / Oertzen, Hans-Joachim von, Verwaltungsgerichtsordnung - Kommentar, 13. Auflage, Stuttgart 2000

Reich, Norbert, Brauchen wir eine Diskussion um ein Europäisches Kompetenzgericht ?, EuZW 2002, Editorial

Reichmann, J. H., From Free Riders to Fair Followers: Global Competition under the TRIPS Agreement, NYJILP 29 (1996/97), 11

Rengeling, Hans-Werner, Rechtsgrundsätze beim Vollzug des Europäischen Verwaltungsrechts - Zu den Grundlagen des Verwaltungsvollzugs sowie zur Theorie und Konkretisierung der Rechtsgrundsätze unter besonderer Berücksichtigung der Rechtsvergleichung, Köln, Berlin u.a. 1977

Rengeling, Hans-Werner, Europäisches Gemeinschaftsrecht und nationaler Rechtsschutz – unter besonderer Berücksichtigung der Rechtsprechung des Europäischen Gerichtshofes und deutscher Gerichte, in: Roland Bieber u.a. (Hrsg.) Das Europa der zweiten Generation: GS für Christoph Sasse, S. 197, Baden-Baden 1981

Rengeling, Hans-Werner, Die Entwicklung verwaltungsrechtlicher Grundsätze durch den Gerichtshof der Europäischen Gemeinschaften, EuR 1984, 331

Rengeling, Hans-Werner, Das Zusammenwirken von Europäischem Gemeinschaftsrecht und nationalem, insbesondere deutschem Recht - Zu verwaltungsrechtlichen und prozeßrechtlichen Fragen, DVBl 1986, 306

Rengeling, Hans-Werner, Grundrechtsschutz in der Europäischen Gemeinschaft, Bestandsaufnahme und Analyse der Rechtsprechung des Europäischen Gerichtshofs zum Schutz der Grundrechte als allgemeine Rechtsgrundsätze, München 1993

Rengeling, Hans-Werner, Deutsches und Europäisches Verwaltungsrecht - Wechselseitige Einwirkungen, VVDStRL (53) 1994, 202

Rengeling, Hans-Werner / Middeke, Andreas / Gellermann, Martin / Jakobs, Michael Ch., Handbuch des Rechtsschutzes in der Europäischen Union, 2. Auflage, München 2003

Ress, Georg, Die Europäische Union und die neue juristische Qualität der Beziehungen zu den Europäischen Gemeinschaften, JuS 1992, 985

Riegel, Richard, Die hoheitliche Zuordnung und gerichtliche Überprüfbarkeit des innerstaatlichen Vollzugs von Gemeinschaftsrechts, BayVBl. 1978, 289

Rideau, Joel / Charrier, Jean-Loup, Code de procédures européennes, Paris 1990

Riley, Allen J., More Radicalism, Please: The Notice on Co-operation between National Courts and the Commission in Applying Articles 85 ans 86 of the EEC Treaty ECLR 1993, 91

Ring, Gerhard / Olsen-Ring, Line, Souveränitätsübertragung nach dänischem Verfassungsrecht, EuZW 1998, 589

Rittner, Fritz, Das Gemeinschaftsprivatrecht und die europäische Integration, JZ 1995, 849

Rocca, Gianfranco / Gauer, Céline / Dalheimer, Dorothe / Kjolbye, Lars / De Smijter, Eddy, Regulation 1/2003: a modernized application of EC competition rules, EC Competition Policy Newsletter Nummer 1 2003, 3

Rodríguez Iglesias, Gil Carlos, Der Gerichtshof der Europäischen Gemeinschaften als Verfassungsgericht, EuR 1992, 225

Rodriguez Iglesias, Gil Carlos, EuGH als Verfassungsgericht, EuR 1992, 225

Rodriguez Iglesias, Gil Carlos, Zu den Grenzen der verfahrensrechtlichen Autonomie der Mitgliedstaaten bei der Anwendung des Gemeinschaftsrechts, EuGRZ 1997, 289

Rodríguez Iglesias, Gil Carlos, Gedanken zur Entstehung einer Europäischen Rechtsordnung, NJW 1999, 1

Rodríguez Iglesias, Gil Carlos, Der EuGH und die Gerichte der Mitgliedstaaten - Komponenten der richterlichen Gewalt in der Europäischen Union, NJW 2000, 1889

Rohmeyer, Hartwig, Geschichte der einstweiligen Anordnung im Verwaltungsprozeß und ihre Konsequenzen für die einstweilige Anordnung in Ermessens- und Beurteilungsangelegenheiten, Berlin 1967

Rohmeyer, Hartwig, Vorläufiger Rechtsschutz in der Frage über die Versetzung eines Schülers in die nächsthöhere Klasse, DVBl 1968, 266

Rosenberg, Leo, Lehrbuch des deutschen Zivilprozeßrechts, 9. Auflage, München u.a. 1961

Roth, Herbert, EG-Richtlinien und Bürgerliches Recht, JZ 1999, 529

Rupp, Heinrich, Zur Gewährung einstweiligen Rechtsschutzes durch deutsche Gerichte bei Anwendung der Bananenmarktorganisation der Europäischen Gemeinschaft, JZ 1995, 353

Sack, Jörn, Lücken im Rechtsschutzsystem der Europäischen Gemeinschaften und Möglichkeiten, sie zu schließen, EuR 1985, 319

Sander, Gerald G., Der Europäische Gerichtshof als Förderer und Hüter der Integration, Berlin 1998

Sandner, Wolfram, Probleme des vorläufigen Rechtsschutzes gegen Gemeinschaftsrecht vor nationalen Gerichten; DVBl. 1998, 262

Savigny, Friedrich Karl von, Das Recht des Besitzes, 7. Auflage Giessen 1865

Schaub, Günter, Der Rechtsschutz im Arbeitsrecht vor dem Gerichtshof der Europäischen Gemeinschaften, NJW 1994, 81

Schenke, Wolf-Ruediger, Verwaltungsprozessrecht, 8. Auflage, Heidelberg 2002

Scherer, Joachim, Das Rechnungsabschlußverfahren – Ein Instrument zur Durchsetzung des europäischen Verwaltungsrechts?, EuR 1986, 52

Schermers, Henry G., Case Law, Court of Justice, joined cases C-143/88 and C-92/89, Zuckerfabrik Süderdithmarschen AG v. Hauptzollamt Itzehoe and Zuckerfabrik Soest GmbH v. Hauptzollamt Paderborn, Prelimanary ruling of 21 February 1991 requested by the Finanzgerichte of Hamburg and Düsseldorf, CMLR 29 (1992), 133

Schermers, Henry G. / Walbroek, Denis F., Judicial Protection in the European Communities, 5. Auflage, Deventer u.a. 1992

Scherzberg, Arno, Die innerstaatlichen Wirkungen von EG-Richtlinien, Jura 1993, 225

Scheuning, Dieter H., Europarechtliche Impulse für innovative Ansätze im deutschen Verwaltungsrecht, in: Hoffmann-Riem, Wolfgang / Schmidt-Aßmann, Eberhard, Innovation und Flexibilität des Verwaltungshandels, S. 289, Baden-Baden 1994

Schiefer, Bernd, Europäisches Arbeitsrecht, NJW 1995, 160

Schlemmer-Schulte, Sabine, Gemeinschaftsrechtlicher vorläufiger Rechtsschutz und Vorlagepflicht, EuZW 1991, 307

Schlemmer-Schulte, Sabine / Ukrow, Jörg, Haftung des Staates gegenüber dem Marktbürger für gemeinschaftswidriges Verhalten, zum Francovich-

Urteil des EuGH vom 19.11.1991, verbd. Rs. C-6/90 und C-9/90, EuR 1992, 82
Schlette, Volker, Die verwaltungsgerichtliche Kontrolle von Ermessensakten in Frankreich, Baden-Baden 1991
Schlosser, Peter, Europarecht und Zivilprozessrecht, Jura 1998, 65
Schmidt, Karsten, EG-Kartellrecht vor Zivilgerichten, NJW 1990, 2109
Schmidt, Walter, Einführung in die Probleme des Verwaltungsrechts, München 1982
Schmidt-Aßmann, Eberhard, Funktionen der Verwaltungsgerichtsbarkeit, in: (Hrsg.) H.-U. Erichsen, W. Hoppe, A. von Mutius, System des verwaltungsgerichtlichen Rechtsschutzes, Festschrift für Christian-Friedrich Menger, S. 107, Köln u.a. 1985
Schmidt-Aßmann, Eberhard, Deutsches und Europäisches Verwaltungsrecht - Wechselseitige Einwirkungen, DVBl. 1993, 924
Schmidt-Aßmann, Eberhard, Innovation und Flexibilität des Verwaltungshandels, S. 289, Baden-Baden 1994
Schmidt-Aßmann, Eberhard, Empfiehlt es sich, das System des Rechtsschutzes und der Gerichtsbarkeit der Europäischen Gemeinschaft weiterzuentwickeln?, JZ 1994, 832
Schmidt-Räntsch, Jürgen, Änderungen bei der Klagebefugnis von Verbänden durch das Schuldrechtsmodernisierungsgesetz, DB 2002, 1595
Schmidt-Kessel, Martin, Auf dem Weg zu einem Europäischen Vertragsrecht, RIW 2003, 481
Schmitt, Thomas, Richtervorlagen in Eilverfahren? : ein Beitrag zum Verhältnis verfassungsgerichtlicher konkreter Normenkontrollverfahren und "Vorabentscheidungsverfahren" nach Art. 177 EG-Vertrag zu Verfahren des vorläufigen verwaltungsgerichtlichen Rechtsschutzes nach der VwGO, Berlin 1997
Schmitt Glaeser, Walter / Horn, Hans-Detlef, Verwaltungsprozessrecht, Kurzlehrbuch mit Systematik zur Fallbearbeitung, 15. Auflage, Stuttgart u.a. 2000
Schnapp, Friedrich E., Der Verwaltungsvorbehalt, VVDStRL 43 (1985), 172
Schneider, Hans-Peter, Es gibt noch Richter in Luxemburg, NJW 2002, 2927
Schneider, Hartmut, Die einstweilige Anordnung gem. Art 186 EWGV und der Grundsatz der Verhältnismäßigkeit, DÖV 1990, 924
Schneider, Uwe H. / Burgard, Ulrich, Die zunehmende Bedeutung der Rechtsprechung des EuGH auf dem Gebiet des Privatrechts, EuZW 1993, 617 (Editorial)
Schniewind, Hans-Joachim, Vollstreckung und Vollstreckungsrechtsbehelfe im Recht der Europäischen Gemeinschaften, Stuttgart 1972

Schoch, Friedrich, Vorläufiger Rechtsschutz und Risikoverteilung im Verwaltungsrecht, Heidelberg 1988

Schoch, Friedrich, Vorläufiger Rechtsschutz zwischen Vorrang des EG-Rechts, Letztentscheidungsbefugnis des EuGH und Rechtsschutzeffektivität, SGb 1992, 118

Schoch, Friedrich, Die Europäisierung des Allgemeinen Verwaltungsrechts, JZ 1995, 109

Schoch, Friedrich, Die Europäisierung des verwaltungsgerichtlichen vorläufigen Rechtsschutzes, DVBl 1997, 289

Schoch, Friedrich, Die Europäisierung der Verwaltungsrechtsordnung - einschließlich Verwaltungsverfahrensrecht und Rechtsschutz, VBlBW 1999, 241

Schoch, Friedrich / Schmidt-Aßmann, Eberhard / Pietzner, Rainer, Verwaltungsgerichtsordnung – Kommentar, Loseblatt, München, Stand Januar 2003

Scholz, Rupert, Zum Verhältnis von europäischem Gemeinschaftsrecht und nationalem Verwaltungsverfahrensrecht - Zur Rechtsprechung des EuGH im Fall "Alcan", DÖV 1998, 261

Schüle, Adolf, Grenzen der Klagebefugnis vor dem Gerichtshof der Montanunion, ZaöRV 1955, 227

Schütze, Rolf A., EG-Recht im deutschen Zivilprozeß, EWS 1990, 49

Schumacher, Friedrich Arndt, Rechtsschutz im öffentlichen Auftragswesen, Regensburg 1998

Schumann, Ekkehard, Das Verhältnis des deutschen Richters zum Gerichtshof der Europäischen Gemeinschaften - Die Anwendung von Gemeinschaftsrecht durch deutsche Gerichte, ZZP 78 (1965), 77

Schumann, Ekkehard, Bundesverfassungsgericht, Grundgesetz und Zivilprozeß, Köln u.a. 1983

Schuschke, Winfried / Walker, Wolf-Dietrich, Vollstreckung und vorläufiger Rechtsschutz - Kommentar, 2. Auflage, Köln u.a. 1999

Schwarz, Günter Christian, Europäisches Gesellschaftsrecht. Ein Handbuch für Wissenschaft und Praxis, Baden-Baden 2000

Schwarze, Jürgen, Die Befugnis zur Abstraktion im europäischen Gemeinschaftsrecht, Baden-Baden 1976

Schwarze, Jürgen, Europäisches Verwaltungsrecht im Werden, Baden-Baden 1982

Schwarze, Jürgen, Der vorläufige Rechtsschutz (sursis à excution) im französischen Verwaltungsrecht - Rechtsgrundlagen und Rechtsprechungspraxis im Vergleich zum deutschen Verwaltungsrecht, DVBl. 1987, 1037

Schwarze, Jürgen, Stellung und Funktion des Europäischen Gerichtshofes im Verfassungssystem der Europäischen Gemeinschaft, in: Schwarze, Jürgen

(Hrsg.), Fortentwicklung des Rechtsschutzes in der Europäischen Gemeinschaft, S. 13, Baden-Baden 1987

Schwarze, Jürgen, Europäisches Verwaltungsrecht, 2 Bände, Baden-Baden 1988

Schwarze, Jürgen, Vorläufiger Rechtsschutz im Widerstreit von Gemeinschaftsrecht und nationalem Verwaltungsverfahrens- und Prozessrecht, in: Baur, Jürgen I. u.a. (Hrsg.), Europarecht, Energierecht, Wirtschaftsrecht, FS für Bodo Börner zum 70. Geburtstag, S. 389, Köln u.a. 1992

Schwarze, Jürgen, Der Beitrag des Europarates zur Entwicklung von Rechtsschutz und Verfahrensgarantien im Verwaltungsrecht, EuGRZ 1993, 377

Schwarze, Jürgen, Grundrechte der Person im Europäischen Gemeinschaftsrecht, Neue Justiz 1994, 53

Schwarze, Jürgen, Konvergenz im Verwaltungsrecht der EU-Mitgliedstaaten - Zugleich ein Beitrag zu Chancen und Risiken der Kodifikation allgemeiner Grundsätze des indirekten Vollzugs von Gemeinschaftsrecht, DVBl 1996, 881

Schwarze, Jürgen, Der Rechtsschutz von Unternehmen im Europäischen Gemeinschaftsrecht, RIW 1996, 893

Schwarze, Jürgen, Das schwierige Geschäft mit Europa und seinem Recht, JZ 1998, 1077

Schwarze, Jürgen, Die Entwicklung der französischen Verwaltungsgerichtsbarkeit aus deutscher Sicht, DVBl. 1999, 261

Schwarze, Jürgen, Europäische Rahmenbedingungen für die Verwaltungsgerichtsbarkeit, NVwZ 2000, 241

Schwarze, Jürgen, Europäische Verfassungsperspektiven nach Nizza, NJW 2002, 993

Schwarze, Jürgen / Becker, Ulrich / Pollak, Christian, Die Implementation von Gemeinschaftsrecht, Baden-Baden 1993

Schwarze, Jürgen / Starck, Christian, Vereinheitlichung des Verwaltungsverfahrensrechts in der EG, Baden-Baden 1995

Schweitzer, Michael, Die Verwaltung der Europäischen Gemeinschaften, Die Verwaltung 1984, 137

Schweitzer, Michael (Hrsg.), Europäisches Verwaltungsrecht, Wien 1991 (Zit.: Bearbeiter in: Europäisches Verwaltungsrecht)

Schweitzer, Michael / Hummer, Waldemar, Europarecht, 6. Auflage, Neuwied u.a. 1997

Sedemund, Joachim, Empfiehlt es sich, das System des Rechtsschutzes und der Gerichtsbarkeit in der Europäischen Gemeinschaft, insbesondere die Aufgaben der Gemeinschaftsgerichte und der nationalen Gerichte, weiterzuentwickeln?, Deutscher Juristentag 60, S. N 41, Münster 1994

Sendler, Horst, Guter Rechtsschutz und Verfahrensbeschleunigung. Zum Entwurf einer Verwaltungsprozeßordnung. DVBl. 1982, 812

Siedentopf, Heinrich / Hauschild, Christoph, Europäische Integration und die öffentlichen Verwaltungen der Mitgliedstaaten, DÖV 1990, 445

Siems, Kirsten, Das Kohärenzgebot in der Europäischen Union und seine Justitiabilität, Baden-Baden 1999

Skouris, Wassilos, Probleme der Vorlage gemäß Art. 177 EWGV aus der Sicht des griechischen Rechts, EuR 1980, 22

Smith, Lesley Jane, Fischerpolitik, EG-Recht und die britische Justiz: Neue Aspekte der verfassungsrechtlichen Entwicklung in Großbritannien durch die Rechtsprechung des EuGH, EuZW 1992, 308

Sommermann, Karl-Peter, Der vorläufige Rechtsschutz zwischen europäischer Anpassung und staatlicher Verschlankung, in: Grupp, Klaus / Ronellenfitsch, Michael (Hrsg.), Planung - Recht - Rechtsschutz, FS für Willi Blümel zum 70. Geburtstag am 6. Januar 1999, S. 523, Berlin 1999

Stadler, Christoph, Das Vorabentscheidungsverfahren nach Art. 177 EG-Vertrag - Vorlagepraxis deutscher Gerichte im Bereich des Wettbewerbsrechts -WuW 1994, 824

Staudenmayer, Dirk, Der Aktionsplan der EG-Kommission zum Europäischen Vertragsrecht, EuZW 2003, 165

Stein, Günther, Die Treuhandanstalt im einstweiligen Verfügungsverfahren, ZIP 1992, 893

Stein, Günther, in: Richterliche Rechtsfortbildung: Erscheinungsformen, Auftrag und Grenzen, FS der Juristischen Fakultät der Universität Heidelberg zur 600-Jahr-Feier, S. 165, Heidelberg 1986

Steinberg, Rudolf, Grundgesetz und Europäische Verfassung, ZRP 1999, 365

Steinberger, Helmut, Aspekte der Rechtsprechung des Bundesverfassungsgerichts zum Verhältnis zwischen Europäischem Gemeinschaftsrecht und deutschem Recht, in: Kay Hailbronner u.a. (Hrsg.), Staat und Völkerrechtsordnung, FS für Karl Doehring, S. 951, Berlin u.a. 1989

Steinberger, Helmut, Der Verfassungsstaat als Glied einer europäischen Gemeinschaft, VVDStRL 50 (1991), 9

Steindorff, Ernst, Sanktionen des staatlichen Privatrechts für Verstöße gegen EG-Recht, Jura 1992, 561

Steindorff, Ernst, EG-Vertrag und Privatrecht, Baden-Baden 1996

Steindorff, Ernst, Aufgaben und Zuständigkeiten im europäischen Kartellverfahren - Zugleich zum Anspruch auf Beteiligung am Vertrieb und zum Verbraucherschutz, ZHR 162 (1998), 290

Stern, Klaus, Die Einwirkung des europäischen Gemeinschaftsrechts auf die Verwaltungsgerichtsbarkeit, JuS 1998, 769

Stockmann, Kurt / Schultz, Klaus Peter, Kartellrechtspraxis und Kartellrechtsprechung 1998 / 1999, 14. Auflage, Köln 1999

Streinz, Rudolf, Bundesverfassungsgerichtlicher Grundrechtsschutz und Europäisches Gemeinschaftsrecht, Baden-Baden 1989

Streinz, Rudolf, Der Vollzug des Europäischen Gemeinschaftsrechts durch deutsche Staatsorgane, in: Isensee, Josef/Kirchhof, Paul (Hrsg.), Handbuch des Staatsrechts der Bundesrepublik Deutschland, Band VII Normativität und Schutz der Verfassung - Internationale Beziehungen, § 182, S. 817 ff., Heidelberg 1992

Streinz, Rudolf, Der Einfluß des Europäischen Verwaltungsrechts auf das Verwaltungsrecht der Mitgliedstaaten - dargestellt am Beispiel der Bundesrepublik Deutschland, in: Michael Schweitzer (Hrsg.) Europäisches Verwaltungsrecht, S. 241, Wien 1991

Streinz, Rudolf, Europarecht, 5. Auflage, Heidelberg 2001

Stüer, Bernhard / Rude, Stefan, Gemeinschaftsrechtliche Einwirkungen auf den innerstaatlichen Rechtsschutz im Umweltrecht – Bericht über die 22. Umweltrechtliche Fachtagung der Gesellschaft für Umweltrecht e.V. – DVBl. 1999, 154

Stürner, Rolf, Das europäische Zivilprozessrecht – Einheit oder Vielfalt, in: Wolfgang Grunsky (Hrsg.), Wege zu einem europäischen Zivilprozessrecht, S. 1, Tübingen 1992

Temple Lang, John, The Duties of National Courts under Community Constitutional Law, ELR 22 (1997), 3

Thieme, Werner, Das Grundgesetz und die öffentliche Gewalt internationaler Staatengemeinschaften VVDStRL 18 (1960), 50

Thomas, Heinz / Putzo Hans, ZPO mit Gerichtsverfassungsgesetz und den Einführungsgesetzen, EuGVÜ und AVAG 25. Aufl., München 2003

Thun-Hohenstein, Christoph, Der Vertrag von Amsterdam – Die neue Verfassung der EU -, Wien 1997

Tietje, Christian, Europäischer Grundrechtsschutz nach dem Maastricht-Urteil, "Solange III"? - BVerfG, NJW 1993, 3047, JuS 1994, 197

Tilmann, Winfried, Zweiter Kodifikationsbeschluß des Europäischen Parlaments, ZEuP 1995, 534

Tilmann, Winfried, Patentschutzsystem in Europa, GRUR 1998, 325

Timme, Michael, Zu Chancen und Grenzen einer Europäischen Ordnung des Zivilrechts, ZRP 2000, 301

Timmermans, Christiaan W.A., Zur Entwicklung des europäischen Zivilrechts, ZEuP 1999, 1

Tonne, Michael, Effektiver Rechtsschutz durch staatliche Gerichte als Forderung des Europäischen Gemeinschaftsrechts, Köln u.a. 1997

Trautwein, Thomas, Zur Rechtsprechungskompetenz des BVerfG auf dem Gebiet des Europäischen Gemeinschaftsrechts, JuS 1997, 893
Triantafyllou, Dimitris, Zur Europäisierung des vorläufigen Rechtsschutzes, NVwZ 1992, 129
Triantafyllou, Dimitris, Zur Europäisierung des subjektiven öffentlichen Rechts, DÖV 1997, 193

Ukrow, Jörg, Richterliche Rechtsfortbildung durch den EuGH – dargestellt am Beispiel der Erweiterung des Rechtsschutzes des Marktbürgers im Bereich des vorläufigen Rechtsschutzes und der Staatshaftungs, Baden-Baden 1995
Ullmann, Eike, Die Europäische Union und das nationale Wettbewerbs- und Urheberrecht, JZ 1994, 928
Ulmer, Peter, Vom deutschen zum europäischen Privatrecht?, JZ 1992, 1
Usher, John A., European Court Practice, London 1983

Vedder, Christoph, (Teil-) Kodifikation des Verwaltungsverfahrensrechts der EG?, in: Vereinheitlichung des Verwaltungsverfahrensrechts in der EG, Hrsg. Schwarze, Jürgen/Starck Christian, EuR – Beiheft 1 -, Baden-Baden 1995
Veelken, Winfried, Die Bedeutung des EG-Rechts für die nationale Rechtsanwendung, JuS 1993, 265
Voss, Reimer, Einstweiliger Rechtsschutz bei Zweifeln an der Gültigkeit von europäischem Gemeinschaftsrecht, RIW 42 (1996), 417

Wägenbaur, Bertrand, Die jüngere Rechtsprechung der Gemeinschaftsgerichte im Bereich des vorläufigen Rechtsschutzes, EuZW 1996, 327
Wagner, Rolf, Zur Vereinheitlichung des internationalen Zivilverfahrensrechts vier Jahre nach In-Kraft-Treten des Amsterdamer Vertrags, NJW 2003, 2344
Wagner, Volkmar, Der einstweilige Rechtsschutz gegen Mitgliedstaten nach dem EWG-Vertrag, Frankfurt/Main 1994
Walker, Wolf-Dietrich, Der einstweilige Rechtsschutz im Zivilprozeß und im arbeitsgerichtlichen Verfahren, Tübingen 1993
Wechsler, Benedikt, Der Europäische Gerichtshof in der EG-Verfassungswerdung, Baden-Baden 1995
Weber, Albrecht, Verwaltungskollisionsrecht der Europäischen Gemeinschaften im Lichte neuerer Rechtsentwicklungen, EuR 1986, 1
Weber, Albrecht, Rechtsfragen der Durchführung des Gemeinschaftsrechts in der Bundesrepublik, Köln u.a. 1987

Weber, Albrecht, Zur Kontrolle grundrechts- bzw. kompetenzwidriger Rechtsakte durch nationale Gerichte, in: in Due, Ole / Lutter, Marcus / Schwarze, Jürgen (Hrsg.), FS für Ulrich Everling, S. 1625, Baden-Baden 1995

Weber , Albrecht, Die Bananenmarktordnung unter Aufsicht des BVerfG?, EuZW 1997, 165

Weber, Claus, Das Verhältnis der Kompetenzen von europäischen und nationalen Gerichten - Neue Konflikte zwischen Europäischem Gerichtshof und Bundesverfassungsgericht, DÖV 1997, 624

Weber, Gordon, Die Verdrängung des Hauptbeschwerdeverfahrens durch einstweiligen Rechtsschutz in Deutschland und Frankreich. Eine rechtsvergleichende Untersuchung zur Stellung des einstweiligen Rechtsschutzes im Zivilprozeß beider Länder, Köln 1993

Weiler, J.H.H., Journey to an unknown Destination, Journal of Common Market Studies, 1993, 417

Weitbrecht, Andreas, Das neue EG-Kartellverfahrensrecht, EuZW 2003, 69

Wesseling, Rein, Subsidiarity in Community Antitrust Law: Setting the Right Agenda, ELR 22 (1997), 35

Wessman, Richard, Anmerkung zum Beschluss des schwedischen Obersten Gerichtshofes in der Rechtssache „Galliano/Gaetano“, GRUR Int. 1997, 1014

Weustenfeld, Ingo, Die Bananenmarktordnung der EG und de Handel mit Drittstaaten: insbesondere zur Rechtmäßigkeit von Titel IV EG-VO 404/93 und zu den Auswirkungen von völkerrechtswidrigem und grundrechtswidrigem sekundärem Gemeinschaftsrecht, Frankfurt am Main 1997

Weyer, Hartmut, Gemeinschaftsrechtliche Vorgaben für das nationale Zivilverfahren - Verpflichtung der nationalen Zivilgerichte zur Anwendung der Art. 81, 82 EGV -, EuR 2000, 145

Wieacker, Franz, Zur Topikdiskussion in der zeitgenössischen deutschen Rechtswissenschaft, in: Xenion, FS Zepos, E. v. Caemmerer u.a. (Hrsg.), S. 408, Athen 1973

Wieacker, Franz, Über strengere und unstrenge Verfahren der Rechtsfindung, in: Hans Schneider u. Volkmar Götz (Hrsg.), Im Dienst an Recht und Staat, FS Werner Weber, S. 439, Berlin 1974

Wiedemann, Gerhard, Kommentar zu den Gruppenfreistellungsverordnungen des EWG-Kartellrechts, Köln 1990

Wieseler, Willi, Der vorläufige Rechtsschutz gegen Verwaltungsakte, Berlin 1967

Wiesner, Peter M., Überblick über den Stand des Europäischen Unternehmensrechts, EuZW 1998, 619

Winkler, Roland, Das „Alcan"-Urteil des EuGH - eine Katatrophe für den Rechtsstaat?, DÖV 1999, 148
Wilmars, Mertens de, Réfexions sur les méthodes d'interpretation de la cour de justice des communautés européennes, CDE 1986, 5
Winterfeld, Achim von, Möglichkeiten der Verbesserung des individuellen Rechtsschutzes im Europäischen Gemeinschaftsrecht, NJW 1988, 1409
Wittkowski, Ralf, Das Maastricht-Urteil des Bundesverfassungsgerichts vom 12.10.1993 als "Solange III" - Entscheidung?, BayVBl 1994, 359
Woehrling, Jean-Marie, Die französische Verwaltungsgerichtsbarkeit im Vergleich mit der deutschen, NVwZ 1985, 21
Woehrling, Jean-Marie, Die deutsche und die französische Verwaltungsgerichtsbarkeit an der Schwelle zum 21. Jahrhundert, NVwZ 1998, 462
Wolf, Christian, Konturen eines europäischen Systems des einstweiligen Rechtsschutzes, EWS 2000, 11
Wolf, Christian / Lange, Sonja, Das Europäische System des einstweiligen Rechtsschutzes – doch noch kein System ?, RIW 2003, 55

Zechler, Christian / Knapp, Andreas, Gemeinschaftsrecht und Privatrecht - Zur Rechtsprechung des EuGH im Jahre 1999, ZEuP 2001, 116
Ziegler, Benno / Rieder, Markus S., Vertragsgestaltung und Vertragsanpassung nach dem Schuldrechtsmodernisierungsgesetz, ZIP 2001, 1789
Zöller, Richard, Zivilprozeßordnung mit Gerichtsverfassungsgesetz und den Einführungsgesetzen, mit Internationalem Zivilprozessrecht, Kostenanmerkungen, Kommentar, 23. Auflage, Köln 2002, (Zit.: Zöller/Bearbeiter)
Zuber, Andreas, Die EG-Kommission als amicus curiae, Köln u.a. 2001
Zuck, Rüdiger / Lenz, Christofer, Verfassungsrechtlicher Rechtsschutz gegen Europa - Prozessuale Möglichkeiten vor den Fachgerichten und dem BVerfG gegen Rechtsakte der Europäischen Gemeinschaft, NJW 1997, 1193
Zuleeg, Manfred, Das Recht der Gemeinschaft im innerstaatlichen Bereich, Köln u.a. 1969
Zuleeg, Manfred, Betrachtungen zum Gleichheitssatz im Europäischen Gemeinschaftsrecht, in: Baur, Jürgen I. u.a. (Hrsg.), Europarecht, Energierecht, Wirtschaftsrecht, FS für Bodo Börner zum 70. Geburtstag, S. 473, Köln u.a. 1992
Zuleeg, Manfred, Umweltschutz in der Rechtsprechung des Europäischen Gerichtshofs, NJW 1993, 31
Zuleeg, Manfred, Deutsches und Europäisches Verwaltungsrecht - Wechselseitige Einwirkungen, VVDStRL Band 53 (1994), 154

Zuleeg, Manfred, Die Rolle der rechtsprechenden Gewalt in der europäischen Integration, JZ 1994, 1

Zuleeg, Manfred, Die europäische Gemeinschafts Rechtsgemeinschaft NJW 1994, 545

Zuleeg, Manfred, Die Verfassung der Europäischen Gemeinschaft, FiW-Schriftenreihe Heft 160, S. 73, Köln 1994

Zuleeg, Manfred, Bananen und Grundrechte - Anlaß zum Konflikt zwischen europäischer und deutscher Gerichtsbarkeit, NJW 1997, 1201

Zuleeg, Manfred, Die förderativen Grundsätze der Europäischen Union, NJW 2000, 2846

Europäische Integration
und internationale Wirtschaftsbeziehungen
Rechtswissenschaftliche Studien

Herausgegeben von Peter Behrens

Band 1 Hella Kinder: Die Außenindustriepolitik der Europäischen Gemeinschaft dargestellt am Beispiel von Antidumpingmaßnahmen. 1996.

Band 2 Stefan Flach: Rechtsbindung einer industriepolitischen Instrumentalisierung öffentlicher Aufträge. 1996.

Band 3 Nicolas Baron von Behr: Multinationale Unternehmen und Exportkontrollen. Völkerrechtliche Zulässigkeit und Grenzen extraterritorialer Ausfuhrbeschränkungen. With an English Summary. 1996.

Band 4 Andreas Pense: Die personalistische Eurokapitalgesellschaft als Instrument der Unternehmenskooperation in der EU. Ein Entwurf auf rechtsvergleichender Grundlage. 1997.

Band 5 Marcus Mackensen: Institutionelle Anleger im Unternehmensrecht Deutschlands und der USA. 2000.

Band 6 André Schwanna: Die Gründung von Gesellschaften in Deutschland, Frankreich und Großbritannien. Gemeineuropäische Prinzipien des Gesellschaftsrechts. 2002.

Band 7 Ulfert Frenzel: Die Beurteilung von Forschungs- und Entwicklungskooperationen zwischen Herstellern und Zulieferern in der deutschen Automobilindustrie nach europäischem und deutschem Kartellrecht. 2003.

Band 8 Fabian Stancke: Einstweilige Anordnungen im dezentralen Vollzug des Gemeinschaftsrechts. Einstweilige Anordnungen und die Kohärenz des gemeinschaftlichen Rechtsschutzsystems bei der Anwendung des Gemeinschaftsrechts durch deutsche Verwaltungs- und Zivilgerichte. 2004.